社会保险基金预算
工作指南

人力资源和社会保障部
社会保险事业管理中心　组织编写

主　　编　唐霁松　聂明隽
副主编　周　红
执行主编　单晓红

中国劳动社会保障出版社

图书在版编目(CIP)数据

社会保险基金预算工作指南/人力资源和社会保障部社会保险事业管理中心组织编写. —北京：中国劳动社会保障出版社，2012

ISBN 978-7-5045-9617-8

Ⅰ.①社… Ⅱ.①人… Ⅲ.①社会保险基金-预算编制-中国-手册 Ⅳ.①F842.61-62

中国版本图书馆 CIP 数据核字(2012)第 052477 号

中国劳动社会保障出版社出版发行

(北京市惠新东街 1 号 邮政编码：100029)

出 版 人：张梦欣

*

中国铁道出版社印刷厂印刷装订 新华书店经销

880 毫米×1230 毫米 32 开本 15.125 印张 398 千字

2012 年 4 月第 1 版 2012 年10月第 3 次印刷

定价：48.00 元

读者服务部电话：010-64929211/64921644/84643933

发行部电话：010-64961894

出版社网址：http://www.class.com.cn

社会保险基金预算工作指南

编 委 会

序

2010年年初，国务院发布了《关于试行社会保险基金预算的意见》(以下简称《意见》)，标志着我国社会保险基金管理工作新篇章的开启。社会保险基金预算制度的建立，是完善我国社会保障体系的重要举措，它不仅确立和完善了基金的预算管理机制，也解决了长期以来基金管理中的制度缺失问题。《意见》规定，统筹地区社会保险基金预算草案由社会保险经办机构编制，这既是国家对社会保险经办机构的重托，也是经办机构的职责所在，任务艰巨，责任重大。同时，社会保险基金预算管理也是一个崭新的领域，要有新理念、新路径、新机制和新方法，才能适应新形势、新要求，推动社会保险基金管理再上新台阶。

新理念。社会保险基金预算是根据国家社会保险和预算管理法律法规建立、反映各项社会保险基金收支的年度计划。社会保险基金预算坚持以科学发展观为指导，通过对社会保险基金筹集和使用实行预算管理，增强政府宏观调控能力，强化社会保险基金的管理和监督，保证社会保险基金安全完整，提高社会保险基金运行效益，促进社会保险制度可持续发展。社会保险基金预算依据国家法律法规建立，严格执行国家社会保险政策，按照规定范围、程序、方法和内容编制。新的社会保险基金预算制度既体现了基金管理方法的整合、优化和变革，也对基金预算编制方法提出了较高的要求。深刻理解社会保险基金预算管理的要求，更新理念，促进基金管理实现新的跨越，正是我们当前和今后一个时期的努力目标。

新路径。社会保险基金预算制度明晰了社会保险基金预算与传统预算的差异，提出了基金预算管理的新路径，具有独立性和特殊性。在独立性方面，基于社会保险基金的社会公共基金性质，要求基金预算单独编报，与公共预算和国有资本经营预算相对独立，有机衔接，这是与传统预算最大的不同，它为社会保险基金预算的健康发展开辟了广阔的空间。在特殊性方面，主要体现在预算编制和预算执行两个环节上。在编制环节，一是专项基金，专款专用；二是收支平衡，留有结余。在执行环节，要求预算执行必须严格遵循现行的基金财务会计制度，充分考虑社会保险基金收支的特殊性，做到应收尽收，按时足额发放。

新机制。在新的社会保险基金预算制度中，蕴涵着相关预算主体相互作用过程中形成的新的预算机制，它们是预算制度良性运行的重要保障。从某种意义上讲，社会保险基金预算制度的建立不仅是管理方法上的转变与跨越，更重要的是预算机制的建立与运作。有三类机制尤为重要：一是政府责任机制，通过基金预算制度来明确统筹地区各级人民政府的社会保险工作责任，增强基金筹集、运营和使用的计划性与约束力，更加有效地实施国家监督和社会监督，确保基金安全，政府的社会保险预算既是政府对社会责任的郑重承诺，也是国家实现社会保障功能的重要途径。二是基金预算绩效考核和激励约束机制，这是衡量预算编制与执行质量的重要基础，也是提高预算管理水平的重要保障。三是基金资源优化机制。《意见》要求，社会保险基金预算按统筹地区编制执行，这既对统筹地区基金管理提出了较高的要求，也为统筹层次的不断提高和规范创造了条件。从基金资源优化的角度推动统筹层次的提高，将给社会保险制度的不断完善注入新的动力。

新方法。社会保险基金预算管理不同于传统意义上的基金管理，管理手段和方法创新至关重要。为做好社会保险基金预算管理工作，人力资源社会保障部规划司和社会保险事业管理中心组织系统业务骨干进行了深入细致的研究，探索出了较为成熟的社会保险基金预算管理工作方法，包括预算编制方法、预算审核方法以及绩效考核机制等，对于指导各级社会保险经办机构预算管理工作起到了积极作用。

为进一步规范预算管理工作，在总结经验的基础上编写的这本《社会保险基金预算工作指南》，是社会保险基金预算经办管理方面的第一部专业手册，该书紧密结合社会保险基金预算管理工作实际，具有很强的操作性。但这仅仅是一个开始，今后还需不断创新发展，总结完善。愿社会保险基金预算工作如一粒充满生机的种子，在科学发展的春风里，在党和政府更加关注保障和改善民生的沃土中，在社会保险事业蓬勃兴旺的征途中发芽、成长。

胡晓义

2012年3月21日

目　录

第一章　社会保险基金预算概述

第一节　社会保险基金预算的内涵

一、概念和特征

（一）社会保险基金

社会保险基金是指为了保障保险对象的社会保险待遇，按照国家法律、法规的规定，由用人单位和个人依法缴纳社会保险费以及通过其他合法方式筹集的专项资金。社会保险基金的性质决定其具有以下特点：

1. 强制缴费

社会保险基金本着权利和义务对等的原则建立，基金征缴是强制实施的，用人单位和个人参保后必须按规定履行按时足额缴费的义务，这是落实参保者合法权益的根本保证。

2. 对象特定

社会保险基金的征缴和给付对象是特定的，这和社会福利、社会救济等面向全体社会成员的社会保障项目有着显著区别。社会保险对象必须按照规定履行缴费义务，并且在特定的状况下，如年老、疾病、工伤、失业或生育时才能获得基金支付的社会保险待遇。

3. 统筹互济

社会保险制度的原理是利用大数法则，通过集中征缴统一调剂使用，减少各种风险给参保者带来的冲击。其中，“统筹”是社会保险基金建立的重要前提，统筹层次越高，社会保险基金的抗风险能力就越强，对参保者的保障作用就越稳定、有效。

4. 保值增值

在各项社会保险中，养老保险是延期支付的，医疗保险也具有部分延期支付的特点（缴费年限符合条件的退休职工无须缴费），同时各项社会保险为保证运行稳定，均需要在应付当期支付以外留有一定的结余，必然会形成一定的储存规模，努力实现结余基金的保值增值和基金长期安全成为社会保险基金管理的一个重要目标。

（二）社会保险基金管理

社会保险基金管理，是指社会保险基金管理主体按照国家相关法规和政策对社会保险基金的收入、支出和运营活动及相关关系进行决策、计划、分析、报告和控制，从而保证基金平稳运行，实现保值增值，维护参保人权益。社会保险基金管理既包括对基金财务活动的管理，也包括对基金财务关系的管理。

上述概念所包含的含义，可做进一步阐明。第一，社会保险基金管理是管理主体对社会保险基金的管理活动。《中华人民共和国劳动法》第 74 条规定，社会保险基金经办机构依照法律规定收支、管理和运营社会保险基金，并负有使社会保险基金保值增值的责任。可见，社保经办机构是基金的管理主体。第二，社会保险基金管理受到政策法规的严格约束，必须严格执行国家的方针、政策、法律、法规。第三，社会保险基金管理要处理好相关关系。主要包括在基金管理活动中形成的经济和职能关系，包括基金管理主体与用人单位和参保人员的关系、基金管理主体与金融机构的关系、基金与政府补助资金的关系等。第四，社会保险基金管理的内容包括基金的收入、支出和运营。第五，社会保险基金管理的环节包括决策、计划、分析、报告和控制等。第六，社会保险基金管理的目标是保证基金的平稳运行和国家社会保险政策目标的实现。

（三）社会保险基金预算

1. 社会保险基金预算的概念

社会保险基金预算是根据国家有关法规和政策建立的反映社会保险基金收支的年度计划。在形式上，社会保险基金预算体现为预算表格和预算编制说明。与基金财务报告相比，预算是前瞻性的，涉及未来期望的收入、支出和结余，而财务报告是回顾性的，只涉及已经过去的状况。

2. 社会保险基金预算管理

社会保险基金预算管理，是指社会保险基金管理主体通过基金预算编制、汇总、审批、执行、调整、决算等相关环节，对社会保险基金运行的全过程进行监督和管理。社会保险基金预算管理体现了三个方面的内容：第一，基金收入和支出的种类与数量以及从中表现出来的基金收支的性质和作用；第二，在预算管理过程中包含了编制、汇总、审批、执行、调整、决算等环节；第三，各相关部门在预算管理过程中所承担的责任和相互关系。

3. 社会保险基金预算的特征

社会保险基金的性质，决定了社会保险基金预算具有不同于企业预算和政府预算的特点。

与企业预算相比，社会保险基金预算具有非营利性、法律性和公共性。社会保险基金预算和企业预算最大的区别在于非营利性，这是由企业经营和社会保险经办管理各自的目标决定的。法律性是指社会保险基金预算的形成和执行要经过统筹地区政府或人大的审查和批准，经批准后的预算具有法律效力，并且有关预算级次的划分、收支内容、职权划分等都由相关政策法规明确规定。公共性是指企业预算主要用于内部管理，而社会保险基金的权益归所有参保者，预算的编制和执行具有很强的公共性，不仅用于内部管理，也要通过各种方式向上报告和对外披露，这既是满足参保者知情权的需要，也是落实社会监督，明确各级政府和各相关部门责任的需要。

与政府预算相比，社会保险基金预算具有独立性和保值增值性的特点。第一，社会保险基金是参保人的共同基金，基金预算独立于公共财政预算，不能被用于平衡公共财政预算；第二，由于社会保险基金具有返还性，养老保险还具有延期性，预算不能只考虑当期收支平衡，还必须对收支结余作出安排，要随着社会经济的发展保值增值，以保证参保人的权益不受损失和社会福利水平的不断提高。

4. 预算在基金管理中的地位

《中华人民共和国社会保险法》（以下简称《社会保险法》）第65条规定，社会保险基金通过预算实现收支平衡。可见，预算是社会保险基金管理的重要依据和综合反映，也是基金管理的核心内容，抓住预算就可以带动和推进社会保险基金管理。预算在基金管理中的核心地位主要表现在三个方面：第一，预算总揽基金总体收支计划，制约和支配各单项收支使之服从于预算的总体要求；第二，预算在明确财政投入责任、处理中央和地方财政投入比例关系中处于主导地位；第三，根据各项社会保险基金来源和结余编制预算，可以全面掌握可支配的资源，为科学合理地调整各项社会保险费率、调节待遇水平提供依据，也为优化基金配置、提高基金使用效率创造条件。预算的核心地位决定了预算的编制要对整个基金收支进行统筹安排和综合考虑，确保基金运行符合参保人员的利益和国家社会保险政策。

二、社会保险基金预算的目标和原则

（一）社会保险基金预算的目标

社会保险基金预算是社会保险基金管理的核心内容，所以预算管理的目标也和基金管理的目标相一致，即保证基金的平稳运行和国家社会保险政策目标的实现。又由于基金管理的内容包括基金的收入、支出和运营，预算的目标也可以分解为收入、支出和运营三个方面。

2009年12月，人力资源和社会保障部社会保险事业管理中心基金管理处对各省和部分地市社会保险经办机构基金管理人员就社会保险基金预算相关问题以问卷的形式进行了调查，其中一项重要内容即为对预算目标的理解。调查结果显示，基金管理人员对预算管理目标的理解相当一致。89％的人认为，“社会保险预算管理的目标和基金管理的目标是一致的”，而且这一目标是“多元化”的，94％以上的人员认为，预算管理的目标包括“提高运营效率”“规范社会保险基金支出”和“强化社会保险基金征缴”（认可率从高到低排列）三项。

（二）社会保险基金预算的原则

社会保险基金预算应遵循以下原则：

1. 依法建立，规范统一

依据国家法律法规建立，严格执行社会保险政策，按照规定范围、程序、方法和内容编制。《社会保险法》规定，社会保险基金预算按照社会保险项目分别编制。

2. 统筹编制，明确责任

社会保险基金预算按统筹地区编制执行，统筹地区根据预算管理方式，明确本地区各级人民政府及相关部门责任。《社会保险法》规定，县级以上人民政府在社会保险基金出现支付不足时，给予补贴。

3. 专项基金，专款专用

社会保险基金预算严格按照有关法律法规规范收支内容、标准和范围，专款专用，不得挤占或挪作他用。《社会保险法》规定，社会保险基金专款专用，任何组织不得侵占或者挪用。

4. 相对独立，有机衔接

在预算体系中，社会保险基金预算单独编报，与公共财政预算和国有资本经营预算相对独立，有机衔接。社会保险基金不能用于平衡公共财政预算，公共财政预算可以补助社会保险基金。

5. 收支平衡，留有结余

社会保险基金预算坚持收支平衡，适当留有结余。《社会保险法》规定，社会保险基金通过预算实现收支平衡。

三、建立社会保险基金预算管理制度的意义

2010年1月，国务院印发了《关于试行社会保险基金预算的意见》（国发［2010］2号，以下简称《意见》），决定在全国范围内试行社会保险基金预算，并阐述了预算的指导思想和原则，对预算编制方法提出了要求，规定了预算的编制和审批、执行和调整、决算、组织实施的工作机制和程序，这标志着规范的社会保险基金预算管理制度正式开始建立。

建立社会保险基金预算制度是完善社会保险基金管理的一项重大制度建设。编报社会保险基金预算，除了有助于增强政府宏观调控能力、明确各级政府责任、强化基金管理和监督之外，从经办管理角度看，还为全面提升经办能力提供了重大契机。主要体现在以下几个方面：

第一，促进社保经办机构在更高层次上管理和使用资金。中国的社保经办体系是从县级统筹起步，基金统筹层次较低，社保经办机构设置相对分散，已经越来越难以适应社保事业发展的需要，提高统筹层次势在必行。目前，全国所有省份均已在2009年年底前出台了基本养老保险省级统筹办法，医疗、工伤和生育保险也正向地市级统筹迈进。随着社保基金预算管理制度的建立和统筹层次的提高，社保经办机构可以在更高层次上归集、管理和使用资金，从而有助于加强统筹地区内的资金调度，减少基金管理环节和风险，提高基金使用效率。

第二，促进社保经办机构经办能力的提高。社保基金预算是以社保财务和统计数据为基础，按照《意见》确定的原则，以规定的程序和方法测算的综合收支计划，对基础数据质量、机构内部部门间的协调、编制人员的专业素质都有很高的要求。通过预算管理的逐步推行，将使社保经办机构逐步向一个以基金管理为核心的组织转变，有助于不断提高社保经办机构的经办能力。

第三，促进社会保险基金管理水平的提高。预算是对社会保险基金收支的预先统筹规划，社保基金预算管理有助于合理安排基金的筹集、使用和运营，是提高基金管理水平，保持基金良性运行的必由之路。建立社保基金预算管理制度，有助于加强社保基金征缴，确保待遇支付，提高基金运营效率，更加全面、完整、真实地反映基金运行状况，提高基金管理水平。

四、社会保险基金预算与扩面征缴计划的关系

为促进事业发展，人力资源和社会保障部每年按照中央会议精神研究编制《人力资源和社会保障事业发展计划》，印发各地执行，其中对社会保险扩面和征缴都提出量化的任务计划。社会保险基金预算和任务计划之间既有区别也有联系。

（一）预算和计划的区别

1. 编制内容不同

计划中仅包含参保人数和征缴收入，而预算内容包含了基金收入和支出的所有内容，收入预算中还包括财政补助和利息收入等。

2. 编制程序不同

计划由人力资源和社会保障部自上而下下达至各省，反映了社会保险事业发展的政策目标导向；预算按统筹地区编制，自下而上汇总，反映了社会保险事业发展的现实导向。

3. 编制方法不同

计划综合考虑全国社会保障事业的发展、中央精神和相关政策制定并分解到各省（直辖市、自治区）执行；预算依据统筹地区上年执行情况、发展趋势和各地政策实施细则测算编制。

4. 考核激励机制不同

计划的制订通常给各地留有余地，并以超额完成计划比例作为考核激励的依据；预算通常要求编制准确，多数指标以预算执行数是否接近预算编制数作为考核激励依据。

（二）预算和计划的联系

1. 预算编制要接受计划的指导

社会保险基金预算不是单纯的内部管理问题，还有深刻的政治经济和社会背景，预算的编制受政策制度和公众意愿的制约。如果仅仅采用自下而上的程序汇总编制预算，一是很难体现中央政策导向；二是容易出现预算松弛，即地方往往倾向于低估收入、高估支出。而仅采用自上而下的程序编制，又容易脱离各地实际。所以科学的预算应该是上下结合，通过特定的方式协商编制。在预算编制特别是收入预算编制中必须接受计划的指导，通常省级征缴收入预算应不低于人力资源和社会保障部下达的征缴计划。因此，《意见》中明确要求："社会保险基金收入预算的编制应综合考虑……社会保险工作计划等因素。"

2. 预算执行情况是制订计划的重要参考

预算执行情况（包括季度执行情况和决算）是对纳入预算编报范围的各险种基金收支和参保情况准确、全面的反映，其总量和变动趋势可以成为制订人力资源和社会保障事业发展计划的重要参考。

五、社会保险基金预算与社会保障预算的关系

社会保障由社会保险、社会救济、社会福利、优抚安置等内容组成，其中社会保险是社会保障的核心内容。但并不能据此简单认为，社会保险基金预算仅仅是社会保障预算的组成部分，这是由社会保险相对于其他社会保障项目的特点决定的。

第一，社会保险收入主要来源于参保单位和个人缴费，而其他社会保障项目的收入以财政拨款为主；第二，社会保险中基金规模最大的两个保险（养老保险和医疗保险）均设有个人账户，具有一定的个人属性；第三，社会保险基金原则上按照“以支定收、收支平衡”的原则确定当期基金收支；第四，社会保险的收入和支出受相关法律法规的刚性约束；第五，社会保险基金预算与公共财政预算相对独立。

因此，社会保险基金预算编制应由人力资源社会保障部门所属社会保险经办机构根据所掌握的数据采用科学、规范的方法单独编制，而社会保障预算则主要依据公共财政预算中对各项社会保障的支出额度进行编制。两者的联系体现在各级政府对社会保险的财政补助是社会保障支出预算的重要组成部分。国务院批准确定的各部门职责中规定，人力资源和社会保障部负责编制全国社会保险基金预决算草案，财政部负责编制中央社会保障预决算草案，也体现了社会保险基金预算和社会保障预算的特点。

第二节　社会保险基金预算管理环节

社会保险基金预算管理环节是指在一个完整的基金预算管理周期中按阶段划分的组成部分，主要包括预算编制、预算汇总、预算审核、预算执行、预算调整、决算等。我国社会保险基金预算年度采用历年制。

一、预算编制

预算应该在预算年度开始之前，由统筹地区社会保险经办机构负责编制。编制中应坚持总量平衡，并适当留有结余，根据各项社会保险统筹模式特点，即企业基本养老保险按照“略有结余”的原则，职工基本医疗保险、失业保险、工伤保险、生育保险按照“以支定收、收支平衡”的原则确定当期基金收支。

编制收入预算草案应综合考虑统筹地区上年度基金预算执行情况、本年度国民经济和社会发展计划、人力资源和社会保障事业发展计划和财政补助水平等因素。其中，社会保险费收入应根据社会保险参保人数、社会保险缴费率、上年度社会平均工资水平、工资增长等因素合理确定。财政补贴收入应统筹考虑上年度财政补助水平，并剔除不可比因素后加上本级财政当年新增补助综合分析填列。利息收入按照存入银行和购买国债的利息收入，以及养老保险个人账户基金委托全国社保基金理事会运营取得的投资收益等合理测算。转移收入、上级补助收入、下级上解收入、其他收入等要按照上年度实际执行数，合理测算预算年度收入。

编制社会保险基金支出预算草案应按照规定的支出范围、项目和标准进行测算，考虑近年基金支出变化趋势，综合分析人员、政策等影响支出变动的因素。编制中要严格执行各项社会保险待遇规定，确保各项社会保险待遇政策落实，不得随意提高支付标准、扩大支出范围。

二、预算审核汇总

统筹地区社会保险经办机构完成预算草案编制后，应报送本级人力资源社会保障部门审核汇总，人力资源社会保障部门完成审核汇总后转交同级财政部门复核，再由两部门联合报本级人民政府审批。人力资源社会保障和财政部门应将本级人民政府审批后的预算草案分别报上一级人力资源社会保障和财政部门，社会保险经办机构应上报上级社会保险经办机构。

在审核过程中，除考虑整体的政策因素外，还应分析审核以下几个方面：一是比对分析社会保险费收入预算与本年度人力资源和社会保障事业发展计划；二是比对分析预算上年各指标执行数与当年预算数；三是审核社会保险费收入和支出增幅是否在合理区间；四是审核财政补助收入和利息收入预算规范性；五是分析参保人数、缴费人数、离退休人数、缴费比例、缴费基数、费率、平均待遇水平等指标变动是否异常，以及基金收支之间的逻辑关系是否合理。

三、预算执行

社会保险基金收入预算和支出预算均应严格按照批准的预算和规定的程序执行。社保经办机构对基金征缴收入、利息收入、其他收入等应做到应收尽收，要加强社会保险基金征缴管理，努力扩大各项社会保险覆盖面，加大稽核和清欠力度，并严格按照现行会计制度进行会计核算，对预算超收部分不得人为挂账、转入下年或不入账，对预算不足部分不得虚列收入；对预算内的财政补贴收入、调剂金收入应积极协调相关部门按进度及时入账，以确保社保待遇的发放；对社保基金支出应规范社会保险待遇项目和计发标准，严格按照规定范围内实际发生的各项社保待遇进行支付，并确保各项社保待遇按时足额发放，不得虚列支出，不得拖欠待遇支付。

预算执行期内，各级人力资源社会保障部门和社会保险经办机构应全面掌握本地区社会保险基金运行状况，定期分析预算执行情况，及时发现存在问题。人力资源社会保障部门应于每季度结束后向人力资源和社会保障部报送预算季度执行分析报告，下级社会保险经办机构同时报送上级社会保险经办机构。

四、预算调整

社会保险基金的收入和支出受政策法规和社会经济发展状况的刚性约束，在预算执行时会受到不可预见因素的影响，因此允许在预算执行期内合理调整。预算执行中因特殊原因，执行结果和预算差距较大的，应结合社会保险政策变化情况，及时做好预算调整工作，并编制社会保险基金调整预算。调整后出现收大于支的，可以把当期收入结余到以后年度使用，调整后出现支大于收的，也可以把历年结余用做当期支付。调整预算的编报审核程序和预算编报审核程序类似。

五、决算

社会保险基金决算是预算执行结果的终结和总结，是纳入预算管理范围的社会保险基金筹集和使用活动在预算年度的集中反映。社会保险基金决算在预算管理中具有以下重要意义：一是可作为预算考核评价的主要依据；二是通过基金决算对预算期内基金管理工作进行全面总结，可发现工作中的成绩和不足，以便于在今后的工作中扬长避短；三是可作为下一个年度进行预算编制的重要基础和依据。

预算年度结束后，统筹地区社会保险经办机构应当对预算期内的基金收支状况进行全面的核查，并在此基础上编制社会保险基金决算。决算经同级人力资源社会保障部门审核汇总，财政部门审核后，由人力资源社会保障部门和财政部门联合报同级人民政府审批。统筹地区人力资源社会保障部门和财政部门将审批后的社会保险基金决算分别报上一级人力资源社会保障部门和财政部门。省级人力资源社会保障部门和财政部门将本省（自治区、直辖市）社会保险基金草案联合报同级人民政府审批后，分别报人力资源社会保障部和财政部，下级社会保险经办机构同时报送上级社会保险经办机构。

第三节　社会保险基金预算管理机制

社会保险基金预算管理是通过预算而对社会保险基金进行管理的活动，作为一种管理活动，包括组织体系、考核评价和激励约束等内容的管理机制，在很大程度上决定着其有效性。

一、社会保险基金预算管理组织体系

社保基金预算管理组织体系是指社会保险基金预算相关的各种组织、机构、程序和活动等构成要素的总称，它们共同构成一个完整的体系，以保证预算的实现。社保基金预算管理的组织体系可以按照管理层级、部门职能和各个险种三个维度进行划分。

（一）按管理层级划分

由于各级政府对社会保险具有管理职能并负有补贴责任，基金预算的管理层级也必然与行政管理层级相关联。社会保险基金预算按照管理层级可分为全国社会保险基金预算、省级预算、地市级预算和统筹地区预算，实现省级统筹的险种则只有省级预算和全国预算两个层级。在这样的预算管理体制下，预算编制应合理处理各级政府对社会保险补助责任的划分。

（二）按部门职能划分

1. 人力资源社会保障部门

各级人力资源社会保障部门是社会保险基金预算管理的主管职能部门，在各级政府的领导下具体负责本级预算工作的组织和实施，以及预算的审核汇总工作，并定期向本级政府报告预算情况。人力资源和社会保障部负责全国社会保险基金预算的组织和实施，并审核汇总全国社会保险基金预算。

2. 社会保险经办机构

各级社会保险经办机构是社会保险基金预算编制部门和主要的执行部门。统筹地区社会保险经办机构负责本级社会保险基金预算的编制和执行，未实现省级统筹的，省级社会保险经办机构负责省本级直管的社会保险基金预算编制和执行，指导下级社会保险经办机构编制和执行社会保险基金预算，并在省级人力资源社会保障部门的领导下参与全省基金预算的审核汇总工作。

3. 财政部门

各级政府对社会保险基金负有财政补助责任，因此各级财政部门是社会保险基金预算的审核和监督部门之一。各级基金预算需经财政部门审核后，与人力资源社会保障部门联合向本级人民政府报告。同时，财政部门还负责执行各级政府对社会保险基金的补贴，因而也是预算执行部门之一。

4. 税务部门

社会保险费由税务部门征收的，由社会保险经办机构会同税务部门进行社会保险征缴收入预算的编制和执行。

（三）按险种划分

按险种划分，目前纳入我国社会保险基金预算试行编报范围的包括企业职工基本养老保险基金预算、城镇职工基本医疗保险基金预算、工伤保险基金预算、失业保险基金预算、生育保险基金预算、城镇居民基本医疗保险基金预算、新型农村社会养老保险基金预算。城镇居民社会养老保险基金等在条件成熟后也将逐步纳入预算编报范围。各险种基金预算分别编制，相互独立。

社会保险基金预算管理组织体系如图 1—1 所示。

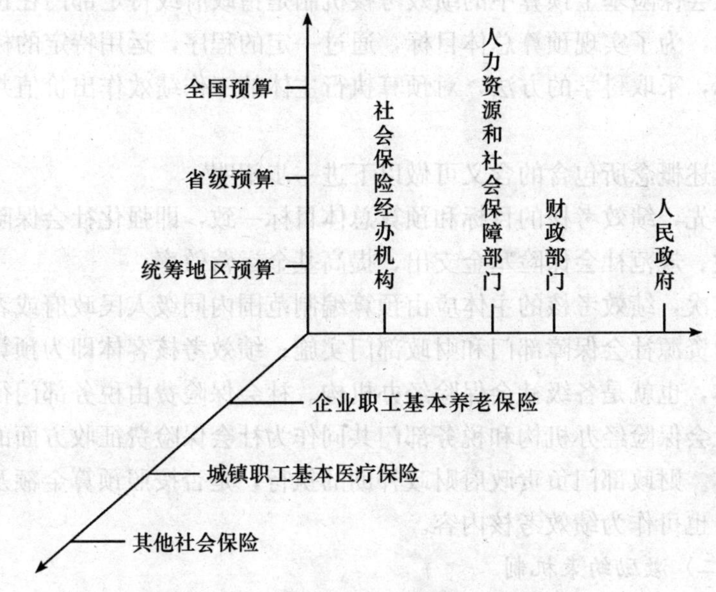

图 1—1 社会保险基金预算管理组织体系

二、预算考核与激励机制

预算之所以能成为一种综合的管理手段而不仅仅是对收支项目的预测，有赖于绩效考核和激励约束两个环节发挥作用，其中绩效考核是激励和约束的前提，激励和约束是绩效考核结果的保障。因此，建立预算绩效考核机制和激励约束机制，既是衡量预算草案编制质量与执行结果的重要基础，又是提高预算草案编制水平的重要保障。考核和激励按照预算执行的层级可以分为社保经办机构系统内部和外部两个方面，《意见》要求，统筹地区人民政府要建立社会保险基金预算绩效考核和激励约束机制，推进预算工作组织实施。而在经办机构系统内部，也应加强预算草案编制的考核工作，研究建立系统内部的绩效考核办法，以推进社保基金预算制度的发展，提升社保基金预算工作的效率。

（一）绩效考核机制

社会保险基金预算中的绩效考核机制是指政府或特定部门在预算周期内，为了实现预算总体目标，通过一定的程序，运用特定的标准和指标，采取科学的方法，对预算执行主体的工作绩效作出价值判断的机制。

上述概念所包含的含义可做以下进一步阐明：

首先，绩效考核的目标和预算总体目标一致，即强化社会保险基金征缴、规范社会保险基金支出、提高基金运营效率。

其次，绩效考核的主体应由预算编制范围内同级人民政府或者同级人力资源社会保障部门和财政部门实施；绩效考核客体即为预算执行主体，也就是各级社会保险经办机构。社会保险费由税务部门征收的，社会保险经办机构和税务部门共同作为社会保险费征收方面的考核客体。财政部门负责政府财政补助的执行，是否按照预算金额及时拨付，也可作为绩效考核内容。

（二）激励约束机制

社会保险基金预算中的激励约束机制，是指政府或特定部门为了实现预算总体目标，对预算执行主体进行激发鼓励和规范约束的行为机制。激励约束机制可以分为事先、事中和事后，事后激励应以绩效考核结果为依据。激励中的约束是指通过对预算参与者在预算执行过程中的控制和执行结果的监督，达到规范、限制其行为的目的。能够起约束作用的有两类：一是外部约束，如审计部门、其他监督部门以及全社会的监督；二是内部约束，如制度允许范围内的薪酬约束、内部职位竞争形成的约束等。

预算中的激励和约束机制，是指为使预算参与部门及参与者努力达成预算总体目标，以绩效考核的结果为依据而设计的奖惩机制。可见，激励约束机制的目标是强化社会保险基金征缴、规范社会保险基金支出、提高基金运营效率。激励的方式可以分为物质激励和精神激励。对于预算参与部门，可以按照预算完成的绩效给予经费奖励、办公条件与设备奖励等，对于预算参与者，可以在制度运行的范围内给予薪酬激励。由于社会保险基金的特点和基金管理主体的性质，精神激励在基金预算管理体制中起着重要的作用。常见的精神激励包括上级表扬、授予荣誉、事业激励、情感激励、道德激励等。

第四节　社会保险基金预决算报告

一、社会保险基金预算报告

（一）编报要求

社会保险基金预算报告应按照《社会保险法》、《意见》及人力资源社会保障部与财政部的统一要求，按规定的编制范围、编制原则、编制程序、编制方法和上报要求进行编报，努力增强社会保险基金预算编制的准确性，确保数据真实、准确，内容完整，说明清晰，不得为使预算易于完成而压低基金预算收入或虚报基金预算支出。

（二）预算报表

社会保险基金预算由以下几类报表组成：

1. 社会保险基金预算总表

社会保险基金预算总表集中反映预算编制范围内各险种基金预算收支和结余情况。该表数据直接从后续各表取数获得。

2. 各险种基金预算表

采用单式预算的结构，分别反映各险种基金收入项目、支出项目和结余的当年预算数以及上年执行数。预算表可以通过“本年收入合计＋上年结余＝本年支出合计＋年末滚存结余”的会计公式进行校验。

3. 附表

附表反映主表以外的其他基金预算相关情况，如部分暂未纳入预算范围险种的基金收支情况、预算范围内各险种预计参保人数、参保人员结构、缴费基数、缴费率、享受待遇人数和待遇发放水平等情况。

（三）预算编报说明

社会保险基金预算报告说明应包括以下内容：

1. 报告摘要。简要叙述各项社会保险基金预算收支和结余情况。

2. 基金预算影响因素分析。简要分析各项可能影响基金运行的社会保险政策调整、宏观经济形势、参保人员数量和结构变化等环境因素。

3. 基金收入情况。说明各项社会保险基金收入项目的预算情况及同比增减情况，提供测算依据和方法。对社会保险基金预算收入增长明显低于前三年平均增幅的应说明原因。

4. 基金支出情况。说明各项社会保险基金支出项目的预算情况及同比增减情况，提供测算依据和方法。对社会保险基金支出预算增长明显高于前三年平均增幅的应说明原因。

5. 基金结余情况。说明各项社会保险基金预算结余情况及同比增减情况，对预算当年出现赤字或结余过高的应说明原因。

6. 总结和建议。简要分析说明基金运行和预算中存在的问题，提出加强管理的建议和措施等。

二、社会保险基金决算报告

（一）编报要求

社会保险基金决算报告是对预算范围内社会保险基金全面的数据

汇总和分析，具有法律效力，编报中要做到数字真实、计算准确、内容完整、分析详细和报送及时。

1. 报表填报要做到真实、准确

决算报表编制中要严格核对账目，确保账实相符、账表相符，不得自行取舍和遗漏，不得瞒报、虚报收支账目，或违规将本年收支款项移至下年入账。要按照统一的指标口径和方法填报，以保证报表的连贯性和可比性。

2. 报告内容要做到完整、规范

决算报告要严格按照统一的基金决算要求和财务、会计制度的规定完整填报，对于如欠缴基金、应缴基金等无法在报表中反映的重要事项，应在分析报告中加以说明。

3. 报告分析要做到深入、全面

决算报告说明应结合年度预算，深入分析预算执行情况。要充分利用历史数据、相关业务数据和宏观经济数据，以基金运行为主线，多角度、多维度分析基金运行的历史规律和未来发展趋势，总结经验，提出政策建议。

4. 报告提交要做到按时、规范

各地要按要求提前准备、按时报出，保证决算报告的时效性。

（二）决算报表

社会保险基金决算由以下几类报表组成：

1. 资产负债表

根据“资产＝负债＋基金”这一会计公式，反映预决算范围内各项社会保险基金年末全部资产、负债和基金结余情况。资产负债表所反映的信息主要包括以下几个方面：第一，基金形成资产的分布情况与结构及其资产的变现能力；第二，基金承担的债务情况及其偿债能力；第三，基金的保障水平，按基金规模大小和支付能力；第四，通过前后期资产负债表的比较，可以看出基金结构的变动情况及其财务状况的变化趋势。

2. 基金收支表

基金收支表反映社会保险基金在年度内的收入、支出、结余情况。通过该表可以掌握基金的动态情况，同时也可以结合有关附表所反映的数据，了解有关参保单位缴纳基金的情况。

3. 财政专户资产负债表

财政专户资产负债表反映纳入单独社会保障基金财政专户的各项社会保险基金资产负债情况。编制本表前，社会保险经办机构应和财政部门进行严格对账，数据核实一致后方可填报。

4. 财政专户收支情况表

财政专户收支情况表反映纳入单独社会保障基金财政专户的各项社会保险基金收支情况。

5. 附表

附表反映主表以外的其他重要情况，如部分暂未纳入预算范围险种的基金收支情况，预算范围内各险种参保、缴费、发放和调剂金情况，各级财政对社会保险补助情况等。

（三）决算报告说明

社会保险基金决算报告说明是根据决算报表中的数据资料和其他历史数据，结合年度预算、相关业务数据指标和业务工作开展情况，对基金的运行状况及结果进行比较、分析和评价，对可能影响本期和下期基金运行的重大事项进行说明与预测分析所形成的分析报告，随同基金决算报表一同报送。社会保险基金决算报告说明应包括以下内容：

1. 报告摘要。简要叙述各项社会保险基金年度资产负债情况、收支和结余情况以及基金运行中的重大事项。

2. 基金运行环境情况。简要分析各项影响基金运行的宏观经济形势、社会保险政策调整、参保人员数量和结构变化等环境因素。

3. 基金收入情况。分析说明各项社会保险基金征缴收入、财政补助收入、调剂金收入、利息收入以及养老保险个人账户做实部分运营收入的预算执行情况、差异原因以及同比增减情况。

4. 基金支出情况。分析说明各项社会保险当期待遇支出、补发往年拖欠支出和调整待遇支出、调剂金支出的同比增减等项目的预算执行情况、差异原因以及同比增减情况。

5. 基金结余情况。分析说明各项社会保险基金资产负债、基金支撑能力、养老保险个人账户做实、基金结余在省本级和各地市的分布等情况。

6. 总结和建议。简要叙述基金管理方面的主要措施和成效，分析存在的问题，说明年初数的调整等情况，披露和说明基金管理中的重大违规等事项，提出改进措施和政策建议。

第二章　职工基本养老保险基金预算的编制

第一节　预算报表和指标体系

基金预算体现为一系列基金运行指标的预算，各项指标的预算过程和结果都可整合体现在预算报表之中。预算报表体系的设计主要遵循三项原则：一是预算指标体系的完整性，二是预算编制方法的统一性和包容性，三是预算编制和分析的便利性。通过以上原则实现预算指标体系与预算编制办法的有机结合。

一、职工基本养老保险基金预算报表的组成

职工基本养老保险基金预算报表体系由预算主表、参数表、基金平衡表和预算调整情况表组成。

1. 预算主表。即职工基本养老保险基金预算表，反映职工基本养老保险基金预算编制的结果。

2. 参数表。分为职工基本养老保险基金收入参数表和支出参数表两部分，反映职工基本养老保险基金收入和支出预算的测算过程。

3. 基金平衡表。即职工基本养老保险基金预算平衡情况表，反映基金预算缺口情况和缺口的弥补办法。省级统筹的需包含所辖区、市情况。

4. 预算调整情况表。即职工基本养老保险基金预算调整情况表，反映基金预算在执行过程中，受政策或其他因素的影响，需要对预算进行调整的情况。

以2012年预算编制为例，职工基本养老保险基金预算主表见表2—1。

表2—1　　2012年职工基本养老保险基金预算主表

项目	2011年预计执行数	2012年预算数	项目	2011年预计执行数	2012年预算数
一、基本养老保险费收入			一、基本养老金支出		
二、利息收入			二、医疗补助金支出		
三、财政补贴收入			三、丧葬抚恤补助支出		
其中：本级财政补助					
四、其他收入			四、其他支出		
五、转移收入			五、转移支出		
六、上级补助收入			六、补助下级支出		
七、下级上解收入			七、上解上级支出		
八、本年收入合计			八、本年支出合计		
			九、本年收支结余		
九、上年结余			十、年末滚存结余		
总计			总计		

二、职工基本养老保险基金预算指标体系构成

职工基本养老保险基金预算指标体系，包括反映职工基本养老保险基金预算规模的基金收入、支出、结余指标和影响基金预算的其他因素指标。其各项指标依据基本养老保险有关法律、法规及养老保险经办业务的实际情况设立，包括职工基本养老保险基金收入预算指标、职工基本养老保险支出预算指标、职工基本养老保险结余预算指标。

（一）收入预算指标的构成

基本养老保险基金收入预算指标主要包括职工基本养老保险费收

入、利息收入、财政补贴收入、转移收入、其他收入、上级补助收入、下级上解收入等指标。

1. 基金指标结构图

基金指标结构图如图 2—1 所示。

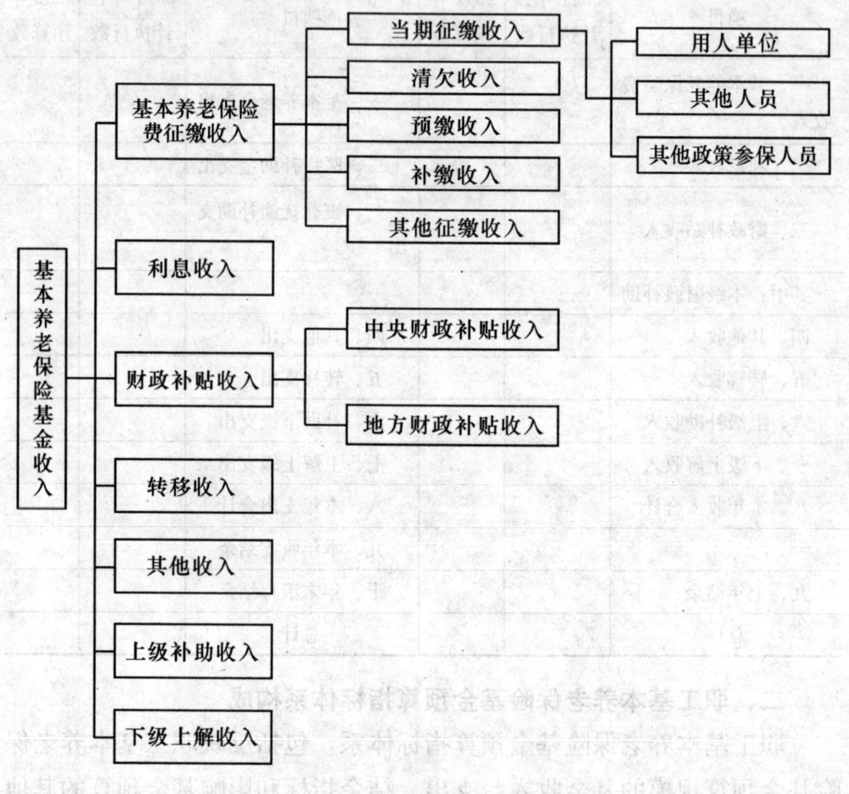

图 2—1　基金指标结构图

2. 基金影响因素指标结构图

基金影响因素指标结构图如图 2—2 所示。

（二）支出预算指标的构成

职工基本养老保险基金支出预算指标包括基本养老金支出、医疗补助金支出、丧葬抚恤补助支出、转移支出、其他支出、上解上级支

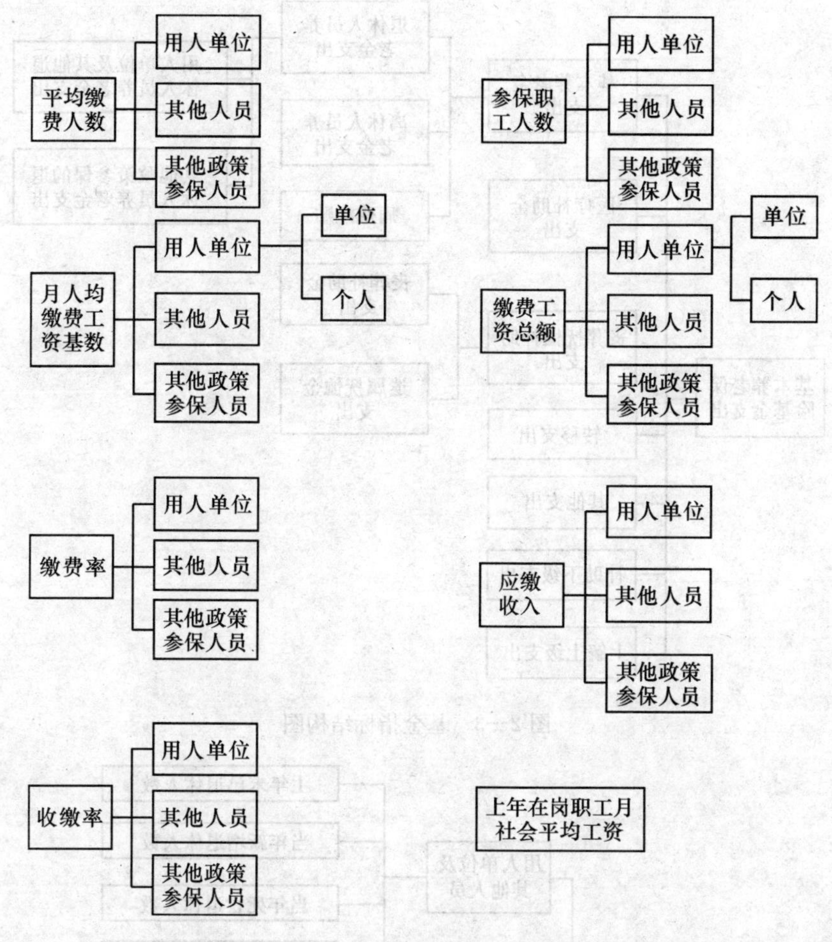

图 2—2　基金影响因素指标结构图

出、补助下级支出等指标。

1. 基金指标结构图

基金指标结构图如图 2—3 所示。

2. 基金影响因素指标结构图

基金影响因素指标结构图如图 2—4 所示。

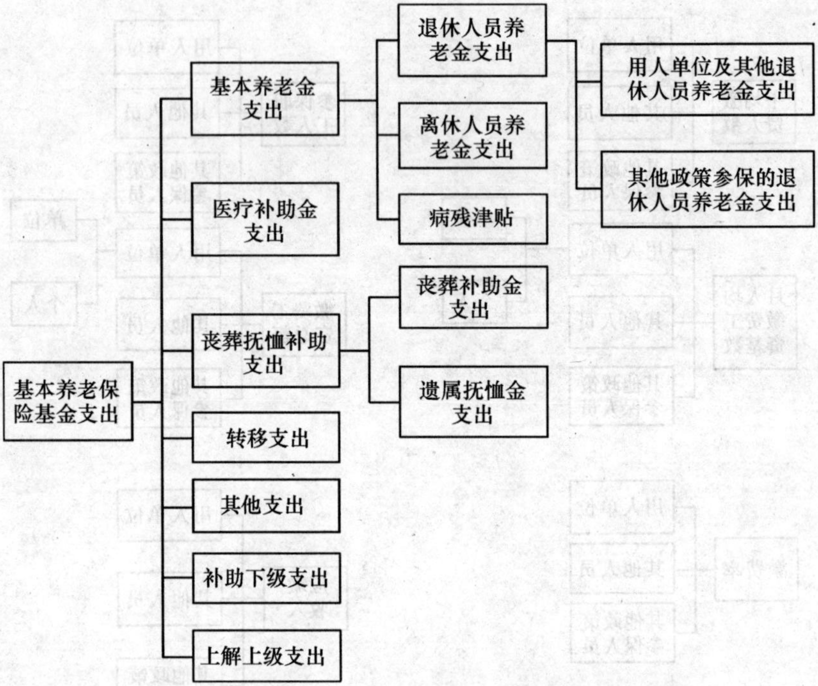

基本养老保险基金支出
基本养老金支出
医疗补助金支出
丧葬抚恤补助支出
转移支出
其他支出
补助下级支出
上解上级支出
退休人员养老金支出
离休人员养老金支出
病残津贴
丧葬补助金支出
遗属抚恤金支出
用人单位及其他退休人员养老金支出
其他政策参保的退休人员养老金支出

图 2—3　基金指标结构图

退休人员
用人单位及其他人员
其他政策参保人员
上年末已退休人数
当年新增退休人数
当年死亡退休人数
年末退休人数
上年末已退休人数
当年新增退休人数
当年死亡退休人数
年末退休人数

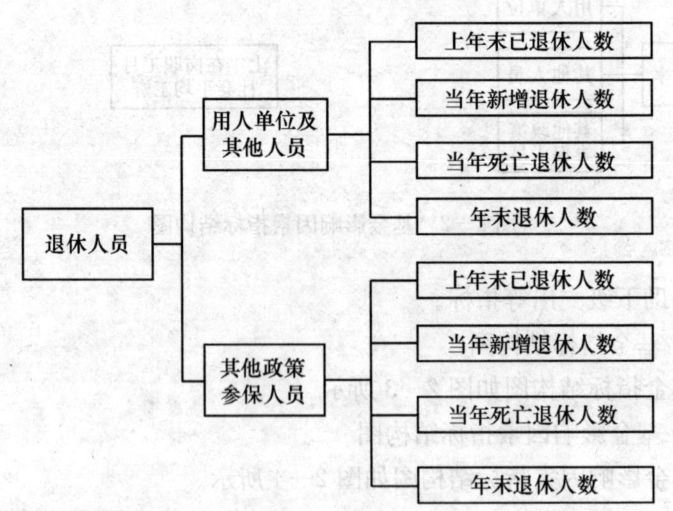

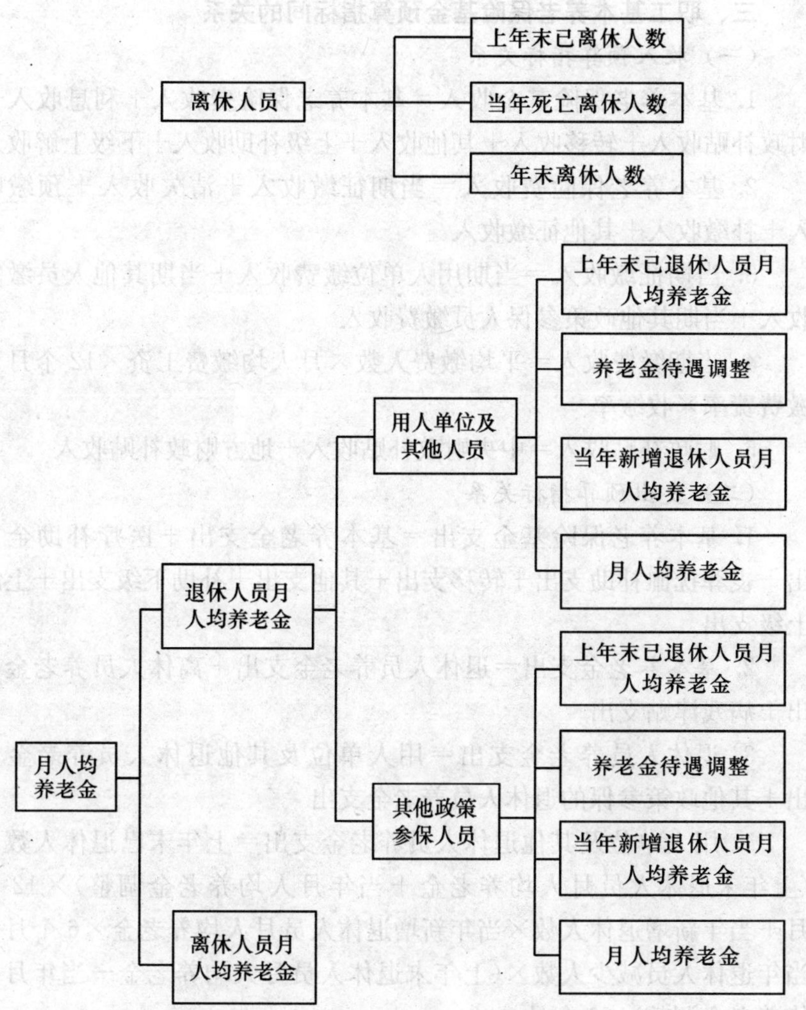

图 2—4　基金影响因素指标结构图

（三）结余预算指标的构成

职工基本养老保险基金结余指标包括本年收支结余、年末滚存结余两项指标。

三、职工基本养老保险基金预算指标间的关系

（一）收入预算指标关系

1. 基本养老保险基金收入＝基本养老保险费收入＋利息收入＋财政补贴收入＋转移收入＋其他收入＋上级补助收入＋下级上解收入

2. 基本养老保险费收入＝当期征缴收入＋清欠收入＋预缴收入＋补缴收入＋其他征缴收入

3. 当期征缴收入＝当期用人单位缴费收入＋当期其他人员缴费收入＋当期其他政策参保人员缴费收入

4. 当期缴费收入＝平均缴费人数×月人均缴费工资×12 个月×缴费费率×收缴率

5. 财政补贴收入＝中央财政补贴收入＋地方财政补贴收入

（二）支出预算指标关系

1. 基本养老保险基金支出＝基本养老金支出＋医疗补助金支出＋丧葬抚恤补助支出＋转移支出＋其他支出＋补助下级支出＋上解上级支出

2. 基本养老金支出＝退休人员养老金支出＋离休人员养老金支出＋病残津贴支出

3. 退休人员养老金支出＝用人单位及其他退休人员养老金支出＋其他政策参保的退休人员养老金支出

4. 用人单位及其他退休人员养老金支出＝上年末已退休人数×(上年末退休人员月人均养老金＋当年月人均养老金调整)×12 个月＋当年新增退休人数×当年新增退休人员月人均养老金×6 个月－当年退休人员减少人数×(上年末退休人员月人均养老金＋当年月人均养老金调整)×6 个月

5. 离休人员养老金支出＝上年末离休人数×上年末离休人员月人均养老金×12 个月－当年离休人员减少人数×上年末离休人员月人均养老金×6 个月

（三）结余预算指标关系

1. 本年收支结余＝本年基金收入合计－本年基金支出合计

2. 年末滚存结余＝上年结余＋本年基金收支结余

第二节　收入预算的编制

职工基本养老保险基金收入预算指标主要包括养老保险费收入、利息收入、财政补贴收入、转移收入、其他收入、上级补助收入、下级上解收入等指标。以上指标的测算需要若干年度各项基金收入指标和影响基金收入预算的其他因素指标的历史数据，估算得到预算年度各项指标的增长率。测算过程在收入预算参数表中完成。以2012年预算编制为例，职工基本养老保险基金收入预算参数表形式见表2—2。

表2—2　2012年职工基本养老保险基金收入预算参数示意表

<table>
<tr><th colspan="3">项目</th><th>单位</th><th>2008年执行数</th><th>2010年执行数</th><th>2011年预计执行数</th><th>预算综合增长率</th><th>2012年预算数</th></tr>
<tr><td rowspan="8">影响基金因素</td><td rowspan="8">参保缴费人数</td><td>参保职工人数</td><td>人</td><td></td><td></td><td></td><td></td><td></td></tr>
<tr><td>＃用人单位</td><td>人</td><td></td><td></td><td></td><td></td><td></td></tr>
<tr><td>＃其他人员</td><td>人</td><td></td><td></td><td></td><td></td><td></td></tr>
<tr><td>＃其他政策</td><td>人</td><td></td><td></td><td></td><td></td><td></td></tr>
<tr><td>平均缴费人数</td><td>人</td><td></td><td></td><td></td><td></td><td></td></tr>
<tr><td>＃用人单位</td><td>人</td><td></td><td></td><td></td><td></td><td></td></tr>
<tr><td>＃其他人员</td><td>人</td><td></td><td></td><td></td><td></td><td></td></tr>
<tr><td>＃其他政策</td><td>人</td><td></td><td></td><td></td><td></td><td></td></tr>
<tr><td colspan="9">……</td></tr>
<tr><td rowspan="2">基金收入情况</td><td colspan="2">（一）征缴收入</td><td>元</td><td></td><td></td><td></td><td></td><td></td></tr>
<tr><td colspan="2">1. 当期征缴收入</td><td>元</td><td></td><td></td><td></td><td></td><td></td></tr>
<tr><td colspan="9">……</td></tr>
</table>

续表

项目		单位	2008 年执行数	2010 年执行数	2011 年预计执行数	预算综合增长率	2012 年预算数
基金收入情况	（二）利息收入	元					
	（三）财政补助收入	元					
	其中：地方财政补贴	元					
	（四）其他收入	元					
	（五）转移收入	元					
	（六）上级补助收入	元					
	（七）下级上解收入	元					
	基金收入合计	元					

一、征缴收入预算的编制

职工基本养老保险费征缴收入预算包括当期征缴收入预算、清欠收入预算、预缴收入预算、补缴收入预算和其他征缴收入预算。

（一）当期征缴收入预算的编制

1. 当期征缴收入预算编制原则

当期征缴收入预算编制应以养老保险各项法律、法规、政策为依据，准确把握缴费人数、缴费工资的正常增长趋势，综合分析养老保险覆盖面情况，充分考虑各地扩面潜力和提高基金收缴率。同时，应综合参考宏观经济指标对就业形势、职工工资水平的影响等因素，确定合理的增长水平，努力实现全覆盖、应收尽收的发展目标。

2. 当期征缴收入测算办法

由于不同类别参保人员的缴费工资、缴费费率标准存在较大的差异，为了提高征缴收入预算的科学性，当期征缴收入预算按用人单位、其他人员和其他政策参保人员三个类别分别进行测算。每个类别人员的测算步骤均可分为以下六步：

（1）测算平均缴费人数

平均缴费人数预算数＝缴费人数上年预计执行数×（1＋修正后综

合增长率）

由上式可见，测算平均缴费人数需要先确定平均缴费人数上年预计执行数和预算年度的综合增长率。

①平均缴费人数上年预计执行数的测算

平均缴费人数上年预计执行数以上年预算数为基数，综合考虑预算执行年度养老保险政策、法律、法规的调整对缴费人数的影响以及上年预算实际执行情况等因素，对上年预算数进行必要调整。平均缴费人数预算调整数的测算公式如下：

上年预算调整数＝上年预计执行数－上年预算数

通常，在预算编制时预算上年度全年执行数未知，但前三个季度执行数已知，上年预计执行数的测算重点在于第四季度平均缴费人数预计新增数，该指标根据当年前三个季度实际执行情况测算出一个季度的平均新增数。即：

上年预计执行数＝上年前三个季度执行数＋上年第四季度预计新增数

上年第四季度预计新增数＝（上年第三季度执行数－前年第四季度执行数）÷三个季度＋修正值

设置修正值应考虑第四季度缴费人数增减变动幅度与前三个季度相比可能出现明显偏差或政策影响等因素。

②平均缴费人数综合增长率的测算

测算办法详见附录。

③平均缴费人数综合增长率的修正

对平均缴费人数综合增长率测算值进行修正，通常应符合以下三个条件之一：

一是政策调整因素。在预算年度中执行对缴费人数正常的增长趋势可能产生较大影响的政策，如扩大参保范围等。

二是采集年度的数据出现明显异常。如某地区 2008—2011 年缴费人数分别为 30 万人、60 万人、75 万人、72 万人，从数据中可以看出，近四年来该地区缴费人数的增长趋势毫无规律而言，可能在个别年份存在较大的不可比因素，测算出的综合增长率与实际出现偏差的概率很大，因此，不具备参考价值，需剔除不可比因素后，对综合增长率测算值进行修正。

三是平均缴费人数测算值占参保人数的比例与历史数据相比出现明显偏差的情况下，需要进行修正。如，测算出的缴费人数占参保人数的比例为75%，而近年平均比例为85%，则明显偏低，需对缴费人数综合增长率向上进行修正，以确保缴费人数占参保人数的比例趋于合理的水平。

（2）测算缴费工资总额

缴费工资总额预算数＝上年预计执行数×（1＋修正后综合增长率）

可见，测算缴费工资总额需要先确定缴费工资总额上年预计执行数和预算年度的综合增长率。

用人单位缴费工资总额由单位缴费工资总额和个人缴费工资总额构成。根据劳动部办公厅印发的《职工基本养老保险个人账户管理暂行办法》（劳办发［1997］116号）规定，本人月平均工资低于当地职工平均工资60%的，按当地职工月平均工资的60%缴费：超过当地职工平均工资300%的，按当地职工月平均工资的300%缴费，超过部分不记入缴费工资基数，因此，单位缴费工资总额与个人缴费工资总额可能存在差异，为提高预算的准确性，缴费工资总额按单位和个人缴费工资总额分别进行测算。以下测算办法适用于单位和个人缴费工资总额：

①缴费工资总额上年预计执行数的测算

缴费工资总额上年预计执行数以上年预算数为基数，综合考虑预算执行年度养老保险政策、法律、法规的调整对缴费工资的影响以及上年预算实际执行情况等因素，对预算数进行必要调整。缴费工资总额预算调整数的测算公式如下：

上年预算调整数＝上年预计执行数－上年预算数

通常，在预算编制时预算上年度全年执行数未知，但前三个季度执行数已知，可根据往年前三个季度执行数占全年数的比例预测全年执行数。即：

上年预计执行数＝上年前三个季度执行数÷近年前三个季度数占全年的平均比例＋修正值

设置修正值的主要目的是为了解决在上年第四季度执行对缴费工资总额产生较大影响的政策等因素。

②缴费工资总额综合增长率的测算

测算办法详见附录。

③缴费工资总额综合增长率的修正

对缴费工资总额的综合增长率测算值进行修正，通常应符合以下三个条件之一：

一是政策调整因素。在预算年度中执行对缴费人数、缴费工资正常的增长趋势可能产生较大影响的政策，如扩大参保范围、提高缴费工资等。

二是数据采集年度的数据出现明显异常。近年缴费工资总额存在较大的不可比因素，增长趋势没有规律可循以及其他可能导致测算出的综合增长率不具备参考价值的因素，需对综合增长率测算值进行修正。

三是月人均缴费工资占上年在岗职工月平均工资的比例不符合相关政策规定，或者与近年月人均缴费工资占上年在岗职工月平均工资的平均比例出现较大偏差，则需要进行修正。如测算出的月人均缴费工资占上年在岗职工月平均工资的比例为75%，而近年平均比例为85%，明显偏低，需对缴费工资总额综合增长率向上进行修正，以确保缴费工资总额趋于合理的水平。

（3）测算月人均缴费工资

月平均缴费工资总额预算数＝缴费工资总额预算数÷12个月

月人均缴费工资预算数＝月平均缴费工资总额预算数÷平均缴费人数预算数

（4）确定缴费率

上年缴费率预计执行数和缴费率预算的确定，应以各地养老保险政策规定的缴费率为依据，在预算年度相关费率政策未进行调整的情况下，原则上应与上年缴费率相同。

（5）确定收缴率

上年收缴率预计执行数＝上年收缴率预算数＋预算调整数

上年收缴率预算数＝上年当期征缴收入预算数÷上年应缴收入预算数×100％

收缴率预算原则上不低于上年收缴率。

（6）测算当期征缴收入

当期征缴收入预算数＝当期用人单位缴费收入预算数＋当期其他人员缴费收入预算数＋当期其他政策参保人员缴费收入预算数

当期用人单位缴费收入预算数＝当期单位缴费收入预算数＋个人缴费收入预算数

当期单位缴费收入预算数＝当期用人单位平均缴费人数预算数×当期单位月人均缴费工资预算数×12 个月×当期单位缴费率预算数×当期用人单位收缴率预算数

当期个人缴费收入预算数＝当期用人单位平均缴费人数预算数×当期个人月人均缴费工资预算数×12 个月×当期个人缴费率预算数×当期用人单位收缴率预算数

当期其他人员缴费收入预算数＝当期其他人员平均缴费人数预算数×其他人员月人均缴费工资预算数×12 个月×20％（缴费率）×其他人员收缴率预算数

当期其他政策参保人员缴费收入预算数＝当期其他政策参保人员平均缴费人数预算数×其他政策参保人员月人均缴费工资预算数×12 个月×其他政策参保人员缴费率预算数×其他政策参保人员收缴率预算数

（二）清欠收入预算的编制

编制清欠收入预算要重点参考以下三个指标：

1. 上年末累计欠费情况。

2. 清欠计划。

3. 各年度清欠收入占上年末累计欠费的比例等。

（三）补缴、预缴及其他征缴收入预算的编制

编制补缴、预缴及其他征缴收入预算要重点参考近年补缴、预缴及其他征缴收入分别占基金征缴总收入的比重，并结合预算年度的养老保险政策变化的情况进行编制。

二、财政补贴收入预算的编制

财政补贴收入＝中央财政补贴收入＋地方财政补贴收入

编制财政补贴收入预算要重点参考以下三个指标：

1. 上年度中央财政补贴情况。

2. 基金预算缺口情况。

3. 地方财政预算安排能力等。

三、利息收入预算的编制

编制利息收入预算要重点参考以下五个指标：

1. 基金上年末存储总量以及预算年度预计净增的基金存储量情况。

2. 上年末短、中、长期定期存款，活期存款以及国债的分布情况。

3. 上年基金平均收益情况。

4. 定期存款或国债在预算年度到期情况。

5. 利率变动情况。

四、转移收入预算的编制

编制转移收入预算要重点参考以下三个指标：

1. 近年转移收入变化趋势。

2. 政策调整对转移人数的影响。

3. 政策调整对转移金额的影响。

五、其他收入预算的编制

编制其他收入预算要重点参考以下两个指标：

1. 近年其他收入情况。

2．近年其他收入占基金收入的比重。

六、上级补助收入和下级上解收入预算的编制

编制上级补助收入和下级上解收入预算要重点参考以下两个指标：

1．上年度上级补助收入和下级上解收入情况。

2．预算年度的调剂金政策变化情况。

第三节　支出和结余预算的编制

职工基本养老保险基金支出预算指标包括基本养老金支出、医疗补助金支出、丧葬抚恤补助支出、转移支出、其他支出、上解上级支出、补助下级支出等指标，结余预算指标包括本年收支结余和年末滚存结余。以上指标的测算需要若干年度各项基金支出与结余指标以及影响基金支出和结余预算的其他因素指标的历史数据，估算得到预算年度各指标的增长率。基金支出预算的测算过程在支出预算参数表中完成。以 2012 年预算编制为例，职工基本养老保险基金支出预算参数表形式见表 2—3。

表 2—3　2012 年职工基本养老保险基金支出预算参数示意表

项目				单位	2008 年执行数	2010 年执行数	2011 年执行数	预算综合增长率	2012 年预算数
影响基金因素	离退休人数	退休人员	用人单位及其他人员	人					
			＃上年末已退休人员	人					
			＃当年死亡人员	人					
			＃当年新增人员	人					
			其他政策参保人员	人					
			……						
		离休人员		人					

续表

项目				单位	2008 年执行数	2010 年执行数	2011 年执行数	预算综合增长率	2012 年预算数
影响基金因素	月人均养老金	退休人员	用人单位及其他人员	元					
			……						
			其他政策参保人员	元					
			……						
		上年末已离休人员		元					
支出情况	（一）基本养老金支出			元					
	1. 退休人员养老金			元					
	……								
	（二）医疗补助金支出			元					
	（三）丧葬抚恤补助支出			元					
	（四）其他支出			元					
	（五）转移支出			元					
	（六）补助下级支出			元					
	（七）上解上级支出			元					
	基金总支出			元					

基金支出预算编制原则是以养老保险政策、法律、法规为依据，在上年末已参保离退休人员正常支出的基础上，综合分析离退休人数增减变动、养老金待遇自然增长和政策调整对基金支出的影响因素，充分考虑丧葬补助抚恤费、转移支出、病残津贴等政策规定的各类基金支出项目，力求支出预算编制准确合理，确保基本养老金按时足额发放。

一、基本养老金支出预算的编制

基本养老金支出预算包括退休人员养老金支出预算、离休人员养老金支出预算和病残津贴预算三个部分。

（一）退休人员养老金支出预算的编制

由于不同类别参保人员的养老金计发办法存在较大的差异，为了提高养老金支出预算的科学性，以下主要指标均按用人单位及其他人员和其他政策参保人员两类参保群体分别进行测算。

1. 测算退休人数

退休人数预算数＝上年末已退休人数预算数－当年退休人员死亡人数预算数＋当年新增退休人数预算数

（1）上年末已退休人数的测算

上年末已退休人数预算数＝前年末已退休人数预计执行数－上年退休人员死亡人数预计执行数＋上年新增退休人数预计执行数

①前年末已退休人数为已知数，直接按前年的统计年报中的退休人数填列。

②上年退休人员死亡人数预计执行数的测算

上年退休人员死亡人数预计执行数以上年预算数为基数，综合考虑上年预算实际执行情况等因素，对预算数进行必要调整。测算公式如下：

上年退休人员死亡人数预算调整数＝上年预计执行数－上年预算数

上年退休人员死亡人数预计执行数＝上年前三个季度退休人员实际死亡人数＋上年第四季度退休人员死亡人数预计执行数

上年第四季度退休人员死亡人数预计执行数＝上年前三个季度退休人员实际死亡人数÷三个季度＋修正值

设置修正值主要是考虑第四季度退休人员死亡率与前三个季度相比可能出现明显偏差等因素。

③上年新增退休人数预计执行数的测算

上年新增退休人数预计执行数以上年预算数为基数，综合考虑上年预算实际执行情况等因素，对预算数进行必要调整。测算公式如下：

上年新增退休人数预算调整数＝上年预计执行数－上年预算数

上年新增退休人数预计执行数＝上年前三个季度实际新增退休人数＋上年第四季度退休人员预计新增数

上年第四季度退休人员预计新增数＝上年前三个季度实际新增退休人数÷三个季度＋修正值

设置修正值主要是考虑第四季度新增退休人数与前三个季度相比可能出现明显偏差等因素。

（2）当年退休人员死亡人数的测算

当年退休人员死亡人数预算数＝上年退休人员死亡人数预计执行数×（1＋修正后综合增长率）

①当年退休人员死亡人数综合增长率的测算

测算办法详见附录。

②当年退休人员死亡人数综合增长率的修正

对当年退休人员死亡人数的综合增长率测算值进行修正，通常应符合以下条件：数据采集年度的退休人员死亡人数存在较大的不可比因素，如出现气候变化、瘟疫等因素导致死亡率发生明显变化以及其他可能导致测算出的综合增长率不具备参考价值的因素，需对综合增长率测算值进行修正。

（3）当年新增退休人数的测算

当年新增退休人数预算数＝上年新增退休人数预计执行数×（1＋修正后综合增长率）

①当年新增退休人数综合增长率的测算

测算办法详见附录。

②当年新增退休人数综合增长率的修正

对当年新增退休人数综合增长率测算值进行修正，通常应符合以下条件：数据采集年度的新增退休人数存在较大的不可比因素，如退休人数增长趋势拐点的出现、退休人员行政区域重新划分以及其他可能导致测算出的综合增长率不具备参考价值的因素，需对综合增长率测算值进行修正。

2. 测算退休人员月人均养老金

上年末退休人员月人均养老金预算数＝上年预计执行数×(1＋修正后综合增长率)

(1) 上年末退休人员月人均养老金的测算

①上年末退休人员月人均养老金上年预计执行数的确定

上年末退休人员月人均养老金上年预计执行数，根据上年的上年度 12 月当月发放的退休人员养老金平均数确定，即前年 12 月份当月退休人员人均养老金。

上年预算调整数＝上年预计执行数－上年预算数

②上年末退休人员月人均养老金综合增长率的测算

测算办法详见附录。

③上年末退休人员月人均养老金综合增长率的修正

对上年末退休人员月人均养老金的综合增长率测算值进行修正，必须符合以下条件：在数据采集年度执行对养老金待遇水平可能产生较大影响的政策等因素，如在数据采集年度间执行的养老金待遇调整幅度发生较大变化，导致测算出的综合增长率偏离正常的增长趋势。

(2) 月人均养老金待遇调整数的确定

月人均养老金待遇调整数上年预计执行数的确定

上年月人均养老金待遇调整数必须以上年地方人民政府文件确定的退休人员人均养老金待遇调整水平为依据。

月人均养老金待遇调整预算数的确定，重点应参考以下几个因素：一是国家待遇调整政策规定，二是职工平均工资增长情况，三是物价上涨情况等。

(3) 当年新增退休人员养老金的测算

当年新增退休人员月人均养老金预算数＝上年预计执行数×(1＋修正后综合增长率)

①当年新增退休人员月人均养老金上年预计执行数的确定

当年新增退休人员月人均养老金上年预计执行数以上年的预算数为基数，结合前三个季度实际新增退休人员的月人均养老金水平进行适当调整。

上年预算调整数＝上年预计执行数－上年预算数

②当年新增退休人员月人均养老金综合增长率的测算

测算办法详见附录。

③当年新增退休人员月人均养老金综合增长率的修正

对当年新增退休人员月人均养老金的综合增长率测算值进行修正，必须符合以下条件：预算年度养老金计发办法预期出现较大幅度调整等因素。

（4）当年死亡退休人员的月人均养老金的确定

当年死亡退休人员的月人均养老金预算数＝上年末退休人员月人均养老金预算数＋待遇调整预算数（主要考虑死亡退休人员以前年度退休人员为主，当年退休当年死亡的人数所占的比重很低）

3．测算退休人员养老金支出

退休人员养老金支出预算数＝用人单位及其他退休人员养老金支出预算数＋其他政策参保退休人员养老金支出预算数

用人单位及其他退休人员养老金支出预算数＝上年末用人单位及其他退休人员养老金支出预算数＋当年新增用人单位及其他退休人员养老金支出预算数－当年用人单位及其他死亡退休人员的养老金支出预算数

上年末用人单位及其他退休人员养老金支出预算数＝上年末用人单位及其他已退休人数预算数×（上年末用人单位及其他退休人员月人均养老金预算数＋当年待遇调整预算数）×12个月

当年新增用人单位及其他退休人员养老金支出预算数＝当年用人单位及其他退休人员新增人数预算数×用人单位及其他当年新增退休人员月人均养老金预算数×6个月（考虑当年新增退休人员的退休时间不一，按平均半年计算）

当年用人单位及其他死亡退休人员养老金支出预算数＝当年用人单位及其他退休人员死亡人数预算数×（上年末用人单位及其他退休人员月人均养老金预算数＋当年待遇调整预算数）×6个月（考虑当

年死亡退休人员的死亡时间不一，按平均半年计算）

其他政策参保退休人员养老金支出预算数＝上年末其他政策参保退休人员养老金支出预算数＋当年新增其他政策参保退休人员养老金支出预算数－当年其他政策参保死亡退休人员养老金支出预算数

上年末其他政策参保退休人员养老金支出预算数＝上年末其他政策参保已退休人数预算数×（上年末其他政策参保退休人员月人均养老金预算数＋当年待遇调整预算数）×12 个月

当年新增其他政策参保退休人员养老金支出预算数＝当年其他政策参保退休人员新增人数预算数×当年其他政策参保新增退休人员月人均养老金预算数×6 个月（考虑当年新增退休人员的退休时间不一，按平均半年计算）

当年其他政策参保死亡退休人员养老金支出预算＝当年其他政策参保退休人员死亡人数预算×（上年末其他政策参保退休人员月人均养老金预算数＋待遇调整预算数）×6 个月（考虑当年死亡退休人员的死亡时间不一，按平均半年计算）

（二）离休人员养老金支出预算的编制

1. 测算离休人数

离休人数预算数＝上年末已离休人数预算数－当年离休人员死亡人数预算数

（1）上年末已离休人数的测算

上年末已离休人数预算数＝前年末已离休人数预计执行数－上年离休人员死亡人数预计执行数

①前年末已离休人数为已知数，直接按前年的统计年报中的离休人数填列。

②上年离休人员死亡人数预计执行数的测算

上年离休人员死亡人数预计执行数以上年预算数为基数，综合考虑当年预算实际执行情况等因素，对预算数进行必要调整。当年离休人员死亡人数上年预算调整数的测算公式如下：

上年预算调整数＝上年预计执行数－上年预算数

上年预计执行数＝上年前三个季度离休人员实际死亡人数＋上年第四季度离休人员预计死亡人数

上年第四季度离休人员预计死亡人数＝上年前三个季度离休人员实际死亡人数÷三个季度＋修正值

设置修正值主要是考虑第四季度离休人数死亡率与前三个季度相比可能出现明显偏差等因素。

（2）当年离休人员死亡人数的测算

当年离休人员死亡人数预算数＝上年预计执行数×（1＋修正后综合增长率）

按照我国离休政策的规定，正常情况下，符合离休条件的人员应均已办理离休手续，因此，编制离休人数预算时不考虑新增因素。

①当年离休人员死亡人数综合增长率的测算

测算办法详见附录。

②当年离休人员死亡人数综合增长率的修正

对当年离休人员死亡人数综合增长率测算值进行修正，通常应符合以下条件：数据采集年度的离休人员死亡人数存在较大的不可比因素，如出现气候变化、瘟疫等其他不可抗力因素导致死亡率发生明显变化以及其他可能导致测算出的综合增长率不具备参考价值的因素，需对综合增长率测算值进行修正。

2. 测算离休人员月人均养老金

（1）离休人员月人均养老金上年预计执行数的确定

离休人员月人均养老金上年预计执行数＝上年前三个季度离休人员月人均养老金＋修正值

设置修正值主要是考虑第四季度可能存在出台离休人员待遇调整政策等因素。

预算调整数＝预计执行数－预算数

（2）离休人员月人均养老金综合增长率的测算

测算办法详见附录。

（3）离休人员月人均养老金综合增长率的修正

由于离休人数总量很少，离休人员月人均养老金的变动对基金支出总量的影响很小，因此，编制预算一般不考虑对该综合增长率测算值进行修正。

(4) 离休人员月人均养老金的测算

离休人员月人均养老金预算数＝上年预计执行数×(1＋修正后综合增长率)

3. 测算离休人员养老金支出

离休人员养老金支出预算数＝上年末已离休人员养老金支出预算数－当年死亡离休人员的养老金支出预算数

上年末已离休人员养老金支出预算数＝上年末已离休人数预算数×离休人员月人均养老金预算数×12 个月

当年死亡离休人员的养老金支出预算数＝当年离休人员死亡人数预算数×离休人员月人均养老金预算数×6 个月

(三) 病残津贴预算的编制

根据《社会保险法》第 17 条的规定，参加基本养老保险的个人在未达到法定退休年龄时因病或者非因工致残完全丧失劳动能力的，可以领取病残津贴。所需资金从基本养老保险基金中支付。因此，病残津贴应作为基金支出预算的一项重要组成部分，但由于目前尚未出台病残津贴相关配套政策，因此，在政策尚未明确前，暂时将病残津贴作为养老金支出的一个项目来编制预算，待病残津贴具体实施办法明确后再按规定设计编制办法，以确保基金支出预算的完整性。

二、丧葬补助抚恤支出预算的编制

丧葬补助抚恤支出预算＝丧葬补助金支出预算＋遗属抚恤金支出预算

(一) 丧葬补助金支出预算的编制

丧葬补助金支出预算数＝上年预计执行数×(1＋修正后综合增长率)

1. 丧葬补助金支出上年预计执行数的测算

丧葬补助金支出上年预计执行数以上年预算数为基数，综合考虑预算执行年度相关政策、法律、法规的调整对丧葬补助金支出的影响以及上年预算实际执行情况等因素，对预算数进行必要调整。丧葬补助金支出预算调整数的测算公式如下：

上年预算调整数＝上年预计执行数－上年预算数

上年预计执行数＝上年前三个季度丧葬补助金实际支出数＋上年第四季度丧葬补助金支出预计执行数

上年第四季度丧葬补助金支出预计执行数＝上年前三个季度丧葬补助金实际支出数÷3＋修正值

设置修正值的主要目的是为了解决在第四季度执行对丧葬补助金待遇享受人数和待遇水平产生较大影响的政策等因素。

2. 丧葬补助金支出综合增长率的测算

测算办法详见附录。

3. 丧葬补助金支出综合增长率的修正

对丧葬补助金支出综合增长率测算值进行修正，通常应符合以下两个条件之一：一是政策调整因素。在预算年度中执行对丧葬补助金支出可能产生较大影响的政策，如扩大待遇享受范围、比往年更大幅度调整待遇水平等。二是数据采集年度的丧葬补助金支出出现明显异常。近年丧葬补助金支出存在较大的不可比因素，增长趋势没有规律可循以及其他可能导致测算出的综合增长率不具备参考价值的因素，需对综合增长率测算值进行修正。

（二）遗属抚恤金支出预算的编制

遗属抚恤金是《社会保险法》首次明确新增的养老保险基金支付项目，全国大部分地区并未执行遗属抚恤金政策，因此，新执行该政策的地区，在尚未形成较为清晰的增长趋势的情况下，遗属抚恤金支出预算按照遗属抚恤金待遇平均享受人数预计数、遗属抚恤金标准等因素进行测算。

已经执行遗属抚恤金政策且历年遗属抚恤金支出已经形成较为清晰的增长趋势的地区，按以下办法编制遗属抚恤金支出预算：

遗属抚恤金支出预算数＝上年预计执行数×（1＋修正后综合增

长率）

1．遗属抚恤金支出上年预计执行数的测算

遗属抚恤金支出上年预计执行数以上年预算数为基数，综合考虑预算执行年度相关政策、法律、法规的调整对遗属抚恤金支出的影响以及上年预算实际执行情况等因素，对预算数进行必要调整。遗属抚恤金支出预算调整数的测算公式如下：

上年预算调整数＝上年预计执行数－上年预算数

上年预计执行数＝上年前三个季度遗属抚恤金实际支出数＋上年第四季度遗属抚恤金支出预计执行数

上年第四季度遗属抚恤金支出预计执行数＝上年前三个季度遗属抚恤金实际支出数÷三个季度＋修正值

设置修正值的主要目的是为了解决在第四季度执行对遗属抚恤金待遇享受人数和待遇水平产生较大影响的政策等因素。

2．遗属抚恤金支出综合增长率的测算

测算办法详见附录。

3．遗属抚恤金支出综合增长率的修正

对遗属抚恤金支出综合增长率测算值进行修正，通常应符合以下两个条件之一：一是政策调整因素。在预算年度中执行对遗属抚恤金支出可能产生较大影响的政策，如扩大待遇享受范围、比往年更大幅度调整待遇水平等。二是数据采集年度的遗属抚恤金支出出现明显异常。近年遗属抚恤金支出存在较大的不可比因素，增长趋势没有规律可循以及其他可能导致测算出的综合增长率不具备参考价值的因素，需对综合增长率测算值进行修正。

三、医疗补助金支出预算的编制

医疗补助金支出预算参照丧葬补助抚恤支出预算编制办法。

四、转移支出预算的编制

编制转移支出预算要重点参考以下三个指标：

1．近年转移支出变化趋势。

2．政策调整对转移人数的影响。

3. 政策调整对转移金额的影响。

五、其他支出预算的编制

根据社会保险基金财务制度规定，其他支出是指经财政部门核准开支的其他非社会保险待遇性质的支出。因此，除特殊情况外，原则上不做其他支出预算。

六、补助下级支出和上解上级支出预算的编制

编制补助下级支出和上解上级支出预算要重点参考以下两个指标：

1. 上年度补助下级支出和上解上级支出情况。

2. 预算年度的调剂金政策变化情况。

七、职工基本养老保险基金结余预算

（一）基金结余预算编制原则

职工基本养老保险基金预算实行以支定收、收支平衡的原则，因此，原则上不得编制赤字预算。

（二）基金结余预算的编制

职工基本养老保险基金结余预算包括当年结余预算和年末滚存结余预算。

当年结余预算数＝基金收入预算数－基金支出预算数

年末滚存结余预算数＝上年结余＋当年结余预算数

第四节　指标释义及数据采集

本节解释职工基本养老保险基金预算编制中使用的各项指标的概念、包括的范围以及指标数据的采集途径。

一、收入预算指标释义及数据采集

（一）基金指标

1. 征缴收入

指标释义：征缴收入，是指缴费单位和缴费个人按国家规定的缴费基数的一定比例分别缴纳的基本养老保险费。该指标包括当期征缴收入、清欠收入、预缴收入、补缴收入及其他征缴收入。

（1）当期征缴收入

指标释义：当期征缴收入，是指报告期内根据国家有关规定，由纳入养老保险范围的缴费单位和个人按国家规定的缴费基数和缴费比例实际收缴到位的当年基本养老保险费收入，该指标包含本年发生但已在本年收回的欠费。

数据采集：该指标采集自社会保险基金年报《社会保险补充资料表（二）》（年报补 02 表）的“企业＋其他”基本养老保险“本期实缴当年社会保险费”的数据。

当期征缴收入由“用人单位”征缴收入、“其他人员”征缴收入和“其他政策参保人员”征缴收入三部分组成。这三类参保人员的含义是：

①“用人单位”，是指以国家统计局、国家工商行政管理局颁布的《关于划分企业登记注册类型的规定》（国统字［1998］200 号）中确定的企业类型，包含执行企业养老保险制度的事业单位，下同。

②“其他人员”，是指个体工商户及其帮工、自由职业者、失业后未终止社会保险关系等以个人身份参加社会保险的人员，下同。

③“其他政策参保人员”，是指根据其他地方政策或特殊政策参加基本养老保险的人员，下同。

（2）清欠收入

指标释义：清欠收入，是指本年缴回历年欠缴（不含核销）的基本养老保险费的金额（本金）。

数据采集：该指标采集自社会保险基金年报《社会保险补充资料表（二）》（年报补 02 表）的“企业＋其他”基本养老保险“本年清理收回以前年度欠费（不含核销）”的数据。

（3）预缴收入

指标释义：预缴收入，是指参保单位（个人）跨年度一次性预缴或一次性趸缴的基本养老保险费。包括改制、破产企业按规定为解除劳动合同关系的职工预留并缴纳的基本养老保险费。

数据采集：该指标采集自社会保险基金年报《社会保险补充资料表（二）》的“企业＋其他”基本养老保险“本年预缴以后年度社会保险费”的数据。

（4）补缴收入

指标释义：补缴收入，是指参保单位（个人）实际补缴的上年度末之前的基本养老保险费（未统计在上年末累计欠费项目中）。

数据采集：该指标采集自社会保险基金年报《社会保险补充资料表（二）》（年报补 02 表）的“企业＋其他”基本养老保险“本年补缴以前年度社会保险费”的数据。

（5）其他征缴收入

指标释义：其他征缴收入，是指不包含在当期征缴收入、清欠收入、预缴收入、补缴收入范围内的其他征缴收入。

数据采集：该指标采集自社会保险基金年报《社会保险补充资料表（二）》（年报补 02 表）的“企业＋其他”基本养老保险“其他”的数据。

2. 利息收入

指标释义：利息收入，是指用养老保险统筹基金存入银行、财政专户和用基本养老保险基金购买国家、协议存款等取得的利息收入。

数据采集：该指标采集自社会保险基金年报《基本养老保险基金收支表（合计）》（年报 02 表）的“企业＋其他”“利息收入”的数据。

3. 财政补贴收入

指标释义：财政补贴收入，是指收到的各级财政部门给予基本养老保险统筹基金的补贴。

数据采集：该指标采集自社会保险基金年报《基本养老保险基金收支表（合计）》（年报 02 表）的“企业＋其他”“财政补贴收入”的数据。

4. 其他收入

指标释义：其他收入，是指基本养老保险基金的滞纳金以及其他经财政部门核准的收入。

数据采集：该指标采集自社会保险基金年报《基本养老保险基金收支表（合计）》（年报 02 表）的“企业＋其他”“其他收入”的数据。

5. 转移收入

指标释义：转移收入，是指基本养老保险对象跨统筹范围转移时划入的养老保险基金。

数据采集：该指标采集自社会保险基金年报《基本养老保险基金收支表（合计）》（年报 02 表）的“企业＋其他”“转移收入”的数据。

6. 上级补助收入

指标释义：上级补助收入，是指下级经办机构接受上级经办机构拨付的补助收入。

数据采集：该指标采集自社会保险基金年报《基本养老保险基金收支表（合计）》（年报 02 表）的“企业＋其他”“上级补助收入”的数据。

7. 下级上解收入

指标释义：下级上解收入，是指上级经办机构接受下级经办机构上解的基金收入。

数据采集：该指标采集自社会保险基金年报《基本养老保险基金收支表（合计）》（年报 02 表）的“企业＋其他”“下级上解收入”的数据。

（二）因素指标

1. 参保职工人数

指标释义：参保职工人数，是指报告期末参加职工基本养老保险并在社保经办机构已建立缴费记录档案的职工人数，包括中断缴费但未终止养老保险关系的职工人数，参保职工人数划分为“用人单位”

“其他人员”“其他政策参保人员”三类参保群体。

（1）“用人单位”参保职工人数

数据采集：该指标采集自人力资源和社会保障统计报表《参加基本养老保险人员情况》（人社统 EI5 号）甲栏 2“企业”宾栏 1“参保职工”的“期末数”。

（2）“其他人员”参保职工人数

数据采集：该指标采集自人力资源和社会保障统计报表《参加基本养老保险人员情况》（人社统 EI5 号）甲栏 9“其他人员”宾栏 1“参保职工”的“期末数”。

（3）“其他政策参保人员”参保职工人数

数据采集：该指标采集自当地业务台账中的“其他政策参保人员”的参保人数。

2. 平均缴费人数

指标释义：平均缴费人数，是指报告期内缴纳职工基本养老保险费人员的平均人数，包括未按时足额缴纳养老保险费并且未缴部分已计入欠费的人员。

平均缴费人数划分为“用人单位”“其他人员”“其他政策参保人员”三类缴费群体。

（1）“用人单位”平均缴费人数

数据采集：该指标采集自人力资源和社会保障统计报表《参加基本养老保险人员情况》（人社统 EI5 号）甲栏 2“企业”宾栏 4“缴费人员”的“平均数”。

（2）“其他人员”平均缴费人数

数据采集：该指标采集自人力资源和社会保障统计报表《参加基本养老保险人员情况》（人社统 EI5 号）甲栏 9“其他人员”宾栏 4“缴费人员”的“平均数”。

（3）“其他政策参保人员”平均缴费人数

数据采集：该指标采集自当地业务台账中的“其他政策参保人员”的“缴费人数”的“平均数”。

3. 上年在岗职工月平均工资

指标释义：上年在岗职工月平均工资，是指本地区上年全部在岗职工工资总额除以同期内的平均职工人数。该指标反映本地区全部在岗职工平均工资收入水平。

数据采集：该指标采集自统计部门公布的上年度在岗职工月平均工资。

4. 缴费工资总额

指标释义：缴费工资总额，是指报告期内参加基本养老保险的单位及个人缴纳基本养老保险费的工资总额，按缴费人员的应缴口径计算。

缴费工资总额由“用人单位”（含单位和个人）缴费工资总额、“其他人员”缴费工资总额、“其他政策参保人员”缴费工资总额三类组成。其中，“用人单位”缴费工资总额由“单位”和“个人”缴费工资总额组成，“单位”缴费工资总额是以本单位职工工资总额作为缴纳基本养老保险费的基数总额，“个人”缴费工资总额是以本人缴费工资作为缴纳基本养老保险费的基数总额。

（1）“单位”缴费工资总额

数据采集：该指标采集自人力资源和社会保障统计报表《基本养老保险基金缴拨情况》（人社统 EI6 号）甲栏 2“企业”宾栏 1“缴费基数总额”的“单位”。

（2）“个人”缴费工资总额

数据采集：该指标采集自人力资源和社会保障统计报表《基本养老保险基金缴拨情况》（人社统 EI6 号）甲栏 2“企业”宾栏 2“缴费基数总额”的“个人”。

（3）“其他人员”缴费工资总额

数据采集：该指标采集自人力资源和社会保障统计报表《基本养老保险基金缴拨情况》（人社统 EI6 号）甲栏 9“其他人员”宾栏 2“缴费基数总额”的“个人”。

（4）“其他政策参保人员”缴费工资总额

数据采集：该指标采集自当地业务台账中的“其他政策参保人员”的缴费工资总额。

5. 应缴收入

指标释义：应缴收入，是指报告期内参加基本养老保险的单位和个人，按照规定的标准计算出的应缴纳的基本养老保险费金额，不包括应补上年度末之前历年欠费。应缴收入由“用人单位”应缴收入、“其他人员”应缴收入、“其他政策参保人员”应缴收入三部分组成。

(1)“用人单位”应缴收入

数据采集：该指标采集自人力资源和社会保障统计报表《基本养老保险基金缴拨情况》(人社统 EI6 号)甲栏 2“企业”宾栏 3“本期单位缴费”的“应缴”+宾栏 5“本期个人缴费”的“应缴”。

(2)“其他人员”应缴收入

数据采集：该指标采集自人力资源和社会保障统计报表《基本养老保险基金缴拨情况》(人社统 EI6 号)甲栏 9“其他人员”宾栏 5“本期个人缴费”的“应缴”。

(3)“其他政策参保人员”应缴收入

数据采集：该指标由当地业务台账的其他政策参保人员缴费工资总额×费率计算填列。

6. 月人均缴费工资基数

指标释义：月人均缴费工资基数，是指报告期内参加基本养老保险的单位及个人月缴纳基本养老保险费的工资基数，按缴费人员的应缴口径计算。

数据采集：该指标按照用人单位（含单位和个人）、其他人员、其他政策参保人员三类人群分别确定，由缴费工资总额÷平均缴费人数计算填列。

7. 缴费率

指标释义：缴费率，是指报告期内参加职工基本养老保险的单位及个人费率之和。该指标按照用人单位、其他人员、其他政策参保人员三类人群分别确定，其中用人单位缴费率由单位和个人费率组成。

数据采集：该指标根据地方基本养老保险政策规定的各群体的费率水平分别填列。

8. 收缴率

指标释义：收缴率，是指当期实收基本养老保险费占应收基本养老保险费的比例。

数据采集：该指标按照用人单位、其他人员、其他政策参保人员三类人群分别确定，由当期征缴收入÷应缴收入计算填列。

二、支出预算指标释义及数据采集

（一）基金指标

1. 基本养老金支出

指标释义：基本养老金支出，是指报告期内实际发给参加职工基本养老保险的离退休人员的基本养老金数额。

数据采集：该指标采集自社会保险基金年报《基本养老保险基金收支表（合计）》（年报 02 表）的“企业＋其他”“基本养老金支出”的数据。

基本养老金支出由退休人员养老金支出、离休人员养老金支出和病残津贴支出三项组成。

（1）离休人员养老金支出

数据采集：该指标采集自社会保险基金年报《基本养老保险基金收支表（合计）》（年报 02 表）的“企业＋其他”“基本养老金支出”中的“离休金”数据。

（2）退休人员养老金支出

数据采集：该指标由社会保险基金年报《基本养老保险基金收支表（合计）》（年报 02 表）的“企业＋其他”“基本养老金支出”－“离休金支出”计算填列。

（3）病残津贴

指标释义：病残津贴，是指按规定实际发给未达到法定退休年龄的参保职工在因病或非因工致残完全丧失劳动能力时的基本养老保险津贴。

数据采集：该指标待国家出台相关配套政策后，按规定填列。

2. 医疗补助金支出

指标释义：医疗补助金支出，是指按规定实际支付给未实行医疗保险地区已纳入基本养老保险基金开支范围的离休、退休、退职人员的医疗费用。

数据采集：该指标采集自社会保险基金年报《基本养老保险基金收支表（合计）》（年报 02 表）的“企业＋其他”“医疗补助金支出”的数据。

3. 丧葬抚恤补助支出

指标释义：丧葬抚恤补助支出，是指按规定实际支付给已纳入基本养老保险基金开支范围的离休、退休、退职人员死亡丧葬补助费用及其供养直系亲属的抚恤和生活补助费用。

数据采集：该指标采集自社会保险基金年报《基本养老保险基金收支表（合计）》（年报 02 表）的“企业＋其他”“丧葬抚恤补助支出”的数据。

4. 其他支出

指标释义：其他支出，是指按财政部门核准实际支付给参保人员的其他非基本养老保险待遇性质的支出。

数据采集：该指标采集自社会保险基金年报《基本养老保险基金收支表（合计）》（年报 02 表）的“企业＋其他”“其他支出”的数据。

5. 转移支出

指标释义：转移支出，是指基本养老保险对象跨统筹地区流动而转出的基本养老保险基金。

数据采集：该指标采集自社会保险基金年报《基本养老保险基金收支表（合计）》（年报 02 表）的“企业＋其他”“转移支出”的数据。

6. 补助下级支出

指标释义：补助下级支出，是指上级经办机构拨付给下级经办机构的补助支出。

数据采集：该指标采集自社会保险基金年报《基本养老保险基金收支表（合计）》（年报 02 表）的“企业＋其他”“补助下级支出”的数据。

7. 上解上级支出

指标释义：上解上级支出，是指下级经办机构上解上级经办机构的支出。

数据采集：该指标采集自社会保险基金年报《基本养老保险基金收支表（合计）》（年报 02 表）的“企业＋其他”“上解上级支出”的数据。

（二）因素指标

1. 退休人数

指标释义：退休人数，是指报告期末参加基本养老保险并由养老保险基金支付养老金的退休人数、退职人数，包括扩面工作中增加的退休人员。

退休人数由“用人单位及其他”退休人数和“其他政策参保”退休人数组成。

（1）“用人单位及其他”退休人数

①上年末已退休人数

指标释义：上年末已退休人数，是指截至上年年底已参加基本养老保险，并经人力资源社会保障行政部门批准办理了退休（职）手续，开始领取基本养老保险待遇的人数。

数据采集：该指标采集自报告期上年的人力资源和社会保障统计报表《参加基本养老保险人员情况》（人社统 EI5 号）甲栏 2“企业”宾栏 5“期末数”－“企业”宾栏 6“离休”＋甲栏 9“其他人员”宾栏 7“期末数”－“其他人员”宾栏 6“离休”。

②当年死亡退休人数

指标释义：当年死亡退休人数，是指报告期内已参加基本养老保险的退休（职）人员的死亡人数。

数据采集：该指标采集自人力资源和社会保障统计报表《参加基本养老保险人员情况》（人社统 EI5 号）甲栏 2“企业”宾栏 15“本期死亡离退休人数”＋甲栏 9“其他人员”宾栏 15“本期死亡离退休人数”＋报告期甲栏 2“企业”宾栏 6“离休”－报告期上年度甲栏 2“企业”宾栏 6“离休”。

③当年新增退休人数

指标释义：当年新增退休人数，是指报告期内已参加基本养老保险，并经人力资源社会保障行政部门批准办理了退休（职）手续，开始领取基本养老保险待遇的人数。

数据采集：该指标采集自人力资源和社会保障统计报表《参加基本养老保险人员情况》（人社统 EI5 号）甲栏 2“企业”宾栏 11“本期办理离退休人数”＋甲栏 9“其他人员”宾栏 11“本期办理离退休人数”。

（2）“其他政策参保”退休人数

指标释义：“其他政策参保”退休人数，是指报告期末根据其他地方政策或特殊政策参加基本养老保险的退休人员。

数据采集：该指标相关数据采集自当地业务台账的其他政策参保退休人员的相关数据。

2. 离休人数

指标释义：离休人数，是指报告期末参加基本养老保险的离休人数。

（1）上年末已离休人数

指标释义：上年末已离休人数，是指截至上年年底已参加基本养老保险，并经人力资源社会保障行政部门批准办理了离休手续，开始领取基本养老保险待遇的人数。

数据采集：该指标采集自报告期上年度的人力资源和社会保障统计报表《参加基本养老保险人员情况》（人社统 EI5 号）甲栏 2“企业”宾栏 6“离休”。

（2）当年死亡离休人数

指标释义：当年死亡离休人数，是指报告期内已参加基本养老保险的离休人员的死亡人数。

数据采集：该指标采集自报告期上年度的人力资源和社会保障统计报表《参加基本养老保险人员情况》（人社统 EI5 号）甲栏 2“企业”宾栏 6“离休”－报告期甲栏 2“企业”宾栏 6“离休”。

3. 退休人员月人均养老金

指标释义：退休人员月人均养老金，是指报告期内已参加基本养老保险，并经人力资源社会保障行政部门批准办理了退休（职）手续的参保人员，按月领取的基本养老金平均数。

退休人员月人均养老金根据参保人员类别不同，分为“用人单位和其他”退休人员月人均养老金和“其他政策参保”退休人员月人均养老金。

（1）“用人单位及其他”退休人员月人均养老金

①上年末已退休人员月人均养老金

指标释义：上年末已退休人员月人均养老金，是指截至上年年底已参加基本养老保险，并经人力资源社会保障行政部门批准办理了退休（职）手续的参保人员，按月领取的基本养老金平均数。

数据采集：该指标根据报告期上年 12 月基本养老保险基金财务账套中的（当月基本养老金支出－离休费）÷当月实际发放退休人数计算所得。当月基本养老金支出＝基本养老金支出－补发以前月份的养老金－重拨以前月份未发放成功的养老金＋扣回或收到退回的以前月份发放成功的养老金。

②当年死亡退休人员月人均养老金

指标释义：当年死亡退休人员月人均养老金，是指报告期内参加基本养老保险的退休（职）人员在死亡前按月领取的基本养老金平均数。

数据采集：根据上年末退休人员月人均养老金与月人均养老金待遇调整数之和计算所得。

③当年新增退休人员月人均养老金

指标释义：当年新增退休人员月人均养老金，是指报告期内已参加基本养老保险，并经人力资源社会保障行政部门批准办理了退休（职）手续的参保人员，按月领取的基本养老金平均数。

数据采集：一是从养老保险业务信息系统中采集当年新审批退休人员的基本养老金月平均数；二是采用上年末退休人员月人均养老金，此方法适用于养老保险业务信息系统建设不够健全的地区。

④待遇调整

指标释义：《社会保险法》第 18 条规定："国家建立基本养老金正常调整机制。根据职工平均工资增长、物价上涨情况，适时提高基本养老保险待遇水平。"

数据采集：该指标采集自统筹地区地方政府正式出台的当年养老金待遇调整方案。

（2）"其他政策参保"退休人员月人均养老金

指标释义："其他政策参保"退休人员月人均养老金，是指由于特殊的地方政策报告期末参加基本养老保险退休人员，按月领取的养老金平均数。

数据采集：该指标相关数据采集自当地业务台账的其他政策参保人员的相关数据。

4. 离休人员月人均养老金

指标释义：离休人员月人均养老金，是指报告期内发给参加基本养老保险的离休人员的统筹项目内的离休金平均数。

数据采集：该指标根据报告期上年 12 月基本养老保险基金财务账套中当月离休金支出÷当月实际发放离休人数计算填列。当月离休金支出＝离休金支出－补发以前月份的离休金－重拨以前月份未发放成功的离休金＋扣回或收到退回的以前月份发放成功的离休金。

第五节　职工基本养老保险基金预算审核

为保证预算的规范性和合理性，社会保险经办机构应该在预算编制完成后，对预算收入、支出和结余情况进行初审。审核可结合当地政策因素，参考以下标准完成。

一、基金收入预算审核指标及标准

（一）审核指标：当期征缴收入预算

1. 审核标准：同比增长率大于5%。今后，该审核标准应随着在岗职工平均工资增幅的变动等因素相应进行调整。

2. 审核依据：根据统计局公布的数据，近年全国各省在岗职工平均工资增长幅度基本上超过10%，在不考虑扩面、提高收缴率的情况下，在岗职工平均工资对职工基本养老保险费征缴收入的拉动作用应不低于5%。

（二）审核指标：征缴收入上年预计执行数

1. 审核标准：前三个季度征缴收入实际执行数占全年预计执行数应小于80%，即第四季度征缴收入预计执行数占全年的比例应大于20%。

2. 审核依据：以平均一个季度占全年的比例25%为基准，考虑各种不可比或不确定因素，第四季度征缴收入占全年的比例若低于20%，说明征缴收入预计数存在偏低的可能。

（三）审核指标：参保职工人数和平均缴费人数预算

1. 审核标准：参保职工人数和平均缴费人数预算应大于上年预计执行数。

2. 审核依据：不断扩大养老保险覆盖面，提高参保缴费率，努力实现应扩尽扩、应缴尽缴的目标始终是养老保险基金征缴工作重点之一，也是保障职工切身利益的重要举措，因此，参保职工人数和缴费人数预算原则上应比上年增长。

（四）审核指标：平均缴费人数占平均参保职工人数的比例

1. 审核标准：平均缴费人数占平均参保职工人数的比例应大于上年且不低于75％。

2. 审核依据：逐步提高参保职工的缴费水平，保障参保职工的合法权益是征缴部门的一项主要工作，缴费人数占参保职工人数的比例过低，不利于保障参保职工的切身利益，同时可能存在虚报参保职工人数的现象。

（五）审核指标：月人均缴费工资占上年在岗职工月平均工资的比例

1. 审核标准：月人均缴费工资占上年在岗职工月平均工资的比例应大于60％。

2. 审核依据：根据劳动部办公厅印发的《职工基本养老保险个人账户管理暂行办法》（劳办发［1997］116号）规定，本人月平均工资低于当地职工平均工资60％的，按当地职工月平均工资的60％缴费，并且参保职工缴费工资水平直接关系到养老金待遇水平的高低，因此，原则上月人均缴费工资占上年月人均社会平均工资的比例不应低于60％。

（六）审核指标：月人均缴费工资预算

1. 审核标准：月人均缴费工资预算同比增长率应大于5％。今后，该审核标准应随着社会平均工资增幅的变动等因素相应进行调整。

2. 审核依据：根据统计局公布的数据，近年全国在岗职工月平均工资增长幅度基本上保持在10％左右的水平，由于缴费工资与在岗职工月平均工资指标紧密相关，因此，在岗职工月平均工资对缴费工资的拉动作用理应不低于5％。

（七）审核指标：缴费率预算

1. 审核标准：缴费率预算的增减变动幅度应限定在2个百分点范围之内。

2. 审核依据：不同类别参保职工的缴费比例应以相关政策法规为依据，在政策法规未进行调整的情况下，原则上应与上年保持一致。

（八）审核指标：收缴率预算

1. 审核标准：收缴率预算应大于等于上年执行数。

2. 审核依据：提高基金收缴率，是基金征缴部门的重点工作之一，同时也是保障参保职工合法权益的重点，因此，基金收缴率应保持稳步提高的良好势头。

（九）审核指标：清欠、补缴、预缴收入预算

1. 审核标准：清欠、补缴、预缴收入预算应大于0。

2. 审核依据：清理参保单位欠费、开展政策性补缴、预缴是征缴机构的重要工作职责，清欠、补缴、预缴收入也是征缴收入的重要组成部分。

（十）审核指标：利息收入预算

1. 审核标准：利息收入预算占上年基金结余的比例应大于3个月整存整取定期存款利率。

2. 审核依据：根据《中国人民银行关于对养老保险基金活期存款实行优惠利率的通知》（银发［1997］567号）精神，养老保险基金存入各商业银行的活期存款，从1998年1月1日起，按3个月整存整取定期存款利率计息，因此，3个月整存整取定期存款利率是养老保险基金的最低利率标准。

（十一）审核指标：转移收入预算

1. 审核标准：转移收入预算应大于0。

2. 审核依据：根据《国务院办公厅关于转发人力资源和社会保障部、财政部城镇企业职工基本养老保险关系转移接续暂行办法的通知》（国办发［2009］66号）精神，应为跨省流动的参保职工办理转移接续手续。

（十二）审核指标：上级补助收入和下级上解收入预算

审核标准：统筹地区上级补助收入预算汇总数应等于补助下级支

出预算汇总数；下级上解收入预算汇总数应等于上解上级支出预算汇总数。

二、基金支出预算审核指标及标准

（一）审核指标：养老金支出预算

1. 审核标准：养老金支出预算同比增长率应小于 30%。今后，该审核标准应随着养老金调整幅度等因素的变化相应进行调整。

2. 审核依据：按照近年养老金调待计划，全国养老金调待幅度基本上控制在 10%左右，从全国数据分析，离退休人数增幅一般不超过 10%，考虑部分地区退休高峰到来、补发养老金等因素，养老金支出预算同比增长率不应超过 30%。

（二）审核指标：养老金支出上年预计执行数

1. 审核标准：前三个季度养老金支出实际执行数占全年预计执行数的比例应大于 70%，即第四季度养老金支出预计执行数应低于全年的 30%。

2. 审核依据：以平均一个季度占全年的比例 25%为基准，考虑各种不可比或不确定因素，第四季度养老金支出占全年的比例若高于 30%，说明养老金支出预计数存在偏高的可能。

（三）审核指标：退休人员月人均养老金预算

1. 审核标准：退休人员月人均养老金预算应大于上年执行数且小于等于月人均缴费工资预算；退休人员月人均养老金预算同比增长率应小于 15%。今后，该审核标准应随着调待政策的调整、社平工资增长幅度的变化做相应调整。

2. 审核依据：一是按照近年退休人员养老金调待计划，全国退休人员养老金调待幅度基本上控制在 10%左右，同时考虑在岗职工平均工资提高对当年退休人员基础养老金产生影响等因素，正常情况下，退休人员月人均养老金增长率应介于 0～15%之间；二是退休人员月人均养老金水平若高于月人均缴费工资水平，说明存在较大的基金支付风险，不利于养老保险制度可持续发展。

（四）审核指标：离休人数预算

1. 审核标准：离休人数预算应小于等于上年执行数。

2. 审核依据：按照我国离休政策的规定，正常情况下，符合离休条件的人员应均已办理离休手续，因此，离休人数原则上应只减不增。

（五）审核指标：退休人数预算

1. 审核标准：退休人数预算同比增长率应小于15%。今后，该审核标准应随着退休增长拐点的出现等因素进行相应调整。

2. 审核依据：综合全国退休增长率基本上控制在7%～8%的水平，考虑不同地域间的差异和退休高峰期的不同，退休人数预算同比增长率应控制在15%以内。

（六）审核指标：丧葬补助抚恤金支出预算

1. 审核标准：丧葬补助金预算和遗属抚恤金支出预算均应大于0。

2. 审核依据：根据《社会保险法》第17条的规定，参加基本养老保险的个人，因病或者非因工死亡的，其遗属可以领取丧葬补助金和抚恤金。所需资金从基本养老保险基金中支付。因此，应当编制丧葬补助抚恤金支出预算。

（七）审核指标：转移支出预算

1. 审核标准：转移支出预算应大于0。

2. 审核依据：根据《国务院办公厅关于转发人力资源和社会保障部、财政部城镇企业职工基本养老保险关系转移接续暂行办法的通知》（国办发［2009］66号）精神，应为跨省流动的参保职工办理转移接续手续。

（八）审核指标：其他支出预算

1. 审核标准：其他支出预算应等于0。

2. 审核依据：根据社会保险基金财务制度规定，其他支出是指经财政部门核准开支的其他非社会保险待遇性质的支出。因此，其他支出项目原则上不做支出预算。

（九）审核指标：上解上级支出和补助下级支出预算

审核标准：统筹地区上解上级支出预算汇总数应等于下级上解收入预算汇总数；补助下级支出预算汇总数应等于上级补助收入预算汇总数。

三、基金结余预算审核指标及标准

（一）审核指标：基金当期结余预算

1. 审核标准：基金当期结余预算应大于0。

2. 审核依据：根据《国务院关于试行社会保险基金预算的意见》（国发［2010］2号）要求，社会保险基金预算坚持收支平衡，适当留有结余。

（二）审核指标：累计结余预算

1. 审核标准：累计结余应大于0。

2. 审核依据：养老保险基金累计结余出现赤字，将存在巨大的基金支付风险，影响养老保险各项待遇的按时足额发放，必须筹集资金予以弥补，因此，原则上养老保险基金累计结余应大于0。

第六节 应用实例

本实例是按照本书所述的基金预算编制办法测算某省2010年职工基本养老保险费收入、养老金支出等主要预算指标，同时，根据测算结果结合2010年该省的实际执行情况进行综合分析。编制预算的基础数据均采集自预算编制地区近四年社会保险基金年报、人力资源和社会保障统计年报以及业务信息系统或业务台账数据等。

一、养老保险费收入预算

（一）采集数据

从某省的统计报表中采集2006年、2008年和2009年的参保缴费人数、缴费率、收缴率、缴费工资总额和应缴收入等数据；从基金年报中采集2006年、2008年和2009年的征缴收入、财政补贴收入、利息收入、转移收入、其他收入、上级补助收入、下级上解收入等数据。

（二）设置权重

从该省历年收入各项指标增长趋势分析，未发现明显异常或其他不可比因素，因此，各项指标短期增长趋势和中期增长趋势均按50%设置权重。

（三）测算数据

上述指标填列后，收入参数表各项指标的预算数由预算编制软件自动计算生成，2010年清欠收入、预缴收入和补缴收入预算考虑其不确定因素，按2009年执行数填报，见表2—4。

（四）对比分析

从表2—5中可以看出，某省运用上述预算编制办法编制的2010年度养老保险费收入预算与实际执行数相差6 089万元，预算完成率达到99.48%，基本上达到预算目标。

二、基本养老金支出预算

（一）采集数据

从某省的统计报表或核心平台养老保险子系统中采集2006年、2008年和2009年的离退休人数、月人均养老金等数据；从基金年报中采集2006年、2008年和2009年的养老金支出、医疗补助金支出、丧葬补助抚恤支出、转移支出、其他支出、补助下级支出、上解上级支出等数据。

（二）设置权重

从该省历年支出各项指标增长趋势分析，2008年度离休死亡人数出现异常放大，导致当年同比增长率远离正常增长轨道，因此，该指标短期增长趋势权重设为0；其余各项指标均未发现明显异常或其他不可比因素，因此，其余各项指标的短期增长趋势和中期增长趋势均按50%设置权重。

表 2—4 企业职工基本养老保险基金收入参数表

项目			单位	2006年执行数	2008年执行数	2009年执行数	短期增长趋势		中期增长趋势		预算综合增长率（%）		2010年预算数		
							同比增长率（%）	权重	近三年平均增长率（%）	权重	测算数	修正后综合增长率	预算数	同比增加额	同比增长率（%）
影响基金因素	参保缴费人数	参保职工人数	人	2 282 186	2 969 967	3 138 948	5.6	—	11.21	—	—	—	3 406 051	267 103	8.51
		#企业	人	1 832 981	2 323 170	2 439 594	5.01	0.50	10.00	0.50	7.50	7.50	2 622 684	183 090	7.50
		#其他人员	人	449 205	646 797	699 354	8.13	0.50	15.90	0.50	12.01	12.01	783 367	84 013	12.01
		#其他政策	人										0	0	
		平均缴费人数	人	1 853 923	2 280 274	2 400 894	5.2	—	9.00	—	—	—	2 573 113	172 219	7.17
		#企业	人	1 487 833	1 946 945	1 922 924	4.11	0.50	8.93	0.50	6.52	6.52	2 048 307	125 383	6.52
		#其他人员	人	366 090	433 329	477 970	10.30	0.50	9.30	0.50	9.80	9.80	524 806	46 835	9.80
	月人均缴费工资基数	小计	元	1 037.00	1 233.00	1 339.00	8.60	—	8.89	—	—	—	1 457.25	118	8.83
		#企业	元	—	—	—	—	—	—	—	—	—	—	—	
		单位	元	1 102.00	1 296.00	1 398.00	7.87	—	8.25	—	—	—	1 510.87	113	8.07
		个人	元	1 095.00	1 296.00	1 398.00	7.87	—	8.48	—	—	—	1 512.56	115	8.19
		#其他人员	元	803.00	966.00	1 102.00	14.08	—	11.13	—	—	—	1 241.38	139	12.65

续表

项目			单位	2006 年执行数	2008 年执行数	2009 年执行数	短期增长趋势		中期增长趋势		预算综合增长率（%）		2010 年预算数		
							同比增长率（%）	权重	近三年平均增长率（%）	权重	测算数	修正后综合增长率	预算数	同比增加额	同比增长率（%）
影响基金因素	缴费率	＃企业	%	26.00	26.00	26.00	—	—	—	—	—	—	26.00	0.00	0.00
		单位	%	18.00	18.00	18.00							18.00		0.00
		个人	%	8.00	8.00	8.00							8.00		0.00
		＃其他人员	%	20.00	20.00	20.00	—	—	—	—	—	—	20.00	0	0.00
	收缴率	＃企业	%	98.36	98.86	99.29	—	—	—	—	—	—	99.29	0	0.00
		＃其他人员	%	95.29	96.13	98.70	—	—	—	—	—	—	98.70	0	0.00
参考指标	缴费工资总额	小计	元	23 070 610 000	33 736 690 000	38 578 180 000	—	—	—	—	—	—	44 995 986 593	6 417 806 593	16.64
		＃企业	元	—	—	—	—	—	—	—	—	—	—	—	—
		单位	元	19 669 740 000	28 714 680 000	32 256 400 000	12.33	0.50	17.92	0.50	15.13	15.13	37 136 655 371	4 880 255 371	15.13
		个人	元	19 541 400 000	28 714 680 000	32 256 400 000	12.33	0.50	18.18	0.50	15.26	15.26	37 178 201 296	4 921 801 296	15.26
	应缴收入	＃企业	元	5 103 870 000	8 470 200 000	8 386 630 000	—	—	—	—	—	—	—	—	—
		＃其他人员	元	705 850 000	1 004 390 000	1 264 330 000	—	—	—	—	—	—	—	—	—

表 2—5　基本养老保险费征缴收入预算数与执行数对比分析表

	项目	单位	2010 年 预算数	2010 年 实际执行数	差额	预算 完成率 （%）
基金收入情况	征缴收入	元	11 659 537 024	11 598 640 600	60 896 424	99.48
	1. 当期征缴收入	元	11 133 507 024	10 879 400 600	254 106 424	97.72
	＃企业	元	9 590 276 207	9 525 760 000	64 516 207	99.33
	＃其他人员	元	1 543 230 818	1 353 640 600	189 590 218	87.71
	2. 清欠收入	元				
	3. 预缴收入	元	116 990 000	197 950 000	－80 960 000	169.20
	4. 补缴收入	元	409 040 000	521 290 000	－112 250 000	127.44
	5. 其他征缴收入	元				

（三）测算数据

上述指标填列后，支出参数表各项指标的预算数由预算编制软件自动计算生成，见表 2—6。

（四）对比分析

从表 2—7 中可以看出，某省运用上述预算编制办法编制的 2010 年度养老金支出预算与实际执行数相差 8 574 万元，预算完成率达到 99.25%，基本上达到预算目标。

三、基本养老保险基金预算编制的特点

（一）预算编制能够基本反映基金的运行规律

从表 2—5、表 2—7 中可以看出，在指标增长趋势稳定，没有政策等其他因素影响的情况下，测算的结果基本符合实际，能够达到预算的编制目标。如某省 2010 年的用人单位当期征缴收入预算数与实际执行数仅相差 6 451 万元，完成率达 99.33%；基本养老金支出预算数与实际执行数仅相差 8 574 万元，完成率达 99.25%。

（二）预算编制客观上受政策等因素的影响

如某省的其他人员当期征缴收入预算数与实际执行数误差达到

表 2—6　　企业基本养老保险基金支出参数表

项目				单位	2006 年执行数	2006 年执行数	2009 年执行数	短期增长趋势		中期增长趋势		预算综合增长率（%）		2010 年预算数		
								同比增长率（%）	权重	近三年平均增长率（%）	权重	测算数	修正后综合增长率	预算数	同比增加额	同比增长率（%）
影响基金因素	离退休人数	退休人员	企业及其他人员	人	666 129	728 021	760 562	4.47	—	4.52	—	—	—	795 146	34 584	4.55
			＃上年末已退休人员	人	638 792	697 333	728 021	4.40	—	4.45	—	—	—	760 562	32 541	4.47
			＃当年死亡人员	人	13 864	14 060	13 979	−0.58	0.50	0.28	0.50	−0.15	−0.15	13 958	−21	−0.15
			＃当年新增退休人员	人	41 201	44 748	46 601	4.14	0.50	4.19	0.50	4.17	4.1	48 542	1 941	4.17
		离休人员		人	6 870	5 904	5 563	−5.78	—	−6.79	—	—	—	5 203	−360	−6.47
		＃上年末已离休人员		人	7 160	6 425	5 904	−8.11	—	−6.23	—	—	—	5 563	−341	−5.7
		＃当年减少人员		人	290	521	341	−34.55	0.00	5.55	1.00	5.55	5.55	360	19	5.5
	月人均养老金	退休人员	企业及其他人员	元												
			＃上年末退休人员	元	650.00	851.00	952.00	11.87	0.50	13.56	0.50	12.72	12.72	1 073.06	121.06	12.72
			＃待遇调整	元	110.00	120.00	130.00	8.33	0.50	5.73	0.50	7.03	7.03	139.14		
			＃当年新增退休人员	元	644.00	793.00	885.00	11.60	0.50	11.18	0.50	11.39	11.39	985.80	100.80	11.39
		离休人员		元	1 700.00	2 346.00	2 062.00	−12.11	0.50	6.65	0.50	−2.73	−2.7	2 005.72	−56	−2.73

表 2—7　　基本养老金支出预算数与执行数对比分析表

	项目	单位	2010 年预算数	2010 年实际执行数	差额	预算完成率（%）
支出情况	基本养老金支出	元	11 378 578 819.40	11 292 840 000	85 738 819	99.25
	1. 退休人员养老金	元	11 249 016 666	11 162 064 495	86 952 172	99.23
	其中：企业及其他退休人员	元	11 249 016 666	11 162 064 495	86 952 172	99.23
	其他政策参保退休人员	元				
	2. 离休人员养老金	元	129 562 153	130 775 505	－1 213 352	100.94

1.89 亿元（见表 2—5），主要原因是由于该省 2010 年灵活就业人员的缴费工资未进行调整，仍然保持 2009 年的水平，因此，根据综合增长率测算出来的月人均缴费工资预算数与执行数相差 140 元，影响当期征缴收入 1.8 亿元，基本上等于该指标预算数和执行数的差额。

（三）不确定因素较大的指标或增长趋势不稳定的指标，预算编制存在较大的困难

如某省编制的补缴收入和预缴收入预算，由于历年数据没有规律可循，且存在不可比因素，该省以上年执行数直接作为预算数，但与实际执行数存在较大的误差。

第三章　新型农村社会养老保险基金预算的编制

第一节　预算报表和指标体系

基金预算体现为一系列基金运行指标的预算，各项指标的预算过程和结果都可整合体现在预算报表之中。预算报表体系的设计主要遵循三项原则：一是预算指标体系的完整性，二是预算编制方法的统一性和包容性，三是预算编制和分析的便利性。通过以上原则实现预算指标体系与预算编制办法的有机结合。

一、新型农村社会养老保险基金预算报表的组成

新型农村社会养老保险基金预算报表体系由预算主表和参数表组成。

1. 预算主表。即新型农村社会养老保险基金预算表，反映新型农村养老保险基金预算编制的结果。

2. 参数表。分为新型农村社会养老保险基金收入参数表和支出参数表两部分，反映新型农村社会养老保险基金收入和支出预算的测算过程。

以 2012 年预算编制为例，新型农村社会养老保险基金预算主表见表 3—1。

二、新型农村社会养老保险基金预算指标体系构成

新型农村社会养老保险基金预算指标体系，是由反映新型农村社会养老保险基金预算规模的基金收入、支出、结余指标和影响基金预算的因素指标构成的预算指标集合体。新型农村社会养老保险基金预

表 3—1　2012 年新型农村社会养老保险基金预算主表

项目	2011 年预计执行数	2012 年预算数	项目	2011 年预计执行数	2012 年预算数
一、个人缴费收入			一、基本养老金支出		
1. 当期缴费收入			（一）基础养老金支出		
2. 补缴收入			（二）个人账户养老金支出		
二、集体补助收入			二、转移支出		
1. 当期缴费补助收入			三、其他支出		
2. 补缴补助收入					
三、政府补贴收入					
1. 基础养老金补贴					
其中：中央补贴					
省级补贴					
市级补贴					
县级补贴					
2. 个人缴费补贴					
其中：省级补贴					
市级补贴					
县级补贴					
重度残疾等缴费补贴					
四、利息收入					
五、转移收入					
六、其他收入					
七、本年收入小计			四、本年支出小计		
八、上级补助收入			五、补助下级支出		
九、下级上解收入			六、上解上级支出		
十、本年收入合计			七、本年支出合计		
×			八、本年收支结余		
十一、上年结余			九、年末滚存结余		
总计			总计		

算指标，依据新型农村社会养老保险有关法律、法规及养老保险经办业务的实际情况设立，包括基金收入预算指标、基金支出预算指标、基金结余预算指标。

（一）收入预算指标的构成

新型农村社会养老保险基金收入预算指标主要包括个人缴费收入、集体补助收入、政府补贴收入、利息收入、转移收入、上级补助收入、下级上解收入和其他收入等指标。

1. 基金指标结构图

基金指标结构图如图 3—1 所示。

2. 因素指标结构图

因素指标结构图如图 3—2 所示。

（二）支出预算指标的构成

新型农村社会养老保险基金支出预算指标包括养老金待遇支出、转移支出、补助下级支出、上解上级支出、其他支出等指标。

1. 基金指标结构图

基金指标结构图如图 3—3 所示。

2. 因素指标结构图

因素指标结构图如图 3—4 所示。

（三）基金结余指标的构成

新型农村社会养老保险基金结余指标包括本年收支结余、年末滚存结余两项指标。

三、新型农村社会养老保险基金预算指标间的关系

（一）收入预算指标关系

1. 新型农村社会养老保险基金收入＝个人缴费收入＋集体补助收入＋政府补贴收入＋利息收入＋转移收入＋上级补助收入＋下级上解收入＋其他收入

2. 个人缴费收入＝当期缴费收入＋补缴收入

3. 集体补助收入＝当期缴费补助收入＋补缴补助收入

4. 政府补贴收入＝基础养老金补贴＋个人缴费补贴

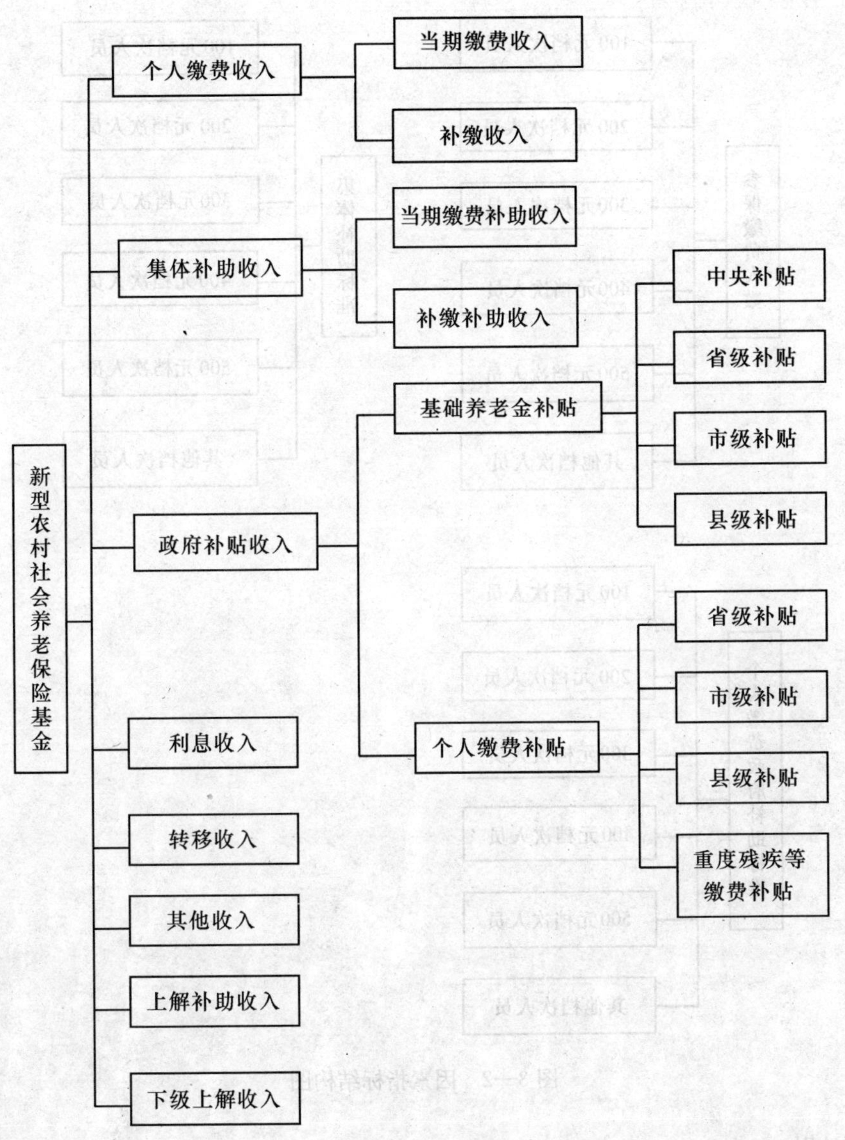

图 3—1　基金指标结构图

5. 基础养老金补贴＝中央补贴＋省级补贴＋市级补贴＋县级

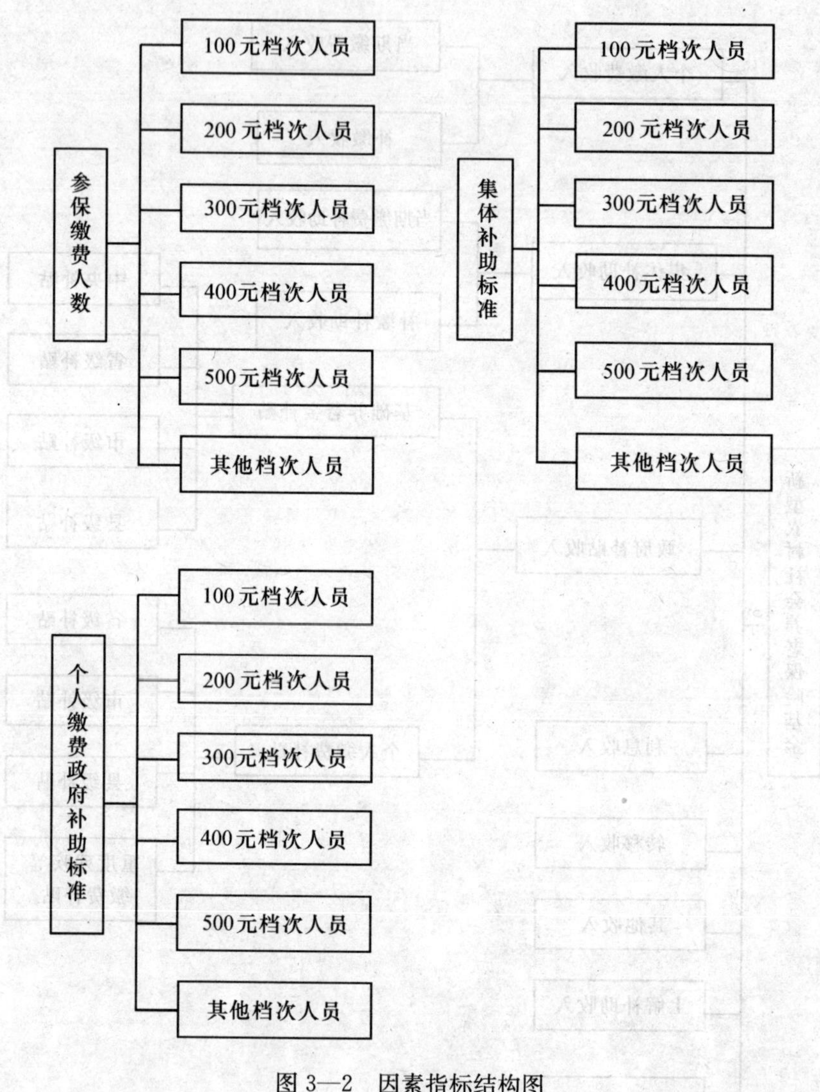

图 3—2　因素指标结构图

补贴

6. 个人缴费补贴＝省级补贴＋市级补贴＋县级补贴＋重度残疾等缴费补贴

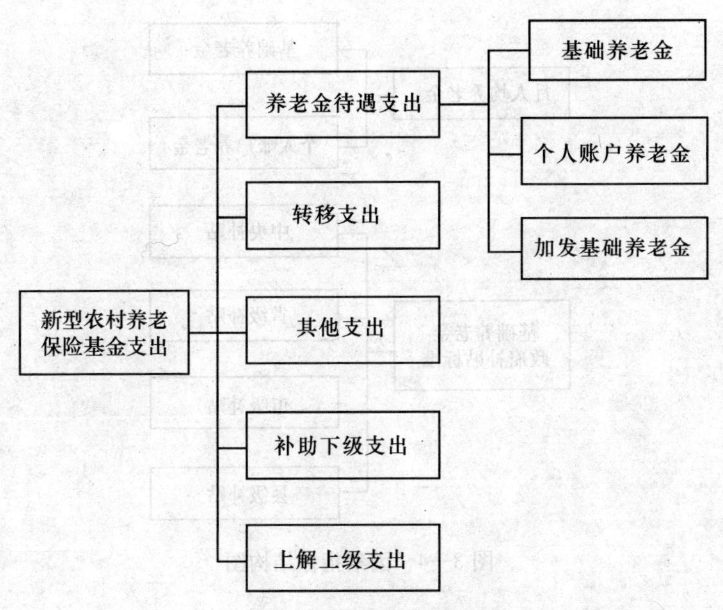

图 3—3　基金指标结构图

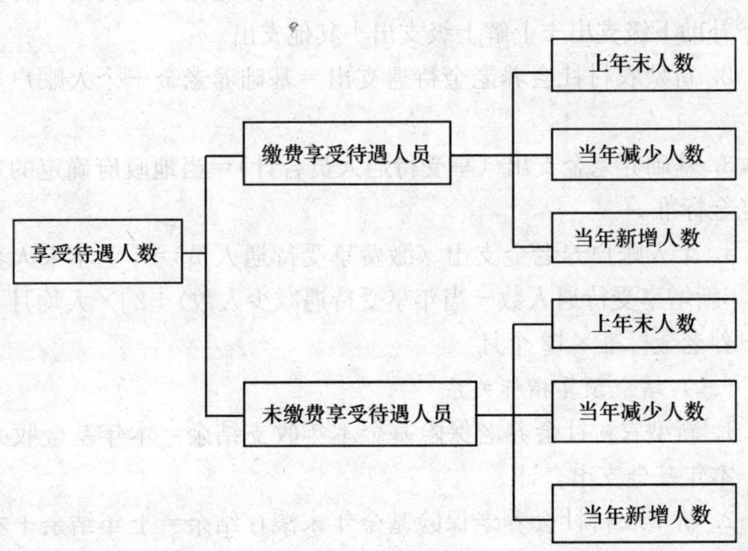

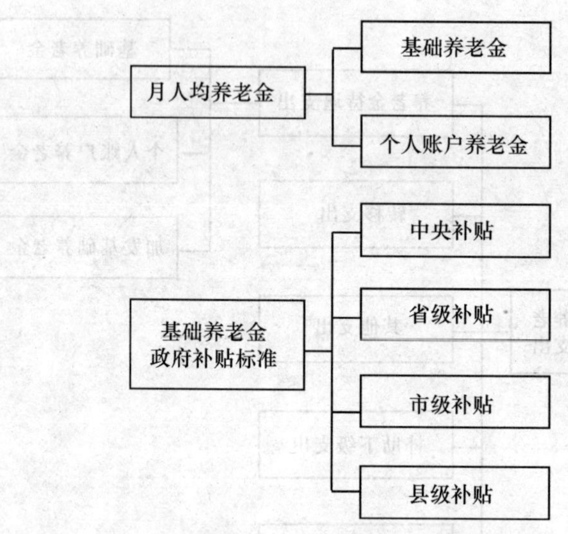

图 3—4 因素指标结构图

（二）支出预算指标关系

1. 新型农村社会养老保险基金支出＝养老金待遇支出＋转移支出＋补助下级支出＋上解上级支出＋其他支出

2. 新型农村社会养老金待遇支出＝基础养老金＋个人账户养老金

3. 基础养老金支出（享受待遇人员合计）＝当地政府确定的基础养老金标准

4. 个人账户养老金支出（缴费享受待遇人员）＝[上年末人数＋（当年新增享受待遇人数－当年享受待遇减少人数）÷2]×人均月个人账户养老金标准×12 个月

（三）结余预算指标关系

1. 新型农村社会养老保险基金本年收支结余＝本年基金收入合计－本年基金支出合计

2. 新型农村社会养老保险基金年末滚存结余＝上年结余＋本年基金收支结余

第二节　收入预算的编制

新型农村社会养老保险基金收入预算指标主要包括个人缴费收入、集体补助收入、政府补贴收入、利息收入、转移收入、上级补助收入、下级上解收入和其他收入等指标。以上指标的测算需要以前年度各项基金收入指标和影响基金收入预算的其他因素指标的历史数据，估算得到预算年度各指标的增长率，并结合预算年度地方政府各项补贴政策的调整进行测算。测算过程在收入预算参数表中完成。以2012年预算编制为例，新型农村社会养老保险基金收入预算参数示意表见表3—2。

表3—2　2012年新型农村社会养老保险基金收入预算参数示意表

项目			2010年执行数	2011年预计执行数	预算综合增长率（%）	2012年预算数
影响基金因素		参保人数				
	参保缴费人数（人）	100元档次人员				
		200元档次人员				
		300元档次人员				
		400元档次人员				
		500元档次人员				
		其他缴费档次人员				
	集体补助标准（元）	100元档次人员				
		200元档次人员				
		300元档次人员				
		400元档次人员				
		500元档次人员				
		其他缴费档次人员				

续表

<table>
<tr><th colspan="3">项目</th><th>2010 年执行数</th><th>2011 年预计执行数</th><th>预算综合增长率（%）</th><th>2012 年预算数</th></tr>
<tr><td rowspan="6">影响基金因素</td><td rowspan="6">个人缴费政府补贴标准（元）</td><td>100 元档次人员</td><td></td><td></td><td></td><td></td></tr>
<tr><td>200 元档次人员</td><td></td><td></td><td></td><td></td></tr>
<tr><td>300 元档次人员</td><td></td><td></td><td></td><td></td></tr>
<tr><td>400 元档次人员</td><td></td><td></td><td></td><td></td></tr>
<tr><td>500 元档次人员</td><td></td><td></td><td></td><td></td></tr>
<tr><td>其他缴费档次人员</td><td></td><td></td><td></td><td></td></tr>
<tr><td rowspan="23">基金收入情况（万元）</td><td colspan="2">（一）个人缴费收入</td><td></td><td></td><td></td><td></td></tr>
<tr><td colspan="2">1. 当期缴费收入</td><td></td><td></td><td></td><td></td></tr>
<tr><td colspan="2">2. 补缴收入</td><td></td><td></td><td></td><td></td></tr>
<tr><td colspan="2">（二）集体补助收入</td><td></td><td></td><td></td><td></td></tr>
<tr><td colspan="2">1. 当期缴费补助收入</td><td></td><td></td><td></td><td></td></tr>
<tr><td colspan="2">2. 补缴补助收入</td><td></td><td></td><td></td><td></td></tr>
<tr><td colspan="2">（三）政府补贴收入</td><td></td><td></td><td></td><td></td></tr>
<tr><td colspan="2">1. 基础养老金补贴</td><td></td><td></td><td></td><td></td></tr>
<tr><td colspan="2">其中：中央补贴</td><td></td><td></td><td></td><td></td></tr>
<tr><td colspan="2">省级补贴</td><td></td><td></td><td></td><td></td></tr>
<tr><td colspan="2">市级补贴</td><td></td><td></td><td></td><td></td></tr>
<tr><td colspan="2">县级补贴</td><td></td><td></td><td></td><td></td></tr>
<tr><td colspan="2">2. 个人缴费补贴</td><td></td><td></td><td></td><td></td></tr>
<tr><td colspan="2">其中：省级补贴</td><td></td><td></td><td></td><td></td></tr>
<tr><td colspan="2">市级补贴</td><td></td><td></td><td></td><td></td></tr>
<tr><td colspan="2">县级补贴</td><td></td><td></td><td></td><td></td></tr>
<tr><td colspan="2">重度残疾等缴费补贴</td><td></td><td></td><td></td><td></td></tr>
<tr><td colspan="2">（四）利息收入</td><td></td><td></td><td></td><td></td></tr>
<tr><td colspan="2">（五）转移收入</td><td></td><td></td><td></td><td></td></tr>
<tr><td colspan="2">（六）其他收入</td><td></td><td></td><td></td><td></td></tr>
<tr><td colspan="2">（七）上级补助收入</td><td></td><td></td><td></td><td></td></tr>
<tr><td colspan="2">（八）下级上解收入</td><td></td><td></td><td></td><td></td></tr>
<tr><td colspan="2">基金收入合计</td><td></td><td></td><td></td><td></td></tr>
</table>

一、新型农村社会养老保险个人缴费收入预算的编制

新型农村社会养老保险个人缴费收入预算包括当期缴费收入预算和补缴收入预算。

（一）当期缴费收入预算的编制

1. 当期缴费收入预算编制原则

以新型农村社会养老保险各项法律、法规、政策为依据，以“保基本、广覆盖、有弹性、可持续”为原则，充分考虑各地的新型农村社会养老保险覆盖面情况和扩面潜力，综合分析研究各缴费档次间人员变动趋势，确定合理的各缴费层次人员增长变动水平。

2. 当期征缴收入测算办法

由于新型农村社会养老保险处于刚刚起步阶段，没有翔实丰富的历史数据为支撑，各缴费档次人员结构存在较大的差异和不确定性，为了尽量提高个人缴费收入预算的精细化水平，测算时各地以当地历年缴费人员结构为基础结合当年扩面情况确定预算年度各缴费档次人员数量，分档次分别进行测算。

（1）缴费标准的确定

根据《国务院关于开展新型农村社会养老保险试点的指导意见》（国发［2009］32号）的精神，个人缴费标准目前设为每年100元、200元、300元、400元、500元五个档次，地方可以根据实际情况增设缴费档次。考虑到各地在具体实施过程中，缴费档次的设置不等，因此在计算表中，除国家规定的五个档次外，增设了其他档次。

其他档次缴费标准，以各地按照前五个档次以外各档次缴费人员平均缴费标准来确定。公式为：

其他档次缴费人员平均缴费标准=（第6档次缴费标准×该档次缴费人员+第7档次缴费标准×该档次缴费人员+…+第n档次缴费标准×该档次缴费人员）÷（第6档次缴费人员+第7档次缴费人员+…+第n档次缴费人员）

（2）缴费人数的确定

缴费人数的测算，以各地前三年各档次缴费人数平均增长率与上

年各档次缴费人数同比增长率的加权平均数为预算年度缴费人数综合增长率，在综合考虑预算年度政策调整、历史数据修正、预算年度扩面计划等因素的基础上对综合增长率进行修正。以修正后的综合增长率与上年度预计执行数来确定预算年度各缴费档次人数。

上年预计执行数以上年预算数为基数，综合考虑预算执行年度养老保险政策、法律、法规的调整对各缴费档次人数的影响以及上年预算实际执行情况等因素，对上年预算数进行必要调整。测算公式如下：

上年预计执行数＝上年预算数＋上年预算调整数

（3）测算当期缴费收入

当期缴费收入预算数＝（第1档次缴费标准×该档次缴费人员＋第2档次缴费标准×该档次缴费人员＋…＋第5档次缴费标准×该档次缴费人员＋其他档次平均缴费标准×该档次缴费人员）

（二）补缴收入预算的编制

补缴收入预算的编制主要考虑以下两个因素：

1. 近两年个人补缴情况。

2. 根据预算年度扩面情况，参考历年新参保人员中补缴人员所占比例，测算预算年度补缴人员数量及补缴额。

综合上述两方面因素，采用简单平均法或加权平均法计算的平均数作为预算年度补缴收入。

二、集体补助收入预算的编制

集体补助收入预算包括当期缴费补助收入预算和补缴补助收入预算。

（一）当期缴费补助收入预算

预算年度集体补助标准根据当地经济发展水平及补助政策的调整，按个人缴费档次分别确定。

当期缴费补助收入预算＝（第1档次缴费集体补助标准×该档次缴费人员＋第2档次缴费集体补助标准×该档次缴费人员＋…＋第5档次集体补助缴费标准×该档次缴费人员＋其他档次集体补助缴费

标准×该档次缴费人员）

（二）补缴补助收入预算

补缴补助标准根据当地补缴补助政策和标准进行确定。

补缴补助人数的测算，根据预算年度扩面情况，参考历年新参保人员中补缴人员所占比例，测算预算年度补缴人员数量。

补缴补助收入预算＝补缴补助标准×预算年度补缴人员数量

三、政府补贴收入

政府补贴收入预算包括基础养老金补贴和个人缴费补贴。

基础养老金补贴按照资金来源渠道的不同，分为中央补贴、省级补贴、市级补贴和县级补贴。

个人缴费补贴，按照国发［2009］32号文件规定，地方政府应当对参保人员缴费给予补贴。按补贴资金来源渠道的不同，分为省级补贴、市级补贴、县级补贴和重度残疾等缴费补贴。

财政补贴收入＝基础养老金补贴收入＋个人缴费补贴收入

基础养老金补贴收入＝预算年度政府补贴标准×预算年度享受待遇人数

个人缴费补贴收入＝预算年度政府补贴标准×预算年度个人缴费人数

编制预算年度财政补贴标准（包括基础养老金补贴标准、个人缴费补贴标准）要重点参考预算年度中央地方财政补贴标准调整情况。

四、利息收入预算的编制

编制利息收入预算要重点参考以下五个指标：

1. 基金上年末存储总量以及预算年度预计净增的基金存储量情况。

2. 上年末短、中、长期定期存款，活期存款以及国债的分布情况。

3. 上年基金平均收益情况。

4. 定期存款或国债在预算年度到期情况。

5. 利率变动情况。

五、转移收入预算的编制

编制转移收入预算要重点参考以下三个指标：

1. 近年转移收入变化趋势。

2. 政策调整对转移人数的影响。

3. 政策调整对转移金额的影响。

六、其他收入预算的编制

编制其他收入预算要重点参考以下两个指标：

1. 近年其他收入情况。

2. 近年其他收入占基金收入的比重。

七、上级补助收入和下级上解收入预算的编制

编制上级补助收入和下级上解收入预算重点参考以下两个指标：

1. 上年度上级补助收入和下级上解收入情况。

2. 预算年度的调剂金政策变化情况。

第三节　支出和结余预算的编制

新型农村社会养老保险基金支出预算指标包括养老金待遇支出、转移支出、补助下级支出、上解上级支出、其他支出等指标，结余预算指标包括当年结余和年末滚存结余。以上指标的测算需要以前年度各项基金支出与结余指标和影响基金支出和结余预算的其他因素指标的历史数据，估算得到预算年度各指标的增长率，并结合预算年度地方政府各项补贴政策的调整进行测算。基金支出预算的测算过程在支出预算参数表中完成。以 2012 年预算编制为例，新型农村社会养老保险基金支出预算参数示意表见表 3—3。

基金支出预算编制原则是：以养老保险政策、法律、法规为依据，在上年末已享受待遇人员正常支出的基础上，综合分析享受待遇人数增减变动、基础养老金待遇政策调整对基金支出的影响因素，以

表 3—3　2012 年新型农村社会养老保险基金支出预算参数示意表

项目				2010 年执行数	2011 年执行数	预算综合增长率（%）	2012 年预算数
影响基金因素	享受待遇人数（人）	享受待遇人员合计					
		＃上年末人数					
		＃当年减少人数					
		＃当年新增人数					
		其中	缴费享受待遇人员				
			＃上年末人数				
			＃当年减少人数				
			＃当年新增人数				
			未缴费享受待遇人员				
			＃上年末人数				
			＃当年减少人数				
			＃当年新增人数				
	月人均养老金（元）	养老金人均待遇					
		其中：基础养老金					
		个人账户养老金					
	基础养老金政府补贴标准（元）	中央补贴					
		省级补贴					
		市级补贴					
		县级补贴					
支出情况（万元）	（一）养老金待遇支出						
	1. 基础养老金						
	2. 个人账户养老金						
	3. 加发基础养老金						
	（二）转移支出						
	（三）其他支出						
	（四）补助下级支出						
	（五）上解上级支出						
	基金总支出						

及转移支出、补助下级支出、上解上级支出、其他支出等政策规定的各类基金支出项目，力求支出预算编制基本准确，确保新型农村社会养老金按时足额发放。

一、新型农村社会养老金待遇支出预算的编制

新型农村社会养老金待遇支出预算包括基础养老金支出预算、个人账户养老金支出预算两大部分，部分地区对长期缴费的农村居民加发的基础养老金，在支出参数表的“加发基础养老金”栏中进行测算。

按照国发［2009］32号文件精神，享受新型农村社会养老金待遇人员分为缴费享受待遇人员和未缴费享受待遇人员两类。其中，新农保制度实施时，已年满60周岁、未享受城镇职工基本养老保险待遇的，不用缴费，可以按月领取基础养老金，即未缴费享受待遇人员。

（一）享受养老金待遇人员测算

预算年度享受新型农村社会养老保险待遇人员的测算，以上年已享受待遇人数预算数为基础、综合测算预算年度享受待遇人数的增减情况来确定。在具体测算过程中，由于享受待遇人员分为缴费享受待遇人员和未缴费享受待遇人员两部分，这两部分人员在年龄构成上区别较大，为了提高预算的精细化水平，测算时按对象类别不同，进行分别测算。

享受待遇人数预算数＝缴费享受待遇人数预算数＋未缴费享受待遇人数预算数

缴费享受待遇人数预算数＝上年末缴费享受待遇人数预算数－当年缴费享受待遇人员减少人数预算数＋当年新增缴费享受待遇人员预算数

未缴费享受待遇人数预算数＝上年末未缴费享受待遇人数预算数－当年未缴费享受待遇人员减少人数预算数＋当年新增未缴费享受待遇人员预算数

1. 上年末享受待遇人数的测算

（1）上年末缴费享受待遇人数预算数＝预算前一年度实际缴费享受待遇人数预计执行数

预算前一年度实际缴费享受待遇人数预计执行数＝上年末缴费享受待遇人数实际执行数－当年减少缴费享受待遇人数预计执行数＋当年新增缴费享受待遇人数预计执行数

（2）上年末未缴费享受待遇人数预算数＝预算前一年度实际未缴费享受待遇人数预计执行数

预算前一年度实际未缴费享受待遇人数预计执行数＝上年末未缴费享受待遇人数实际执行数－当年减少未缴费享受待遇人数预计执行数＋当年新增未缴费享受待遇人数预计执行数

2. 当年享受待遇人员减少人数的测算

（1）当年享受待遇减少人数的上年预计执行数的测算

当年享受待遇减少人数的上年预计执行数以上年预算数为基数，综合考虑上年预算实际执行情况等因素，对预算数进行必要调整。

当年享受待遇减少人数上年预算调整数＝上年预计执行数－上年预算数

当年享受待遇减少人数上年预计执行数＝上年前三个季度享受待遇实际减少人数＋上年第四季度预计减少人数

上年第四季度预计减少人数＝上年前三个季度享受待遇实际减少人数÷三个季度＋修正值

设置修正值主要是考虑第四季度享受待遇减少人数与前三个季度相比可能出现明显偏差等因素。

（2）当年享受待遇减少人数综合增长率的测算

测算办法详见附录。

（3）当年享受待遇减少人数综合增长率的修正

对当年享受待遇减少人数的综合增长率测算值进行修正，通常应符合以下条件：数据采集年度的享受待遇减少人数存在较大的不可比因素，主要是享受待遇人员年龄结构的特殊性特别是未缴费享受待遇人员的年龄偏大，导致死亡率发生明显变化以及其他可能导致测算出的综合增长率不具备参考价值的因素，需对综合增长率测算值进行修正。

（4）当年享受待遇减少人数的测算

当年享受待遇减少人数预算数＝上年预计执行数×(1＋修正后综合增长率)

3. 当年新增享受待遇人数的测算

（1）当年新增享受待遇人数的上年预计执行数的测算

当年新增享受待遇人数的上年预计执行数以上年预算数为基数，综合考虑上年预算实际执行情况等因素，对预算数进行必要调整。当年新增享受待遇人数预算调整数的测算公式如下：

新增享受待遇人数上年预算调整数＝上年预计执行数－上年预算数

当年新增享受待遇人数上年预计执行数＝上年前三个季度实际新增享受待遇人数＋上年第四季度享受待遇人员预计新增数

上年第四季度预计新增享受待遇人数＝上年前三个季度实际新增享受待遇人数÷三个季度＋修正值

设置修正值主要是考虑第四季度新增享受待遇人数与前三个季度相比可能出现明显偏差等因素。

（2）当年新增享受待遇人数综合增长率的测算

测算办法详见附录。

（3）当年新增享受待遇人数综合增长率的修正

对当年新增享受待遇人数综合增长率测算值进行修正，通常应符合以下条件：数据采集年度的新增享受待遇人数存在较大的不可比因素，如享受待遇人数增长趋势拐点的出现、享受待遇人员行政区域重新划分以及其他可能导致测算出的综合增长率不具备参考价值的因素，需对综合增长率测算值进行修正。其中对于未缴费享受待遇人员的新增，由于初始数据与后续数据具有不可比的特点，在制度实施的前三年，综合增长率测算值应结合当地实际情况进行修正确定。

（4）当年新增享受待遇人数的测算

当年新增享受待遇人数预算数＝上年预计执行数×（1＋修正后综合增长率）

（二）测算享受待遇人员月人均养老金

新型农村社会养老保险养老金包含基础养老金和个人账户养老金。在进行人均养老金待遇标准测算时，基础养老金是指统一标准的基础养老金，部分地区对长期缴费的农村居民加发的基础养老金在支出预算时单独立项测算。

1. 预算年度月人均基础养老金的测算

（1）上年末月人均基础养老金执行数的确定

上年末月人均基础养老金执行数根据当地政府确定的基础养老金标准确定。

上年预算调整数＝上年预计执行数－上年预算数

（2）月人均基础养老金综合增长率的测算

测算办法详见附录。

（3）月人均基础养老金综合增长率的修正

对享受待遇人员月人均基础养老金的综合增长率测算值进行修正，主要是考虑各地方政府预算年度对基础养老金标准的调整，在预算编制期可以确定基础养老金调整方案的，按调整方案对综合增长率进行修正；无法确定调整方案的，综合增长率修正为0，即预算年度基础养老金标准无增长。

（4）预算年度月人均基础养老金的测算

预算年度享受待遇人员月人均基础养老金预算数＝上年预计执行数×（1＋修正后综合增长率）

2. 月人均个人账户养老金的确定

（1）享受待遇人员月人均养老金上年预计执行数的确定

享受待遇人员月人均个人账户养老金上年预计执行数＝前三个季度享受待遇人员月人均个人账户养老金＋修正值

设置修正值主要是考虑前三个季度个人账户养老金支出中补发养老金对人均养老金的影响。

预算调整数＝预计执行数－预算数

（2）享受待遇人员月人均个人账户养老金综合增长率的测算

测算办法详见附录。

（3）享受待遇人员月人均个人账户养老金综合增长率的修正

设置修正值主要是考虑个人账户养老金支出中补发养老金对人均养老金的影响，经过加权平均，上述因素对人均个人账户养老金影响很小，正常情况下可以不予修正。

（4）享受待遇人员月人均个人账户养老金的测算

享受待遇人员月人均个人账户养老金预算数＝上年预计执行数×（1＋修正后综合增长率）

（三）养老金待遇支出预算

新型农村社会养老金待遇支出包括基础养老金支出和个人账户养老金支出两部分。基础养老金享受对象为缴费享受待遇人员和未缴费享受待遇人员两类，个人账户享受对象为缴费到龄人员。在具体测算时需分项分别进行。

养老金待遇预算支出＝基础养老金预算支出＋个人账户养老金预算支出＋加发基础养老金预算支出

基础养老金预算支出＝[预算年度上一年享受待遇人数合计数＋（预算年度当年新增人数预计数合计数－预算年度当年减少人数预计数合计数）÷2]×预算年度人均基础养老金×12

个人账户养老金预算支出＝[预算年度上一年缴费享受待遇人数＋（预算年度缴费享受待遇当年新增人数预计数－预算年度缴费享受待遇当年减少人数预计数）÷2]×预算年度人均个人账户养老金×12

二、转移支出预算的编制

编制转移支出预算要重点参考以下三个指标：

1. 近年转移支出变化趋势。

2. 政策调整对转移人数的影响。

3. 政策调整对转移金额的影响。

三、其他支出预算的编制

根据社会保险基金财务制度规定，其他支出是指经财政部门核准开支的其他非社会保险待遇性质的支出。因此，除特殊情况外，原则上不做其他支出预算。

四、补助下级支出和上解上级支出预算的编制

编制补助下级支出和上解上级支出预算要重点参考以下两个指标：

1. 上年度补助下级支出和上解上级支出情况。

2. 预算年度的调剂金政策变化情况。

五、新型农村社会养老保险基金结余预算

（一）基金结余预算编制原则

新型农村社会养老保险基金预算实行以支定收、收支平衡的原则，因此，原则上不得编制赤字预算

（二）基金结余预算的编制

新型农村社会养老保险基金结余预算包括当年结余预算和年末滚存结余预算。

当年结余预算数＝基金收入预算数－基金支出预算数

年末滚存结余预算数＝上年结余＋当年结余预算数

第四节　指标释义及数据采集

本节解释新型农村社会养老保险基金预算编制中使用的各项指标的概念、包含范围以及指标数据的采集途径。

一、新型农村社会养老保险基金收入预算指标释义及数据采集

（一）基金指标

1. 个人缴费收入

指标释义：个人缴费收入，是指参保农村居民按照规定的标准缴

纳的新农保养老保险费。该指标包括当期缴费收入和补缴收入。

数据采集：该指标采集自社会保险基金决算《新型农村社会养老保险基金收支表》（社决附01表）的“养老保险费收入—个人缴费收入”的数据。

（1）当期缴费收入

指标释义：当期缴费收入，是指报告期内根据国家有关规定，由参保农村居民按照规定的标准缴纳的实际到位的当年养老保险费收入。

数据采集：该指标采集自业务系统台账数据。

（2）补缴收入

指标释义：补缴收入，是指参保农村居民按照规定的标准实际补缴的上年末之前的新型农村社会养老保险费。

数据采集：该指标采集自业务系统台账数据。

2. 集体补助收入

指标释义：集体补助收入，是指乡（镇）、村等集体经济组织对参保农村居民个人缴费给予的补助收入，以及其他经济组织、个人为参保人缴费提供的资助收入。该指标包括当期缴费补助收入和补缴补助收入。

数据采集：该指标采集自社会保险基金决算《新型农村社会养老保险基金收支表》（社决附01表）的“养老保险费收入—集体补助收入”的数据。

（1）当期缴费补助收入

指标释义：当期缴费补助收入，是指报告期内集体经济组织对参保农村居民按照规定的标准实际缴纳的当年养老保险费给予的补助收入。

数据采集：该指标采集自业务系统当期缴费人员台账数据及当地缴费补助标准。

（2）补缴补助收入

指标释义：补缴补助收入，是指集体经济组织对参保农村居民按照规定的标准实际补缴的上年度末之前的新型农村社会养老保险费给予的补助收入。

数据采集：该指标采集自业务系统补缴人员台账数据及当地缴费补助标准。

3. 政府补贴收入

指标释义：财政补贴收入，是指财政给予新农保基金的补贴收入。该指标包括基础养老金补贴和个人缴费补贴。

数据采集：该指标采集自社会保险基金决算《新型农村社会养老保险基金收支表》（社决附 01 表）的“养老保险费收入—政府补贴收入”的数据。

（1）基础养老金补贴

指标释义：基础养老金补贴，是指各级财政按规定标准补助符合待遇领取条件的参保人员新农保基础养老金而给予基金的补贴收入。

按照补贴资金来源，包括中央补贴、省级补贴、市级补贴和县级补贴。

数据采集：该指标采集自社会保险基金决算《新型农村社会养老保险、新型农村合作医疗补充资料表》（社决附 07 表）的“养老金领取人数”的数据及基础养老金补助标准。

（2）个人缴费补贴

指标释义：个人缴费补贴，是指地方财政因按规定标准补助参保人个人缴费而给予基金的补贴收入。

按照补贴资金来源，包括省级补贴、市级补贴和县级补贴。

数据采集：该指标采集自社会保险基金决算《新型农村社会养老保险、新型农村合作医疗补充资料表》（社决附 07 表）的“参加保险缴费人员年末数”的数据及个人缴费补助标准。

4. 利息收入

指标释义：利息收入，是指用新农保基金购买国家债券、存入商业银行等存款类金融机构所取得的利息收入。

数据采集：该指标采集自社会保险基金决算《新型农村社会养老

保险基金收支表》（社决附 01 表）的“利息收入”的数据。

5. 转移收入

指标释义：转移收入，是指因参保对象跨统筹地区流动而划入的基金收入。

数据采集：该指标采集自社会保险基金决算《新型农村社会养老保险基金收支表》（社决附 01 表）的“转移收入”的数据。

6. 其他收入

指标释义：其他收入，是指社会组织和个人对新农保基金的捐赠以及其他经财政部门核准的基金收入。

数据采集：该指标采集自社会保险基金决算《新型农村社会养老保险基金收支表》（社决附 01 表）的“其他收入”的数据。

7. 上级补助收入

指标释义：上级补助收入，是指本级经办机构接受上级经办机构拨付的补助收入。

数据采集：该指标采集自社会保险基金决算《新型农村社会养老保险基金收支表》（社决附 01 表）的“上级补助收入”的数据。

8. 下级上解收入

指标释义：下级上解收入，是指本级经办机构接受下级经办机构上解的基金收入。

数据采集：该指标采集自社会保险基金决算《新型农村社会养老保险基金收支表》（社决附 01 表）的“下级上解收入”的数据。

（二）因素指标

1. 参保人数

指标释义：参保人数，是指报告期末参加新型农村社会养老保险并在社保经办机构已建立缴费记录档案的人数，包括中断缴费但未终止养老保险关系的人数，不包括只登记未建立缴费记录档案的人数。

参保人数按参保人员缴费档次分别填列。

数据采集：该指标采集自社会保险基金决算《新型农村社会养老保险、新型农村合作医疗补充资料表》（社决附 07 表）的“参加保险缴费人员年末数”的数据及个人缴费补助标准。

2. 集体补助标准

指标释义：集体补助标准，是指乡（镇）、村等集体经济组织、其他经济组织以及个人对参保农村居民个人缴费给予补助的标准。

数据采集：该指标采集自各地实施办法或政府确定的对各缴费档次进行补助的标准。

3. 个人缴费政府补贴标准

指标释义：个人缴费政府补贴标准，是指地方财政因参保人个人缴费而给予基金补贴的标准。

数据采集：该指标采集自各地实施办法或政府确定的对各缴费档次进行补助的标准。

二、新型农村社会养老保险基金支出预算指标释义及数据采集

（一）基金指标

1. 养老金待遇支出

指标释义：养老金待遇支出，是指报告期内按规定支付给参保农村居民的养老保险待遇支出。

数据采集：该指标采集自社会保险基金决算《新型农村社会养老保险基金收支表》（社决附 01 表）的“基本养老金支出”的数据。

新型农村社会养老金待遇支出由基础养老金支出、个人账户养老金支出和加发基础养老金支出三部分组成。

（1）基础养老金支出

指标释义：基础养老金支出，是指报告期内按政府规定的计发标准，并由各级财政为符合待遇领取条件的参保农村居民全额予以补助的养老金待遇。

数据采集：该指标采集自社会保险基金决算《新型农村社会养老保险基金收支表》（社决附 01 表）的“基础养老金支出”的数据。

（2）个人账户养老金支出

指标释义：个人账户养老金支出，是指报告期内参保农村居民达到养老保险待遇领取条件时，按照其个人账户全部储存额除以计发月

数计算，支付给参保农村居民的养老金待遇，以及参保人员死亡时一次性支付其合法继承人除政府补贴外的个人账户资金余额。

数据采集：该指标采集自社会保险基金决算《新型农村社会养老保险基金收支表》（社决附 01 表）的“个人账户养老金支出”的数据。

（3）加发基础养老金

指标释义：加发基础养老金，是指报告期内各级财政除按政府规定的计发标准为符合待遇领取条件的参保农村居民全额予以补助的养老金待遇外，对长期缴费的农村居民加发的基础养老金。

数据采集：该指标待国家出台相关配套政策后，按规定填列。

2. 转移支出

指标释义：转移支出，是指参保农村居民跨统筹地区流动而转出的基金支出。

数据采集：该指标采集自社会保险基金决算《新型农村社会养老保险基金收支表》（社决附 01 表）的“转移支出”的数据。

3. 其他支出

指标释义：其他支出，是指按财政部门核准开支的其他支出。

数据采集：该指标采集自社会保险基金决算《新型农村社会养老保险基金收支表》（社决附 01 表）的“其他支出”的数据。

4. 补助下级支出

指标释义：补助下级支出，是指本级经办机构拨付给下级经办机构的补助支出。

数据采集：该指标采集自社会保险基金决算《新型农村社会养老保险基金收支表》（社决附 01 表）的“补助下级支出”的数据。

5. 上解上级支出

指标释义：上解上级支出，是指本级经办机构上解上级经办机构的支出。

数据采集：该指标采集自社会保险基金决算《新型农村社会养老保险基金收支表》（社决附 01 表）的“上解上级支出”的数据。

(二) 因素指标

1. 享受待遇人数

指标释义：享受待遇人数，是指报告期末参加新型农村社会养老保险并由新型农村社会养老保险基金支付养老金的人数。

数据采集：该指标采集自社会保险基金决算《新型农村社会养老保险、新型农村合作医疗补充资料表》(社决附 07 表) 的“养老金领取人员年末数”的数据。

享受待遇人数由缴费享受待遇人员人数和未缴费享受待遇人员人数组成。

(1) 缴费享受待遇人数

①上年末缴费享受待遇人数

指标释义：上年末缴费享受待遇人数，是指截至上年年底已参加新型农村社会养老保险，并经人力资源社会保障行政部门批准办理享受待遇手续，开始领取新型农村社会养老保险待遇的人数。

数据采集：该指标采集自社会保险基金决算《新型农村社会养老保险、新型农村合作医疗补充资料表》(社决附 07 表) 的“养老金领取人员年末数”—“试点地区 60 周岁及以上农民年末数”。

②当年减少人数

指标释义：当年减少人数，是指报告期内已享受新型农村社会养老保险待遇因死亡等原因而减少的人数。

数据采集：该指标采集自业务系统台账。

③当年新增人数

指标释义：当年新增人数，是指报告期内已参加新型农村社会养老保险，并经人力资源社会保障行政部门批准办理了享受待遇手续，开始领取新型农村社会养老保险待遇的人数。

数据采集：该指标采集自业务系统台账。

(2) 未缴费享受待遇人数

①上年末未缴费享受待遇人数

指标释义：上年末未缴费享受待遇人数，是指截至上年年底已参加新型农村社会养老保险，并经人力资源社会保障行政部门批准办理享受待遇手续，开始领取新型农村社会养老保险待遇的人数。

数据采集：该指标采集自社会保险基金决算《新型农村社会养老保险、新型农村合作医疗补充资料表》（社决附 07 表）的“试点地区 60 周岁及以上农民年末数”的数据。

②当年减少人数

指标释义：当年减少人数，是指报告期内已享受新型农村社会养老保险待遇因死亡等原因而减少的人数。

数据采集：该指标采集自业务系统台账。

③当年新增人数

指标释义：当年新增人数，是指报告期内已参加新型农村社会养老保险，并经人力资源社会保障行政部门批准办理了享受待遇手续，开始领取新型农村社会养老保险待遇的人数。

数据采集：该指标采集自业务系统台账。

2. 享受待遇人员月人均养老金

指标释义：享受待遇人员月人均养老金，是指报告期内已参加新型农村社会养老保险，并经人力资源社会保障行政部门批准办理了享受新农保待遇手续的参保人员，按月领取的新型农村社会养老金平均数。享受待遇人员月人均养老金包括人均基础养老金和人均个人账户养老金。

缴费享受待遇人员享受养老金包括基础养老金和个人账户养老金。

未缴费享受待遇人员享受养老金只包括基础养老金。

(1) 月人均基础养老金

指标释义：月人均基础养老金，是指报告期内由各级政府财政为符合待遇领取条件的参保农村居民全额予以补助的养老金待遇的人均数。不包括各地对长期缴费的农村居民加发的基础养老金的人均数。

数据采集：该指标采集自各级政府财政确定的对享受待遇人员基础养老金发放标准。

（2）月人均个人账户养老金

指标释义：月人均个人账户养老金，是指缴费享受待遇人员按月领取养老金中个人账户养老金的平均数。

数据采集：该指标相关数据采集自当地业务台账的其他政策参保人员的相关数据。

3. 基础养老金政府补贴标准

指标释义：基础养老金政府补贴标准，是指为符合基础养老金待遇领取条件的参保农村居民全额予以补助的各级政府财政补助标准，分为中央补贴、省级补贴、市级补贴和县级补贴四个标准。

数据采集：该指标采集自各级政府财政对各地的基础养老金补助办法或补助方案。

第五节　新型农村社会养老保险基金预算审核

为保证预算的规范性和合理性，社会保险经办机构应该在预算编制完成后，对预算收入、支出和结余进行初审。审核可结合当地政策因素，参考以下标准完成。

一、新型农村社会养老保险基金收入预算审核指标及标准

（一）审核指标：当期缴费收入预算

1. 审核标准：当期缴费收入增减与参保人数的增减及各缴费档次人员数的结构变化关联度较大，参保人数增长，当期缴费收入增长；300 元以上人数占总人数比例增加，当期缴费收入增加。

（1）参保人数增加：当期缴费收入增长率≥参保人数增长率÷平均缴费档次。

（2）300 元以上人数占总人数比例增加：当期缴费收入增长率≥300 元以上人数占总人数比例增长率÷300 元以上人员平均缴费档次。

2. 审核依据

（1）参保人数增加：当期缴费收入增长率大于等于其增长率除以平均缴费档次，主要是按照谨慎性原则，预估新增人员缴费档次选择为上年缴费档次最低档。

（2）300 元以上人数占总人数比例增加：当期缴费收入增长率大于等于其增长率除以平均缴费档次，主要是按照谨慎性原则，预估缴费档次人员提高后的缴费档次为 300 元以上缴费档次的最低档。

（二）审核指标：个人缴费收入上年预计执行数

1. 审核标准：前三个季度个人缴费收入实际执行数占全年预计执行数应小于 80%，即第四季度个人缴费收入预计执行数占全年的比例应大于 20%。

2. 审核依据：以平均一个季度占全年的比例 25%为基准，考虑各种不可比或不确定因素，第四季度个人缴费收入占全年的比例若低于 20%，说明个人缴费收入预计数存在偏低的可能。

（三）审核指标：参保缴费人数预算

1. 审核标准：参保缴费人数预算应大于上年预计执行数。

2. 审核依据："保基本、广覆盖、有弹性、可持续"是新型农村社会养老保险的重点工作，是加快建立覆盖城乡居民的社会保障体系的要求，因此，参保缴费人数预算原则上应比上年增长。

（四）审核指标：利息收入预算

1. 审核标准：利息收入预算占上年基金结余的比例应大于 3 个月整存整取定期存款利率。

2. 审核依据：参照《中国人民银行关于对养老保险基金活期存款实行优惠利率的通知》（银发［1997］567 号）精神，养老保险基金存入各商业银行的活期存款，从 1998 年 1 月 1 日起，按 3 个月整存整取定期存款利率计息，因此，3 个月整存整取定期存款利率是养老保险基金的最低利率标准。

二、新型农村社会养老保险基金支出预算审核指标及标准

（一）审核指标：养老金待遇支出预算

1. 审核标准：养老金支出预算同比增长率应小于10%。今后，该审核标准应随着新农保各项制度的进一步调整到位及基础养老金待遇正常调整机制的建立进行相应调整。

2. 审核依据：根据国发［2009］32号文件精神，国家根据经济发展和物价变动等情况，适时调整全国新农保基础养老金的最低标准。

（二）审核指标：养老金支出上年预计执行数

1. 审核标准：前三个季度养老金支出实际执行数占全年预计执行数的比例应大于70%。即第四季度养老金支出预计执行数应低于全年的30%。

2. 审核依据：以平均一个季度占全年的比例25%为基准，考虑各种不可比或不确定因素，第四季度养老金支出占全年的比例若高于30%，说明养老金支出预计数存在偏高的可能。

（三）审核指标：缴费享受待遇人数

1. 审核标准：缴费享受待遇人数预算同比增长率应小于15%。今后，该审核标准应随着新农保的进一步推进及基础信息库的完善到位而进行相应调整。

2. 审核依据：参考企业基本养老保险综合全国退休增长率基本上控制在7%～8%的水平，考虑不同地域间的差异和参保缴费人员到龄高峰期的不同，享受待遇人数预算同比增长率应控制在15%以内。

（四）审核指标：未缴费享受待遇人数

1. 审核标准：未缴费享受待遇人数预算同比增长率应小于5%。今后，该审核标准进一步降低。

2. 审核依据：根据国发［2009］32号文件精神，新农保制度实施时，已年满60周岁、未享受城镇职工基本养老保险待遇的，不用缴费，可以按月领取基础养老金。考虑不同地域新农保实施时60周

岁以上人员纳入新农保享受待遇覆盖面的不同，未缴费享受待遇人数预算同比增长率应控制在5%以内并将逐年降低。

（五）月人均基础养老金预算

1. 审核标准：享受待遇人员月人均基础养老金（不含加发基础养老金）预算应大于等于上年执行数。

2. 审核依据：国家根据经济发展和物价变动等情况，适时调整全国新农保基础养老金的最低标准。

（六）审核指标：其他支出预算

1. 审核标准：其他支出预算应等于0。

2. 审核依据：根据社会保险基金财务制度规定，其他支出是指经财政部门核准开支的其他非社会保险待遇性质的支出。因此，其他支出项目原则上不做支出预算。

三、新型农村社会养老保险基金预算结余审核指标及标准

（一）审核指标：基金当期结余预算

1. 审核标准：基金当期结余预算应大于0。

2. 审核依据：根据人力资源和社会保障部、财政部《关于编制2011年度社会保险基金预算的通知》要求，社会保险基金不得编制赤字预算。

（二）审核指标：累计结余预算

1. 审核标准：累计结余应大于等于0。

2. 审核依据：累计结余出现赤字，将存在巨大的基金支付风险，必须筹集资金予以弥补，因此，原则上养老保险基金累计结余应大于0。

第四章 城镇居民社会养老保险基金预算的编制

第一节 预算报表和指标体系

基金预算体现为一系列基金运行指标的预算，各项指标的预算过程和结果都可整合体现在预算报表之中。预算报表体系的设计主要遵循三项原则：一是预算指标体系的完整性，二是预算编制方法的统一性和包容性，三是预算编制和分析的便利性。通过以上原则实现预算指标体系与预算编制办法的有机结合。

一、城镇居民社会养老保险基金预算报表的组成

城镇居民社会养老保险基金预算报表体系由预算主表和参数表组成。

1. 预算主表。即城镇居民社会养老保险基金预算表，反映城镇居民社会养老保险基金预算编制的结果。

2. 参数表。分为城镇居民社会养老保险基金收入参数表和支出参数表两部分，反映城镇居民社会养老保险基金收入和支出预算的测算过程。

以 2012 年预算编制为例，城镇居民社会养老保险基金预算主表见表 4—1。

二、城镇居民社会养老保险基金预算指标体系构成

城镇居民社会养老保险基金预算指标体系，是由反映城镇居民社会养老保险基金预算规模的基金收入、支出、结余指标和影响基金预算的因素指标构成的预算指标集合体。城镇居民社会养老保险基金预

表 4—1　　2012 年城镇居民社会养老保险基金预算主表

项目	2011 年预计执行数	2012 年预算数	项目	2011 年预计执行数	2012 年预算数
一、个人缴费收入			一、基本养老金支出		
1. 当期缴费收入			（一）基础养老金支出		
2. 补缴收入			（二）个人账户养老金支出		
二、集体补助收入			二、转移支出		
1. 当期缴费补助收入			三、其他支出		
2. 补缴补助收入					
三、政府补贴收入					
1. 基础养老金补贴					
其中：中央补贴					
省级补贴					
市级补贴					
县级补贴					
2. 个人缴费补贴					
其中：省级补贴					
市级补贴					
县级补贴					
重度残疾等缴费补贴					
四、利息收入					
五、转移收入					
六、其他收入					
七、本年收入小计			四、本年支出小计		
八、上级补助收入			五、补助下级支出		
九、下级上解收入			六、上解上级支出		
十、本年收入合计			七、本年支出合计		
×			八、本年收支结余		
十一、上年结余			九、年末滚存结余		
总计			总计		

算指标，依据城镇居民社会养老保险有关法律、法规及养老保险经办业务的实际情况设立，包括基金收入预算指标、基金支出预算指标、基金结余预算指标。

（一）收入预算指标的构成

城镇居民社会养老保险基金收入预算指标主要包括个人缴费收入、集体补助收入、政府补贴收入、利息收入、转移收入、上级补助收入、下级上解收入和其他收入等指标。

1. 基金指标结构图

基金指标结构图如图 4—1 所示。

2. 因素指标结构图

因素指标结构图如图 4—2 所示。

（二）支出预算指标的构成

城镇居民社会养老保险基金支出预算指标包括养老金待遇支出、转移支出、补助下级支出、上解上级支出、其他支出等指标。

1. 基金指标结构图

基金指标结构图如图 4—3 所示。

2. 因素指标结构图

因素指标结构图如图 4—4 所示。

（三）基金结余指标的构成

城镇居民社会养老保险基金结余指标包括本年收支结余、年末滚存结余两项指标。

三、城镇居民社会养老保险基金预算指标关系

（一）收入预算指标关系

1. 城镇居民社会养老保险基金收入＝个人缴费收入＋集体补助收入＋政府补贴收入＋利息收入＋转移收入＋上级补助收入＋下级上解收入＋其他收入

2. 个人缴费收入＝当期缴费收入＋补缴收入

3. 集体补助收入＝当期缴费补助收入＋补缴补助收入

4. 政府补贴收入＝基础养老金补贴＋个人缴费补贴

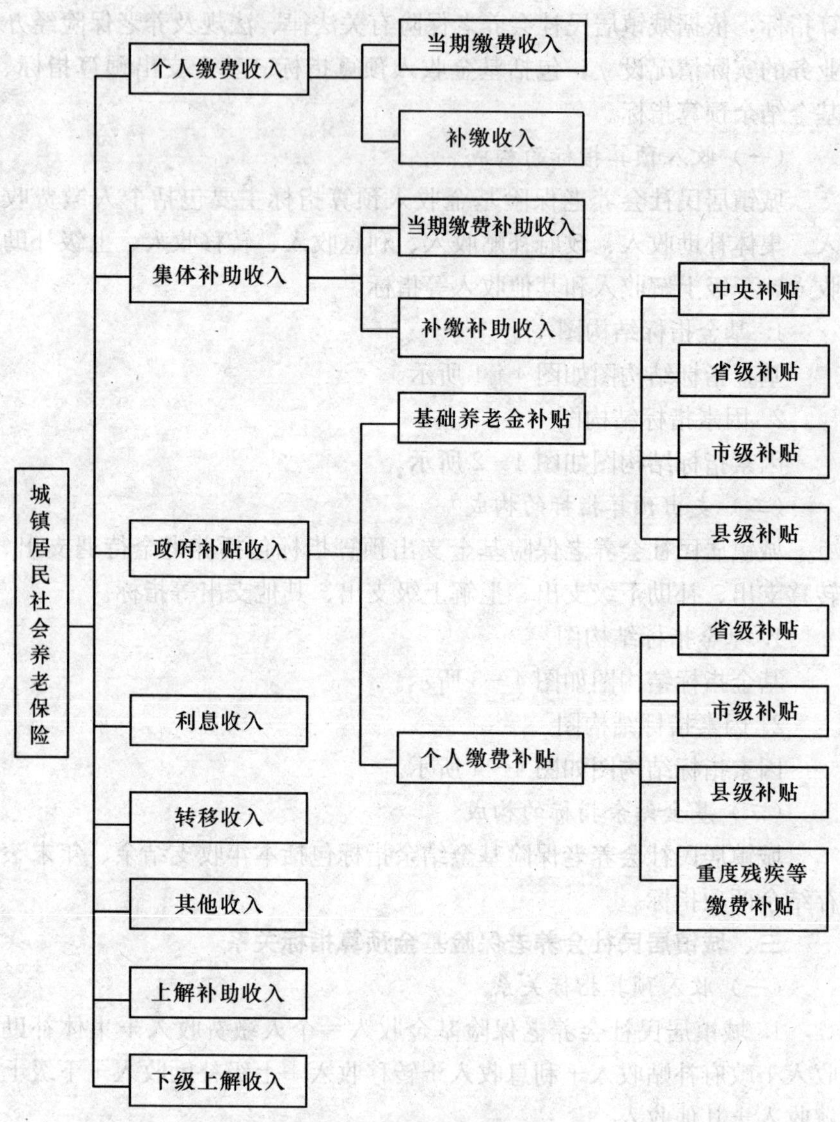

图 4—1　基金指标结构图

5. 基础养老金补贴＝中央补贴＋省级补贴＋市级补贴＋县级补贴

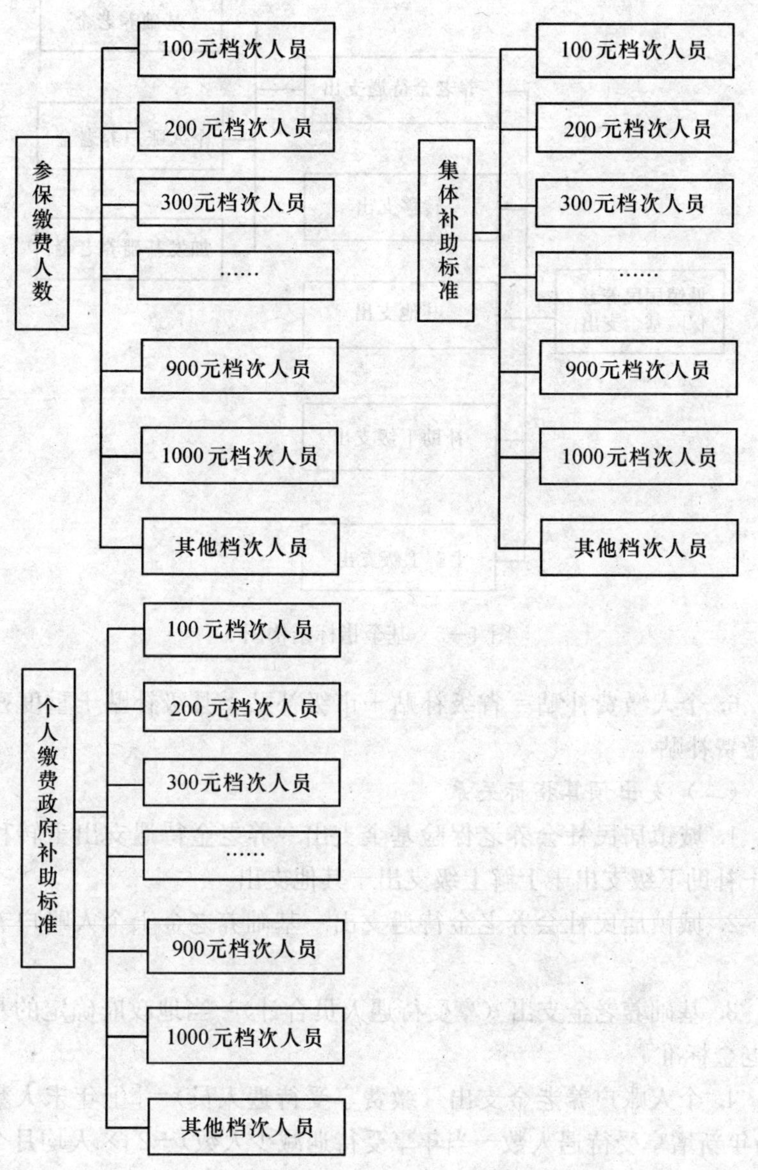

图 4—2　因素指标结构图

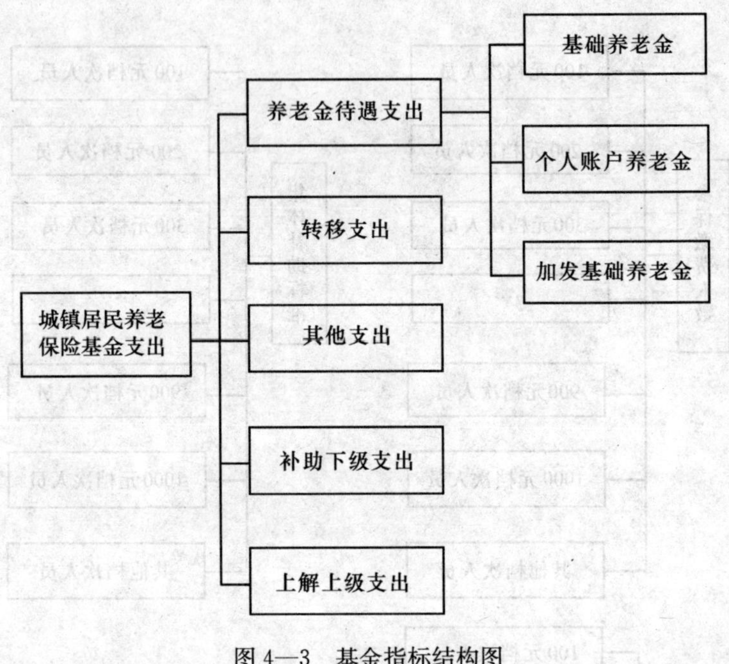

图 4—3　基金指标结构图

6. 个人缴费补贴＝省级补贴＋市级补贴＋县级补贴＋重度残疾等缴费补贴

（二）支出预算指标关系

1. 城镇居民社会养老保险基金支出＝养老金待遇支出＋转移支出＋补助下级支出＋上解上级支出＋其他支出

2. 城镇居民社会养老金待遇支出＝基础养老金＋个人账户养老金

3. 基础养老金支出（享受待遇人员合计）＝当地政府确定的基础养老金标准

4. 个人账户养老金支出（缴费享受待遇人员）＝[上年末人数＋（当年新增享受待遇人数－当年享受待遇减少人数）÷2]×人均月个人账户养老金标准×12 个月

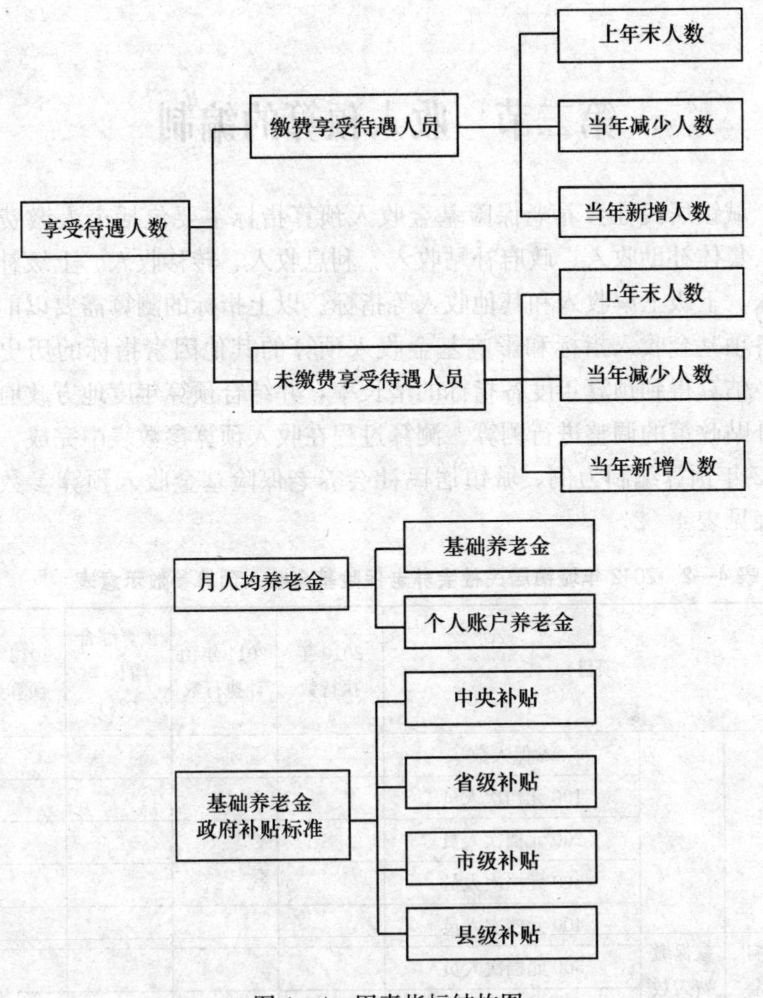

图 4—4 因素指标结构图

（三）结余预算指标关系

1. 城镇居民社会养老保险基金本年收支结余＝本年基金收入合计－本年基金支出合计

2. 城镇居民社会养老保险基金年末滚存结余＝上年结余＋本年基金收支结余

第二节　收入预算的编制

城镇居民社会养老保险基金收入预算指标主要包括个人缴费收入、集体补助收入、政府补贴收入、利息收入、转移收入、上级补助收入、下级上解收入和其他收入等指标。以上指标的测算需要以前年度各项基金收入指标和影响基金收入预算的其他因素指标的历史数据，估算得到预算年度各指标的增长率，并结合预算年度地方政府各项补贴政策的调整进行测算。测算过程在收入预算参数表中完成。以 2012 年预算编制为例，城镇居民社会养老保险基金收入预算参数示意表见表 4—2。

表 4—2　2012 年城镇居民社会养老保险基金收入预算参数示意表

项目			2010 年执行数	2011 年预计执行数	预算综合增长率（%）	2012 年预算数
影响基金因素	参保缴费人数（人）	参保人数				
		100 元档次人员				
		200 元档次人员				
		300 元档次人员				
		400 元档次人员				
		500 元档次人员				
		600 元档次人员				
		700 元档次人员				
		800 元档次人员				
		900 元档次人员				
		1 000 元档次人员				
		其他缴费档次人员				

续表

项目			2010年执行数	2011年预计执行数	预算综合增长率（%）	2012年预算数
影响基金因素	集体补助标准（元）	100元档次人员				
		200元档次人员				
		300元档次人员				
		400元档次人员				
		500元档次人员				
		600元档次人员				
		700元档次人员				
		800元档次人员				
		900元档次人员				
		1 000元档次人员				
		其他缴费档次人员				
	个人缴费政府补贴标准（元）	100元档次人员				
		200元档次人员				
		300元档次人员				
		400元档次人员				
		500元档次人员				
		600元档次人员				
		700元档次人员				
		800元档次人员				
		900元档次人员				
		1 000元档次人员				
		其他缴费档次人员				

续表

项目		2010年执行数	2011年预计执行数	预算综合增长率（%）	2012年预算数
基金收入情况（万元）	（一）个人缴费收入				
	1. 当期缴费收入				
	2. 补缴收入				
	（二）集体补助收入				
	1. 当期缴费补助收入				
	2. 补缴补助收入				
	（三）政府补贴收入				
	1. 基础养老金补贴				
	其中：中央补贴				
	省级补贴				
	市级补贴				
	县级补贴				
	2. 个人缴费补贴				
	其中：省级补贴				
	市级补贴				
	县级补贴				
	重度残疾等缴费补贴				
	（四）利息收入				
	（五）转移收入				
	（六）其他收入				
	（七）上级补助收入				
	（八）下级上解收入				
	基金收入合计				

一、城镇居民社会养老保险个人缴费收入预算的编制

城镇居民社会养老保险个人缴费收入预算包括当期缴费收入预算和补缴收入预算。

（一）当期缴费收入预算的编制

1. 当期缴费收入预算编制原则

以城镇居民社会养老保险各项法律、法规、政策为依据，以“保基本、广覆盖、有弹性、可持续”为原则，充分考虑各地的城镇居民社会养老保险覆盖面情况和扩面潜力，综合分析研究各缴费档次间人员变动趋势，确定合理的各缴费层次人员增长变动水平。

2. 当期征缴收入测算办法

由于城镇居民社会养老保险处于刚刚起步阶段，没有翔实丰富的历史数据为支撑，各缴费档次人员结构存在较大的差异和不确定性，为了尽量提高个人缴费收入预算的精细化水平，测算时各地以当地历年缴费人员结构为基础结合当年扩面情况确定预算年度各缴费档次人员数量，分档次分别进行测算。

（1）缴费标准的确定

根据《国务院关于开展城镇居民社会养老保险试点的指导意见》（国发［2011］18号）精神，个人缴费标准目前设为每年100元、200元、300元、400元、500元、600元、700元、800元、900元、1 000元十个档次，地方可以根据实际情况增设缴费档次。考虑到各地在具体实施过程中，缴费档次的设置不等，因此在计算表中，除国家规定的十个档次外，增设了其他档次。

其他档次缴费标准，以各地按照前十个档次以外各档次缴费人员平均缴费标准来确定。

公式为：其他档次缴费人员平均缴费标准＝（第11档次缴费标准×该档次缴费人员＋第12档次缴费标准×该档次缴费人员＋…＋第n档次缴费标准×该档次缴费人员）÷（第11档次缴费人员＋第12档次缴费人员＋…＋第n档次缴费人员）

（2）缴费人数的确定

缴费人数的测算，以各地前三年各档次缴费人数平均增长率与上年各档次缴费人数同比增长率的加权平均数为预算年度缴费人数综合增长率，在综合考虑预算年度政策调整、历史数据修正、预算年度扩面计划等因素的基础上对综合增长率进行修正。以修正后的综合增长率与上年度预计执行数来确定预算年度各缴费档次人数。

上年预计执行数以上年预算数为基数，综合考虑预算执行年度养老保险政策、法律、法规的调整对各缴费档次人数的影响以及上年预算实际执行情况等因素，对上年预算数进行必要调整。测算公式如下：

上年预计执行数＝上年预算数＋上年预算调整数

(3) 测算当期缴费收入

当期缴费收入预算数＝(第 1 档次缴费标准×该档次缴费人员＋第 2 档次缴费标准×该档次缴费人员＋…＋第 10 档次缴费标准×该档次缴费人员＋其他档次平均缴费标准×该档次缴费人员)

(二) 补缴收入预算的编制

补缴收入预算的编制主要考虑以下两个因素：

1. 近两年个人补缴情况。

2. 根据预算年度扩面情况，参考历年新参保人员中补缴人员所占比例，测算预算年度补缴人员数量及补缴额。

综合上述两方面因素，采用简单平均法或加权平均法计算的平均数作为预算年度补缴收入。

二、集体补助收入预算的编制

集体补助收入预算包括当期缴费补助收入预算和补缴补助收入预算。

(一) 当期缴费补助收入预算

预算年度集体补助标准根据当地经济发展水平及补助政策的调整，按个人缴费档次分别确定。

当期缴费补助收入预算＝(第 1 档次缴费集体补助标准×该档次缴费人员＋第 2 档次缴费集体补助标准×该档次缴费人员＋…＋第

10档次集体补助缴费标准×该档次缴费人员＋其他档次集体补助缴费标准×该档次缴费人员）

（二）补缴补助收入预算

补缴补助标准根据当地补缴补助政策和标准进行确定。

补缴补助人数的测算，根据预算年度扩面情况，参考历年新参保人员中补缴人员所占比例，测算预算年度补缴人员数量。

补缴补助收入预算＝补缴补助标准×预算年度补缴人员数量

三、政府补贴收入

政府补贴收入预算包括基础养老金补贴和个人缴费补贴。

基础养老金补贴按照资金来源渠道的不同，分为中央补贴、省级补贴、市级补贴和县级补贴。

个人缴费补贴，按照国发［2011］18号文件规定，地方政府应当对参保人员缴费给予补贴。按补贴资金来源渠道的不同，分为省级补贴、市级补贴、县级补贴和重度残疾等缴费补贴。

财政补贴收入＝基础养老金补贴收入＋个人缴费补贴收入

基础养老金补贴收入＝预算年度政府补贴标准×预算年度享受待遇人数

个人缴费补贴收入＝预算年度政府补贴标准×预算年度个人缴费人数

编制预算年度财政补贴标准（包括基础养老金补贴标准、个人缴费补贴标准）要重点参考预算年度中央地方财政补贴标准调整情况。

四、利息收入预算的编制

编制利息收入预算要重点参考以下五个指标：

1. 基金上年末存储总量以及预算年度预计净增的基金存储量情况。

2. 上年末短、中、长期定期存款，活期存款以及国债的分布情况。

3. 上年基金平均收益情况。

4. 定期存款或国债在预算年度到期情况。

5. 利率变动情况。

五、转移收入预算的编制

编制转移收入预算要重点参考以下三个指标：

1. 近年转移收入变化趋势。

2. 政策调整对转移人数的影响。

3. 政策调整对转移金额的影响。

六、其他收入预算的编制

编制其他收入预算要重点参考以下两个指标：

1. 近年其他收入情况。

2. 近年其他收入占基金收入的比重。

七、上级补助收入和下级上解收入预算的编制

编制上级补助收入和下级上解收入预算重点参考以下两个指标：

1. 上年度上级补助收入和下级上解收入情况。

2. 预算年度的调剂金政策变化情况。

第三节 支出和结余预算的编制

城镇居民社会养老保险基金支出预算指标包括养老金待遇支出、转移支出、补助下级支出、上解上级支出、其他支出等指标，结余预算指标包括当年结余和年末滚存结余。以上指标的测算需要以前年度各项基金支出与结余指标和影响基金支出和结余预算的其他因素指标的历史数据，估算得到预算年度各指标的增长率，并结合预算年度地方政府各项补贴政策的调整进行测算。基金支出预算的测算过程在支出预算参数表中完成。以 2012 年预算编制为例，城镇居民社会养老保险基金支出预算参数示意表见表 4—3。

表 4—3　2012 年城镇居民社会养老保险基金支出预算参数示意表

<table>
<tr><th colspan="4">项目</th><th>2010 年执行数</th><th>2011 年执行数</th><th>预算综合增长率（%）</th><th>2012 年预算数</th></tr>
<tr><td rowspan="19">影响基金因素</td><td rowspan="12">享受待遇人数（人）</td><td colspan="2">享受待遇人员合计</td><td></td><td></td><td></td><td></td></tr>
<tr><td colspan="2">#上年末人数</td><td></td><td></td><td></td><td></td></tr>
<tr><td colspan="2">#当年减少人数</td><td></td><td></td><td></td><td></td></tr>
<tr><td colspan="2">#当年新增人数</td><td></td><td></td><td></td><td></td></tr>
<tr><td rowspan="8">其中</td><td>缴费享受待遇人员</td><td></td><td></td><td></td><td></td></tr>
<tr><td>#上年末人数</td><td></td><td></td><td></td><td></td></tr>
<tr><td>#当年减少人数</td><td></td><td></td><td></td><td></td></tr>
<tr><td>#当年新增人数</td><td></td><td></td><td></td><td></td></tr>
<tr><td>未缴费享受待遇人员</td><td></td><td></td><td></td><td></td></tr>
<tr><td>#上年末人数</td><td></td><td></td><td></td><td></td></tr>
<tr><td>#当年减少人数</td><td></td><td></td><td></td><td></td></tr>
<tr><td>#当年新增人数</td><td></td><td></td><td></td><td></td></tr>
<tr><td rowspan="3">月人均养老金（元）</td><td colspan="2">养老金人均待遇</td><td></td><td></td><td></td><td></td></tr>
<tr><td colspan="2">其中：基础养老金</td><td></td><td></td><td></td><td></td></tr>
<tr><td colspan="2">个人账户养老金</td><td></td><td></td><td></td><td></td></tr>
<tr><td rowspan="4">基础养老金政府补贴标准（元）</td><td colspan="2">中央补贴</td><td></td><td></td><td></td><td></td></tr>
<tr><td colspan="2">省级补贴</td><td></td><td></td><td></td><td></td></tr>
<tr><td colspan="2">市级补贴</td><td></td><td></td><td></td><td></td></tr>
<tr><td colspan="2">县级补贴</td><td></td><td></td><td></td><td></td></tr>
<tr><td rowspan="9">支出情况（万元）</td><td colspan="3">（一）养老金待遇支出</td><td></td><td></td><td></td><td></td></tr>
<tr><td colspan="3">1. 基础养老金</td><td></td><td></td><td></td><td></td></tr>
<tr><td colspan="3">2. 个人账户养老金</td><td></td><td></td><td></td><td></td></tr>
<tr><td colspan="3">3. 加发基础养老金</td><td></td><td></td><td></td><td></td></tr>
<tr><td colspan="3">（二）转移支出</td><td></td><td></td><td></td><td></td></tr>
<tr><td colspan="3">（三）其他支出</td><td></td><td></td><td></td><td></td></tr>
<tr><td colspan="3">（四）补助下级支出</td><td></td><td></td><td></td><td></td></tr>
<tr><td colspan="3">（五）上解上级支出</td><td></td><td></td><td></td><td></td></tr>
<tr><td colspan="3">基金总支出</td><td></td><td></td><td></td><td></td></tr>
</table>

基金支出预算编制原则是：以养老保险政策、法律、法规为依据，在上年末已享受待遇人员正常支出的基础上，综合分析享受待遇人数增减变动、基础养老金待遇政策调整对基金支出的影响因素，以及转移支出、补助下级支出、上解上级支出、其他支出等政策规定的各类基金支出项目，力求支出预算编制基本准确，确保城镇居民社会养老金按时足额发放。

一、城镇居民社会养老金待遇支出预算的编制

城镇居民社会养老金待遇支出预算包括基础养老金支出预算、个人账户养老金支出预算两大部分，部分地区对长期缴费的城镇居民加发的基础养老金，在支出参数表的“加发基础养老金”栏中进行测算。

按照国发［2011］18号文件精神，享受城镇居民社会养老金待遇人员分为缴费享受待遇人员和未缴费享受待遇人员两类。其中，城镇居民社会养老保险制度实施时，已年满60周岁、未享受城镇职工基本养老保险待遇以及国家规定的其他养老待遇的，不用缴费，可以按月领取基础养老金，即未缴费享受待遇人员。

（一）享受养老金待遇人员测算

预算年度享受城镇居民社会养老保险待遇人员的测算，以上年已享受待遇人数预算数为基础、综合测算预算年度享受待遇人数的增减情况来确定。在具体测算过程中，由于享受待遇人员分为缴费享受待遇人员和未缴费享受待遇人员两部分，这两部分人员在年龄构成上区别较大，为了提高预算的精细化水平，测算时按对象类别不同，进行分别测算。

享受待遇人数预算数＝缴费享受待遇人数预算数＋未缴费享受待遇人数预算数

缴费享受待遇人数预算数＝上年末缴费享受待遇人数预算数－当年缴费享受待遇人员减少人数预算数＋当年新增缴费享受待遇人员预算数

未缴费享受待遇人数预算数＝上年末未缴费享受待遇人数预算

数－当年未缴费享受待遇人员减少人数预算数＋当年新增未缴费享受待遇人员预算数

1. 上年末享受待遇人数的测算

（1）上年末缴费享受待遇人数预算数＝预算前一年度实际缴费享受待遇人数预计执行数

预算前一年度实际缴费享受待遇人数预计执行数＝上年末缴费享受待遇人数实际执行数－当年减少缴费享受待遇人数预计执行数＋当年新增缴费享受待遇人数预计执行数

（2）上年末未缴费享受待遇人数预算数＝预算前一年度实际未缴费享受待遇人数预计执行数

预算前一年度实际未缴费享受待遇人数预计执行数＝上年末未缴费享受待遇人数实际执行数－当年减少未缴费享受待遇人数预计执行数＋当年新增未缴费享受待遇人数预计执行数

2. 当年享受待遇人员减少人数的测算

（1）当年享受待遇减少人数的上年预计执行数的测算

当年享受待遇减少人数的上年预计执行数以上年预算数为基数，综合考虑上年预算实际执行情况等因素，对预算数进行必要调整。

当年享受待遇减少人数上年预算调整数＝上年预计执行数－上年预算数

当年享受待遇减少人数上年预计执行数＝上年前三个季度享受待遇实际减少人数＋上年第四季度预计减少人数

上年第四季度预计减少人数＝上年前三个季度享受待遇实际减少人数÷三个季度＋修正值

设置修正值主要是考虑第四季度享受待遇减少人数与前三个季度相比可能出现明显偏差等因素。

（2）当年享受待遇减少人数综合增长率的测算

测算办法详见附录。

（3）当年享受待遇减少人数综合增长率的修正

对当年享受待遇减少人数综合增长率测算值进行修正，通常应符合以下条件：数据采集年度的享受待遇减少人数存在较大的不可比因素，主要是享受待遇人员年龄结构的特殊性特别是未缴费享受待遇人员的年龄偏大，导致死亡率发生明显变化以及其他可能导致测算出的综合增长率不具备参考价值的因素，需对综合增长率测算值进行修正。

（4）当年享受待遇减少人数的测算

当年享受待遇减少人数预算数＝上年预计执行数×(1＋修正后综合增长率)

3. 当年新增享受待遇人数的测算

（1）当年新增享受待遇人数的上年预计执行数的测算

当年新增享受待遇人数的上年预计执行数以上年预算数为基数，综合考虑上年预算实际执行情况等因素，对预算数进行必要调整。当年新增享受待遇人数预算调整数的测算公式如下：

新增享受待遇人数上年预算调整数＝上年预计执行数－上年预算数

当年新增享受待遇人数上年预计执行数＝上年前三个季度实际新增享受待遇人数＋上年第四季度享受待遇人员预计新增数

上年第四季度预计新增享受待遇人数＝上年前三个季度实际新增享受待遇人数÷三个季度＋修正值

设置修正值主要是考虑第四季度新增享受待遇人数与前三个季度相比可能出现明显偏差等因素。

（2）当年新增享受待遇人数综合增长率的测算

测算办法详见附录。

（3）当年新增享受待遇人数综合增长率的修正

对当年新增享受待遇人数综合增长率测算值进行修正，通常应符合以下条件：数据采集年度的新增享受待遇人数存在较大的不可比因素，如享受待遇人数增长趋势拐点的出现、享受待遇人员行政区域重新划分以及其他可能导致测算出的综合增长率不具备参考价值的因素，需对综合增长率测算值进行修正。其中对于未缴费享受待遇人员的新增，由于初始数据与后续数据具有不可比的特点，在制度实施的前三年，综合增长率测算值应结合当地实际情况进行修正确定。

(4) 当年新增享受待遇人数的测算

当年新增享受待遇人数预算数＝上年预计执行数×(1＋修正后综合增长率)

(二) 测算享受待遇人员月人均养老金

城镇居民社会养老保险养老金包含基础养老金和个人账户养老金。在进行人均养老金待遇标准测算时，基础养老金是指统一标准的基础养老金，部分地区对长期缴费的城镇居民加发的基础养老金在支出预算时单独立项测算。

1. 预算年度月人均基础养老金的测算

(1) 上年末月人均基础养老金执行数的确定

上年末月人均基础养老金执行数根据当地政府确定的基础养老金标准确定。

上年预算调整数＝上年预计执行数－上年预算数

(2) 月人均基础养老金综合增长率的测算

测算办法详见附录。

(3) 月人均基础养老金综合增长率的修正

对享受待遇人员月人均基础养老金的综合增长率测算值进行修正，主要是考虑各地方政府预算年度对基础养老金标准的调整，在预算编制期可以确定基础养老金调整方案的，按调整方案对综合增长率进行修正；无法确定调整方案的，综合增长率修正为零，即预算年度基础养老金标准无增长。

(4) 预算年度月人均基础养老金的测算

预算年度享受待遇人员月人均基础养老金预算数＝上年预计执行数×(1＋修正后综合增长率)

2. 月人均个人账户养老金的确定

(1) 享受待遇人员月人均养老金上年预计执行数的确定

享受待遇人员月人均个人账户养老金上年预计执行数＝前三个季

度享受待遇人员月人均个人账户养老金＋修正值

设置修正值主要是考虑前三个季度个人账户养老金支出中补发养老金对人均养老金的影响。

预算调整数＝预计执行数－预算数

（2）享受待遇人员月人均个人账户养老金综合增长率的测算

测算办法详见附录。

（3）享受待遇人员月人均个人账户养老金综合增长率的修正

设置修正值主要是考虑个人账户养老金支出中补发养老金对人均养老金的影响，经过加权平均，上述因素对人均个人账户养老金影响很小，正常情况下可以不予修正。

（4）享受待遇人员月人均个人账户养老金的测算

享受待遇人员月人均个人账户养老金预算数＝上年预计执行数×(1＋修正后综合增长率)

（三）养老金待遇支出预算

城镇居民社会养老金待遇支出包括基础养老金支出和个人账户养老金支出两部分。基础养老金享受对象为缴费享受待遇人员和未缴费享受待遇人员两类，个人账户享受对象为缴费到龄人员。在具体测算时需分项分别进行。

养老金待遇预算支出＝基础养老金预算支出＋个人账户养老金预算支出＋加发基础养老金预算支出

基础养老金预算支出＝[预算年度上一年享受待遇人数合计数＋(预算年度当年新增人数预计数合计数－预算年度当年减少人数预计数合计数)÷2]×预算年度人均基础养老金×12

个人账户养老金预算支出＝[预算年度上一年缴费享受待遇人数＋(预算年度缴费享受待遇当年新增人数预计数－预算年度缴费享受待遇当年减少人数预计数)÷2]×预算年度人均个人账户养老金×12

二、转移支出预算的编制

编制转移支出预算要重点参考以下三个指标：

1. 近年转移支出变化趋势。

2. 政策调整对转移人数的影响。

3. 政策调整对转移金额的影响。

三、其他支出预算的编制

根据社会保险基金财务制度规定，其他支出是指经财政部门核准开支的其他非社会保险待遇性质的支出。因此，除特殊情况外，原则上不做其他支出预算。

四、补助下级支出和上解上级支出预算的编制

编制补助下级支出和上解上级支出预算要重点参考以下两个指标：

1. 上年度补助下级支出和上解上级支出情况。

2. 预算年度的调剂金政策变化情况。

五、城镇居民社会养老保险基金结余预算

（一）基金结余预算编制原则

城镇居民社会养老保险基金预算实行以支定收、收支平衡的原则，因此，原则上不得编制赤字预算。

（二）基金结余预算的编制

城镇居民社会养老保险基金结余预算包括当年结余预算和年末滚存结余预算。

当年结余预算数＝基金收入预算数－基金支出预算数

年末滚存结余预算数＝上年结余＋当年结余预算数

第四节　指标释义及数据采集

本节解释城镇居民社会养老保险基金预算编制中使用的各项指标的概念、包括的范围以及指标数据的采集途径。

一、城镇居民社会养老保险基金收入预算指标释义及数据采集

（一）基金指标

1. 个人缴费收入

指标释义：个人缴费收入，是指参加城镇居民社会养老保险的人员按照规定的标准缴纳的城镇居民社会养老保险费。该指标包括当期缴费收入和补缴收入。

数据采集：该指标采集自社会保险基金决算《城镇居民养老保险基金收支表》的“养老保险费收入—个人缴费收入”的数据。

（1）当期缴费收入

指标释义：当期缴费收入，是指报告期内根据国家有关规定，由参加城镇居民社会养老保险的人员按照规定的标准缴纳的实际到位的当年养老保险费收入。

数据采集：该指标采集自业务系统台账数据。

（2）补缴收入

指标释义：补缴收入，是指参加城镇居民社会养老保险的人员按照规定的标准实际补缴的上年度末之前的城镇居民社会养老保险费。

数据采集：该指标采集自业务系统台账数据。

2. 集体补助收入

指标释义：集体补助收入，是指其他经济组织、个人为参保人缴费提供的资助收入。该指标包括当期缴费补助收入和补缴补助收入。

数据采集：该指标采集自社会保险基金决算《城镇居民养老保险基金收支表》的“养老保险费收入—集体补助收入”的数据。

（1）当期缴费补助收入

指标释义：当期缴费补助收入，是指报告期内其他经济组织、个人对参加城镇居民社会养老保险的人员按照规定的标准实际缴纳的当年养老保险费给予的补助收入。

数据采集：该指标采集自业务系统当期缴费人员台账数据及当地缴费补助标准。

（2）补缴补助收入

指标释义：补缴补助收入，是指其他经济组织、个人对参加城镇居民社会养老保险的人员按照规定的标准实际补缴的上年度末之前的城镇居民社会养老保险费给予的补助收入。

数据采集：该指标采集自业务系统补缴人员台账数据及当地缴费补助标准。

3. 政府补贴收入

指标释义：财政补贴收入，是指财政给予城镇居民社会养老保险基金的补贴收入。该指标包括基础养老金补贴和个人缴费补贴。

数据采集：该指标采集自社会保险基金决算报表《城镇居民养老保险基金收支表》的“养老保险费收入—政府补贴收入”的数据。

（1）基础养老金补贴

指标释义：基础养老金补贴，是指各级财政按规定标准补助符合待遇领取条件的参保人员新农保基础养老金而给予基金的补贴收入。

按照补贴资金来源，包括中央补贴、省级补贴、市级补贴和县级补贴。

数据采集：该指标采集自社会保险基金决算《城镇居民养老保险补充资料表》的“养老金领取人数”的数据及基础养老金补助标准。

（2）个人缴费补贴

指标释义：个人缴费补贴，是指地方财政因按规定标准补助参保人个人缴费而给予基金的补贴收入。

按照补贴资金来源，包括省级补贴、市级补贴和县级补贴。

数据采集：该指标采集自社会保险基金决算《城镇居民养老保险补充资料表》的“参加保险缴费人员年末数”的数据及个人缴费补助标准。

4. 利息收入

指标释义：利息收入，是指用城镇居民社会养老保险基金购买国家债券、存入商业银行等存款类金融机构所取得的利息收入。

数据采集：该指标采集自社会保险基金决算《城镇居民养老保险基金收支表》的“利息收入”的数据。

5. 转移收入

指标释义：转移收入，是指因参保对象跨统筹地区流动而划入的基金收入。

数据采集：该指标采集自社会保险基金决算《城镇居民养老保险基金收支表》的“转移收入”的数据。

6. 其他收入

指标释义：其他收入，是指社会组织和个人对城镇居民社会养老保险基金的捐赠以及其他经财政部门核准的基金收入。

数据采集：该指标采集自社会保险基金决算《城镇居民养老保险基金收支表》的“其他收入”的数据。

7. 上级补助收入

指标释义：上级补助收入，是指本级经办机构接受上级经办机构拨付的补助收入。

数据采集：该指标采集自社会保险基金决算《城镇居民养老保险基金收支表》的“上级补助收入”的数据。

8. 下级上解收入

指标释义：下级上解收入，是指本级经办机构接受下级经办机构上解的基金收入。

数据采集：该指标采集自社会保险基金决算《城镇居民养老保险基金收支表》的“下级上解收入”的数据。

（二）因素指标

1. 参保人数

指标释义：参保人数，是指报告期末参加城镇居民社会养老保险并在社保经办机构已建立缴费记录档案的人数，包括中断缴费但未终止养老保险关系的人数，不包括只登记未建立缴费记录档案的人数。

参保人数按参保人员缴费档次分别填列。

数据采集：该指标采集自社会保险基金决算《城镇居民养老保险补充资料表》的“参加保险缴费人员年末数”的数据及个人缴费补助标准。

2. 集体补助标准

指标释义：集体补助标准，是指其他经济组织以及个人对参加城镇居民社会养老保险人员的个人缴费给予补助的标准。

数据采集：该指标采集自各地实施办法或政府确定的对各缴费档次进行补助的标准。

3. 个人缴费政府补贴标准

指标释义：个人缴费政府补贴标准，是指地方财政因参保人个人缴费而给予基金补贴的标准。

数据采集：该指标采集自各地实施办法或政府确定的对各缴费档次进行补助的标准。

二、城镇居民社会养老保险基金支出预算指标释义及数据采集

（一）基金指标

1. 养老金待遇支出

指标释义：养老金待遇支出，是指报告期内按规定支付给符合待遇领取条件的城镇居民的养老保险待遇支出。

数据采集：该指标采集自社会保险基金决算《城镇居民养老保险基金收支表》的“基本养老金支出”的数据。

城镇居民社会养老金待遇支出由基础养老金支出、个人账户养老金支出和加发基础养老金支出三部分组成。

（1）基础养老金支出

指标释义：基础养老金支出，是指报告期内按政府规定的计发标准，并由各级财政为符合待遇领取条件的城镇居民全额予以补助的养老金待遇。

数据采集：该指标采集自社会保险基金决算《城镇居民养老保险基金收支表》的“基础养老金支出”的数据。

（2）个人账户养老金支出

指标释义：个人账户养老金支出，是指报告期内参加城镇居民社会养老保险的人员达到养老保险待遇领取条件时，按照其个人账户全部储存额除以计发月数计算，支付给符合待遇领取条件的城镇居民的养老金待遇，以及参保人员死亡时一次性支付其合法继承人除政府补贴外的个人账户资金余额。

数据采集：该指标采集自社会保险基金决算《城镇居民养老保险

基金收支表》的“个人账户养老金支出”的数据。

(3) 加发基础养老金

指标释义：加发基础养老金，是指报告期内各级财政除按政府规定的计发标准为符合待遇领取条件的城镇居民全额予以补助的养老金待遇外，对长期缴费的农村居民加发的基础养老金。

数据采集：该指标待国家出台相关配套政策后，按规定填列。

2. 转移支出

指标释义：转移支出，是指参保农村居民跨统筹地区流动而转出的基金支出。

数据采集：该指标采集自社会保险基金决算《城镇居民养老保险基金收支表》的“转移支出”的数据。

3. 其他支出

指标释义：其他支出，是指按财政部门核准开支的其他支出。

数据采集：该指标采集自社会保险基金决算《城镇居民养老保险基金收支表》的“其他支出”的数据。

4. 补助下级支出

指标释义：补助下级支出，是指本级经办机构拨付给下级经办机构的补助支出。

数据采集：该指标采集自社会保险基金决算《城镇居民养老保险基金收支表》的“补助下级支出”的数据。

5. 上解上级支出

指标释义：上解上级支出，是指本级经办机构上解上级经办机构的支出。

数据采集：该指标采集自社会保险基金决算《城镇居民养老保险基金收支表》的“上解上级支出”的数据。

(二) 因素指标

1. 享受待遇人数

指标释义：享受待遇人数，是指报告期末参加城镇居民社会养老保险并由城镇居民社会养老保险基金支付养老金的人数。

数据采集：该指标采集自社会保险基金决算《城镇居民养老保险补充资料表》的“养老金领取人员年末数”的数据。

享受待遇人数由缴费享受待遇人员人数和未缴费享受待遇人员人数组成。

（1）缴费享受待遇人数

①上年末缴费享受待遇人数

指标释义：上年末缴费享受待遇人数，是指截至上年年底已参加城镇居民社会养老保险，并经人力资源社会保障行政部门批准办理享受待遇手续，开始领取城镇居民社会养老保险待遇的人数。

数据采集：该指标采集自社会保险基金决算《城镇居民养老保险补充资料表》的“养老金领取人员年末数”－“试点地区 60 周岁及以上城镇居民年末数”。

②当年减少人数

指标释义：当年减少人数，是指报告期内已享受城镇居民社会养老保险待遇因死亡等原因而减少的人数。

数据采集：该指标采集自业务系统台账。

③当年新增人数

指标释义：当年新增人数，是指报告期内已参加城镇居民社会养老保险，并经人力资源社会保障行政部门批准办理了享受待遇手续，开始领取城镇居民社会养老保险待遇的人数。

数据采集：该指标采集自业务系统台账。

（2）未缴费享受待遇人数

①上年末未缴费享受待遇人数

指标释义：上年末未缴费享受待遇人数，是指截至上年年底已参加城镇居民社会养老保险，并经人力资源社会保障行政部门批准办理享受待遇手续，开始领取城镇居民社会养老保险待遇的人数。

数据采集：该指标采集自社会保险基金决算《城镇居民养老保险补充资料表》的“试点地区 60 周岁及以上城镇居民年末数”的数据。

②当年减少人数

指标释义：当年减少人数，是指报告期内已享受城镇居民社会养老保险待遇因死亡等原因而减少的人数。

数据采集：该指标采集自业务系统台账。

③当年新增人数

指标释义：当年新增人数，是指报告期内已参加城镇居民社会养老保险，并经人力资源社会保障行政部门批准办理了享受待遇手续，开始领取城镇居民社会养老保险待遇的人数。

数据采集：该指标采集自业务系统台账。

2. 享受待遇人员月人均养老金

指标释义：享受待遇人员月人均养老金，是指报告期内已参加城镇居民社会养老保险，并经人力资源社会保障行政部门批准办理了享受城镇居民社会养老保险待遇手续的参保人员，按月领取的城镇居民社会养老金平均数。享受待遇人员月人均养老金包括人均基础养老金和人均个人账户养老金。

缴费享受待遇人员享受养老金包括基础养老金和个人账户养老金。

未缴费享受待遇人员享受养老金只包括基础养老金。

(1) 月人均基础养老金

指标释义：月人均基础养老金，是指报告期内由各级政府财政为符合待遇领取条件的城镇居民全额予以补助的养老金待遇的人均数。不包括各地对长期缴费的城镇居民加发的基础养老金的人均数。

数据采集：该指标采集自各级政府财政确定的对享受待遇人员基础养老金发放标准。

(2) 月人均个人账户养老金

指标释义：月人均个人账户养老金，是指缴费享受待遇人员按月领取养老金中个人账户养老金的平均数。

数据采集：该指标相关数据采集自当地业务台账的其他政策参保人员的相关数据。

3. 基础养老金政府补贴标准

指标释义：基础养老金政府补贴标准，是指为符合基础养老金待遇领取条件的参保农村居民全额予以补助的各级政府财政补助标准，分为中央补贴、省级补贴、市级补贴和县级补贴四个标准。

数据采集：该指标采集自各级政府财政对各地的基础养老金补助办法或补助方案。

第五节 城镇居民社会养老保险基金预算审核

为保证预算的规范性和合理性，社会保险经办机构应该在预算编制完成后，对预算收入、支出和结余进行初审。审核可结合当地政策因素，参考以下标准完成。

一、城镇居民社会养老保险基金收入预算审核指标及标准

（一）审核指标：当期缴费收入预算

城镇居民社会养老保险正处于起步阶段，预算数据不具有可比性，暂不考虑设置审核公式。

（二）审核指标：个人缴费收入上年预计执行数

城镇居民社会养老保险正处于起步阶段，预算数据不具有可比性，暂不考虑设置审核公式。

（三）审核指标：参保缴费人数预算

1. 审核标准：参保缴费人数预算应大于上年预计执行数。

2. 审核依据："保基本、广覆盖、有弹性、可持续"是城镇居民社会养老保险的重点工作，是加快建立覆盖城乡居民的社会保障体系的要求，因此，参保缴费人数预算原则上应比上年增长。

（四）审核指标：利息收入预算

城镇居民社会养老保险正处于起步阶段，预算数据不具有可比性，暂不考虑设置审核公式。

二、城镇居民社会养老保险基金支出预算审核指标及标准

（一）审核指标：养老金待遇支出预算

城镇居民社会养老保险正处于起步阶段，预算数据不具有可比性，暂不考虑设置审核公式。

（二）审核指标：养老金支出上年预计执行数

城镇居民社会养老保险正处于起步阶段，预算数据不具有可比性，暂不考虑设置审核公式。

（三）审核指标：缴费享受待遇人数

城镇居民社会养老保险正处于起步阶段，预算数据不具有可比性，暂不考虑设置审核公式。

（四）审核指标：未缴费享受待遇人数

城镇居民社会养老保险正处于起步阶段，预算数据不具有可比性，暂不考虑设置审核公式。

（五）月人均基础养老金预算

1. 审核标准：享受待遇人员月人均基础养老金（不含加发基础养老金）预算应大于等于国家规定的最低标准。

2. 审核依据：国家根据经济发展和物价变动等情况，适时调整全国新农保基础养老金的最低标准。

（六）审核指标：其他支出预算

1. 审核标准：其他支出预算应等于0。

2. 审核依据：根据社会保险基金财务制度规定，其他支出是指经财政部门核准开支的其他非社会保险待遇性质的支出。因此，其他支出项目原则上不做支出预算。

三、城镇居民社会养老保险基金预算结余审核指标及标准

（一）审核指标：基金当期结余预算

1. 审核标准：基金当期结余预算应大于等于0。

2. 审核依据：根据人力资源和社会保障部、财政部《关于编制2011年度社会保险基金预算的通知》要求，社会保险基金不得编制赤字预算。

（二）审核指标：累计结余预算

1. 审核标准：累计结余应大于0。

2. 审核依据：累计结余出现赤字，将存在巨大的基金支付风险，必须筹集资金予以弥补，因此，原则上养老保险基金累计结余应大于0。

第五章　城镇职工基本医疗保险基金预算的编制

第一节　预算报表和指标体系

基金预算体现为一系列基金运行指标的预算，各项指标的预算过程和结果都可整合体现在预算报表之中。预算报表体系的设计主要遵循三项原则：一是预算指标体系的完整性，二是预算编制方法的统一性和包容性，三是预算编制和分析的便利性。通过以上原则实现预算指标体系与预算编制办法的有机结合。

一、城镇职工基本医疗保险基金预算报表的组成

城镇职工基本医疗保险基金预算报表体系由预算主表、参数表、基金平衡表和预算调整情况表组成。

1. 预算主表。即城镇职工基本医疗保险基金预算表，反映城镇职工基本医疗保险基金预算编制的结果。

2. 参数表。分为城镇职工基本医疗保险统账结合收入参数表和支出参数表、城镇职工基本医疗保险单建统筹收入参数表和支出参数表，反映城镇职工基本医疗保险基金收入和支出预算的测算过程。

3. 基金平衡表。即城镇职工基本医疗保险基金预算平衡情况表，反映基金预算缺口情况和缺口的弥补办法。

4. 预算调整情况表。即城镇职工基本医疗保险基金预算调整情况表，反映基金预算在执行过程中，受政策或其他因素的影响，需要对预算进行调整的情况。

以 2012 年预算编制为例，城镇职工基本医疗保险基金预算主表

见表 5—1。

表 5—1　2012 年城镇职工基本医疗保险基金预算主表　单位：元

项目	2011 年预计数				2012 年预算数			
	小计	基本医疗保险统筹基金	医疗保险个人账户基金	单建统筹基金	小计	基本医疗保险统筹基金	医疗保险个人账户基金	单建统筹基金
一、基本医疗保险费收入								
二、利息收入								
三、财政补贴收入								
四、其他收入								
五、转移收入								
六、上级补助收入								
七、下级上解收入								
八、本年收入合计								
九、上年结余								
总计								

项目	2011 年预计数				2012 年预算数			
	小计	基本医疗保险统筹基金	医疗保险个人账户基金	单建统筹基金	小计	基本医疗保险统筹基金	医疗保险个人账户基金	单建统筹基金
一、基本医疗保险待遇支出								
二、其他支出								
三、转移支出								
四、上解上级支出								
五、补助下级支出								
六、本年支出合计								
七、本年收支结余								
八、年末滚存结余								
总计								

二、城镇职工基本医疗保险基金预算指标体系构成

城镇职工基本医疗保险基金预算指标体系，包括反映城镇职工基本医疗保险基金预算规模的基金收入、支出、结余指标和影响基金预算的其他因素指标。城镇职工基本医疗保险基金预算指标依据基本医疗保险有关法律、法规及医疗保险经办业务的实际情况设立，包括城镇职工基本医疗保险基金收入预算指标、城镇职工基本医疗保险支出预算指标、城镇职工基本医疗保险结余预算指标。

（一）收入预算指标的构成

城镇职工基本医疗保险基金收入预算指标主要包括城镇职工基本医疗保险费收入、利息收入、财政补贴收入、转移收入、其他收入、上级补助收入、下级上解收入等指标。

1. 基金指标结构图

基金指标结构图如图 5—1 所示。

2. 基金影响因素指标结构图

基金影响因素指标结构图如图 5—2 所示。

（二）支出预算指标的构成

城镇职工基本医疗保险基金支出预算指标包括基本医疗保险待遇支出、转移支出、其他支出、上解上级支出、补助下级支出等指标。

1. 基金指标结构图

基金指标结构图如图 5—3 所示。

2. 基金影响因素指标结构图

基金影响因素指标结构图如图 5—4 所示。

（三）基金结余指标的构成

城镇职工基本医疗保险基金结余指标包括本年收支结余、年末滚存结余两项指标。

三、城镇职工基本医疗保险基金预算指标间的关系

（一）收入预算指标关系

收入预算按照统账结合和单建统筹分别测算，两者的区别主要在于单建统筹基金没有个人账户收入。

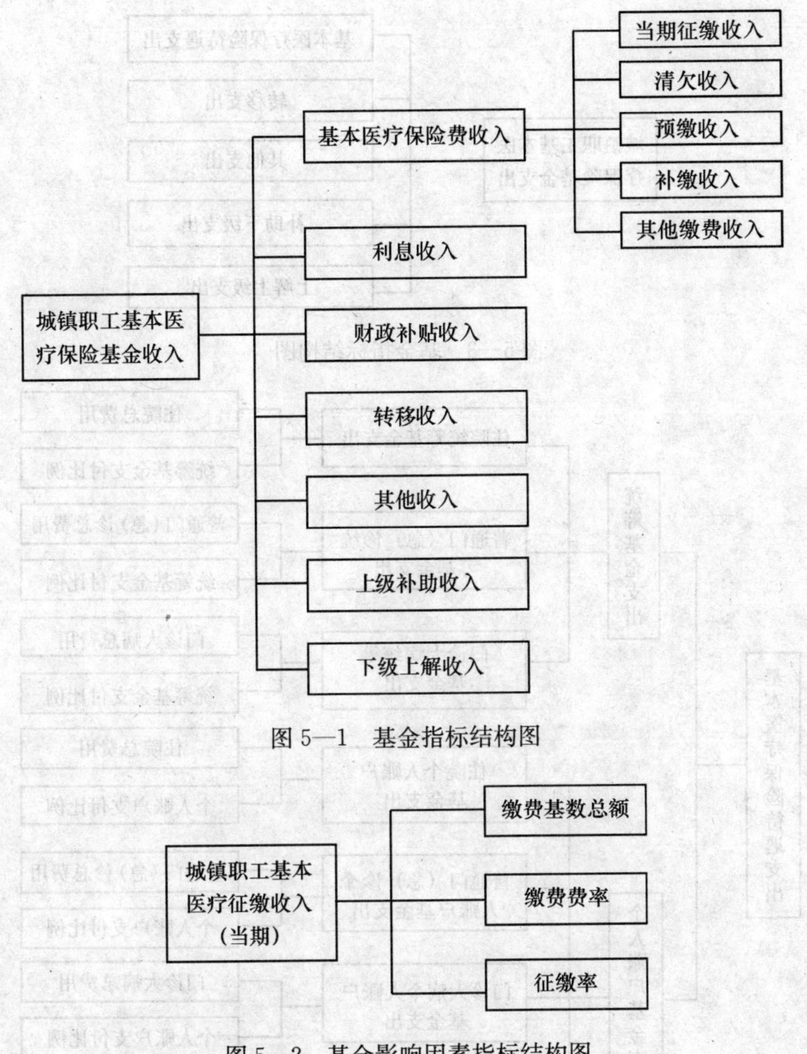

图 5—1　基金指标结构图

图 5—2　基金影响因素指标结构图

1. 城镇职工基本医疗保险基金收入＝城镇职工基本医疗保险费收入＋利息收入＋财政补贴收入＋转移收入＋其他收入＋上级补助收入＋下级上解收入

2. 城镇职工基本医疗保险费收入＝当期征缴收入＋清欠收入＋

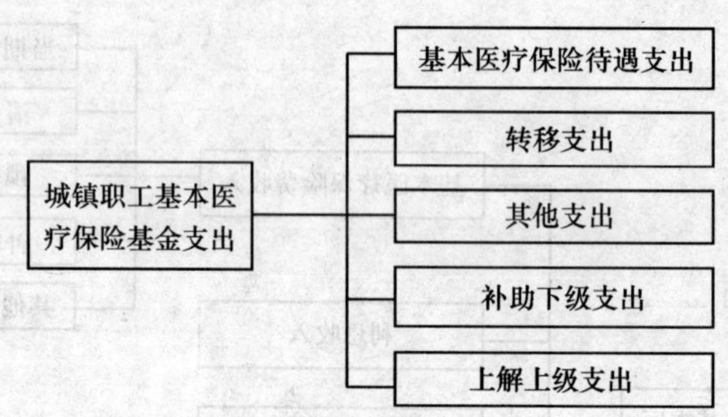

图 5—3　基金指标结构图

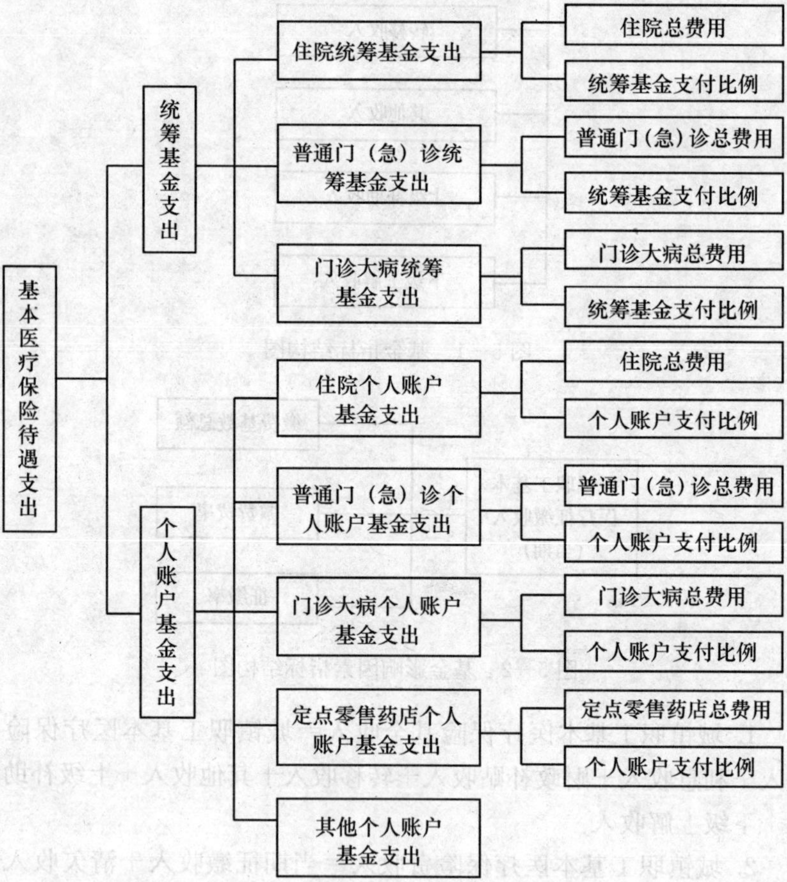

- 基本医疗保险待遇支出
  - 统筹基金支出
    - 住院统筹基金支出
      - 住院总费用
      - 统筹基金支付比例
    - 普通门（急）诊统筹基金支出
      - 普通门（急）诊总费用
      - 统筹基金支付比例
    - 门诊大病统筹基金支出
      - 门诊大病总费用
      - 统筹基金支付比例
  - 个人账户基金支出
    - 住院个人账户基金支出
      - 住院总费用
      - 个人账户支付比例
    - 普通门（急）诊个人账户基金支出
      - 普通门（急）诊总费用
      - 个人账户支付比例
    - 门诊大病个人账户基金支出
      - 门诊大病总费用
      - 个人账户支付比例
    - 定点零售药店个人账户基金支出
      - 定点零售药店总费用
      - 个人账户支付比例
    - 其他个人账户基金支出

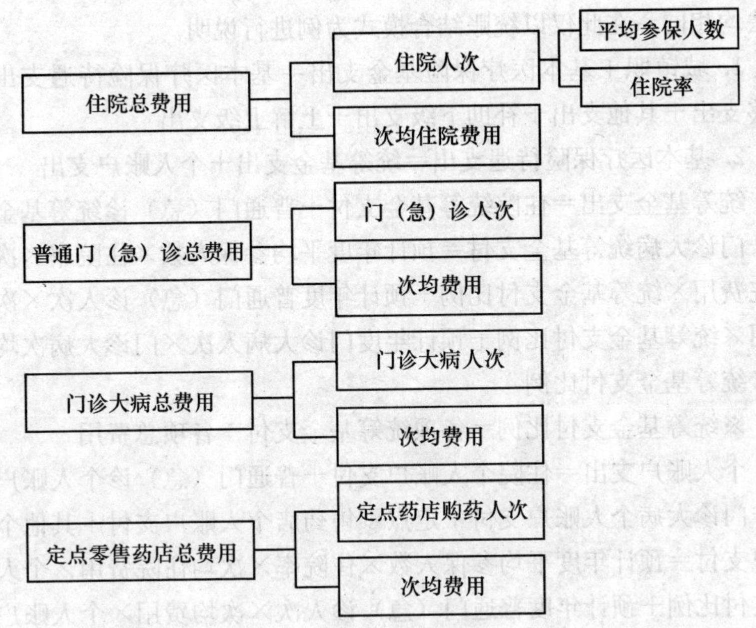

图 5—4　基金影响因素指标结构图

预缴收入＋其他征缴收入

3. 当期征缴收入

（1）统账结合模式当期征缴收入

统筹基金当期征缴收入＝单位缴费基数总额×单位缴费比例×征缴率×(1－单位缴纳划入个人账户比例)

个人账户基金当期征缴收入＝(个人缴费基数总额×个人缴费比例＋单位缴费基数总额×单位缴费比例×单位缴纳划入个人账户比例)×征缴率

（2）单建统筹模式当期征缴收入

当期征缴收入＝缴费基数总额×缴费比例×征缴率

（二）支出预算指标关系

和收入预算相同，支出预算也按照统账结合和单建统筹分别测算。这两种模式除单建统筹没有个人账户支付部分外表式设置和测算方法均相同，在此仅以统账结合模式为例进行说明。

1. 城镇职工基本医疗保险基金支出＝基本医疗保险待遇支出＋转移支出＋其他支出＋补助下级支出＋上解上级支出

2. 基本医疗保险待遇支出＝统筹基金支出＋个人账户支出

统筹基金支出＝住院统筹基金支付＋普通门（急）诊统筹基金支付＋门诊大病统筹基金支付＝预计年度平均参保人数×住院率×次均住院费用×统筹基金支付比例＋预计年度普通门（急）诊人次×次均费用×统筹基金支付比例＋预计年度门诊大病人次×门诊大病次均费用×统筹基金支付比例

※统筹基金支付比例＝各项统筹基金支付÷各项总费用

个人账户支出＝住院个人账户支付＋普通门（急）诊个人账户支付＋门诊大病个人账户支付＋定点零售药店个人账户支付＋其他个人账户支付＝预计年度平均参保人数×住院率×次均住院费用×个人账户支付比例＋预计年度普通门（急）诊人次×次均费用×个人账户支付比例＋预计年度门诊大病人次×门诊大病次均费用×个人账户支付比例＋预计年度定点药店购药人次×次均费用×个人账户支付比例＋其他个人账户支付

※个人账户支付比例＝各项个人账户支付÷各项总费用

（三）结余预算指标关系

1. 城镇职工基本医疗保险基金本年收支结余＝本年基金收入合计－本年基金支出合计

2. 城镇职工基本医疗保险基金年末滚存结余＝上年结余＋本年基金收支结余

第二节　收入预算的编制

城镇职工基本医疗保险基金收入预算指标主要包括基本医疗保险

费收入、利息收入、财政补贴收入、转移收入、其他收入、上级补助收入、下级上解收入等指标。以上指标的测算需要若干年度各项基金收入指标和影响基金收入预算的其他因素指标的历史数据，估算得到预算年度各指标的增长率。测算过程在收入预算参数表中完成。以2012年预算编制为例，城镇职工基本医疗保险基金收入预算参数表形式见表5—2。

表5—2　　2012年城镇职工基本医疗保险统账结合收入预算参数示意表

	项目	单位	2008年执行数	2010年执行数	2011年预计执行数	预算综合增长率	2012年预算数
参考指标	平均参保人数	人					
	#在职平均	人					
	#退休平均	人					
	平均缴费人数	人					
	上年在岗职工平均工资	元/月					
	人均月缴费工资	元/月					
	缴费工资占在岗职工平均工资比例	%					
测算指标	缴费基数总额	—					
	#单位	元					
	#个人	元					
	缴费比例	%					
	#单位	%					
	#个人	%					
	缴费基数总额×缴费比例	元					
	#单位	元					
	#个人	元					
	收缴率	%					

续表

项目			单位	2008 年执行数	2010 年执行数	2011 年预计执行数	预算综合增长率	2012 年预算数
单位缴纳划入个人账户比例			%					
医疗保险费收入	本期征缴收入	统筹基金	元					
		个人账户	元					
	……							
利息收入		统筹基金	元					
		个人账户	元					
财政补贴收入		统筹基金	元					
		个人账户	元					
其他收入		统筹基金	元					
		个人账户	元					
转移收入		统筹基金	元					
		个人账户	元					
上级补助收入		统筹基金	元					
		个人账户	元					
下级上解收入		统筹基金	元					
		个人账户	元					

一、收入预算编制原则

城镇职工医保基金收入预算的编制应综合考虑统筹地区上年度基金预算执行情况、本年度经济社会发展水平预测以及医保工作计划等因素，包括参保人数、缴费人数、在岗职工平均工资、缴费工资基数等指标变动情况。

二、保险费收入预算的编制

城镇职工基本医疗保险费收入预算包括当期征缴收入预算、清欠收入预算、预缴收入预算、补缴收入预算和其他征缴收入预算。统账结合和单建统筹模式的基金收入预算区别仅为有无个人账户基金收入，统筹基金收入预算编制方法一致，因此不重复列示单建统筹模式的基金收入预算编制方法。

（一）当期征缴收入预算的编制

1. 当期征缴收入预算测算指标

由于我国城镇职工基本医疗保险分统账结合和单建统筹两种模式，缴费基数也存在单基数和双基数两种基数，为了适应以上不同情况下的征缴收入预算编制，提高征缴收入预算的精细化水平，测算时以统筹地区缴费基数总额、缴费费率和收缴率作为预算征缴收入的测算指标，以平均参保人数、平均缴费人数、上年月社平工资、人均月缴费工资和人均缴费工资占在岗职工平均工资的比例作为衡量征缴收入预算编制合理性的参考指标。

2. 当期征缴收入测算方法

当期征缴收入＝缴费基数总额×缴费费率×收缴率

缴费基数总额＝预算上年缴费基数总额预计执行数×(1＋修正后综合增长率)

预算上年缴费基数总额预计执行数＝预算上年缴费基数总额预算数＋上年预算调整数

具体测算过程如下：

(1) 测算平均参保人数和平均缴费人数

平均参保和缴费人数预算数＝平均参保和缴费人数上年预计执行数×(1＋修正后综合增长率)

由上式可见，测算平均参保和缴费人数需要先确定平均参保和缴费人数上年预计执行数和预算年度的综合增长率。

①平均参保和缴费人数上年预计执行数的测算

平均参保和缴费人数上年预计执行数以上年预算数为基数，综合考虑预算执行年度工伤保险政策、法律、法规的调整对缴费人数的影响以及上年预算实际执行情况等因素，对上年预算数进行必要调整。平均参保和缴费人数预算调整数的测算公式如下：

上年预算调整数＝上年预计执行数－上年预算数

通常，在预算编制时预算上年度全年执行数未知，但前三个季度执行数已知，上年预计执行数的测算重点在于第四季度平均参保和缴费人数预计新增数，该指标根据当年前三个季度实际执行情况测算出一个季度的平均新增数。即：

上年预计执行数＝上年前三个季度执行数＋上年第四季度预计新增数

上年第四季度预计新增数＝(上年第三季度执行数－前年第四季度执行数)÷三个季度＋修正值

设置修正值的原因是考虑第四季度参保和缴费人数增减变动幅度与前三个季度相比可能出现明显偏差或政策影响等因素。

②综合增长率的测算

测算办法详见附录。

③综合增长率的修正

对平均参保和缴费人数综合增长率测算值进行修正，通常应符合以下三个条件之一：

一是政策调整因素。在预算年度中执行对缴费人数正常的增长趋势可能产生较大影响的政策，如扩大参保范围等。

二是数据采集年度的数据出现明显异常。如某地区 2008—2011 年缴费人数分别为 30 万人、60 万人、75 万人、72 万人，从数据中可以看出，近四年来该地区缴费人数的增长趋势毫无规律而言，可能在个别年份存在较大的不可比因素，测算出的综合增长率与实际出现偏差的概率很大，因此，不具备参考价值，需剔除不可比因素后，对综合增长率测算值进行修正。

三是平均缴费人数测算值占参保人数的比例与历史数据相比出现明显偏差的情况下，需要进行修正。如，测算出的缴费人数占参保人数的比例为 75%，而近年平均比例为 85%，明显偏低，需对缴费人数综合增长率向上进行修正，以确保缴费人数占参保人数的比例趋于合理的水平。

（2）测算缴费基数总额

统账结合模式下的缴费基数总额分单位缴费基数总额和个人缴费基数总额两种，由于单位缴费基数总额与个人缴费基数总额可能存在差异，为提高预算的准确性，缴费基数总额按单位和个人缴费基数总额分别进行测算。单建统筹模式下的缴费基数总额即为单位缴费基数总额。因为两种模式测算缴费基数总额方法一致，单位缴费基数总额与个人缴费基数总额测算方法也一致，所以下面即以缴费基数总额来测算，测算公式如下：

缴费工资总额预算数＝上年预计执行数×（1＋修正后综合增长率）

可见，测算缴费工资总额需要先确定缴费工资总额上年预计执行数和预算年度的综合增长率。

①预算上年缴费基数总额预计执行数的测算

缴费基数总额上年预计执行数以上年预算数为基数，综合考虑预算执行年度医疗保险政策、法律、法规的调整对缴费基数的影响以及上年预算实际执行情况等因素，对预算数进行必要调整。缴费基数总额预算调整数的测算公式如下：

上年预算调整数＝上年预计执行数－上年预算数

通常，在预算编制时预算上年度全年执行数未知，但上年前三个季度执行数已知，可根据往年前三个季度执行数占全年数的比例预测全年执行数。即：

上年预计执行数＝上年前三个季度执行数÷近年前三个季度数占全年的平均比例＋修正值

设置修正值的主要目的是为了解决在第四季度执行对缴费工资总额产生较大影响的政策等因素。

②缴费基数总额综合增长率的测算

测算办法详见附录。

③缴费基数总额综合增长率的修正

对缴费基数总额的综合增长率测算值进行修正，通常应符合以下三个条件之一：

一是政策调整因素。在预算年度中执行对缴费人数、缴费工资正常的增长趋势可能产生较大影响的政策，如扩大参保范围、提高缴费工资等。

二是数据采集年度的数据出现明显异常。近年缴费基数总额存在较大的不可比因素，增长趋势没有规律可循以及其他可能导致测算出的综合增长率不具备参考价值的因素，需对综合增长率测算值进行修正。

三是月人均缴费工资占上年月在岗职工平均工资的比例不符合相关政策规定，或者与近年月人均缴费工资占上年月在岗职工平均工资的平均比例出现较大偏差，则需要进行修正。如测算出的月人均缴费工资占上年月在岗职工平均工资的比例为75%，而近年平均比例为85%，则明显偏低，需对缴费工资总额综合增长率向上进行修正，以确保缴费工资总额趋于合理的水平。

（3）测算人均月缴费工资

人均月缴费工资预算数＝缴费基数总额预算数÷12个月÷平均缴费人数预算数

（4）确定缴费率

上年缴费率预计执行数和预算年度缴费率的确定，应以各地城镇职工医疗保险政策规定的缴费率为依据，一般分单位费率和个人费率。在预算年度相关费率政策未进行调整的情况下，原则上应与上年缴费率相同。

（5）确定收缴率

预算上年收缴率预算数＝预算上年当期征缴收入预算数÷上年应缴收入预算数×100%

预算上年收缴率执行数＝预算上年收缴率预算数＋预算上年预算调整数

收缴率预算数＝预算上年收缴率执行数×（1＋修正后综合增长率）

收缴率预算数的确定，原则上不低于上年收缴率。

(6) 确定个人账户划入比例

根据《国务院关于建立城镇职工基本医疗保险制度的决定》(国发［1998］44号) 规定，用人单位缴纳的保险费划入个人账户的比例一般为用人单位缴费的30%左右，具体比例由统筹地区根据个人账户的支付范围和职工年龄等因素确定。近几年全国各省划入比例相差较大，有部分省份高于35%，也有部分省份低于25%。

个人账户划入比例预算数的确定，原则上同预算上年数。若预算年度征缴政策有变动，应区分以下三种情况分别考虑调整幅度：一是单位缴费率的升降，二是不同年龄层在职退休人员具体划入比例的调整，三是单位缴费率和不同年龄层在职退休人员具体划入比例同时调整。

(7) 测算当期征缴收入

当期征缴收入预算数＝缴费基数总额预算数×预算年度缴费费率×预算年度收缴率

统筹基金当期征缴收入预算数＝单位缴费基数总额预算数×预算年度单位缴费费率×预算年度收缴率×(1－个人账户划入比例)

个人账户基金当期征缴收入预算数＝个人缴费基数总额预算数×预算年度个人缴费费率×预算年度收缴率＋单位缴费基数总额预算数×预算年度单位缴费费率×预算年度收缴率×个人账户划入比例

(二) 清欠收入预算的编制

编制清欠收入预算要重点参考以下三个指标：

1. 上年末基金累计欠费情况。

2. 清欠计划。

3. 各年度清欠收入占上年末累计欠费的比例等。

(三) 补缴、预缴及其他征缴收入预算的编制

编制补缴、预缴及其他征缴收入预算要重点参考近年补缴、预缴及其他征缴收入分别占基金征缴总收入的比重，并结合预算年度的医疗保险政策变化的情况编制。

三、财政补贴收入预算的编制

财政补贴收入＝中央财政补贴收入＋地方财政补贴收入

编制财政补贴收入预算要重点参考以下三个指标：

1. 上年度中央财政补贴情况。

2. 基金预算缺口情况。

3. 地方财政预算安排能力等。

四、利息收入预算的编制

编制利息收入预算要重点参考以下五个指标：

1. 基金上年末存储总量以及预算年度预计净增的基金存储量情况。

2. 上年末短、中、长期定期存款，活期存款以及国债的分布情况。

3. 上年基金平均收益情况。

4. 定期存款或国债在预算年度到期情况。

5. 利率变动情况。

五、其他收入预算的编制

编制其他收入预算要重点参考以下两个指标：

1. 近年其他收入情况。

2. 近年其他收入占基金收入的比重。

六、转移收入预算的编制

编制转移收入预算要重点参考以下三个指标：

1. 近年转移收入变化趋势。

2. 政策调整对转移人数的影响。

3. 政策调整对转移金额的影响。

七、上级补助收入和下级上解收入预算的编制

编制上级补助收入和下级上解收入预算要重点参考以下两个指标：

1. 预算年度的调剂金政策变化情况。

2. 上年度上级补助收入和下级上解收入实际情况。

第三节 支出和结余预算的编制

城镇职工基本医疗保险基金支出预算分统账结合统筹基金支出预算、个人账户基金支出预算和单建统筹模式的基金支出预算。具体预算指标包括基本医疗保险待遇支出、其他支出、转移支出、上解上级支出和补助下级支出等指标。结余预算指标包括本年收支结余和年末滚存结余。以上指标的测算需要若干年度各项基金支出与结余指标和影响基金支出和结余预算的其他因素指标的历史数据，估算得到预算年度各指标的增长率。基金支出预算的测算过程在支出预算参数表中完成。以 2012 年预算编制为例，城镇职工基本医疗保险统账结合待遇支出预算参数表形式见表 5—3。

表 5—3　　城镇职工基本医疗保险统账结合待遇支出预算参数示意表

项目	单位	2008 年执行数	2010 年执行数	2011 年预计执行数	预算综合增长率	2012 年预算数
一、住院情况	—					
（一）住院率（出院人次/平均参保人数）	%					
（二）出院人次	人次					
（三）次（人）均住院费用	元					
（四）住院总费用	元					
其中：1. 统筹基金支付金额	元					
2. 统筹基金支付比例（统筹基金/住院总费用）	%					
3. 个人账户支付金额	元					

续表

项目	单位	2008年执行数	2010年执行数	2011年预计执行数	预算综合增长率	2012年预算数
4. 个人账户支付比例（个人账户/住院总费用）	%					
二、门诊情况	—					
（一）普通门急诊	—					
1. 门急诊人次	人次					
2. 次均费用	元					
3. 门诊总费用	元					
其中：（1）统筹基金支付金额	元					
（2）统筹基金支付比例（统筹基金/门诊总费用）	%					
（3）个人账户支付金额	元					
（4）个人账户支付比例（个人账户/门诊总费用）	%					
（二）门诊大病	—					
1. 门诊大病人次	人次					
2. 次均费用	元					
3. 门诊大病总费用	元					
其中：（1）统筹基金支付金额	元					
（2）统筹基金支付比例（统筹基金/门诊大病总费用）	%					
（3）个人账户支付金额	元					
（4）个人账户支付比例（个人账户/门诊大病总费用）	%					
三、定点零售药店及其他个人账户支付情况	—					

续表

项目	单位	2008年执行数	2010年执行数	2011年预计执行数	预算综合增长率	2012年预算数
（一）定点零售药店情况	—					
1. 定点药店购药人次	人次					
2. 次均费用	元					
3. 定点药店购药总费用	元					
其中：（1）个人账户支付金额	元					
（2）个人账户支付比例（个人账户/定点药店购药总费用）	%					
（二）其他个人账户支付情况	元					
四、基本医疗保险待遇支出合计	元					
（一）统筹基金支出	元					
（二）个人账户支出	元					
五、其他支出	元					
（一）统筹基金支出	元					
（二）个人账户支出	元					
六、转移支出	元					
（一）统筹基金支出	元					
（二）个人账户支出	元					
七、上解上级支出	元					
（一）统筹基金支出	元					
（二）个人账户支出	元					
八、补助下级支出	元					
（一）统筹基金支出	元					
（二）个人账户支出	元					

基金支出预算编制原则应综合考虑统筹地区本年度医疗保险政策调整、医疗保险待遇标准变动、享受待遇人数变动、人均待遇水平变动和经济社会发展状况等因素。

一、基本医疗保险待遇支出预算的编制

基本医疗保险待遇支出预算包括住院医疗待遇支出预算、门诊医疗待遇支出预算和药店购药支出预算三部分。统账结合和单建统筹模式的基金支出预算区别仅为有无个人账户基金支出，待遇支出预算编制方法一致，因此不重复列示单建统筹模式的基金支出预算编制方法。

（一）住院待遇支出预算的编制

1. 住院待遇支出预算测算指标

我国各统筹地区医疗保险付费方式复杂多样，主要有按服务项目付费、有总额预付和按病种付费等方式，不管采用哪种方式，统筹基金和个人账户基金支付比例、住院率和次均住院费用的变化都有一定规律或趋势。住院待遇支出预算测算指标主要依据本统筹地区住院率、出院人次、次均住院费用、住院总费用、统筹基金支付比例和个人账户基金支付比例。

2. 住院待遇支出预算测算方法

(1) 第一步，测算住院率

历年住院率测算公式＝历年出院人次÷历年平均参保人数

预算上年住院率＝预算上年出院人次预计执行数÷预算上年平均参保人数预计执行数

预算年度住院率＝预算上年住院率×(1＋综合增长率)

①预算上年出院人次预计执行数的测算

预算上年出院人次预计执行数以预算上年预算数为基数，综合考虑上年预算实际执行情况等因素，对预算数进行必要调整。预算调整数的测算公式如下：

预算上年预算调整数＝预算上年预计执行数－预算上年预算数

预算上年预计执行数＝上年前三个季度实际执行数＋上年第四季

度出院人次预计数

上年第四季度出院人次预计数＝前三个季度出院人次÷三个季度＋修正值

设置修正值主要是考虑第四季度住院率与前三个季度相比可能出现明显偏差等因素。

②预算上年平均参保人数预计执行数的测算

预算上年平均参保人数预计执行数已在本章第二节收入预算中进行测算。

③预算上年住院率的测算

预算上年住院率＝预算上年出院人次预计执行数÷预算上年平均参保人数预计执行数

④综合增长率的测算

测算办法详见附录。

⑤综合增长率的修正

对预算年度住院人次的综合增长率测算值进行修正，主要考虑本统筹地区发生重大传染病疫情、群体性不明原因疾病以及重大自然灾害等不可预测的情况，以及其他可能导致测算出的综合增长率不具备参考价值的因素，需对综合增长率测算值进行修正。

⑥预算年度住院率的测算

预算年度住院率＝预算上年住院率×(1＋综合增长率)

(2) 第二步，测算出院人次

预算年度出院人次＝预算年度平均参保人数×预算年度住院率

(3) 第三步，测算次均住院费用

历年次均住院费用＝历年住院总费用÷历年出院人次

预算上年次均住院费用＝预算上年住院总费用÷预算上年出院人次

预算年度次均住院费用＝预算上年次均住院费用×(1＋综合增长率)

①预算上年住院总费用的测算

预算上年住院总费用预计执行数以预算上年预算数为基数，综合考虑上年预算实际执行情况等因素，对预算数进行必要调整。预算调整数的测算公式如下：

预算上年预算调整数＝预算上年预计执行数－预算上年预算数

预算上年预计执行数＝上年前三个季度实际执行数＋上年第四季度住院总费用预计数

上年第四季度住院总费用预计数＝上年前三个季度住院总费用÷近年前三个季度住院总费用占全年的平均比例×(1－近年前三个季度住院总费用占全年的平均比例)＋修正值

设置修正值的主要目的是为了解决在第四季度执行对住院（门诊）费用产生较大影响的政策等因素。

②预算上年次均住院费用的测算

预算上年次均住院费用＝预算上年住院总费用÷预算上年出院人次

③综合增长率的测算

测算办法详见附录。

④综合增长率的修正

对预算年度次均住院费用的综合增长率测算值进行修正，主要考虑经济增长速度、物价增长水平和参保人员老龄化程度，以及其他可能导致测算出的综合增长率不具备参考价值的因素，需对综合增长率测算值进行修正。

⑤预算年度次均住院费用的测算

预算年度次均住院费用＝预算上年次均住院费用×(1＋综合增长率)

(4) 第四步，测算住院总费用

预算年度住院总费用＝出院人次预算数×次均住院费用预算数

(5) 第五步，测算统筹基金支付比例和个人账户支付比例

预算年度统筹基金支付比例＝预算上年统筹基金支付比例×(1＋综合增长率)

预算年度个人账户支付比例＝预算上年个人账户支付比例×（1＋综合增长率）

预算上年统筹基金和个人账户支付比例，以及综合增长率的测算方法同次均住院费用。

（6）第六步，测算统筹基金支付和个人账户支付

预算年度统筹基金支付＝预算年度住院总费用×预算年度统筹基金支付比例

预算年度个人账户支付＝预算年度住院总费用×预算年度个人账户支付比例

（二）门诊待遇支出预算的编制

门诊待遇支出分普通门急诊和门诊大病两种情况。

1. 普通门急诊

普通门急诊待遇支出预算测算指标主要依据本统筹地区普通门急诊人次、普通门急诊次均费用、普通门急诊总费用、统筹基金支付比例和个人账户基金支付比例。普通门急诊待遇支出预算测算方法：

（1）第一步，测算门急诊人次

预算上年门诊人次＝预算上年门诊人次预算数＋预算上年预算调整数

预算年度门诊人次＝预算上年门诊人次×（1＋综合增长率）

①预算上年门急诊人次的测算

预算上年门急诊人次预计执行数以预算上年预算数为基数，综合考虑上年预算实际执行情况等因素，对预算数进行必要的调整。预算调整数的测算公式如下：

预算上年预算调整数＝预算上年预计执行数－预算上年预算数

预算上年预计执行数＝上年前三个季度实际执行数＋上年第四季度出院人次预计数

上年第四季度门急诊人次预计数＝上年前三个季度出院人次÷三个季度＋修正值

设置修正值主要是考虑第四季度住院率与前三个季度相比可能出

现明显偏差等因素。

②综合增长率的测算

测算办法详见附录。

③综合增长率的修正

对预算年度门急诊人次的综合增长率测算值进行修正，主要考虑本统筹地区发生重大传染病疫情、群体性不明原因疾病以及重大自然灾害等不可预测的情况，以及其他可能导致测算出的综合增长率不具备参考价值的因素，需对综合增长率测算值进行修正。

④预算年度门急诊人次的测算

预算年度门急诊人次＝预算上年门急诊人次×(1＋综合增长率)

(2) 第二步，测算门急诊次均费用

历年门急诊次均费用＝历年门急诊总费用÷历年门急诊人次

预算上年门急诊次均费用＝预算上年门急诊总费用÷预算上年门急诊人次

预算上年门急诊总费用＝预算上年门急诊总费用预算数＋预算上年预算调整数

预算年度门急诊次均费用＝预算上年门急诊次均费用×(1＋综合增长率)

①预算上年门急诊总费用的测算

预算上年门急诊总费用测算方法同预算上年门急诊人次测算方法。

②预算上年门急诊次均费用的测算

预算上年门急诊次均费用＝预算上年门急诊总费用÷预算上年门急诊人次

③综合增长率的测算

测算办法详见附录。

④综合增长率的修正

对预算年度门急诊总费用的综合增长率测算值进行修正，主要考虑经济增长速度、物价增长水平和参保人员老龄化程度，以及其他可能导致测算出的综合增长率不具备参考价值的因素，需对综合增长率测算值进行修正。

⑤预算年度门急诊次均费用的测算

预算年度门急诊次均费用＝预算上年门急诊次均费用×(1＋修正后的综合增长率)

(3) 第三步，测算门急诊总费用

预算年度门急诊总费用＝预算年度门急诊人次×预算年度次均住院费用

(4) 第四步，测算统筹基金支付比例和个人账户支付比例

测算方法同住院（略）。

(5) 第五步，测算统筹基金支付和个人账户支付

预算年度统筹基金支付＝预算年度门急诊总费用×预算年度统筹基金支付比例

预算年度个人账户支付＝预算年度门急诊总费用×预算年度个人账户支付比例

2. 门诊大病

门诊大病测算方法同普通门急诊（略）。

（三）药店购药支出预算的编制

1. 个人账户药店购药支出测算指标

个人账户药店购药支出测算指标主要依据定点药店购药人次、次均费用、定点药店购药总费用和个人账户支付比例等。

2. 个人账户药店购药支出测算方法

(1) 第一步，测算定点药店购药人次

预算年度定点药店购药人次＝预算上年定点药店购药人次×(1＋综合增长率)

预算上年定点药店购药人次＝预算上年定点药店购药人次预算数＋预算上年调整数

预算上年定点药店购药人次预算数、预算上年调整数和综合增长率的测算方法同住院人次和门诊人次测算方法。

(2) 第二步，测算次均费用

历年次均费用＝历年购药总费用÷历年购药人次

预算上年次均费用＝预算上年购药总费用÷预算上年定点药店购药人次

预算上年购药总费用＝预算上年购药总费用预算数＋预算上年调整数

预算年度次均费用＝预算上年次均费用×(1＋综合增长率)

预算上年购药总费用预算数、预算上年调整数和综合增长率的测算方法同住院次均费用和门诊次均费用测算方法。

(3) 第三步，测算定点药店购药总费用

预算年度定点药店购药总费用＝预算年度定点药店购药人次×预算年度次均费用

(4) 第四步，测算个人账户支付比例

历年个人账户支付比例＝历年个人账户支付金额÷历年购药总费用

预算上年个人账户支付比例＝(预算上年个人账户支付金额预算数＋预算上年调整数)÷预算上年购药总费用

预算年度个人账户支付比例＝预算上年个人账户支付比例×(1＋综合增长率)

预算上年调整数和综合增长率的测算方法同住院和门诊测算方法。

(5) 第五步，测算个人账户支出

预算年度个人账户支付金额＝预算年度定点药店购药总费用×预算年度个人账户支付比例

(四) 其他个人账户支出预算

其他个人账户支出预算主要考虑个人账户在实行银行卡管理模式下，无法按上述方法测算支出数据，可采取以下简便测算方法，即：

预算年度个人账户支出＝预算上年个人账户支出×(1＋综合增长率)

预算上年个人账户支出＝预算上年个人账户支出预算数＋预算上年调整数

预算上年调整数和综合增长率的测算方法同上。

二、其他支出预算的编制

根据社会保险基金财务制度规定，其他支出是指经财政部门核准开支的其他非社会保险待遇性质的支出。因此，除特殊情况外，原则上不做其他支出预算。

三、转移支出预算的编制

编制转移支出预算要重点参考以下三个指标：

1. 近年转移支出变化趋势。

2. 政策调整对转移人数的影响。

3. 政策调整对转移金额的影响。

四、补助下级支出和上解上级支出预算的编制

编制补助下级支出和上解上级支出预算要重点参考以下两个指标：

1. 上年度补助下级支出和上解上级支出情况。

2. 预算年度的调剂金政策变化情况。

五、基金结余预算的编制

（一）基金结余预算编制原则

城镇职工医保基金预算实行以收定支、收支平衡、略有结余的原则，因此，原则上不得编制赤字预算。

（二）基金结余预算的编制

城镇职工医保基金结余预算包括当年结余预算和年末滚存结余预算。

当年结余预算数＝基金收入预算数－基金支出预算数

年末滚存结余预算数＝上年结余＋当年结余预算数

第四节 指标释义及数据采集

城镇职工基本医疗保险基金收入支出预算指标包括统账结合和单建统筹两部分，由于两部分预算指标区别仅为有无个人账户基金收入支出，其他指标解释一致，因此本节将统账结合和单建统筹一并进行指标释义。

一、收入预算指标释义及数据采集

（一）基金指标

1. 征缴收入

指标释义：征缴收入，是指缴费单位和缴费个人按国家规定的缴费基数的一定比例分别缴纳的城镇职工基本医疗保险费。该指标包括当期征缴收入、清欠收入、预缴收入、补缴收入及其他征缴收入。

（1）当期征缴收入

指标释义：当期征缴收入，是指报告期内根据国家有关规定，由纳入城镇职工基本医疗保险范围的缴费单位和个人，按国家规定的缴费基数和缴费比例实际收缴到位的当年城镇职工基本医疗保险费收入，包含本年发生但已在本年收回的欠费。

数据采集：该指标采集自社会保险基金年报《社会保险补充资料表（二）》（年报补 02 表）的“征缴收入（财务口径）”的“（一）本期实缴当年社会保险费”的城镇职工基本医疗保险（统筹基金、单建统筹和个人账户）数据。

（2）清欠收入

指标释义：清欠收入，是指本年缴回历年欠缴（不含核销）的城镇职工基本医疗保险费的金额（本金）。

数据采集：该指标采集自社会保险基金年报《社会保险补充资料表（二）》（年报补 02 表）的“征缴收入（财务口径）”的“（四）本

年清理收回以前年度欠费（不含核销）”的城镇职工基本医疗保险（统筹基金、单建统筹和个人账户）数据。

(3) 预缴收入

指标释义：预缴收入，是指参保单位（个人）跨年度一次性预缴或一次性趸缴的城镇职工基本医疗保险费。包括改制、破产企业按规定为解除劳动合同关系的职工预留并缴纳的城镇职工基本医疗保险费。

数据采集：该指标采集自社会保险基金年报《社会保险补充资料表（二）》的“征缴收入（财务口径）”（年报补 02 表）的“（二）本年预缴以后年度社会保险费”的城镇职工基本医疗保险（统筹基金、单建统筹和个人账户）数据。

(4) 补缴收入

指标释义：补缴收入，是指参保单位（个人）实际补缴的上年度末之前的城镇职工基本医疗保险费（未统计在上年末累计欠费项目中）。

数据采集：该指标采集自社会保险基金年报《社会保险补充资料表（二）》（年报补 02 表）的“征缴收入（财务口径）”的“（三）本年补缴以前年度社会保险费”的城镇职工基本医疗保险（统筹基金、单建统筹和个人账户）数据。

(5) 其他征缴收入

指标释义：其他征缴收入，是指不包含在当期征缴收入、清欠收入、预缴收入、补缴收入范围内的其他征缴收入。

数据采集：该指标采集自社会保险基金年报《社会保险补充资料表（二）》（年报补 02 表）的“征缴收入（财务口径）”的“（五）其他”的城镇职工基本医疗保险（统筹基金、单建统筹和个人账户）数据。

2. 利息收入

指标释义：利息收入，是指用基本医疗保险基金存入银行和购买国家债券所取得的利息收入，包括收入户、支出户、财政专户等银行账户的利息收入。

数据采集：该指标采集自社会保险基金年报《城镇职工基本医疗保险基金收支表》（年报08表）的“利息收入（统筹基金、单建统筹和个人账户）”数据。

3. 财政补贴收入

指标释义：财政补贴收入，是指收到的各级财政部门给予基本医疗保险基金的补贴。

数据采集：该指标采集自社会保险基金年报《城镇职工基本医疗保险基金收支表》（年报08表）的“财政补贴收入（统筹基金、单建统筹和个人账户）”数据。

4. 其他收入

指标释义：其他收入，是指城镇职工基本医疗保险基金的滞纳金以及其他经财政部门核准的收入。

数据采集：该指标采集自社会保险基金年报《城镇职工基本医疗保险基金收支表》（年报08表）的“其他收入（统筹基金、单建统筹和个人账户）”数据。

5. 转移收入

指标释义：转移收入，是指城镇职工基本医疗保险对象跨统筹范围转移时划入的基金。

数据采集：该指标采集自社会保险基金年报《城镇职工基本医疗保险基金收支表》（年报08表）的“转移收入（统筹基金、单建统筹和个人账户）”数据。

6. 上级补助收入

指标释义：上级补助收入，是指下级经办机构接受上级经办机构拨付的补助收入（统筹基金、单建统筹和个人账户）。

数据采集：该指标采集自社会保险基金年报《城镇职工基本医疗保险基金收支表》（年报08表）的“上级补助收入（统筹基金、单建统筹和个人账户）”数据。

7. 下级上解收入

指标释义：下级上解收入，是指上级经办机构接受下级经办机构上解的基金收入。

数据采集：该指标采集自社会保险基金年报《城镇职工基本医疗保险基金收支表》（年报 08 表）的“下级上解收入（统筹基金、单建统筹和个人账户）”数据。

（二）因素指标

1. 平均参保人数

（1）统账结合收入预算参数表中的“平均参保人数”

①平均参保人数——在职

指标释义：平均参保人数——在职，是指报告期内参加城镇职工基本医疗保险并实施统账结合办法的职工平均人数。

数据采集：该指标采集自人力资源社会保障统计报表《参加城镇职工基本医疗保险人员及特殊人员情况》（人社统 HT2 号）表甲栏第 1 栏“实施统账结合”的“职工”的“平均数”。

②平均参保人数——退休

指标释义：平均参保人数——退休，是指报告期末参加城镇职工基本医疗保险并实施统账结合办法的退休人员平均人数。

数据采集：该指标采集自人力资源社会保障统计报表《参加城镇职工基本医疗保险人员及特殊人员情况》（人社统 HT2 号）表甲栏第 1 栏“实施统账结合”的“退休人员”的“平均数”。

（2）单建统筹收入预算参数表中的“平均参保人数”

①平均参保人数——在职

指标释义：平均参保人数——在职，是指报告期内参加城镇职工基本医疗保险但未建立个人账户的职工平均人数，包括原劳动部门开展的大病医疗费用统筹的职工。

数据采集：该指标采集自人力资源社会保障统计报表《参加城镇职工基本医疗保险人员及特殊人员情况》（人社统 HT2 号）表甲栏第 1 栏“单建统筹基金”的“职工”的“平均数”。

②平均参保人数——退休

指标释义：平均参保人数——退休，是指报告期末参加城镇职工基本医疗保险但未建立个人账户的退休人员平均人数。包括参加原劳动部门开展的大病医疗费用统筹和退休人员医疗费用社会统筹的人员。

数据采集：该指标采集自人力资源社会保障统计报表《参加城镇职工基本医疗保险人员及特殊人员情况》（人社统 HT2 号）表甲栏第 1 栏“单建统筹基金”的“退休人员”的“平均数”。

2. 平均缴费人数

指标释义：平均缴费人数，是指报告期内缴纳城镇职工基本医疗保险费人员的平均人数，包括未按时足额缴纳医疗保险费并且未缴部分已计入欠费的人员。

数据采集：该指标采集自业务部门提供的当地实际缴费人员的平均人数。

3. 上年在岗职工月平均工资

指标释义：上年在岗职工月平均工资，是指本地区上年全部在岗职工工资总额除以同期内的平均职工人数。该指标反映本地区全部在岗职工平均工资收入水平。

数据采集：该指标采集自统计部门公布的上年度在岗职工月平均工资。

4. 缴费基数总额

（1）统账结合收入预算参数表中的“缴费基数总额”

指标释义：该缴费基数总额，是指报告期内参加城镇职工基本医疗保险并实施统账结合办法的单位及个人缴纳基本医疗保险费的工资总额，按缴费人员的应缴口径计算。

数据采集：该指标采集自人力资源社会保障统计报表《城镇职工基本医疗保险费征缴情况》（人社统 HI4 号）表甲栏第 1 栏“实施统账结合”的“缴费基数总额”的“单位”和“个人”。

（2）单建统筹收入预算参数表中的“缴费基数总额”

指标释义：该缴费基数总额，是指报告期内参加城镇职工基本医疗保险但未建立个人账户的单位及个人缴纳基本医疗保险费的工资总额，按缴费人员的应缴口径计算。

数据采集：该指标采集自人力资源社会保障统计报表《城镇职工基本医疗保险费征缴情况》（人社统 HI4 号）表甲栏第 1 栏“单建统筹基金”的“缴费基数总额”。

5. 人均月缴费工资基数

指标释义：人均月缴费工资基数，是指报告期内参加城镇职工基本医疗保险的单位及个人月缴纳城镇职工基本医疗保险费的工资基数。按缴费人员的应缴口径计算。

数据采集：该指标由“缴费工资总额”与“平均缴费人数”计算填列。

6. 缴费费率

(1) 统账结合收入预算参数表中的“缴费费率”

指标释义：该缴费费率是指报告期内参加城镇职工基本医疗保险并实施统账结合办法的单位和个人缴费费率。

数据采集：该指标采集自业务部门提供的当地实际执行的单位和个人缴费费率。

(2) 单建统筹收入预算参数表中的“缴费费率”

指标释义：该缴费费率是指报告期内参加城镇职工基本医疗保险但未建立个人账户的缴费费率。

数据采集：该指标采集自业务部门提供的当地实际执行的缴费费率。

7. 收缴率

指标释义：收缴率，是指当期实收城镇职工基本医疗保险费占应收城镇职工基本医疗保险费的比例。

数据采集：通过当期征缴收入与应缴收入计算获得。

8. 单位缴纳划入个人账户比例

指标释义：单位缴纳划入个人账户比例，是指报告期内参加城镇职工基本医疗保险并实施统账结合办法的单位缴纳医疗保险基金划入个人账户的比例。

数据采集：该指标采集自业务部门提供的当地实际执行的单位缴纳划入个人账户的比例。

二、城镇职工基本医疗保险基金支出预算指标释义及数据采集

（一）基金指标

1. 基本医疗保险待遇支出

指标释义：基本医疗保险待遇支出，是指报告期内参加城镇职工基本医疗保险在门诊、住院及定点药店等所发生的基金支出。

数据采集：该指标采集自社会保险基金年报《城镇职工基本医疗保险基金收支表》（年报 08 表）的“基本医疗保险待遇支出（统筹基金、单建统筹和个人账户）”数据。

2. 其他支出

指标释义：其他支出，是指按财政部门核准实际支付给参保人员的其他非医疗保险待遇性质的支出。

数据采集：该指标采集自社会保险基金年报《城镇职工基本医疗保险基金收支表》（年报 08 表）的“其他支出（统筹基金、单建统筹和个人账户）”数据。

3. 转移支出

指标释义：转移支出，是指城镇职工基本医疗保险对象跨统筹地区流动而转出的城镇职工基本医疗保险基金。

数据采集：该指标采集自社会保险基金年报《城镇职工基本医疗保险基金收支表》（年报 08 表）的“转移支出（统筹基金、单建统筹和个人账户）”数据。

4. 补助下级支出

指标释义：补助下级支出，是指上级经办机构拨付给下级经办机构的补助支出。

数据采集：该指标采集自社会保险基金年报《城镇职工基本医疗保险基金收支表》（年报 08 表）的“补助下级支出（统筹基金、单建统筹和个人账户）”数据。

5. 上解上级支出

指标释义：上解上级支出，是指下级经办机构上解上级经办机构的支出。

数据采集：该指标采集自社会保险基金年报《城镇职工基本医疗保险基金收支表》（年报08表）的“上解上级支出（统筹基金、单建统筹和个人账户）”数据。

（二）因素指标

1. 住院情况

（1）出院人次

指标释义：出院人次，是指报告期内参加城镇职工基本医疗保险的职工在定点医疗机构住院治疗出院（包括死亡）人次数。

数据采集：该指标采集自业务部门提供的当地实际城镇职工基本医疗保险出院人次。

（2）住院率

指标释义：住院率，是指报告期内参加城镇职工基本医疗保险的职工在定点医疗机构住院治疗出院（包括死亡）的人次数占整个参保人数的比例。

数据采集：该指标由城镇职工基本医疗保险平均参保人数和出院人次计算所得。

（3）次均住院费用

指标释义：次均住院费用，是指报告期内参加城镇职工基本医疗保险的职工在定点医疗机构住院治疗出院（包括死亡）人均所发生住院费用的平均数。

数据采集：该指标由城镇职工基本医疗保险住院总费用和出院人次计算所得。

（4）住院总费用

指标释义：住院总费用，是指报告期内参加城镇职工基本医疗保险的职工在定点医疗机构住院期间所发生的全部医疗费用的合计。包括基本医疗保险个人账户、统筹基金、公务员医疗补助资金、大额医疗费用补助资金支付和个人支付（个人自费）的医疗费用。

数据采集：该指标采集自业务部门提供的当地实际城镇职工基本医疗保险住院总费用。

（5）统筹基金支付金额

指标释义：统筹基金支付金额，是指报告期内参加城镇职工基本医疗保险的职工在定点医疗机构住院期间所发生的全部医疗费用中由统筹基金支付的部分。

数据采集：该指标采集自业务部门提供的当地实际城镇职工基本医疗保险住院总费用由统筹基金支付的金额。

（6）统筹基金支付比例

指标释义：统筹基金支付比例，是指报告期内参加城镇职工基本医疗保险人员在定点医疗机构住院期间所发生的住院总费用中由统筹基金支付所占的比例。

数据采集：该指标由城镇职工基本医疗保险住院总费用和统筹基金支付金额计算所得。

（7）个人账户支付金额

指标释义：个人账户支付金额，是指报告期内参加城镇职工基本医疗保险的职工在定点医疗机构住院期间所发生的全部医疗费用中由个人账户支付的部分。

数据采集：该指标采集自业务部门提供的当地实际城镇职工基本医疗保险住院总费用由个人账户支付的金额。

（8）个人账户支付比例

指标释义：个人账户支付比例，是指报告期内参加城镇职工基本医疗保险人员在定点医疗机构住院期间所发生的住院总费用中由个人账户基金支付所占的比例。

数据采集：该指标由城镇职工基本医疗保险住院总费用和个人账户支付金额计算所得。

2. 普通门（急）诊情况

（1）门（急）诊人次

指标释义：门（急）诊人次，是指报告期内参加城镇职工基本医疗保险的职工在定点医疗机构普通门（急）诊就诊的人次数。

数据采集：该指标采集自业务部门提供的当地实际城镇职工基本医疗保险门（急）诊就诊人次。

(2) 次均费用

指标释义：次均费用，是指报告期内参加城镇职工基本医疗保险的职工在定点医疗机构门（急）诊就诊时人均所发生费用的平均数。

数据采集：该指标由城镇职工基本医疗保险门（急）诊总费用和就诊人次计算所得。

(3) 门（急）诊总费用

指标释义：门（急）诊总费用，是指报告期内参加城镇职工基本医疗保险的职工在定点医疗机构普通门（急）诊就诊发生的医疗费用的合计。包括基本医疗保险个人账户、统筹基金、公务员医疗补助资金、大额医疗费用补助资金支付和个人支付的医疗费用。

数据采集：该指标采集自业务部门提供的当地实际城镇职工基本医疗保险门（急）诊就诊总费用。

(4) 统筹基金支付金额

指标释义：统筹基金支付金额，是指报告期内参加城镇职工基本医疗保险的职工在定点医疗机构门（急）诊就诊时所发生的全部医疗费用中由统筹基金支付的部分。

数据采集：该指标采集自业务部门提供的当地实际城镇职工基本医疗保险门（急）诊就诊时所发生的全部医疗费用中由统筹基金支付的金额。

(5) 统筹基金支付比例

指标释义：统筹基金支付比例，是指报告期内参加城镇职工基本医疗保险人员在定点医疗机构门（急）诊就诊时所发生的全部医疗费用中由统筹基金支付所占的比例。

数据采集：该指标由城镇职工基本医疗保险门（急）诊就诊所发生的全部医疗费用和统筹基金支付金额计算所得。

(6) 个人账户支付金额

指标释义：个人账户支付金额，是指报告期内参加城镇职工基本医疗保险的职工在定点医疗机构门（急）诊就诊时所发生的全部医疗费用中由个人账户支付的部分。

数据采集：该指标采集自业务部门提供的当地实际城镇职工基本医疗保险门（急）诊就诊所发生的全部医疗费用中由个人账户支付的金额。

(7) 个人账户支付比例

指标释义：个人账户支付比例，是指报告期内参加城镇职工基本医疗保险人员在定点医疗机构门（急）诊就诊时所发生的全部医疗费用中由个人账户基金支付所占的比例。

数据采集：该指标由城镇职工基本医疗保险门（急）诊就诊所发生的全部医疗费用和个人账户支付金额计算所得。

3. 门诊大病情况

(1) 门诊大病人次

指标释义：门诊大病人次，是指报告期内参加城镇职工基本医疗保险职工在定点医疗机构门诊大病就诊的人次数。

数据采集：该指标采集自业务部门提供的当地实际城镇职工基本医疗保险门诊大病就诊人次。

(2) 次均费用

指标释义：次均费用，是指报告期内参加城镇职工基本医疗保险职工在定点医疗机构门诊大病就诊时人均所发生费用的平均数。

数据采集：该指标由城镇职工基本医疗保险门诊大病总费用和就诊人次计算所得。

(3) 门诊大病总费用

指标释义：门诊大病总费用，是指报告期内参加城镇职工基本医疗保险的职工在定点医疗机构门诊大病就诊时发生的医疗费用的合计。包括基本医疗保险个人账户、社会统筹基金、公务员医疗补助资金、大额医疗费用补助资金支付和个人支付的医疗费用。

数据采集：该指标采集自业务部门提供的当地实际城镇职工基本医疗保险门诊大病就诊总费用。

（4）统筹基金支付金额

指标释义：统筹基金支付金额，指报告期内参加城镇职工基本医疗保险的职工在定点医疗机构门诊大病就诊时所发生的全部医疗费用中由统筹基金支付的部分。

数据采集：该指标采集自业务部门提供的当地实际城镇职工基本医疗保险门诊大病就诊所发生的全部医疗费用中由统筹基金支付的金额。

（5）统筹基金支付比例

指标释义：统筹基金支付比例，是指报告期内参加城镇职工基本医疗保险人员在定点医疗机构门诊大病就诊时所发生的全部医疗费用中由统筹基金支付所占的比例。

数据采集：该指标由城镇职工基本医疗保险门诊大病就诊所发生的全部医疗费用和统筹基金支付金额计算所得。

（6）个人账户支付金额

指标释义：个人账户支付金额，是指报告期内参加城镇职工基本医疗保险的职工在定点医疗机构门诊大病就诊时所发生的全部医疗费用中由个人账户支付的部分。

数据采集：该指标采集自业务部门提供的当地实际城镇职工基本医疗保险门诊大病就诊所发生的全部医疗费用中由个人账户支付的金额。

（7）个人账户支付比例

指标释义：个人账户支付比例，是指报告期内参加城镇职工基本医疗保险人员在定点医疗机构门诊大病就诊时所发生的全部医疗费用中由个人账户基金支付所占的比例。

数据采集：该指标由城镇职工基本医疗保险门诊大病就诊所发生的全部医疗费用和个人账户支付金额计算所得。

4. 定点零售药店情况

（1）定点药店购药人次

指标释义：定点药店购药人次，是指报告期内参加城镇职工基本医疗保险的职工在定点零售药店购药的人次数。

数据采集：该指标采集自业务部门提供的当地实际城镇职工基本医疗保险定点药店购药人次。

（2）次均费用

指标释义：次均费用，是指报告期内参加城镇职工基本医疗保险的职工在定点零售药店购药时人均所发生费用的平均数。

数据采集：该指标由城镇职工基本医疗保险定点药店购药总费用和购药人次计算所得。

（3）定点药店购药总费用

指标释义：定点药店购药总费用，是指报告期内参加城镇职工基本医疗保险的职工在定点零售药店购药时发生医疗费用的合计。包括基本医疗保险个人账户和个人现金支付的医疗费用。

数据采集：该指标采集自业务部门提供的当地实际城镇职工基本医疗保险定点零售药店购药总费用。

（4）个人账户支付金额

指标释义：个人账户支付金额，是指报告期内参加城镇职工基本医疗保险的职工在定点零售药店购药时所发生的费用中由个人账户支付的部分。

数据采集：该指标采集自业务部门提供的当地实际城镇职工基本医疗保险定点零售药店购药所发生的费用中由个人账户支付的金额。

（5）个人账户支付比例

指标释义：个人账户支付比例，是指报告期内参加城镇职工基本医疗保险人员在定点零售药店购药时所发生的费用中由个人账户基金支付所占的比例。

数据采集：该指标由城镇职工基本医疗保险定点零售药店购药时所发生的费用和个人账户支付金额计算所得。

第五节 基金预算审核

为保证预算的规范性和合理性，社会保险经办机构应该在预算编制完成后，对预算收入、支出和结余进行初审。审核可结合当地政策因素，参考以下标准完成。

一、城镇职工基本医疗保险基金收入预算审核指标及标准

（一）审核指标：当期征缴收入预算

1. 审核标准：同比增幅正常范围值为5%～30%。该审核标准应随着在岗职工平均工资增幅的变动等因素进行相应调整。

2. 审核依据：根据统计部门公布的数据，近年全国各省在岗职工平均工资增长幅度基本上超过10%，在不考虑扩面、提高收缴率的情况下，在岗职工平均工资对征缴收入的拉动作用应不低于5%。

（二）审核指标：征缴收入上年预计执行数

1. 审核标准：前三个季度征缴收入实际执行数占全年预计执行数应小于80%，即第四季度征缴收入预计执行数占全年的比例应大于20%。

2. 审核依据：以平均一个季度占全年的比例25%为基准，考虑各种不可比或不确定因素，第四季度征缴收入占全年的比例若低于20%，则说明征缴收入预计数存在偏低的可能。

（三）审核指标：平均参保人数和平均缴费人数预算

1. 审核标准：同比增幅正常范围值为0～20%。

2. 审核依据：全国职工医保参保人数已形成相当规模，扩面难度进一步加大，但各省进展情况不尽一致，因此参保职工人数和缴费人数预算原则上应不低于上年水平。

（四）审核指标：平均缴费人数占平均参保职工人数的比例

1. 审核标准：平均缴费人数占平均参保职工人数的比例正常范

围值为95%～100%。

2. 审核依据：根据《国务院关于建立城镇职工基本医疗保险制度的决定》（国发［1998］44号）有关规定，基本医疗保险费由用人单位和职工共同缴纳，因此，缴费人数原则上应等于参保职工人数。

（五）审核指标：月人均缴费工资占上年在岗职工月平均工资的比例

1. 审核标准：月人均缴费工资占上年在岗职工月平均工资的比例正常范围值为60%～300%。

2. 审核依据：根据有关政策规定，参保职工的缴费基数不得低于社平工资的60%，不得高于社平工资的300%。

（六）审核指标：月人均缴费工资预算

1. 审核标准：月人均缴费工资预算同比增幅正常范围值为5%～30%。该审核标准应随着在岗职工平均工资增幅的变动等因素相应进行调整。

2. 审核依据：根据统计部门公布的数据，近年全国在岗职工月平均工资增长幅度基本上保持在10%左右的水平，由于缴费工资与在岗职工月平均工资指标紧密相关，因此，在岗职工月平均工资对缴费工资的拉动作用应不低于5%。

（七）审核指标：缴费率预算

1. 审核标准：缴费率预算的增减变动幅度应限定在1个百分点范围之内。统账结合单位缴费费率正常范围值为4%～10%，个人缴费费率正常范围值为2%，单建统筹单位缴费费率正常范围值为3%～5%。

2. 审核依据：不同类别参保职工的缴费比例应以相关政策法规为依据，在政策法规未进行调整的情况下，原则上应与上年保持一致。

（八）审核指标：收缴率预算

1. 审核标准：收缴率预算应大于等于上年执行数，正常范围值为90%～100%。

2. 审核依据：提高基金收缴率，是基金征缴部门的重点工作之一，同时也是保障参保职工合法权益的重点，因此，基金收缴率应保持稳步提高的良好势头。

（九）审核指标：个人账户划入比例预算

1. 审核标准：个人账户划入比例正常范围为25%～35%。

2. 审核依据：根据《国务院关于建立城镇职工基本医疗保险制度的决定》（国发［1998］44号）有关规定，用人单位缴纳的保险费划入个人账户的比例一般为用人单位缴费的30%左右。

（十）审核指标：清欠、补缴、预缴收入预算

1. 审核标准：清欠、补缴、预缴收入预算应大于0。

2. 审核依据：清理企业欠费、开展政策性补缴、预缴是征缴机构重要的工作职责，清欠、补缴、预缴收入也是征缴收入的重要组成部分。

（十一）审核指标：利息收入预算

1. 审核标准：基金收益率应大于3个月整存整取银行存款利率

基金收益率＝当年利息收入总额÷基金平均结余额

$$=\frac{\text{当年利息收入总额}}{(\text{年初基金滚存结余}+\text{年末基金滚存结余})\div 2}\times 100\%$$

2. 审核依据：根据《国务院关于建立城镇职工基本医疗保险制度的决定》（国发［1998］44号）有关规定，基本医疗保险基金的银行计息办法是：当年筹集的部分，按活期存款利率计息；上年结转的基金本息，按3个月期整存整取银行存款利率计息；存入社会保障财政专户的沉淀资金，比照3年期零存整取储蓄存款利率计息，并不低于该档次利率水平。

（十二）审核指标：财政补助收入预算

1. 审核标准：财政补助收入预算大于0需有说明。

2. 审核依据：《社会保险法》第65条明确规定，县级以上人民政府在社会保险基金出现支付不足时，给予补贴。近几年中央和地方财政加大了对关破改制等困难企业退休人员参保的补助力度。

（十三）审核指标：其他收入预算

1. 审核标准：统筹基金其他收入预算大于0需有说明，个人账户其他收入应等于0。

2. 审核依据：滞纳金以及其他经财政部门核准的收入全部记统筹基金其他收入，个人账户无其他收入。

（十四）审核指标：转移收入预算

1. 审核标准：个人账户转移收入预算应大于等于0，统筹基金转移收入等于0。

2. 审核依据：根据人力资源和社会保障部、财政部、卫生部联合发布的《流动就业人员基本医疗保障关系转移接续暂行办法》（人社部发［2009］191号）精神，应为跨统筹地区流动的参保职工办理转移接续手续。

（十五）审核指标：上级补助收入和下级上解收入预算

审核标准：

补助下级支出－上级补助收入：全省合计应等于0。

上解上级支出－下级上解收入：全省合计应等于0。

二、城镇职工基本医疗保险基金支出预算审核指标及标准

（一）审核指标：医疗保险待遇支出预算

1. 审核标准：医疗保险待遇支出预算增幅正常范围为0～30％。该审核标准应随着待遇标准调整幅度等因素的变化进行相应调整。

2. 审核依据：按照全民医保的扩面政策以及近年不断提高参保人员医疗保险待遇标准有关政策，全国各统筹地区医疗保险待遇支出幅度基本上应控制在30％以内。

住院情况审核具体指标及标准：

（1）住院率预算

①审核标准：住院率预算正常范围为5％～20％，住院率预算增幅正常范围为0～30％。

②审核依据：近年全国职工医保平均住院率基本上在11％左右，由于人口老龄化和控制次均医疗费的影响，住院率一直呈增长趋势。

(2) 次均住院费用预算

①审核标准：次均住院费用预算增幅正常范围为0～20%。

②审核依据：近年全国职工医保次均住院费用增幅基本上在10%左右，由于经济增长、物价增长和人口老龄化的影响，次均住院费用一直呈增长趋势，但一般应控制在20%之内。

(3) 统筹基金支付比例预算

①审核标准：统筹基金支付比例预算正常范围为60%～80%，统筹基金支付比例预算增幅正常范围为0～30%。

②审核依据：近年全国职工医保统筹基金支付比例基本上在67%左右，考虑不同地域间的待遇保障差异，统筹基金支付比例也存在较大差异，但一般应在60%～80%之内。

(4) 个人账户支付比例预算

①审核标准：个人账户支付比例预算应小于30%，个人账户支付比例预算增幅正常范围为0～30%。

②审核依据：近年全国职工医保个人负担比例基本上在29%左右，考虑参保人员在住院时不一定全部使用个人账户支付个人负担部分，因此，个人账户支付比例一般应小于30%。

门诊情况审核具体指标及标准：

(1) 门诊人次预算增幅正常范围为0～20%。

(2) 门诊次均费用预算增幅正常范围为0～20%。

(3) 门诊统筹基金支付比例预算增幅正常范围为0～30%。

(4) 门诊个人账户支付比例预算增幅正常范围为0～30%。

定点零售药店情况审核具体指标及标准：

(1) 定点药店购药人次预算增幅正常范围为0～20%。

(2) 购药次均费用预算增幅正常范围为0～20%。

(3) 个人账户支付比例预算增幅正常范围为0～30%。

实账制个人账户支付情况审核具体指标及标准：

实账制个人账户支付预算增幅正常范围为0～30%。

（二）审核指标：医疗保险待遇支出上年预计执行数

1. 审核标准：前三个季度医疗保险待遇支出实际执行数占全年预计执行数的比例应大于70%。即第四季度医疗保险待遇支出预计执行数应低于全年的30%。

2. 审核依据：以平均一个季度占全年的比例25%为基准，考虑各种不可比或不确定因素，第四季度医疗保险待遇支出占全年的比例若高于30%，则说明医疗保险待遇支出预计数存在偏高的可能。

（三）审核指标：转移支出预算

1. 审核标准：转移支出预算应大于0。

2. 审核依据：根据人力资源和社会保障部、财政部、卫生部联合发布的《流动就业人员基本医疗保障关系转移接续暂行办法》（人社部发［2009］191号）精神，应为跨统筹地区流动的参保职工办理转移接续手续。

（四）审核指标：其他支出预算

1. 审核标准：其他支出预算应等于0。

2. 审核依据：根据社会保险基金财务制度规定，其他支出是指经财政部门核准开支的其他非社会保险待遇性质的支出。因此，其他支出项目原则上不做支出预算。

（五）审核指标：补助下级支出和上解上级支出预算

审核标准：

补助下级支出－上级补助收入：全省合计应等于0。

上解上级支出－下级上解收入：全省合计应等于0。

三、基本医疗保险基金预算结余审核指标及标准

（一）审核指标：基金当期结余预算

1. 审核标准：基金当期结余预算应大于0。

2. 审核依据：根据《国务院关于试行社会保险基金预算的意见》（国发［2010］2号）要求，医疗保险基金原则不得编制赤字预算。

（二）审核指标：累计结余预算

1. 审核标准：累计结余应大于0。

2. 审核依据：医疗保险基金累计结余出现赤字，将存在巨大的基金支付风险，必须筹集资金予以弥补，因此，原则上医疗保险基金累计结余应大于0。

第六节 应用实例

本实例是以某统筹地区历年城镇职工基本医疗保险基金年报、统计年报以及医疗保险业务系统的数据为基础，按照前几节所述的医疗保险基金预算编制办法，测算该地2010年度城镇职工基本医疗保险费收入和医疗保险待遇支出两个重点指标的预算（以统账结合收支预算表为例）。

一、城镇职工基本医疗保险费收入预算

（一）采集数据

从该地的人力资源社会保障统计报表中采集2006年、2009年的平均参保人数（在职和退休）、平均缴费人数、缴费费率、收缴率、缴费工资总额（单位和个人）和单位缴纳划入个人账户比例等数据；从基金年报中采集2006年、2009年的征缴收入、财政补贴收入、利息收入、转移收入、其他收入、上级补助收入、下级上解收入等数据的执行数。

（二）设置权重

从对该地历年收入各项指标增长趋势分析，未发现明显异常或其他不可比因素，因此，各项指标短期增长趋势和中期增长趋势均按50％设置权重。

（三）测算数据

上述指标填列后，收入参数表各项指标的预算数由预算编制软件自动计算生成（此处仅列示当期征缴收入预算部分），见表5—4。

表 5—4

城镇职工基本医疗保险统账结合收入预算参数表

2012 年

	项目	单位	2008 年执行数	2010 年执行数	2011 年预计执行数			同比增长情况		近三年平均增长情况		综合增长情况		2012 年预算数		
					2011 年预算数	2011 年预算调整数	2011 年预计执行数	同比增长率（%）	权重	近三年平均增长率（%）	权重	综合增长率测算数	修正后综合增长率（%）	2012 年预算数	同比增长额	同比增长率
参考指标	平均参保人数	人	1 426 000	1 656 274	1 768 333	0	1 768 333	6.77	—	7.44	—	—	—	1 897 878	129 545	0.07
	#在职	人	1 027 500	1 078 054	1 174 707		1 174 707	8.97	0.50	4.56	0.50	0.07	6.76	1 254 174	79 467.	0.07
	#退休	人	398 500	578 220	593 626		593 626	2.66	0.50	14.21	0.50	0.08	8.44	643 704	50 078	0.08
	平均缴费人数	人	1 027 500	1 078 054	1 174 707		1 174 707	8.97	0.50	4.56	0.50	0.07	6.76	1 254 174	79 467	0.07
	上年月社平工资	元/月	1 910	2 190	2 440		2 440	11.42	0.50	8.51	0.50	0.10	14.84	2 802	362	0.15
	人均月缴费工资	元/月	1 808 84	2 110 24	2 355 83		2 356	11.64	—	9.21	—	—	—	2 604	248	0
	缴费工资占社平工资比例	%	0.95	0.96	0.97		0.97	0.00	—	0.65	—	—	—	0.93	−0.04	−0.04

续表

项目		单位	2008年执行数	2010年执行数	2011年预计执行数			同比增长情况		近三年平均增长情况		综合增长情况		2012年预算数		
					2011年预算数	2011年预算调整数	2011年预计执行数	同比增长率（%）	权重	近三年平均增长率（%）	权重	综合增长率测算数	修正后综合增长率（%）	2012年预算数	同比增长额	同比增长率
测算指标	缴费基数总额	—	—	—	—	—	—	—	—	—	—	—	—	—	—	—
	＃单位	元	22 302 961 010	27 299 419 420	33 208 976 825		33 208 976 825	0.22	0.50	0.14	0.50	0.18	18.00	39 186 592 654	5 977 615 829	0.18
	＃个人	元	22 302 961 010	272 994 194 20	33 208 976 825		33 208 976 825	0.22	0.50	0.14	0.50	0.18	18.00	39 186 592 654	5 977 615 829	0.18
	缴费率	%	0	0	0	0	0	—	—	—	—	—	—	0.09	—	—
	＃单位	%	0.07	0.07	0.07		0.07	—	—	—	—	—	—	0.07	—	—
	＃个人	%	0.02	0.02	0.02		0.02	—	—	—	—	—	—	0.02	—	—
	收缴率	%	0.980	0.980	0.980		0.98	0.00	0.50	0.00	0.50	0		0.98	0	0.00
单位缴纳划入个人账户比例		%	0.34	0.34	0.34		0.34	—	—	—	—	—	—	0.34	0	0.00
本期征缴收入	统筹基金	元	1 270 240 000	1 359 517 000	1 581 330 000		1 581 330 000	0.16	—	0.08	—	—	—	1 774 212 168.98	192 882 169	0.12
	个人账户	元	858 059 400	1 274 994 700	1 575 098 400		1 575 098 400	0.24	—	0.22	—	—	—	1 682 045 303.06	106 946 903	0.07

二、基本医疗保险待遇支出预算

（一）采集数据

从该地的人力资源社会保障统计报表或医疗保险业务系统中采集2006年、2009年的住院情况（出院人次、住院总费用、统筹基金支付额、统筹基金支付比例、个人账户支付额和个人账户支付比例等）、普通门（急）诊情况（普通门急诊人次、普通门急诊总费用、统筹基金支付额、统筹基金支付比例、个人账户支付额和个人账户支付比例等）、门诊大病情况（门诊大病人次、门诊大病总费用、统筹基金支付额、统筹基金支付比例、个人账户支付额和个人账户支付比例等）、定点零售药店情况（定点药店购药人次、购药总费用、个人账户支付额和个人账户支付比例等）；从基金年报中采集2006年、2009年的医疗保险待遇支出、转移支出、其他支出、补助下级支出、上解上级支出等数据。

（二）设置权重

从该地历年支出各项指标增长趋势分析，各项指标均未发现明显异常或其他不可比因素，因此，各项指标的短期增长趋势（同比）和中期增长趋势（三年平均增长）均按50％设置权重。

（三）测算数据

上述指标填列后，支出参数表各项指标的预算数由预算编制软件自动计算生成（此处仅列示住院情况部分），见表5—5。

表 5—5 城镇职工基本医疗保险统账结合待遇支出预算参数表

2012 年

项目	单位	2008 年执行数	2010 年执行数	2011 年预计执行数			同比增长情况		近三年平均增长情况		综合增长情况		2012 年预算数		
				2011 年预算数	2011 年预算调整数	2011 年预计执行数	同比增长率(%)	权重	近三年平均增长率(%)	权重	综合增长率测算数	修正后综合增长率	2012 年预算数	同比增长额	同比增长率(%)
住院情况	—														
一、住院率（出院人次/平均参保人数）	%	5.72	7.31	8.19	—	8.19	12.08	0.50	12.76	0.50	0.124 211	12.00	9.18	0	12.00
二、出院人次	人次	81 500	121 100	144 911		144 911	19.66	—	21.15	—	—	—	174 190	29 279	20.20
三、次（人）均住院费用	元	8 779.337 42	10 203.706 85	11 808.819 21	—	11 809	15.73	0.50	10.39	0.50	0.130 585	13.00	13 344	1 535	13.00
四、住院总费用	元	715 516 000	1 235 668 900	1 711 227 800		1 711 227 800	38.49	—	33.73	—	—	—	2 324 387 150	613 159 350	35.83
其中：1. 统筹基金支付金额	元	520 060 000	902 038 000	1 249 197 000		1 249 197 000	38.49	—	33.92	—	—	—	1 781 643 758	532 446 758	42.62
2. 统筹基金支付比例（统筹基金/住院总费用）	%	0.726 8	0.730 0	0.730 0		0.73	0.00	0.50	0.15	0.50	0.000 726	5.00	0.77	0	5.00
3. 个人账户支付金额	元	71 330 800	123 678 000	180 956 120		180 956 120	46.31	—	36.38	—	—	—	258 085 267	77 129 147	42.62
4. 个人账户支付比例（个人账户/住院总费用）	%	0.099 7	0.100 1	0.105 7		0.11	5.65	0.50	1.98	0.50	0.038 181	5.00	11.10	0	5.00

第六章　城镇居民基本医疗保险基金预算的编制

第一节　预算报表和指标体系

基金预算体现为一系列基金运行指标的预算，各项指标的预算过程和结果都可整合体现在预算报表之中。预算报表体系的设计主要遵循三项原则：一是预算指标体系的完整性，二是预算编制方法的统一性和包容性，三是预算编制和分析的便利性。通过以上原则实现预算指标体系与预算编制办法的有机结合。

一、城镇居民基本医疗保险基金预算报表的组成

城镇居民基本医疗保险基金预算报表体系由预算主表、参数表、基金平衡表和预算调整情况表组成。

1. 预算主表。即城镇居民基本医疗保险基金预算表，反映城镇居民基本医疗保险基金预算编制的结果。

2. 参数表。分为城镇居民基本医疗保险基金收入参数表和支出参数表两部分，反映城镇居民基本医疗保险基金收入和支出预算的测算过程。

3. 基金平衡表。即城镇居民基本医疗保险预算平衡情况表，反映基金预算缺口情况和缺口的弥补办法。省、市级统筹的需包含所辖区、市情况。

4. 预算调整情况表。即城镇居民基本医疗保险基金预算调整情况表，反映基金预算在执行过程中，受政策或其他因素的影响，需要对预算进行调整的情况。

以2012年预算编制为例，城镇居民基本医疗保险基金预算主表见表6—1。

表6—1　　城镇居民基本医疗保险基金预算主表

项目	2011年执行数	2012年预算数	项目	2011年执行数	2012年预算数
一、缴费收入			一、基本医疗保险待遇支出		
二、利息收入			二、其他支出		
三、政府资助收入					
四、其他收入					
五、本年收入小计			三、本年支出小计		
六、上级补助收入			四、补助下级支出		
七、下级上解收入			五、上解上级支出		
八、本年收入合计			六、本年支出合计		
			七、本年收支结余		
九、上年结余			八、年末滚存结余		
总计			总计		

二、城镇居民基本医疗保险基金预算指标构成

城镇居民基本医疗保险基金预算指标体系，是由反映城镇居民基本医疗保险基金预算规模的基金收入、支出、结余指标和影响基金预算的因素指标构成的预算指标集合体。基金预算指标依据指标之间的关系分为基金指标和因素指标两大类；基金预算指标依据指标之间的层次性，分为一级指标、二级指标、三级指标和四级指标。

城镇居民基本医疗保险基金预算指标，依据城镇居民基本医疗保险有关法律、法规及医疗保险经办业务的实际情况设立，包括城镇居民基本医疗保险基金收入预算指标、城镇居民基本医疗保险支出预算指标、城镇居民基本医疗保险结余预算指标。

（一）收入预算指标的构成

城镇居民基本医疗保险基金收入预算指标主要包括城镇居民基本

医疗保险费收入、利息收入、财政补贴收入、转移收入、其他收入、上级补助收入、下级上解收入等指标。

1. 基金指标结构图

基金指标结构图如图 6—1 所示。

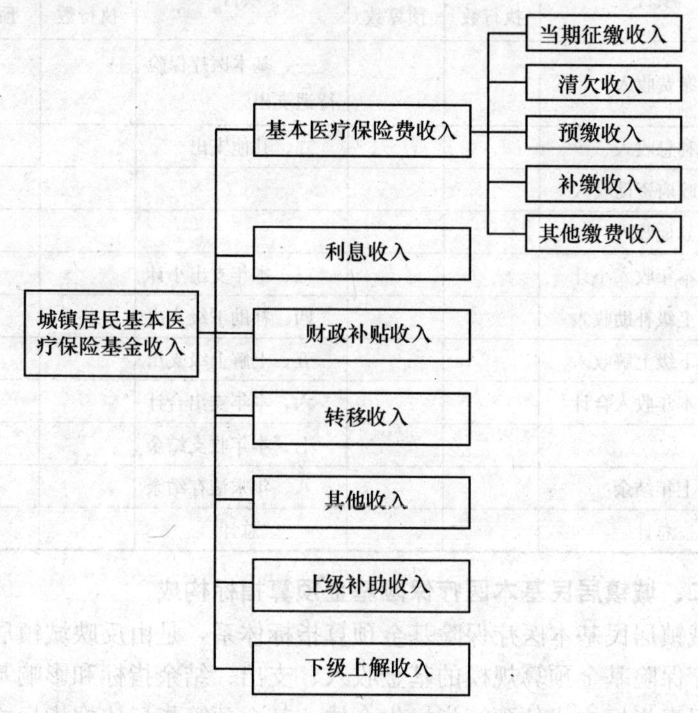

图 6—1　基金指标结构图

2. 因素指标结构图

因素指标结构图如图 6—2 所示。

（二）支出预算指标的构成

城镇居民基本医疗保险基金支出预算指标包括城镇居民基本医疗待遇支出、转移支出、其他支出、补助下级支出、上解上级支出等指标。

1. 基金指标结构图

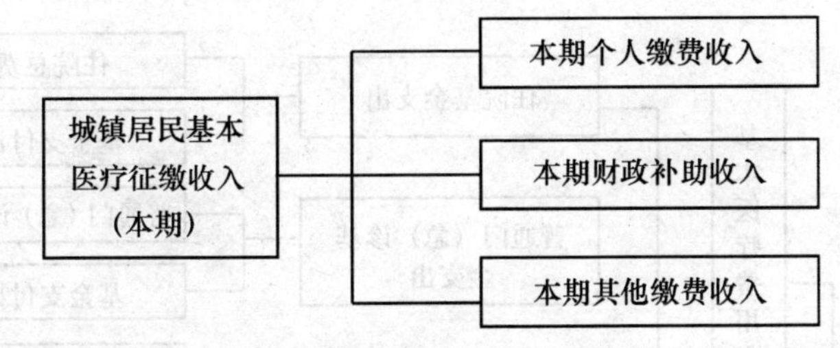

图 6—2　因素指标结构图

基金指标结构图如图 6—3 所示。

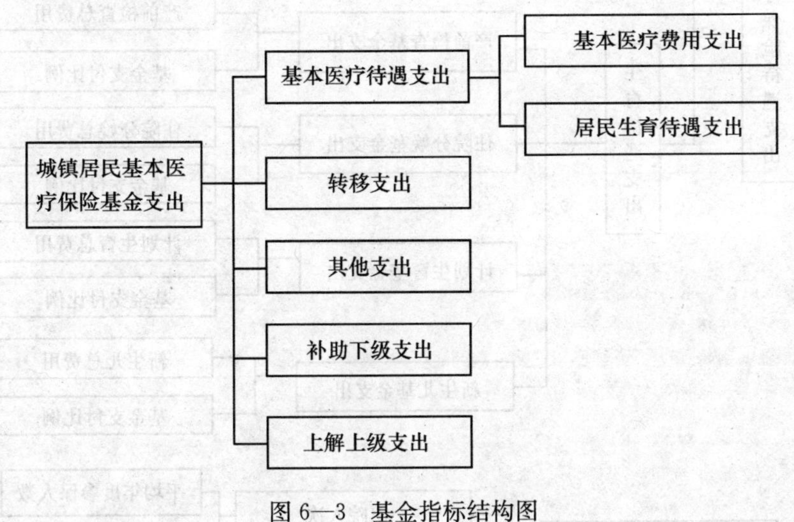

图 6—3　基金指标结构图

2. 因素指标结构图

因素指标结构图如图 6—4 所示。

（三）基金结余指标的构成

城镇居民基本医疗保险基金结余指标包括本年收支结余、年末滚存结余两项指标。

三、城镇居民基本医疗保险基金预算指标关系

（一）收入预算指标关系

1. 城镇居民基本医疗保险基金收入＝城镇居民基本医疗保险费

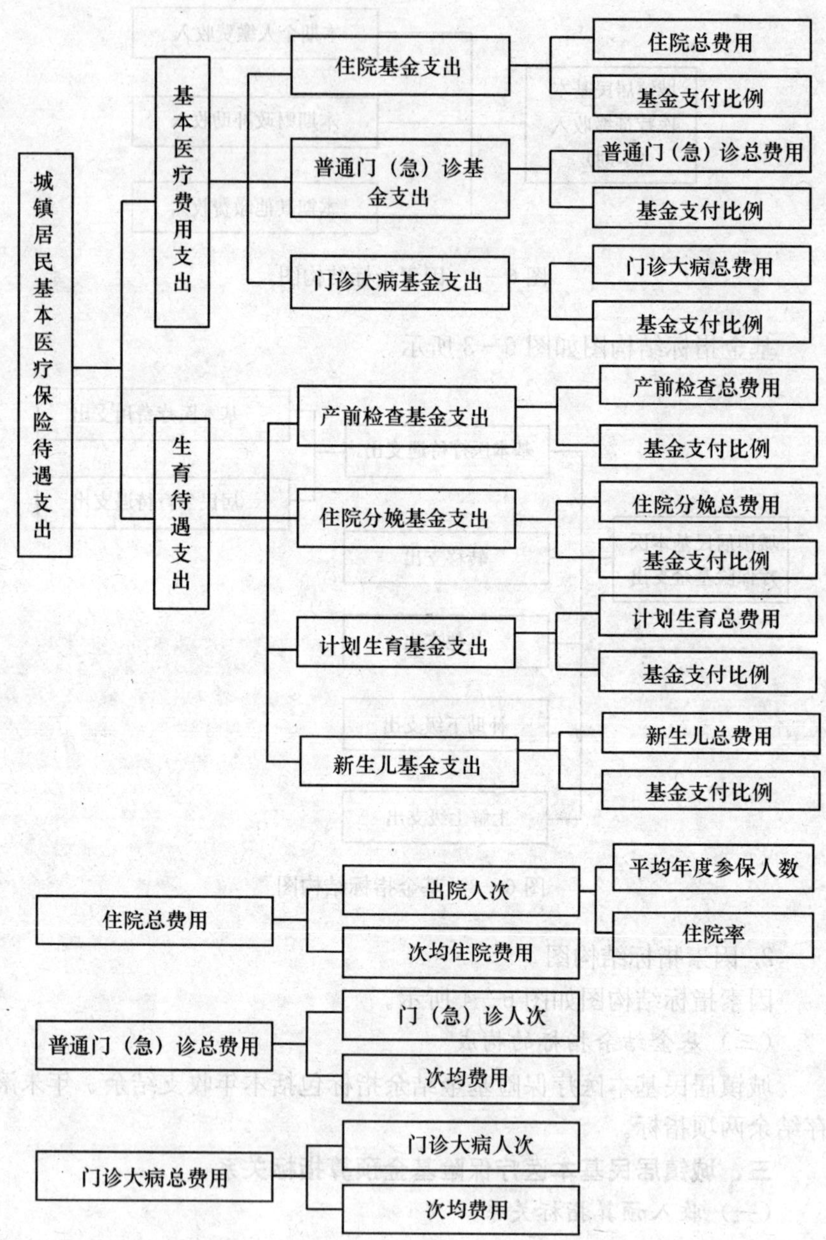
城镇居民基本医疗保险待遇支出
基本医疗费用支出
住院基金支出
住院总费用
基金支付比例
普通门（急）诊基金支出
普通门（急）诊总费用
基金支付比例
门诊大病基金支出
门诊大病总费用
基金支付比例
生育待遇支出
产前检查基金支出
产前检查总费用
基金支付比例
住院分娩基金支出
住院分娩总费用
基金支付比例
计划生育基金支出
计划生育总费用
基金支付比例
新生儿基金支出
新生儿总费用
基金支付比例
住院总费用
出院人次
平均年度参保人数
住院率
次均住院费用
普通门（急）诊总费用
门（急）诊人次
次均费用
门诊大病总费用
门诊大病人次
次均费用

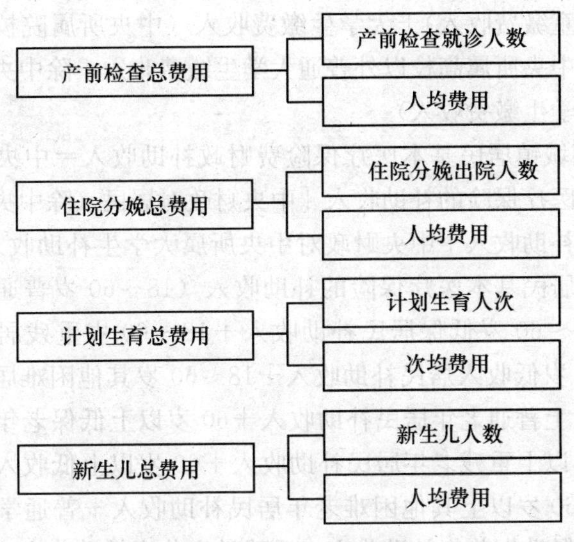

图 6—4　因素指标结构图

收入＋利息收入＋财政补贴收入（主表上归为政府资助收入）＋其他收入＋转移收入＋上级补助收入＋下级上解收入

2. 城镇居民基本医疗保险费收入＝本期征缴收入＋清欠收入＋预缴收入＋补缴收入＋其他征缴收入

3. 本期征缴收入＝本期城镇居民基本医疗保险费个人缴费收入＋本期城镇居民基本医疗保险费财政补助收入（主表上归为政府资助收入）＋本期其他缴费收入

4. 本期城镇居民基本医疗保险费个人缴费收入＝成年居民缴费收入（18～60 岁普通居民缴费收入＋18～60 岁低保居民缴费收入＋18～60 岁重残居民缴费收入＋18～60 岁低收入居民缴费收入＋18～60 岁其他困难居民缴费收入＋60 岁以上普通老年居民缴费收入＋60 岁以上低保老年居民缴费收入＋60 岁以上重残老年居民缴费收入＋60 岁以上低收入老年居民缴费收入＋60 岁以上其他困难老年居民缴费收入）＋未成年居民（学生儿童 0～18 岁）缴费收入（普通学生儿童缴费收入＋低保学生儿童缴费收入＋重残学生儿童缴费收入＋其他

困难学生儿童缴费收入）＋大学生缴费收入（中央所属院校大学生缴费收入＋除中央所属高校以外普通大学生缴费收入＋除中央所属高校以外困难大学生缴费收入）

5. 本期城镇居民基本医疗保险费财政补助收入＝中央财政对城镇居民基本医疗保险的补助收入［中央财政对居民（除中央所属高校大学生外）补助收入＋中央财政对中央所属大学生补助收入］＋地方财政对城镇居民基本医疗保险的补助收入（18～60 岁普通居民的补助收入＋18～60 岁低保居民补助收入＋18～60 岁重残居民补助收入＋18～60 岁低收入居民补助收入＋18～60 岁其他困难居民补助收入＋60 岁以上普通老年居民补助收入＋60 岁以上低保老年居民补助收入＋60 岁以上重残老年居民补助收入＋60 岁以上低收入老年居民补助收入＋60 岁以上其他困难老年居民补助收入＋普通学生儿童补助收入＋低保学生儿童补助收入＋重残学生儿童补助收入＋其他困难人员学生儿童补助收入）＋地方财政对除中央所属高校以外大学生（普通大学生大学补助收入＋困难大学生补助收入）

（二）支出预算指标关系

1. 城镇居民基本医疗保险基金支出＝城镇居民基本医疗待遇支出＋转移支出＋其他支出＋补助下级支出＋上解上级支出

2. 城镇居民基本医疗待遇支出＝住院基金支付＋普通门（急）诊基金支付＋门诊大病基金支付＋居民生育产前检查费用＋居民住院分娩费用＋居民计划生育费用＋居民新生儿费用＝预计年度参保人数×住院率×次均住院费用×基金支付比例＋预计年度普通门（急）诊人次×次均费用×基金支付比例＋预计年度门诊大病人次×门诊大病次均费用×基金支付比例＋预计年度产前检查人数×人均费用×基金支付比例＋预计年度住院分娩人数×人均费用×基金支付比例＋预计年度计划生育人次×次均费用×基金支付比例＋预计年度新生儿人数×人均费用×基金支付比例

※基金支付比例＝各项基金支付÷各项总费用

（三）结余预算指标关系

1. 城镇居民基本医疗保险基金本年收支结余＝本年基金收入合计－本年基金支出合计

2. 城镇居民基本医疗保险基金年末滚存结余＝上年结余＋本年基金收支结余

第二节　收入预算的编制

城镇居民基本医疗保险基金收入预算指标主要包括基本医疗保险费收入、利息收入、财政补贴收入、转移收入、其他收入、上级补助收入、下级上解收入等指标。以上指标的测算需要若干年度各项基金收入指标和影响基金收入预算的其他因素指标的历史数据，估算得到预算年度各指标的增长率。测算过程在收入预算参数表中完成。以2012年预算编制为例，城镇居民基本医疗保险基金收入预算参数表形式见表6—2。

表6—2　　2012年城镇居民基本医疗保险统账结合收入预算参数示意表

<table>
<tr><th colspan="3">项目</th><th>单位</th><th>2008年执行数</th><th>2010年执行数</th><th>2011年预计执行数</th><th>预算综合增长率</th><th>2012年预算数</th></tr>
<tr><td rowspan="8">个人缴费测算指标</td><td colspan="2">城镇居民参保总人数</td><td>人</td><td></td><td></td><td></td><td></td><td></td></tr>
<tr><td rowspan="7">成年人</td><td>成年居民</td><td>人</td><td></td><td></td><td></td><td></td><td></td></tr>
<tr><td>＃18～60岁普通居民</td><td>人</td><td></td><td></td><td></td><td></td><td></td></tr>
<tr><td>＃60岁以上老年居民</td><td>人</td><td></td><td></td><td></td><td></td><td></td></tr>
<tr><td>＃低保居民</td><td>人</td><td></td><td></td><td></td><td></td><td></td></tr>
<tr><td>＃重残居民</td><td>人</td><td></td><td></td><td></td><td></td><td></td></tr>
<tr><td>＃低收入老年居民</td><td>人</td><td></td><td></td><td></td><td></td><td></td></tr>
<tr><td>＃其他困难居民</td><td>人</td><td></td><td></td><td></td><td></td><td></td></tr>
</table>

续表

项目			单位	2008年执行数	2010年执行数	2011年预计执行数	预算综合增长率	2012年预算数
个人缴费测算指标	学生儿童（未成年人）	未成年人（学生儿童）	人					
		#普通学生儿童	人					
		#低保学生儿童	人					
		#重残学生儿童	人					
		#其他困难学生儿童	人					
	大学生	大学生	人					
		#中央所属院校大学生	人					
		#除中央高校以外普通院校大学生	人					
		#除中央高校以外困难大学生	人					
	成年人个人缴费标准	18～60岁普通居民	元/人、年					
		60岁以上老年居民	元/人、年					
		低保居民	元/人、年					
		重残居民	元/人、年					
		低收入老年居民	元/人、年					
		其他困难居民	元/人、年					

续表

<table>
<tr><th colspan="3">项目</th><th>单位</th><th>2008年执行数</th><th>2010年执行数</th><th>2011年预计执行数</th><th>预算综合增长率</th><th>2012年预算数</th></tr>
<tr><td rowspan="6">个人缴费测算指标</td><td rowspan="4">学生儿童（未成年人）个人缴费标准</td><td>普通学生儿童</td><td>元/人、年</td><td></td><td></td><td></td><td></td><td></td></tr>
<tr><td>低保学生儿童</td><td>元/人、年</td><td></td><td></td><td></td><td></td><td></td></tr>
<tr><td>重残学生儿童</td><td>元/人、年</td><td></td><td></td><td></td><td></td><td></td></tr>
<tr><td>其他困难学生儿童</td><td>元/人、年</td><td></td><td></td><td></td><td></td><td></td></tr>
<tr><td rowspan="2">大学生</td><td>＃普通大学生</td><td>元/人、年</td><td></td><td></td><td></td><td></td><td></td></tr>
<tr><td>＃困难大学生</td><td>元/人、年</td><td></td><td></td><td></td><td></td><td></td></tr>
<tr><td rowspan="8">财政补助测算指标</td><td colspan="2">中央对居民个人补助标准</td><td>元/人、年</td><td></td><td></td><td></td><td></td><td></td></tr>
<tr><td colspan="2">中央对中央所属院校大学生补助标准</td><td>元/人、年</td><td></td><td></td><td></td><td></td><td></td></tr>
<tr><td rowspan="6">地方对成年人个人补助标准</td><td>18～60岁普通居民</td><td>元/人、年</td><td></td><td></td><td></td><td></td><td></td></tr>
<tr><td>60岁以上老年居民</td><td>元/人、年</td><td></td><td></td><td></td><td></td><td></td></tr>
<tr><td>低保居民</td><td>元/人、年</td><td></td><td></td><td></td><td></td><td></td></tr>
<tr><td>重残居民</td><td>元/人、年</td><td></td><td></td><td></td><td></td><td></td></tr>
<tr><td>低收入老年居民</td><td>元/人、年</td><td></td><td></td><td></td><td></td><td></td></tr>
<tr><td>其他困难居民</td><td>元/人、年</td><td></td><td></td><td></td><td></td><td></td></tr>
</table>

续表

<table>
<tr><th colspan="3">项目</th><th>单位</th><th>2008 年执行数</th><th>2010 年执行数</th><th>2011 年预计执行数</th><th>预算综合增长率</th><th>2012 年预算数</th></tr>
<tr><td rowspan="6">财政补助测算指标</td><td rowspan="4">地方对（未成年人）学生儿童个人补助标准</td><td>普通学生儿童</td><td>元/人、年</td><td></td><td></td><td></td><td></td><td></td></tr>
<tr><td>低保学生儿童</td><td>元/人、年</td><td></td><td></td><td></td><td></td><td></td></tr>
<tr><td>重残学生儿童</td><td>元/人、年</td><td></td><td></td><td></td><td></td><td></td></tr>
<tr><td>其他困难学生儿童</td><td>元/人、年</td><td></td><td></td><td></td><td></td><td></td></tr>
<tr><td rowspan="2">地方对大学生补助标准</td><td>＃普通大学生</td><td>元/人、年</td><td></td><td></td><td></td><td></td><td></td></tr>
<tr><td>＃困难大学生</td><td>元/人、年</td><td></td><td></td><td></td><td></td><td></td></tr>
<tr><td colspan="3">平均个人缴费标准（填报基础资料表）</td><td>元/人、年</td><td></td><td></td><td></td><td></td><td></td></tr>
<tr><td colspan="3">平均财政补贴标准（填报基础资料表）</td><td>元/人、年</td><td></td><td></td><td></td><td></td><td></td></tr>
<tr><td rowspan="4">基础医疗保险费收入</td><td colspan="2">本期征缴收入合计</td><td>元</td><td></td><td></td><td></td><td></td><td></td></tr>
<tr><td colspan="2">＃本期个人缴费收入</td><td>元</td><td></td><td></td><td></td><td></td><td></td></tr>
<tr><td colspan="2">＃本期财政补助收入</td><td>元</td><td></td><td></td><td></td><td></td><td></td></tr>
<tr><td colspan="2">＃本期其他缴费收入</td><td>元</td><td></td><td></td><td></td><td></td><td></td></tr>
</table>

续表

项目		单位	2008年执行数	2010年执行数	2011年预计执行数	预算综合增长率	2012年预算数
基础医疗保险费收入	清欠收入	元					
	预缴收入	元					
	补缴收入	元					
	其他征缴收入	元					
	小计	元					
利息收入		元					
财政补贴收入		元					
其他收入		元					
转移收入		元					
上级补助收入		元					
下级上解收入		元					

一、收入预算的编制

城镇居民基本医疗保险费征缴收入预算包括当期征缴收入预算、清欠收入预算、预缴收入预算、补缴收入预算和其他征缴收入预算。

（一）当期征缴收入预算的编制

1. 当期征缴收入预算编制原则

以城镇居民基本医疗保险各项法律、法规、政策为依据，准确把握各种参保缴费人群和财政对各种人群补助的正常增长趋势，综合分析城镇居民基本医疗保险覆盖面情况，充分考虑各地的扩面潜力和医保工作计划等。

2. 当期征缴收入测算办法

当期征缴收入＝本期个人缴费收入＋本期财政补助收入＋本期其他缴费收入

本期个人缴费收入＝预算上年参保人数预计执行数×(1＋修正后综合增长率)×本年个人缴费标准

本期财政补助收入＝预算上年参保人数预计执行数×(1＋修正后综合增长率)×本年财政补助标准

具体测算过程如下：

第一步，按照参保人员类型测算参保人数。

（1）预算上年参保人数预计执行数的测算

参保人数必须按照人员类型进行测算，如当地无此项目人群可不填写，以前两年的各参保缴费人群总数应等于前两年统计报表中的人数。

上年预计执行数原则上以上年预算数为准。如若考虑预算执行年度医疗保险政策、法律、法规的调整对参保人数的影响，医保工作计划以及上年预算实际执行情况等因素，对预算上年预算数可进行必要的调整。预算调整数的测算公式如下：

上年预算调整数＝预算上年预计执行数－预算上年预算数

参保人数上年预计执行数＝上年前三个季度实际参保人数＋上年第四季度参保人数预计新增数

上年第四季度参保人数预计新增数＝(上年前三个季度实际参保人数－前年末实际参保人数)÷三个季度＋修正值

设置修正值主要是考虑第四季度参保和参保人数增减变动幅度与前三个季度相比可能出现明显偏差或政策影响等因素。

参保人数上年预算调整数＝上年预计执行数－上年预算数

（2）综合增长率的测算

测算办法详见附录。

（3）综合增长率的修正

对参保人数综合增长率测算值进行修正，通常应符合以下两个条件之一：

一是政策调整因素。在预算年度中执行对参保人数正常的增长趋势可能产生较大影响的政策，如扩大参保范围等。

二是数据采集年度的数据出现明显异常。如某地区 2008—2011 年参保人数分别为 30 万人、60 万人、75 万人、72 万人，从数据中可以看出，近四年来该地区参保人数的增长趋势毫无规律而言，可能在个别年份存在较大的不可比因素，测算出的综合增长率与实际出现偏差的概率很大，因此，不具备参考价值，需剔除不可比因素后，对综合增长率测算值进行修正。

（4）预算年度参保人数的测算

参保人数预算数＝参保人数上年预计执行数×(1＋修正后综合增长率)

第二步，按照参保人员类型填写个人缴费标准。

城镇居民个人人均缴费标准按照当地不同年度的政策文件规定填写，个人缴费标准需与参保人数一一对应，如无此类别的参保人数则不应该填写无此类别的个人缴费标准。

第三步，按照补助类型和参保人员类型填写个人补助标准。

城镇居民人均补助标准按照当地不同年度的政策文件规定填写，个人补助标准必须与参保人数一一对应，如无此类别的参保人数则不应该填写无此类别的个人补助标准。

（1）中央财政补助的标准

按照中央对居民的标准和中央对中央所属高校的大学生补助标准分类填写。填写依据需根据政策文件的调整填写，如无新调整可与当地中央财政或者中央财政驻当地专员办联系后填写。

（2）地方财政补助的标准

地方财政补助标准＝省级财政补助标准＋市级财政补助标准＋县级财政补助标准

地方财政补助标准按照地方对成年人个人补助标准、学生儿童（未成年人）个人补助标准和除中央所属高校的大学生个人补助标准等分类填写。填写依据需根据政策文件的调整填写，如不明确补助政策是否变动可与当地财政系统联系后填写。

第四步，本期其他征缴收入预算的编制。

编制本期其他征缴收入要考虑其他形式的长期连续的征缴收入，如民政部门转来的资金、其他险种定期划拨的资金等。

（二）清欠收入预算的编制

编制清欠收入预算要重点参考以下三个指标：

1. 上年末基金累计欠费情况。

2. 清欠计划。

3. 各年度清欠收入占上年末累计欠费的比例等。

（三）补缴、预缴及其他征缴收入预算的编制

编制补缴、预缴及其他征缴收入预算要重点参考近年补缴、预缴及其他一次性、不连续征缴收入分别占基金征缴总收入的比重，并结合预算年度的医疗保险政策变化的情况进行编制。

二、财政补贴收入预算的编制

财政补贴收入是当基金发生赤字缺口时，财政补助的资金＝中央财政补贴收入＋地方财政补贴收入（省、市、县三级合计）。

编制财政补贴收入预算要重点参考以下三个指标：

1. 上年度中央财政补贴情况。

2. 基金预算缺口情况。

3. 地方财政预算安排能力等。

三、利息收入预算的编制

编制利息收入预算要重点参考以下五个指标：

1. 基金上年末存储总量以及预算年度预计净增的基金存储量情况。

2. 上年末短、中、长期定期存款，活期存款以及国债的分布情况。

3. 上年基金平均收益情况。

4. 定期存款或国债在预算年度到期情况。

5. 利率变动情况。

四、其他收入预算的编制

编制其他收入预算要重点参考以下两个指标：

1. 近年其他收入情况，如滞纳金等。

2. 近年其他收入占基金收入的比重。

五、转移收入预算的编制

编制转移收入预算要重点参考以下三个指标：

1. 近年转移收入变化趋势。

2. 政策调整对转移人数的影响。

3. 政策调整对转移金额的影响。

六、上级补助收入和下级上解收入预算的编制

编制上级补助收入和下级上解收入预算要重点参考以下两个指标：

1. 预算年度的调剂金政策变化情况。

2. 上年度上级补助收入和下级上解收入实际情况。

第三节 支出和结余预算的编制

城镇居民基本医疗保险基金支出的具体内容包括城镇居民基本医疗待遇支出预算、其他支出预算、转移支出预算、上解上级支出预算和补助下级支出等指标，结余预算指标包括本年收支结余和年末滚存结余。以上指标的测算需要若干年度各项基金支出与结余指标以及影响基金支出和结余预算的其他因素指标的历史数据，估算得到预算年度各指标的增长率。基金支出预算的测算过程在支出预算参数表中完成。以 2012 年预算编制为例，城镇居民基本医疗保险基金支出预算参数表形式见表 6—3。

城镇居民基本医疗保险基金支出预算编制原则，应综合考虑统筹地区本年度医疗保险政策调整、医疗保险待遇标准变动、享受待遇人数变动、人均待遇水平变动和经济社会发展状况等因素。

一、城镇居民基本医疗保险待遇支出预算的编制

城镇居民基本医疗保险待遇支出预算包括基本医疗费用支出预算和生育待遇支出预算两大部分。

表6—3　城镇居民基本医疗保险基金支出预算参数示意表

项目	单位	2008年执行数	2010年执行数	2011年预计执行数	预算综合增长率	2012年预算数
一、住院情况	—					
（一）住院率（出院人次/平均参保人数）	%					
（二）出院人次	人次					
（三）次（人）均住院费用	元					
（四）住院总费用	元					
其中：1. 基金支付金额	元					
2. 基金支付比例（基金支付/住院总费用）	%					
二、门诊情况	—					
（一）普通门急诊	—					
1. 门急诊人次	人次					
2. 次均费用	元					
3. 门诊总费用	元					
其中：（1）基金支付金额	元					
（2）基金支付比例（基金支付/门诊总费用）	%					
（二）门诊大病	—					
1. 门诊大病人次	人次					
2. 次均费用	元					
3. 门诊大病总费用	元					
其中：（1）基金支付金额	元					
（2）基金支付比例（基金支付/门诊大病总费用）	%					
三、居民生育	—					
（一）产前检查	—					
1. 就诊人数	人次					

续表

项目	单位	2008年执行数	2010年执行数	2011年预计执行数	预算综合增长率	2012年预算数
2. 人均费用	元					
3. 产前检查总费用	元					
其中：(1) 基金支付金额	元					
(2) 基金支付比例（基金支付/产前检查总费用）	%					
（二）住院分娩	—					
1. 就诊人数	人次					
2. 人均费用	元					
3. 住院分娩总费用	元					
其中：(1) 基金支付金额	元					
(2) 基金支付比例（基金支付/住院分娩总费用）	%					
（三）计划生育	—					
1. 就诊人数	人次					
2. 人均费用	元					
3. 计划生育总费用	元					
其中：(1) 基金支付金额	元					
(2) 基金支付比例（基金支付/计划生育总费用）	%					
（四）新生儿	—					
1. 就诊人数	人次					
2. 人均费用	元					
3. 新生儿总费用	元					
其中：(1) 基金支付金额	元					

续表

项目	单位	2008年执行数	2010年执行数	2011年预计执行数	预算综合增长率	2012年预算数
(2) 基金支付比例（基金支付/新生儿总费用）	%					
四、其他医疗保险待遇支出	元					
五、医疗待遇支出合计	元					
六、其他支出	元					
七、转移支出	元					
八、上解上级支出	元					
九、补助下级支出	元					

（一）住院待遇支出预算的编制

1. 住院待遇支出预算测算指标

我国各统筹地区医疗保险付费方式复杂多样，主要有按服务项目付费、有总额预付和按病种付费等方式，不管采用哪种方式，住院率和次均住院费用的变化都有一定趋势。住院待遇支出预算测算指标主要依据本统筹地区住院率、出院人次、次均住院费用、住院总费用、基金支付比例和个人账户基金支付比例。

2. 住院待遇支出预算测算方法

(1) 第一步，测算住院率

历年住院率测算公式＝历年出院人次÷历年平均参保人数

预算上年住院率＝预算上年出院人次预计执行数÷预算上年参保人数预计执行数

预算年度住院率＝预算上年住院率×(1＋综合增长率)

①预算上年出院人次预计执行数的测算

预算上年出院人次预计执行数原则上以预算上年预算数为基数，综合考虑上年预算实际执行情况等因素，对预算数进行必要调整。预算调整数的测算公式如下：

预算上年预算调整数＝预算上年预计执行数－预算上年预算数

预算上年预计执行数＝上年前三个季度实际执行数＋上年第四季度出院人次预计数

上年第四季度出院人次预计数＝上年前三个季度出院人次÷三个季度＋修正值

设置修正值主要是考虑第四季度住院率与前三个季度相比可能出现明显偏差等因素。

②预算上年平均参保人数预计执行数的测算

预算上年平均参保人数预计执行数已在本章第二节收入预算中进行测算。

③预算上年住院率的测算

预算上年住院率＝预算上年出院人次预计执行数÷预算上年平均参保人数预计执行数

④综合增长率的测算

测算办法详见附录。

⑤综合增长率的修正

对预算年度住院人次的综合增长率测算值进行修正，主要考虑本统筹地区发生重大传染病疫情、群体性不明原因疾病以及重大自然灾害等不可预测情况，以及其他可能导致测算出的综合增长率不具备参考价值的因素，需对综合增长率测算值进行修正。

⑥预算年度住院率的测算

预算年度住院率＝预算上年住院率×(1＋综合增长率)

(2) 第二步，测算出院人次

预算年度出院人次＝预算年度平均参保人数×预算年度住院率

(3) 第三步，测算次均住院费用

历年次均住院费用＝历年住院总费用÷历年出院人次

预算上年次均住院费用＝预算上年住院总费用÷预算上年出院人次

预算年度次均住院费用＝预算上年次均住院费用×(1＋综合增长率)

①预算上年住院总费用的测算

预算上年住院总费用预计执行数原则上以预算上年预算数为基数，综合考虑上年预算实际执行情况等因素，对预算数进行必要调整。预算调整数的测算公式如下：

预算上年预算调整数＝预算上年预计执行数－预算上年预算数

预算上年预计执行数＝上年前三个季度实际执行数＋上年第四季度住院总费用预计数

上年第四季度住院总费用预计数＝上年前三个季度住院总费用÷三个季度＋修正值

设置修正值主要是考虑第四季度住院总费用与前三个季度相比可能出现明显偏差等因素。

②预算上年次均住院费用的测算

预算上年次均住院费用＝预算上年住院总费用÷预算上年出院人次

③综合增长率的测算

测算办法详见附录。

④综合增长率的修正

对预算年度次均住院费用的综合增长率测算值进行修正，主要考虑经济增长速度、物价增长水平和参保人员老龄化程度，以及其他可能导致测算出的综合增长率不具备参考价值的因素，需对综合增长率测算值进行修正。

⑤预算年度次均住院费用的测算

预算年度次均住院费用＝预算上年次均住院费用×(1＋综合增长率)

(4) 第四步，测算住院总费用

预算年度住院总费用＝出院人次×次均住院费用

(5) 第五步，测算基金支付比例和个人账户支付比例

预算年度基金支付比例＝预算上年基金支付比例×（1＋综合增长率）

预算上年基金支付比例，以及综合增长率的测算方法同次均住院费用。

（二）门诊待遇支出预算的编制

门诊待遇支出分普通门急诊（包含门诊特检）和门诊大病两种情况。

1. 普通门急诊

（1）普通门急诊待遇支出预算测算指标

测算指标主要依据本统筹地区普通门急诊人次、普通门急诊次均费用、普通门急诊总费用、基金支付比例。

（2）普通门急诊待遇支出预算测算方法

第一步，测算门急诊人次。

预算上年门诊人次＝预算上年门急诊人次预算数＋预算上年预算调整数

预算年度门诊人次＝预算上年门急诊人次×（1＋综合增长率）

①预算上年门急诊人次的测算

预算上年门急诊人次预计执行数以预算上年预算数为基数，综合考虑上年预算实际执行情况等因素，对预算数进行必要调整。预算调整数的测算公式如下：门急诊人次上年预算调整数＝上年预计执行数－上年预算数

上年预计执行数＝上年前三个季度实际执行数＋上年第四季度门急诊人次预计数

上年第四季度门急诊人次预计数＝上年前三个季度出院人次÷三个季度＋修正值

设置修正值主要是考虑第四季度门急诊与前三个季度相比可能出现明显偏差等因素。

②综合增长率的测算

测算办法详见附录。

③综合增长率的修正

对预算年度门急诊人次的综合增长率测算值进行修正，主要考虑本统筹地区发生重大传染病疫情、群体性不明原因疾病以及重大自然灾害等不可预测情况，以及其他可能导致测算出的综合增长率不具备参考价值的因素，需对综合增长率测算值进行修正。

④预算年度门急诊人次的测算

预算年度门急诊人次＝预算上年门急诊人次×(1＋综合增长率)

第二步，测算门急诊次均费用。

历年门急诊次均费用＝历年门急诊总费用÷历年门急诊人次

预算上年门急诊次均费用＝预算上年门急诊总费用÷预算上年门急诊人次

预算上年门急诊总费用＝预算上年门急诊总费用预算数＋预算上年预算调整数

预算年度门急诊次均费用＝预算上年门急诊次均费用×(1＋综合增长率)

①预算上年门急诊总费用的测算

预算上年门急诊总费用测算方法同预算上年门急诊人次测算方法。

②预算上年门急诊次均费用的测算

预算上年门急诊次均费用＝预算上年门急诊总费用÷预算上年门急诊人次

③综合增长率的测算

测算办法详见附录。

④综合增长率的修正

对预算年度门急诊总费用的综合增长率测算值进行修正，主要考虑经济增长速度、物价增长水平和参保人员老龄化程度，以及其他可能导致测算出的综合增长率不具备参考价值的因素，需对综合增长率测算值进行修正。

⑤预算年度门急诊次均费用的测算

预算年度门急诊次均费用＝预算上年门急诊次均费用×(1＋综合增长率)

第三步，测算门急诊总费用。

预算年度门急诊总费用＝预算年度门急诊人次×预算年度次均住院费用

第四步，测算基金支付比例。

测算方法同住院（略）。

第五步，测算基金支付。

预算年度基金支付＝预算年度门急诊总费用×预算年度基金支付比例

2. 门诊大病

门诊大病测算方法同普通门急诊（略）。

(三) 居民生育待遇支出预算的编制

居民生育待遇支出分产前检查费用、住院分娩费用、计划生育费用和居民新生儿费用四种情况。

1. 产前检查费用

产前检查测算方法同普通门急诊（略）。

2. 住院分娩费用

产前检查测算方法同普通门急诊（略）。

3. 计划生育费用

产前检查测算方法同普通门急诊（略）。

4. 居民新生儿费用

居民新生儿费用测算方法同普通门急诊（略）。

二、其他支出预算的编制

根据社会保险基金财务制度规定，其他支出是指经财政部门核准开支的其他非社会保险待遇性质的支出。因此，除特殊情况外，原则上不做其他支出预算。

三、其他医疗保险待遇支出预算的编制

其他医疗保险待遇支出预算重点参考除以上政策外的居民的医疗

保险待遇支出变化趋势。

四、转移支出预算的编制

编制转移支出预算要重点参考以下三个指标：

1. 近年转移支出变化趋势。

2. 政策调整对转移人数的影响。

3. 政策调整对转移金额的影响。

五、补助下级支出和上解上级支出预算的编制

编制补助下级支出和上解上级支出预算要重点参考以下两个指标：

1. 上年度补助下级支出和上解上级支出情况。

2. 预算年度的调剂金政策变化情况。

六、城镇居民基本医疗保险基金结余预算的编制

（一）基金结余预算编制原则

城镇居民基本医疗保险基金预算实行以收定支、收支平衡、略有结余的原则，因此，原则上不得编制赤字预算。

（二）基金结余预算的编制

城镇居民基本医疗保险基金结余预算包括当年结余预算和年末滚存结余预算。

当年结余预算数＝基金收入预算数－基金支出预算数

年末滚存结余预算数＝上年结余＋当年结余预算数

第四节　指标释义及数据采集

本节解释城镇居民基本医疗保险基金预算编制中使用的各项指标的概念、包括的范围以及指标数据的采集途径和释义。

一、城镇居民基本医疗保险基金收入预算指标释义及数据采集

（一）基金指标

1. 征缴收入

指标释义：征缴收入反映收到的由城镇居民和各级财政部门按缴费标准缴纳和补助的保险费收入。包括个人缴费、中央财政补助、省级财政补助和市及市以下各级财政补助。该指标包括当期征缴收入、清欠收入、预缴收入、补缴收入及其他征缴收入。

（1）当期征缴收入

指标释义：当期征缴收入，是指报告期内由城镇居民和各级财政部门按缴费标准缴纳和补助（主表上归为政府资助收入）的保险费收入。包括个人缴费、中央财政补助、省级财政补助和市及市以下各级财政补助和其他部门或者基金的缴费收入，该指标包含本年发生但已在本年收回的欠费。

数据采集：该指标参照社会保险基金年报《社会保险补充资料表（二）》（年报补 02 表）的“征缴收入（财务口径）”的“（一）本期实缴当年社会保险费”的城镇职工基本医疗保险数据含义，填写城镇居民基本医疗保险数据。

（2）清欠收入

指标释义：清欠收入，是指本年缴回历年欠缴（不含核销）的城镇居民基本医疗保险费的金额（本金）。

数据采集：该指标参照社会保险基金年报《社会保险补充资料表（二）》（年报补 02 表）的“征缴收入（财务口径）”的“（四）本年清理收回以前年度欠费（不含核销）”的城镇职工基本医疗保险数据含义，填写城镇居民基本医疗保险数据。

（3）预缴收入

指标释义：预缴收入，是指参保个人、财政和其他部门跨年度一次性预缴、补助或一次性趸缴、补助的城镇居民基本医疗保险费。包括改制、破产企业按规定为解除劳动合同关系的职工预留并缴纳的城镇居民基本医疗保险费。

数据采集：该指标参照社会保险基金年报《社会保险补充资料表（二）》（年报补 02 表）的“征缴收入（财务口径）”“（二）本年预缴以后年度社会保险费”的城镇职工基本医疗保险数据含义，填写城镇居民基本医疗保险数据。

（4）补缴收入

指标释义：补缴收入，是指参保个人、财政和其他部门实际补缴的上年度末之前的城镇居民基本医疗保险费（未统计在上年末累计欠费项目中）。

数据采集：该指标参照社会保险基金年报《社会保险补充资料表（二）》（年报补 02 表）的“征缴收入（财务口径）”的“（三）本年补缴以前年度社会保险费”的城镇职工基本医疗保险数据含义，填写城镇居民基本医疗保险数据。

（5）其他征缴收入

指标释义：其他征缴收入，是指不包含在当期征缴收入、清欠收入、预缴收入、补缴收入范围内的其他征缴收入。

数据采集：该指标参照社会保险基金年报《社会保险补充资料表（二）》（年报补 02 表）的“征缴收入（财务口径）”的“（五）其他”的城镇职工基本医疗保险数据含义，填写城镇居民基本医疗保险数据。

2. 利息收入

指标释义：利息收入，是指城镇居民基本医疗保险基金购买国家债券或存入银行所取得的利息收入，包括收入户、支出户、财政专户等银行账户的利息收入。

数据采集：该指标采集自《城镇居民基本医疗保险基金收支表》（年报 14 表）的利息收入数据。

3. 财政补贴收入

指标释义：财政补贴收入，是指财政部门给予城镇居民基本医疗保险基金的补贴，包括启动资金及补贴的基金缺口等。

数据采集：该指标采集自《城镇居民基本医疗保险基金收支表》（年报 14 表）的财政补贴收入数据。

4. 其他收入

指标释义：其他收入，是指城镇居民基本医疗保险基金的滞纳金以及其他经财政部门核准的收入。

数据采集：该指标采集自《城镇居民基本医疗保险基金收支表》（年报 14 表）的其他收入。

5. 转移收入

指标释义：转移收入，是指城镇居民基本医疗保险对象跨统筹范围转移时划入的基金。

数据采集：该指标采集自《城镇居民基本医疗保险基金收支表》（年报 14 表）的转移收入。

6. 上级补助收入

指标释义：上级补助收入，是指下级医疗保险经办机构接收上级医疗保险经办机构拨付的城镇居民基本医疗保险基金收入。

数据采集：该指标采集自《城镇居民基本医疗保险基金收支表》（年报 14 表）的上级补助收入数据。

7. 下级上解收入

指标释义：下级上解收入，是指上级医疗保险经办机构接收下级医疗保险经办机构上解的城镇居民基本医疗保险基金收入。

数据采集：该指标采集自《城镇居民基本医疗保险基金收支表》（年报 14 表）的下级上解收入数据。

（二）因素指标

1. 年度参保人数

指标释义：年度参保人数，是指报告期末按照国务院《关于开展城镇居民基本医疗保险试点的指导意见》规定，参加城镇居民基本医疗保险（在经办机构参保登记并已建立当年缴费记录）的人数，由成年人和学生儿童参保人数构成。当年指自然年度或缴费年度，下同。

（1）成年人参保人数小计

指标释义：成年人参保人数小计，是指报告期末参加城镇居民基本医疗保险的成年居民人数（因素表中分为 18～60 岁的普通居民和 60 岁以上老年居民两档）。

（2）低保参保人数

指标释义：低保参保人数，是指报告期末参加城镇居民基本医疗保险的成年人中，由民政部门核定资格的纳入财政补助范围的低保成年困难居民人数（因素表中分为18～60岁的普通居民和60岁以上老年居民两档）。

（3）重残参保人数

指标释义：重残参保人数，是指报告期末参加城镇居民基本医疗保险的成年人中，由残联部门核定资格的纳入财政补助范围的重度残疾成年困难居民人数（因素表中分为18～60岁的普通居民和60岁以上老年居民两档）。

（4）低收入老年人参保人数

指标释义：低收入老年人参保人数，是指报告期末参加城镇居民基本医疗保险的成年人中，由民政部门核定资格的纳入财政补助范围的低收入老年困难居民人数（因素表中分为18～60岁的普通居民和60岁以上老年居民两档）。

（5）其他困难人员参保人数

指标释义：其他困难人员参保人数，是指报告期末参加城镇居民基本医疗保险的成年人中，除按国务院规定享受财政补助的成年人以外的，由省及市县规定的纳入地方财政补助范围的其他成年困难居民人数（因素表中分为18～60岁的普通居民和60岁以上老年居民两档）。

（6）未成年人（学生儿童）参保人数小计

指标释义：未成年人（学生儿童）参保人数小计，是指报告期末参加城镇居民基本医疗保险的中小学生和少年儿童人数。

（7）低保学生儿童

指标释义：低保学生儿童，是指报告期末参加城镇居民基本医疗保险的学生儿童中，由民政部核定资格的纳入财政补助范围的低保学生儿童人数。

（8）重残学生儿童

指标释义：重残学生儿童，是指报告期末参加城镇居民基本医疗保险的学生儿童中，由残联部门核定资格的纳入财政补助范围的重度残疾学生儿童人数。

(9) 其他困难学生儿童

指标释义：其他困难学生儿童，是指报告期末参加城镇居民基本医疗保险的学生儿童中，除按国务院规定享受财政补助的学生儿童以外，由省及市县规定纳入地方财政补助范围的其他困难学生儿童人数。

(10) 中央所属高校大学生

指标释义：中央所属高校大学生，是指报告期末中央所属高校大学生参加城镇居民基本医疗保险的人数，有资格享受中央财政补助的大学生人数。

(11) 除中央所属高校以外普通大学生

指标释义：除中央所属高校以外普通大学生，是指报告期末除去中央所属高校大学生参加城镇居民基本医疗保险的人数以外的地方高校普通大学生人数。

(12) 除中央所属高校以外困难大学生

指标释义：除中央所属高校以外困难大学生，是指报告期末除去中央所属高校大学生参加城镇居民基本医疗保险的人数以外的地方高校普通大学生人数中，由教育部门核定资格的纳入财政补助范围的困难人员数。

数据采集：该指标采集自业务部门提供的当地实际城镇居民基本医疗保险参保人数和人力资源社会保障统计报表《城镇居民基本医疗保险缴费和财政补助情况》、《年度中央所属高校大学生参加城镇居民基本医疗保险中央财政补助资金申请表》（人社统 HI6 号和财社［2011］285 号文件附表 2)。

2. 个人缴费标准

指标释义：个人缴费标准，是指不同年度的城镇居民基本医疗保险个人缴费政策标准，收入因素中将其按照参保人群进行分类，如没有该类的参保人数就不应该有相对应的个人缴费标准；反之，如果有该类的参保人数，则不一定有对应的个人缴费标准，主要由于部分地区困难群体不缴费。

数据采集：按照当地不同年度的政策文件规定填写个人缴费标准，个人缴费标准必须与相应参保人群对应。

3. 个人补助标准

指标释义：个人补助标准，是指不同年度的城镇居民基本医疗保险财政补助政策标准，收入因素中将其按照参保人群进行分类，如没有该类的参保人数就不应该有相对应的财政补助标准；反之，如果有该类的参保人数，则不一定有对应的财政补助标准，主要由于部分地区可能对普通居民或者其他群体不进行补助。

数据采集：按照当地不同年度的政策文件填写地方财政对个人补助标准［包含省、市、县（区）三级个人补助标准合计］和《中央财政对城镇居民基本医疗保险和新型农村合作医疗补助资金申报审核有关问题的通知》（财社［2011］285号）规定填写该地区中央财政对个人补助标准，个人补助标准必须与相应参保人群对应。

二、城镇居民基本医疗保险基金支出预算指标释义及数据采集

（一）基金指标

1. 基本医疗保险待遇支出

指标释义：基本医疗保险待遇支出，是指报告期内参加城镇居民基本医疗保险在门诊、住院及生育待遇等发生的基金支出。

数据采集：该指标采集自《城镇居民基本医疗保险基金收支表》（年报14表）的“基本医疗保险待遇支出”数据。

2. 其他支出

指标释义：其他支出，是指按财政部门核准实际支付给参保人员的其他非医疗保险待遇性质的支出。

数据采集：该指标采集自《城镇居民基本医疗保险基金收支表》（年报14表）的“其他支出”数据。

3. 转移支出

指标释义：转移支出，是指城镇居民基本医疗保险对象跨统筹地

区流动而转出的城镇居民基本医疗保险基金。

数据采集：该指标采集自《城镇居民基本医疗保险基金收支表》（年报 14 表）的“转移支出”数据。

4. 补助下级支出

指标释义：补助下级支出，是指上级经办机构拨付给下级经办机构的补助支出。

数据采集：该指标采集自《城镇居民基本医疗保险基金收支表》（年报 14 表）的“补助下级支出”数据。

5. 上解上级支出

指标释义：上解上级支出，是指下级经办机构上解上级经办机构的支出。

数据采集：该指标采集自《城镇居民基本医疗保险基金收支表》（年报 14 表）的“上解上级支出”数据。

（二）因素指标

1. 住院情况

（1）出院人次

指标释义：出院人次，是指报告期内参加城镇居民基本医疗保险的人员在定点医疗机构住院治疗出院（包括死亡）的人次数。

数据采集：该指标采集自业务部门提供的当地实际城镇居民基本医疗保险出院人次，采集自人力资源社会保障统计报表《城镇居民基本医疗保险医疗费用支出情况》（人社统 HI8 号）表。

（2）住院率

指标释义：住院率，是指报告期内参加城镇居民基本医疗保险人员在定点医疗机构住院治疗出院（包括死亡）的人次数占整个参保人数的比例。

数据采集：该指标由城镇居民基本医疗保险出院人次和参保人数计算所得。

（3）次均住院费用

指标释义：次均住院费用，是指报告期内参加城镇居民基本医疗保险人员在定点医疗机构住院治疗出院（包括死亡）人均所发生住院费用的平均数。

数据采集：该指标由城镇居民基本医疗保险住院总费用和出院人次计算所得。

（4）住院总费用

指标释义：住院总费用，是指报告期内参加城镇居民基本医疗保险的人员在定点医疗机构住院期间所发生的全部医疗费用的合计。

数据采集：该指标采集自业务部门提供的当地实际城镇居民基本医疗保险住院总费用，采集自人力资源社会保障统计报表《城镇居民基本医疗保险医疗费用支出情况》（人社统 HI8 号）表。

（5）基金支付金额

指标释义：基金支付金额，是指报告期内参加城镇居民基本医疗保险的人员在定点医疗机构住院期间所发生的全部医疗费用中由基金支付的部分。

数据采集：该指标采集自业务部门提供的当地实际城镇居民基本医疗保险住院总费用由基金支付的金额。

（6）基金支付比例

指标释义：基金支付比例，是指报告期内参加城镇居民基本医疗保险人员在定点医疗机构住院期间所发生的住院总费用中由基金支付所占的比例。

数据采集：该指标由城镇居民基本医疗保险住院总费用和基金支付金额计算所得。

2. 普通门（急）诊情况

（1）门（急）诊人次

指标释义：门（急）诊人次，是指报告期内参加城镇居民基本医疗保险人员在定点医疗机构普通门（急）诊就诊的人次数。同一天在同一家定点医疗机构同一科别就诊的视为一次。

数据采集：该指标采集自业务部门提供的当地实际城镇居民基本医疗保险门（急）诊就诊人次，采集自人力资源和社会保障统计报表

《城镇居民基本医疗保险医疗费用支出情况》（人社统 HI8 号）表。

（2）次均费用

指标释义：次均费用，是指报告期内参加城镇居民基本医疗保险人员在定点医疗机构门（急）诊就诊时人均所发生费用的平均数。

数据采集：该指标由城镇居民基本医疗保险门（急）诊总费用和就诊人次计算所得。

（3）门（急）诊总费用

指标释义：门（急）诊总费用，是指报告期内参加城镇居民基本医疗保险人员在定点医疗机构普通门（急）诊就诊时所发生的医疗费用的合计。

数据采集：该指标采集自业务部门提供的当地实际城镇居民基本医疗保险门（急）诊就诊总费用，采集自人力资源和社会保障统计报表《城镇居民基本医疗保险医疗费用支出情况》（人社统 HI8 号）。

（4）基金支付金额

指标释义：基金支付金额，是指报告期内参加城镇居民基本医疗保险人员在定点医疗机构门（急）诊就诊时所发生的全部医疗费用中由基金支付的部分。

数据采集：该指标采集自业务部门提供的当地实际城镇居民基本医疗保险门（急）诊就诊所发生的全部医疗费用中由基金支付的金额。

（5）基金支付比例

指标释义：基金支付比例，是指报告期内参加城镇居民基本医疗保险人员在定点医疗机构门（急）诊就诊时所发生的全部医疗费用中由基金支付所占的比例。

数据采集：该指标由城镇居民基本医疗保险门（急）诊就诊所发生的全部医疗费用和基金支付金额计算所得。

3. 门诊大病情况

（1）门诊大病人次

指标释义：门诊大病人次，是指报告期内参加城镇居民基本医疗保险的人员在定点医疗机构门诊大病就诊的人次数。

数据采集：该指标采集自业务部门提供的当地实际城镇居民基本医疗保险门诊大病就诊人次，采集自人力资源和社会保障统计报表《城镇居民基本医疗保险医疗费用支出情况》（人社统 HI8 号）。

（2）次均费用

指标释义：次均费用，是指报告期内参加城镇居民基本医疗保险人员在定点医疗机构门诊大病就诊时人均所发生费用的平均数。

数据采集：该指标由城镇居民基本医疗保险门诊大病总费用和就诊人次计算所得。

（3）门诊大病总费用

指标释义：门诊大病总费用，是指报告期内参加城镇居民基本医疗保险人员在定点医疗机构门诊大病就诊发生的医疗费用的合计，采集自人力资源和社会保障统计报表《城镇居民基本医疗保险医疗费用支出情况》（人社统 HI8 号）。

数据采集：该指标采集自业务部门提供的当地实际城镇居民基本医疗保险门诊大病就诊总费用。

（4）基金支付金额

指标释义：基金支付金额，是指报告期内参加城镇居民基本医疗保险人员在定点医疗机构门诊大病就诊时所发生的全部医疗费用中由基金支付的部分。

数据采集：该指标采集自业务部门提供的当地实际城镇居民基本医疗保险门诊大病就诊所发生的全部医疗费用中由基金支付的金额。

（5）基金支付比例

指标释义：基金支付比例，是指报告期内参加城镇居民基本医疗保险人员在定点医疗机构门诊大病就诊所发生的全部医疗费用中由基金支付所占的比例。

数据采集：该指标由城镇居民基本医疗保险门诊大病就诊所发生的全部医疗费用和基金支付金额计算所得。

4．生育待遇情况

(1) 产前检查情况

①产前检查人数

指标释义：产前检查人数，是指报告期内参加城镇居民基本医疗保险的人员在定点医疗机构进行产前检查的人数。

数据采集：该指标采集自业务部门提供的当地实际城镇居民基本医疗保险产前检查的人数，采集自人力资源和社会保障统计报表《城镇居民基本医疗保险生育保障医疗费用支出情况》（人社统 HI13）。

②人均费用

指标释义：人均费用，是指报告期内参加城镇居民基本医疗保险人员在定点医疗机构产前检查时人均所发生费用的平均数。

数据采集：该指标由城镇居民基本医疗保险定点医疗机构产前检查总费用和检查人数计算所得。

③产前检查总费用

指标释义：产前检查总费用，是指报告期内参加城镇居民基本医疗保险人员在定点医疗机构产前检查时发生医疗费用的合计，采集自人力资源和社会保障统计报表《城镇居民基本医疗保险生育保障医疗费用支出情况》（人社统 HI13）。

数据采集：该指标采集自业务部门提供的当地实际参加城镇居民基本医疗保险人员在定点医疗机构产前检查时发生医疗的总费用。

④基金支付金额

指标释义：基金支付金额，是指报告期内参保人员在定点医疗机构发生的产前检查医疗费用中由居民医保基金支付的金额。

数据采集：该指标采集自业务部门提供的当地实际参保人员在定点医疗机构发生的产前检查医疗费用中由居民医保基金支付的金额。

⑤基金支付比例

指标释义：基金支付比例，是指报告期内参加城镇居民基本医疗保险人员在定点医疗机构产前检查时发生的全部医疗费用中由基金支付所占的比例。

数据采集：该指标由城镇居民基本医疗保险产前检查所发生的全

部医疗费用和基金支付金额计算所得。

(2) 住院分娩情况

①住院分娩出院人数

指标释义：住院分娩出院人数，是指报告期内参加城镇居民基本医疗保险的人员在定点医疗机构住院分娩出院的人数。

数据采集：该指标采集自业务部门提供的当地实际城镇居民基本医疗保险住院分娩的出院人数。采集自人力资源和社会保障统计报表《城镇居民基本医疗保险生育保障医疗费用支出情况》(人社统 HI13)。

②人均费用

指标释义：人均费用，是指报告期内参加城镇居民基本医疗保险人员在定点医疗机构住院分娩时人均所发生费用的平均数。

数据采集：该指标由城镇居民基本医疗保险定点医疗机构住院分娩总费用和出院人数计算所得。

③住院分娩总费用

指标释义：住院分娩总费用，是指报告期内参加城镇居民基本医疗保险的人员在定点医疗机构住院分娩期间所发生医疗费用的合计。包括城镇居民基本医疗保险基金和个人自负等费用。

数据采集：该指标采集自业务部门提供的当地参加城镇居民基本医疗保险的人员在定点医疗机构住院分娩期间所发生医疗总费用。采集自人力资源和社会保障统计报表《城镇居民基本医疗保险生育保障医疗费用支出情况》(人社统 HI13)。

④基金支付金额

指标释义：基金支付金额，是指报告期内参加城镇居民基本医疗保险的人员在定点医疗机构实际发生的住院分娩医疗费用中，按规定由居民医保基金支付的金额。

数据采集：该指标采集自业务部门提供的当地实际参加城镇居民基本医疗保险的人员在定点医疗机构实际发生的住院分娩医疗费用中，按规定由居民医保基金支付的金额。

⑤基金支付比例

指标释义：基金支付比例，是指报告期内参加城镇居民基本医疗保险的人员在定点医疗机构住院分娩期间所发生医疗费用中由基金支付所占的比例。

数据采集：该指标由实际参加城镇居民基本医疗保险的人员在定点医疗机构实际发生的住院分娩医疗费用和基金支付金额计算所得。

(3) 计划生育情况

①计划生育人次

指标释义：计划生育人次，是指报告期内参加城镇居民基本医疗保险的人员在定点医疗机构实施计划生育手术的人次。

数据采集：该指标采集自业务部门提供的当地实际城镇居民基本医疗保险实施计划生育手术的人次。

②次均费用

指标释义：次均费用，是指报告期内参加城镇居民基本医疗保险人员在定点医疗机构实施计划生育手术时人均所发生费用的平均数。

数据采集：该指标由城镇居民基本医疗保险定点医疗机构实施计划生育手术总费用和计划生育手术人次计算所得。

③计划生育总费用

指标释义：计划生育总费用，是指报告期内参加城镇居民基本医疗保险的人员在定点医疗机构实施计划生育手术发生医疗费用的合计。

数据采集：该指标采集自业务部门提供的当地实际参加城镇居民基本医疗保险的人员在定点医疗机构实施计划生育手术发生医疗费用的总费用。

④基金支付金额

指标释义：基金支付金额，是指报告期内参加城镇居民基本医疗保险的人员在定点医疗机构实际发生的计划生育医疗费用中，按规定由居民医保基金支付的金额。

数据采集：该指标采集自业务部门提供的当地实际城镇居民基本医疗保险实施计划生育手术所发生的全部医疗费用中由基金支付的

金额。

⑤基金支付比例

指标释义：基金支付比例，是指报告期内参加城镇居民基本医疗保险人员在定点医疗机构实施计划生育手术所发生的全部医疗费用中由基金支付所占的比例。

数据采集：该指标由城镇居民基本医疗保险实施计划生育手术所发生的全部医疗费用和基金支付金额计算所得。

（4）新生儿情况

①新生儿人数

指标释义：新生儿人数，是指按规定，报告期内享受城镇居民基本医疗保险待遇的新生儿人数。

数据采集：该指标采集自业务部门提供的当地实际享受城镇居民基本医疗保险待遇的新生儿人数。采集自人力资源和社会保障统计报表《城镇居民基本医疗保险生育保障医疗费用支出情况》（人社统HI13）。

②人均费用

指标释义：人均费用，是指报告期内参加城镇居民基本医疗保险人员在定点医疗机构住院分娩新生儿时人均所发生费用的平均数。

数据采集：该指标由城镇居民基本医疗保险定点医疗机构分娩新生儿的总费用和新生儿人数计算所得。

③住院分娩总费用

指标释义：住院分娩总费用，是指按规定，报告期内享受城镇居民基本医疗保险待遇的分娩新生儿医疗费用的合计。

数据采集：该指标采集自业务部门提供的当地实际享受城镇居民基本医疗保险待遇的分娩新生儿医疗的总费用。

④基金支付金额

指标释义：基金支付金额，是指按规定，报告期内由城镇居民基本医疗保险基金支付新生儿医疗费用中，按规定由居民医保统筹基金支付的金额。

数据采集：该指标采集自业务部门提供的当地城镇居民基本医疗保险基金支付新生儿医疗费用中，按规定由居民医保统筹基金支付的金额。

⑤基金支付比例

指标释义：基金支付比例，是指报告期内城镇居民基本医疗保险待遇的新生儿医疗总费用中由基金支付所占的比例。

数据采集：该指标由享受城镇居民基本医疗保险待遇的新生儿医疗的全部医疗费用和基金支付金额计算所得。

第五节　城镇居民基本医疗保险基金预算审核

为保证预算的规范性和合理性，社会保险经办机构应该在预算编制完成后，对预算收入、支出和结余进行初审。审核可结合当地政策因素，参考以下标准完成。

一、城镇居民基本医疗保险基金收入预算审核指标及标准

（一）审核指标：当期征缴收入预算

1. 审核标准：同比增幅正常范围值为0～30%。该审核标准应随着当地城镇居民人数和缴费、补助政策的变动等因素进行相应调整。

2. 审核依据：剔除新农合参保人员的并入、并出和退保的特殊情况和居民缴费、补助标准大幅变动政策，全国各省城镇居民基本医疗保险基金征缴收入同比增幅基本保持在20%左右。

（二）审核指标：平均参保人数预算

1. 审核标准：同比增幅正常范围值为0～30%。

2. 审核依据：近年全国推行全民医保的扩面政策，全国医保（职工＋居民＋新农合）参保人数已形成相当规模，扩面潜力已经较小，一般在20%的增幅左右，除此外各地需要考虑到可能会有当年

新农合参保人数转入城镇居民保险并轨运行或者城镇居民保险人数转入新农合参保，人数会有较大变动需要进行说明。

（三）审核指标：个人缴费标准

1. 审核标准：个人缴费标准应不低于上年个人缴费标准。

2. 审核依据：根据政策规定，个人缴费标准不应低于上年个人缴费标准。

（四）审核指标：财政补助标准

1. 审核标准：财政补助标准不低于上年财政补助标准。

2. 审核依据：根据政策规定，财政补助标准不应低于上年财政补助标准。

（五）审核指标：清欠、补缴、预缴收入预算

1. 审核标准：清欠、补缴、预缴收入预算应大于等于 0。

2. 审核依据：清理企业欠费、开展政策性补缴、预缴是征缴机构重要的工作职责，清欠、补缴、预缴收入也是征缴收入的重要组成部分。

（六）审核指标：利息收入预算

1. 审核标准：利息收入预算占上年基金结余的比例应大于 3 个月整存整取银行存款利率。

基金收益率应大于 3 个月整存整取银行存款利率。

基金收益率＝当年利息收入总额÷基金平均结余额

$$=\frac{\text{当年利息收入总额}}{(\text{年初基金滚存结余}+\text{年末基金滚存结余})\div 2}\times 100\%$$

2. 审核依据：根据《国务院关于建立城镇职工基本医疗保险制度的决定》（国发［1998］44 号）和《财政部、人力资源和社会保障部关于加强城镇居民基本医疗保险基金和财政补助资金管理有关问题的通知》（财社［2008］116 号）精神，城镇居民基本医疗保险基金的银行计息办法参照城镇职工基本医疗保险基金的银行计息办法：当年筹集的部分，按活期存款利率计息；上年结转的基金本息，按 3 个月期整存整取银行存款利率计息；存入社会保障财政专户的沉淀资

金，比照3年期零存整取储蓄存款利率计息，并不低于该档次利率水平。

（七）审核指标：财政补贴收入预算

1. 审核标准：财政补贴收入预算大于0需有说明。

2. 审核依据：《社会保险法》第65条明确规定，县级以上人民政府在社会保险基金出现支付不足时，给予补贴。近几年中央和地方财政加大了对关破改制等困难企业退休人员参保的补助力度。

（八）审核指标：其他收入预算

1. 审核标准：基金其他收入预算大于0需有说明。

2. 审核依据：滞纳金以及其他经财政部门核准的收入全部记基金其他收入。

（九）审核指标：上级补助收入和下级上解收入预算

审核标准：

补助下级支出－上级补助收入：全省合计应等于0。

上解上级支出－下级上解收入：全省合计应等于0。

二、城镇居民基本医疗保险基金支出预算审核指标及标准

（一）审核指标：医疗保险待遇支出预算。

1. 审核标准：医疗保险待遇支出预算增幅正常范围为0～30%。该审核标准应随着待遇标准调整幅度等因素的变化进行相应调整。

2. 审核依据：按照全民医保的扩面政策以及近年来不断提高参保人员医疗保险待遇标准有关政策，全国各统筹地区医疗保险待遇支出幅度基本上应控制在30%以内。

住院情况审核具体指标及标准：

(1) 住院率预算

①审核标准：住院率预算正常范围为5%～20%，住院率预算增幅正常范围为0～30%。

②审核依据：近年全国医保平均住院率基本上在11%左右，由于人口老龄化和控制次均医疗费的影响，住院率一直呈增长趋势。

(2) 次均住院费用预算

①审核标准：次均住院费用预算增幅正常范围为 0～20%。

②审核依据：近年全国医保次均住院费用增幅基本上在 10%左右，由于经济增长、物价增长和人口老龄化的影响，次均住院费用一直呈增长趋势，但一般应控制在 20%之内。

（3）基金支付比例预算

①审核标准：基金支付比例预算正常范围为 50%～80%，基金支付比例预算增幅正常范围为 0～30%。

②审核依据：近年全国医保基金支付比例基本上在 50%左右，考虑不同地域间的待遇保障差异，基金支付比例也存在较大差异，但一般应在 50%～80%之内。

门诊情况审核具体指标及标准：

（1）门诊人次预算增幅正常范围为 0～30%。

（2）门诊次均费用预算增幅正常范围为 0～30%。

（3）门诊基金支付比例预算增幅正常范围为 0～30%。

审核依据：剔除各地开展城镇居民基本医疗保险门诊统筹政策后门诊费用增长和参保人员异常变动的情况，正常的医保门诊增幅在 20%左右。

（二）审核指标：医疗保险待遇支出上年预计执行数

1. 审核标准：前三个季度医疗保险待遇支出实际执行数占全年预计执行数的比例应大于 70%。即第四季度医疗保险待遇支出预计执行数应低于全年的 30%。

2. 审核依据：以平均一个季度占全年的比例 25%为基准，考虑各种不可比或不确定因素，第四季度医疗保险待遇支出占全年的比例若高于 30%，则说明医疗保险待遇支出预计数存在偏高的可能。

（三）审核指标：其他支出预算

1. 审核标准：其他支出预算应等于 0。

2. 审核依据：根据社会保险基金财务制度规定，其他支出是指经财政部门核准开支的其他非社会保险待遇性质的支出。因此，其他支出项目原则上不做支出预算。

（四）审核指标：补助下级支出和上解上级支出预算

审核标准：

补助下级支出－上级补助收入：全省合计应等于0。

上解上级支出－下级上解收入：全省合计应等于0。

三、城镇居民基本医疗保险基金预算结余审核指标及标准

（一）审核指标：基金当期结余预算

1. 审核标准：基金当期结余预算应大于0。

2. 审核依据：根据人力资源和社会保障部、财政部《关于编制社会保险基金预算的通知》要求，医疗保险基金原则不得编制赤字预算，如果需要消化结余而编制当期结余赤字需要进行说明。

（二）审核指标：累计结余预算

1. 审核标准：累计结余应大于0。

2. 审核依据：医疗保险基金累计结余出现赤字，将存在巨大的基金支付风险，必须筹集资金予以弥补，因此，原则上医疗保险基金累计结余应大于0。

第七章　工伤保险基金预算的编制

第一节　预算报表和指标体系

基金预算体现为一系列基金运行指标的预算，各项指标的预算过程和结果都可整合体现在预算报表之中。预算报表体系的设计主要遵循三项原则：一是预算指标体系的完整性，二是预算编制方法的统一性和包容性，三是预算编制和分析的便利性。通过以上原则实现预算指标体系与预算编制办法的有机结合。

一、工伤保险基金预算报表的组成

工伤保险基金预算报表体系由预算主表、参数表、基金平衡表和预算调整情况表组成。

1. 预算主表。即工伤保险基金预算表，反映统筹地区工伤保险基金预算编制的结果。

2. 参数表。分为工伤保险基金收入参数表和支出参数表两部分，反映工伤保险基金收入和支出预算的测算过程。

3. 基金平衡表。即工伤保险基金预算平衡情况表，反映基金预算缺口情况和缺口的弥补办法。省级统筹的需包含所辖区、市情况。

4. 预算调整情况表。即工伤保险基金预算调整情况表，反映基金预算在执行过程中，受政策或其他因素的影响，需要对预算进行调整的情况。

以 2012 年预算编制为例，工伤保险基金预算主表见表 7—1。

二、工伤保险基金预算指标体系构成

工伤保险基金预算指标体系，包括反映工伤保险基金预算规模的

表 7—1　　　　2012 年工伤保险基金预算主表

项目	2011 年执行数	2012 年预算数	项目	2011 年执行数	2012 年预算数
一、工伤保险费收入			一、工伤保险待遇支出		
二、利息收入			二、劳动能力鉴定支出		
三、财政补贴收入					
四、其他收入			三、其他支出		
五、转移收入			四、转移支出		
六、上级补助收入			五、补助下级支出		
七、下级上解收入			六、上解上级支出		
八、本年收入合计			七、本年支出合计		
–			八、本年收支结余		
九、上年结余			九、年末滚存结余		
总计			总计		

基金收入、支出、结余指标和影响基金预算的其他因素指标。工伤保险基金预算指标依据工伤保险有关法律、法规及统筹地区工伤保险经办业务的实际情况设立，包括工伤保险基金收入预算指标、工伤保险基金支出预算指标、工伤保险基金结余预算指标。

(一) 收入预算指标的构成

工伤保险基金收入预算指标主要包括工伤保险费收入、利息收入、财政补贴收入、其他收入、转移收入、上级补助收入、下级上解收入等指标。

1. 基金指标结构图

基金指标结构图如图 7—1 所示。

2. 基金影响因素指标结构图

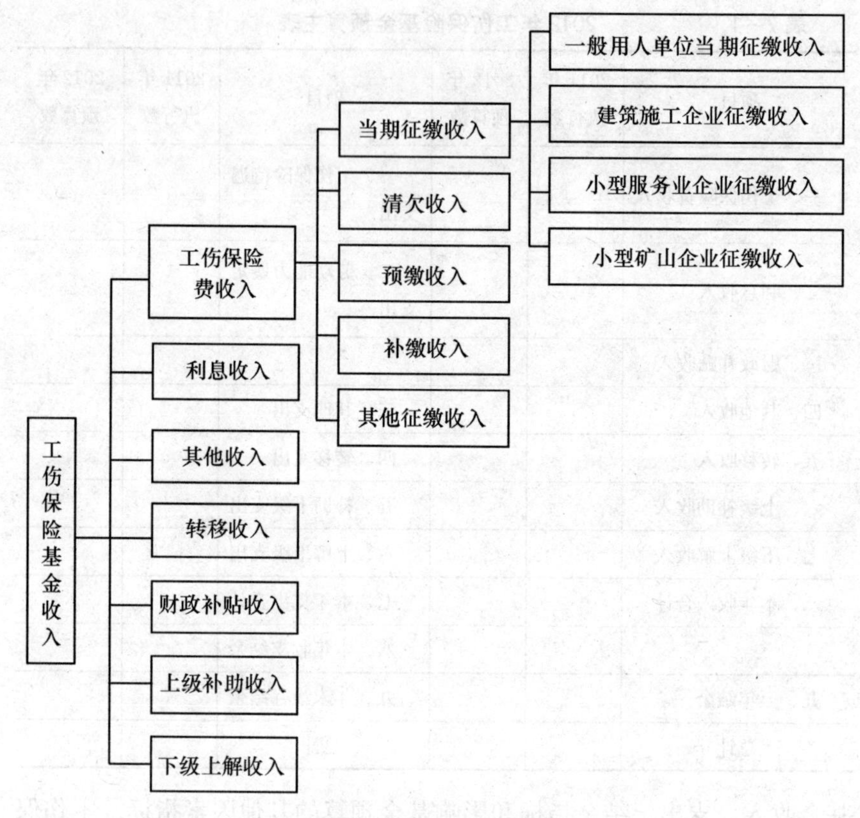

图 7—1　基金指标结构图

基金影响因素指标结构图如图 7—2 所示。

（二）支出预算指标的构成

工伤保险基金支出预算指标包括工伤医疗待遇支出、工亡待遇支出、伤残待遇支出、劳动能力鉴定费支出、工伤预防费支出、工伤保险先行支付支出、其他支出、转移支出、上解上级支出、补助下级支出等指标。

1. 基金指标结构图

基金指标结构图如图 7—3 所示。

2. 因素指标结构图

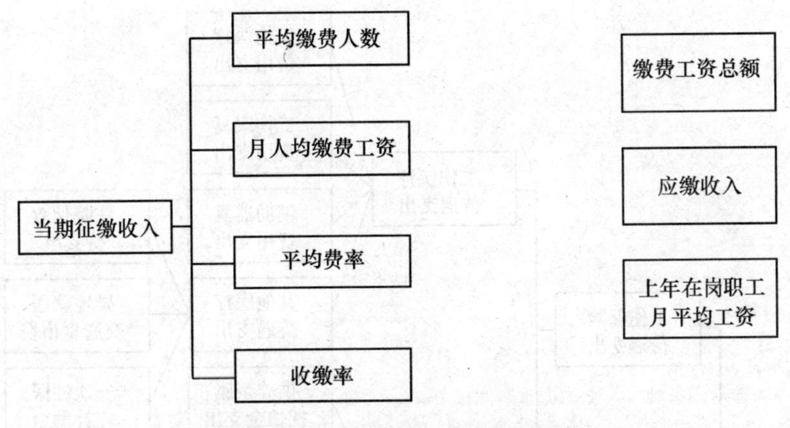

图 7—2　基金影响因素指标结构图

因素指标结构图如图 7—4 所示。

（三）结余预算指标的构成

工伤保险基金结余预算指标包括本年收支结余、年末滚存结余两项指标。

三、工伤保险基金预算指标间的关系

（一）收入预算指标关系

1. 工伤保险基金收入＝工伤保险费收入＋利息收入＋财政补贴收入＋其他收入＋转移收入＋上级补助收入＋下级上解收入

2. 工伤保险费收入＝当期征缴收入＋清欠收入＋预缴收入＋预缴收入＋其他征缴收入

3. 当期征缴收入＝一般用人单位当期缴费收入＋建筑施工企业当期缴费收入＋小型服务业企业当期缴费收入＋小型矿山企业当期缴费收入

4. 一般用人单位当期缴费收入＝平均缴费人数×月人均缴费工资×12 个月×平均费率×收缴率

5. 建筑施工企业、小型服务业企业和小型矿山企业等难以直接确定工资总额的行业的当期缴费收入按统筹地区政策规定的办法计算。

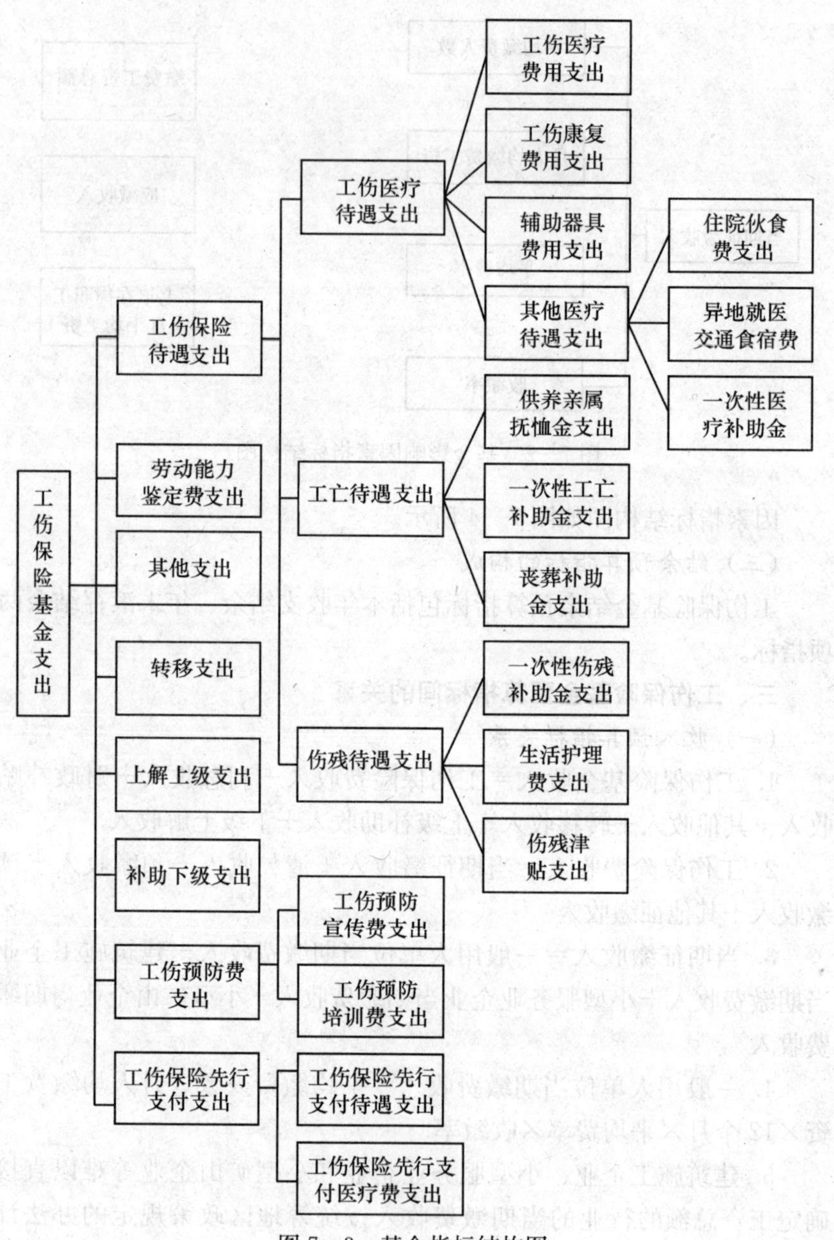

图 7—3 基金指标结构图

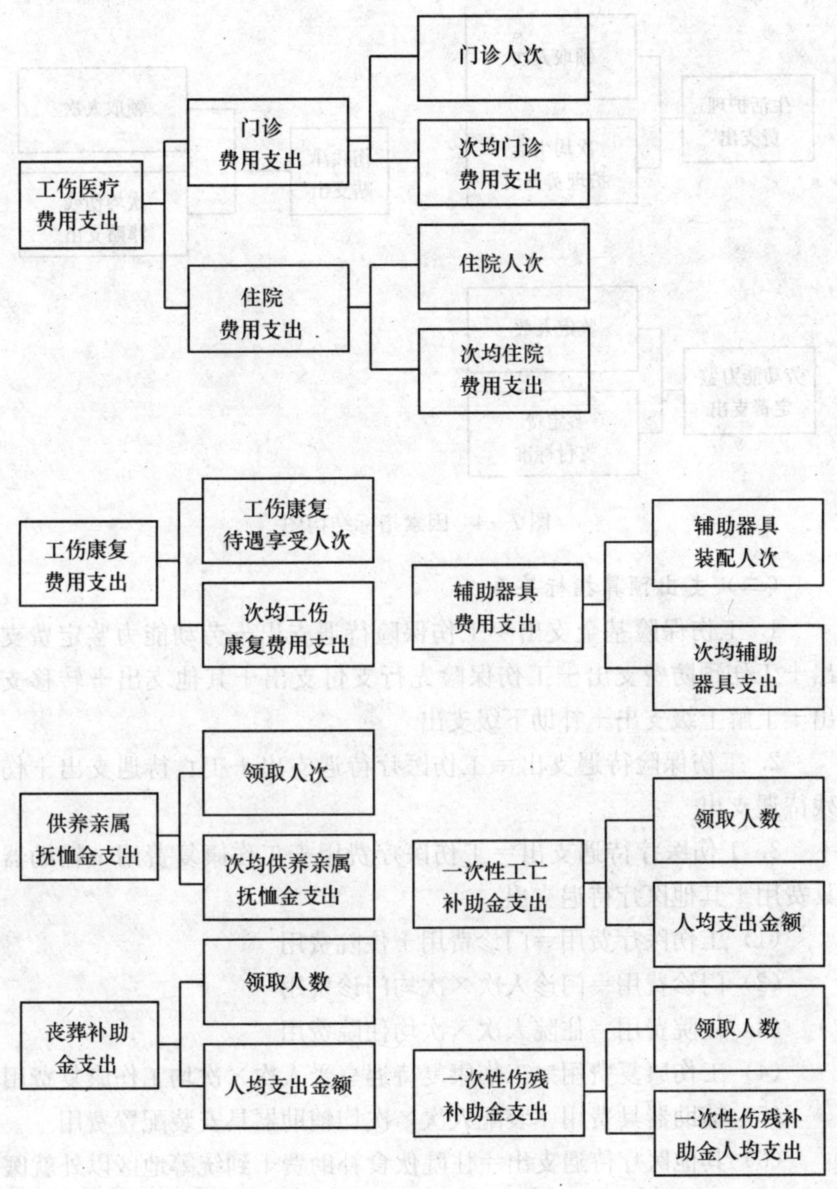
工伤医疗费用支出
门诊费用支出
门诊人次
次均门诊费用支出
住院费用支出
住院人次
次均住院费用支出
工伤康复费用支出
工伤康复待遇享受人次
次均工伤康复费用支出
辅助器具费用支出
辅助器具装配人次
次均辅助器具支出
供养亲属抚恤金支出
领取人次
次均供养亲属抚恤金支出
一次性工亡补助金支出
领取人数
人均支出金额
丧葬补助金支出
领取人数
人均支出金额
一次性伤残补助金支出
领取人数
一次性伤残补助金人均支出

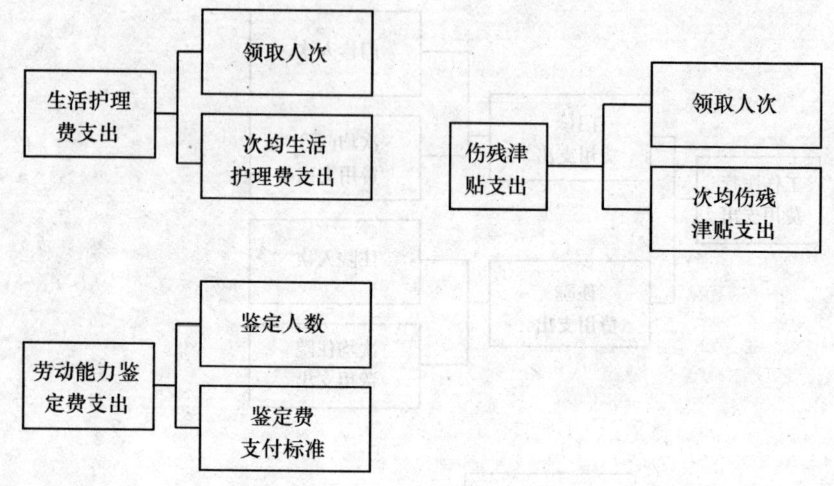

图 7—4　因素指标结构图

（二）支出预算指标关系

1. 工伤保险基金支出＝工伤保险待遇支出＋劳动能力鉴定费支出＋工伤预防费支出＋工伤保险先行支付支出＋其他支出＋转移支出＋上解上级支出＋补助下级支出

2. 工伤保险待遇支出＝工伤医疗待遇支出＋工亡待遇支出＋伤残待遇支出

3. 工伤医疗待遇支出＝工伤医疗费用＋工伤康复费用＋辅助器具费用＋其他医疗待遇支出

（1）工伤医疗费用＝门诊费用＋住院费用

（2）门诊费用＝门诊人次×次均门诊费用

（3）住院费用＝住院人次×次均住院费用

（4）工伤康复费用＝工伤康复待遇享受人次×次均工伤康复费用

（5）辅助器具费用＝装配人次×次均辅助器具安装配置费用

（6）其他医疗待遇支出＝住院伙食补助费＋到统筹地区以外就医的交通食宿费＋一次性医疗补助金

4. 工亡待遇支出＝供养亲属抚恤金＋一次性工亡补助金＋丧葬

补助金

（1）供养亲属抚恤金＝领取人次×次均领取供养亲属抚恤金

（2）一次性工亡补助金＝领取人数×人均领取一次性工亡补助金

（3）丧葬补助金＝领取人数×人均领取丧葬补助金

5. 伤残待遇支出＝一次性伤残补助金＋生活护理费＋伤残津贴

（1）一次性伤残补助金＝领取人数×人均领取一次性伤残补助金

（2）生活护理费＝领取人次×次均领取生活护理费

（3）伤残津贴＝领取人次×次均领取伤残津贴

6. 劳动能力鉴定费＝劳动能力鉴定人数×劳动能力鉴定费支付标准

7. 工伤预防费支出＝工伤预防宣传费支出＋工伤预防培训费支出

8. 工伤保险先行支付支出＝工伤保险先行支付待遇支出＋工伤保险先行支付医疗费支出

（三）结余预算指标关系

1. 工伤保险基金本年收支结余＝本年基金收入合计－本年基金支出合计

2. 工伤保险基金年末滚存结余＝上年结余＋本年基金收支结余

第二节 收入预算的编制

工伤保险基金收入预算指标主要包括工伤保险费收入、利息收入、财政补贴收入、其他收入、转移收入、上级补助收入、下级上解收入等指标。以上指标的测算需要若干年度各项基金收入指标和影响基金收入预算的其他因素指标的历史数据，估算得出预算年度各项指标的增长率。测算过程在收入预算参数表中完成。以 2012 年预算编制为例，工伤保险基金收入预算参数表形式见表 7—2。

表 7—2　　2012 年工伤保险基金收入预算参数示意表

	项目	单位	2008 年执行数	2010 年执行数	2011 年预计执行数	预算综合增长率	2012 年预算数
影响因素	平均缴费人数	人					
	月人均缴费工资	元					
	平均费率	%					
	收缴率	%					
	……						
收入情况	（一）征缴收入	元					
	1. 当期征缴收入	元					
	……						
	（二）利息收入	元					
	（三）财政补贴收入	元					
	（四）其他收入	元					
	（五）转移收入	元					
	（六）上级补助收入	元					
	（七）下级上解收入	元					
	基金总收入	元					

一、工伤保险费收入预算的编制

工伤保险费收入预算包括当期征缴收入预算、清欠收入预算、预缴收入预算、补缴收入预算和其他征缴收入预算。

（一）当期征缴收入预算的编制

1. 当期征缴收入预算编制原则

当期征缴收入预算应以工伤保险各项法律、法规、政策为依据，准确把握统筹地区缴费人数、缴费工资、费率、征缴率等指标的变化趋势，综合分析影响工伤保险基金收入的各类因素，同时综合参考宏观经济指标对就业形势、职工工资水平的影响等因素，确定合理的收入增长水平，努力实现统筹地区全覆盖、应收尽收的发展目标。

2. 当期征缴收入测算办法

工伤保险当期征缴收入预算的编制应根据《工伤保险条例》第10条的规定，一般用人单位缴纳工伤保险费的数额为本单位职工工资总额乘以单位缴费费率之积，对难以按照工资总额缴纳工伤保险费的行业，如建筑施工企业、小型服务业企业和小型矿山企业等行业的当期缴费收入，由省级社会保险行政部门根据本地区实际情况确定。

鉴于当前统计指标中，工伤保险缴费人数和缴费基数的统计口径已包含难以按照工资总额缴纳工伤保险费的行业，且无法从统计报表中采集上述行业的数据，因此，本书介绍的当期征缴收入的测算办法不再按上述行业分别进行测算。测算步骤可分为以下六步：

(1) 测算平均缴费人数

平均缴费人数预算数＝平均缴费人数上年预计执行数×(1＋修正后综合增长率)

由上式可见，测算平均缴费人数需要先确定平均缴费人数上年预计执行数和预算年度的综合增长率。

①平均缴费人数上年预计执行数的测算

平均缴费人数上年预计执行数以上年预算数为基数，综合考虑预算执行年度工伤保险政策、法律、法规的调整对缴费人数的影响以及上年预算实际执行情况等因素，对上年预算数进行必要调整。平均缴费人数预算调整数的测算公式如下：

上年预算调整数＝上年预计执行数－上年预算数

通常，在预算编制时预算上年度全年执行数未知，但前三个季度执行数已知，上年预计执行数的测算重点在于第四季度平均缴费人数预计新增数，该指标根据当年前三个季度实际执行情况测算出一个季度的平均新增数。即：

上年预计执行数＝上年前三个季度执行数＋上年第四季度预计新增数

上年第四季度预计新增数＝(上年第三季度执行数－前年第四季度执行数)÷三个季度＋修正值

设置修正值的原因是考虑第四季度缴费人数增减变动幅度与前三

个季度相比可能出现明显偏差或政策影响等因素。

②平均缴费人数综合增长率的测算

测算办法详见附录。

③平均缴费人数综合增长率的修正

对平均缴费人数综合增长率测算值进行修正，通常应符合以下三个条件之一：

一是政策调整因素。在预算年度中执行对缴费人数正常的增长趋势可能产生较大影响的政策，如扩大参保范围、统筹地区转移合并等。

二是数据采集年度的数据出现明显异常。如统筹地区个别年度缴费人数的增长趋势毫无规律而言，可能在个别年份存在较大的不可比因素，测算出的综合增长率与实际出现偏差的概率很大，因此，不具备参考价值，需剔除不可比因素后，对综合增长率测算值进行修正。

三是参保人数测算值占参保人数的比例与历史数据相比出现明显偏差的情况下，需要进行修正，以确保缴费人数占参保人数的比例趋于合理。

（2）测算缴费工资总额

缴费工资总额预算数＝上年预计执行数×（1＋修正后综合增长率）

可见，测算缴费工资总额需要先确定缴费工资总额上年预计执行数和预算年度的综合增长率。

①缴费工资总额上年预计执行数的测算

缴费工资总额上年预计执行数以上年预算数为基数，综合考虑预算执行年度工伤保险政策、法律、法规的调整对缴费工资的影响以及上年预算实际执行情况等因素，对预算数进行必要调整。缴费工资总额预算调整数的测算公式如下：

上年预算调整数＝上年预计执行数－上年预算数

通常，在预算编制时预算上年度全年执行数未知，但上年前三个季度执行数已知，可根据往年前三个季度执行数占全年数的比例预测全年执行数。即：

上年预计执行数＝上年前三个季度执行数÷近年前三个季度数占全年的平均比例＋修正值

设置修正值的主要目的是解决在第四季度执行对缴费工资总额产生较大影响的政策等因素。

②缴费工资总额综合增长率的测算

测算办法详见附录。

③缴费工资总额综合增长率的修正

对缴费工资总额的综合增长率测算值进行修正，通常应符合以下三个条件之一：

一是政策调整因素。在预算年度中执行对缴费人数、缴费工资的正常的增长趋势可能产生较大影响的政策，如扩大参保范围、提高缴费工资等。

二是数据采集年度的数据出现明显异常。近年缴费工资总额存在较大的不可比因素，增长趋势没有规律可循以及其他可能导致测算出的综合增长率不具备参考价值的因素，需对综合增长率测算值进行修正。

三是月人均缴费工资占上年月社会平均工资的比例不符合相关政策规定，或者与近年月人均缴费工资占上年月社会平均工资的平均比例出现较大偏差，则需要进行修正，以确保缴费工资总额趋于合理的水平。

（3）测算月人均缴费工资

月平均缴费工资总额预算数＝缴费工资总额预算数÷12 个月

月人均缴费工资预算数＝月平均缴费工资总额预算数÷平均缴费人数预算数

（4）确定平均费率

按照《工伤保险条例》第 8 条的规定，工伤保险费根据以支定收、收支平衡的原则，确定费率。国家根据不同行业的工伤风险程度确定行业的差别费率，并根据工伤保险费使用、工伤发生率等情况在每个行业内确定若干费率档次。因此，工伤保险费率预算的确定应综合分析统筹地区不同行业间近年工伤保险费率政策的执行对基金收入和结余的影响等因素，但在预算年度相关费率调整政策不明朗的情况下，原则上平均费率预算应与上年相同。

（5）确定收缴率

上年收缴率执行数＝上年收缴率预算数＋预算调整数

上年收缴率预算数＝上年当期征缴收入预算数÷上年应缴收入预算数×100％

收缴率预算的确定，原则上不低于上年收缴率执行数。

（6）测算用人单位当期征缴收入

当期征缴收入预算数＝平均缴费人数预算数×月人均缴费工资预算数×12 个月×平均费率预算数×收缴率预算数

鉴于目前现行统计报表制度中工伤保险平均缴费人数、缴费工资总额等指标中已经包含一般用人单位和难以直接按工资总额缴费的建筑施工企业、小型服务业企业、小型矿山企业等行业，因此，本书介绍的征缴收入测算办法未按上述行业分别进行测算。

（二）清欠收入预算的编制

编制清欠收入预算要重点参考以下三个指标：

1. 上年末基金累计欠费情况。

2. 清欠计划。

3. 各年度清欠收入占上年末累计欠费的比例。

（三）补缴、预缴及其他征缴收入预算的编制

编制补缴、预缴及其他征缴收入预算要重点参考近年补缴、预缴及其他征缴收入分别占基金征缴总收入的比重，并结合预算年度的工伤保险政策变化的情况进行编制。

二、利息收入预算的编制

编制工伤保险基金利息收入预算要重点参考以下五个指标：

1. 基金上年末存储总量以及预算年度预计净增的基金存储量情况。

2. 上年末短、中、长期定期存款，活期存款以及国债的分布情况。

3. 上年基金平均收益情况。

4. 定期存款或国债在预算年度到期情况。

5. 利率变动情况。

三、财政补贴收入预算的编制

财政补贴收入预算数＝中央财政补贴收入预算数＋地方财政补贴收入预算数

编制财政补贴收入预算要重点参考以下三个指标：

1. 上年度中央财政补贴情况。

2. 基金预算缺口情况。

3. 地方财政预算安排能力等。

四、其他收入预算的编制

编制其他收入预算要重点参考以下两个指标：

1. 近年其他收入情况。

2. 近年其他收入占基金收入的比重。

五、转移收入预算的编制

编制转移收入预算要重点参考以下三个指标：

1. 近年转移收入变化趋势。

2. 政策调整对转移人数的影响。

3. 政策调整对转移金额的影响。

六、上级补助收入和下级上解收入预算的编制

编制上级补助收入和下级上解收入预算要重点参考以下两个指标：

1. 上年度上级补助收入和下级上解收入情况。

2. 预算年度的调剂金政策变化情况。

第三节　支出和结余预算的编制

工伤保险基金支出预算指标主要包括工伤保险待遇支出，劳动能力鉴定费支出，工伤预防的宣传、培训等费用支出，工伤保险先行支付支出，转移支出，其他支出，补助下级支出，上解上级支出等指标；结余预算指标包括本年收支结余和年末滚存结余。以上指标的测算需要若干年度各项基金支出与结余指标以及影响基金支出和结余预算的其他因素指标的历史数据，估算得到预算年度各指标的增长率。基金支出预算的测算过程在支出预算参数表中完成。以 2012 年预算编制为例，工伤保险基金支出预算参数表形式见表 7—3。

表 7—3　　2012 年工伤保险基金支出预算参数示意表

项目		单位	2008 年执行数	2010 年执行数	2011 年执行数	预算综合增长率	2012 年预算数
伤残待遇支出	一、一次性伤残补助金	元					
	（一）领取人数	人					
	（二）人均领取金额	元					
	二、生活护理费支出	元					
	（一）领取人次	人次					
	（二）次均领取金额	元					
……							
劳动能力鉴定费	一、劳动能力鉴定费	元					
	（一）鉴定人数	人					
	（二）鉴定费支付标准	元					
其他支出		元					
转移支出		元					

续表

项目	单位	2008 年执行数	2010 年执行数	2011 年执行数	预算综合增长率	2012 年预算数
补助下级支出	元					
上解上级支出	元					
基金总支出	元					

工伤保险基金支出预算编制原则，是以工伤保险政策、法律、法规为依据，综合考虑统筹地区安全生产现状，综合分析工伤待遇覆盖范围的扩大，待遇享受人数的增减变动以及待遇标准的变化等对基金支出的影响因素，充分考虑工伤医疗待遇、工亡待遇、伤残待遇、劳动能力鉴定、工伤预防的宣传及培训、工伤保险先行支付基金等政策规定的各类支出项目，力求支出预算准确合理，确保工伤保险各项待遇的按时足额发放。

一、工伤保险待遇支出预算的编制

工伤保险待遇支出预算包括工伤医疗待遇支出预算、工亡待遇支出预算、伤残待遇支出预算。

（一）工伤医疗待遇支出预算的编制

根据《工伤保险条例》第 39 条的规定，职工因工作遭受事故伤害或者患职业病进行治疗，享受工伤医疗待遇。

工伤医疗待遇支出预算数＝工伤医疗费用支出预算数＋工伤康复费用支出预算＋辅助器具费用支出预算＋其他医疗待遇支出预算

1. 工伤医疗费用支出预算的编制

工伤医疗费用支出包括门诊费用支出和住院费用支出两个部分，需分别计算编制，编制方法基本一致。

（1）第一步，测算住院（门诊）人次

住院（门诊）人次预算数＝住院（门诊）人次上年预计执行数×(1＋修正后综合增长率)

①住院（门诊）人次上年预计执行数的测算

住院（门诊）人次上年预计执行数以上年预算数为基数，综合考虑统筹地区预算执行年度工伤保险政策、法律、法规的调整对工伤住院（门诊）人次的影响以及上年预算实际执行情况等因素，对上年预算数进行调整计算得出。

住院（门诊）人次上年预计执行数＝住院（门诊）人次上年预算数＋住院（门诊）人次上年预算调整数

住院（门诊）人次上年预算调整数＝上年前三个季度住院（门诊）人次＋上年第四季度住院（门诊）人次预计数－住院（门诊）人次上年预算数

上年第四季度住院（门诊）人次预计数＝上年前三个季度住院（门诊）人次÷3＋修正值

设置修正值的主要目的是解决在第四季度执行对住院（门诊）人次产生较大影响的政策等因素。

②住院（门诊）人次综合增长率的测算

测算办法详见附录。

③住院（门诊）人次综合增长率的修正

通常统筹地区出现下列情况时，须对工伤保险住院（门诊）人次综合增长率测算值进行修正：

一是政策调整因素。在预算年度中执行对住院（门诊）人次的增长趋势可能产生较大影响的政策，如扩大参保范围、封闭运行移交属地管理、集中解决老工伤参保等。

二是数据采集年度的数据出现明显异常。如统筹地区个别年度门诊人次的增长趋势毫无规律而言，可能在个别年份存在较大的不可比因素，测算出的综合增长率与实际出现偏差的概率很大，因此，不具备参考价值，需剔除不可比因素后，对综合增长率测算值进行修正。如某一年度出现较大规模工伤事故，导致门诊人次剧增。

(2) 第二步，测算住院（门诊）费用上年预计执行数

住院（门诊）费用上年预计执行数以上年预算数为基数，综合考虑统筹地区预算执行年度工伤保险政策、法律、法规的调整对工伤住

院（门诊）费用的影响以及上年预算实际执行情况等因素，对上年预算数进行调整计算得出。

住院（门诊）费用上年预计执行数＝住院（门诊）费用上年预算数＋住院（门诊）费用上年预算调整数

住院（门诊）费用上年预算调整数＝上年前三个季度住院（门诊）费用＋上年第四季度住院（门诊）费用预计数－住院（门诊）费用上年预算数

上年第四季度住院（门诊）费用预计数＝上年前三个季度住院（门诊）费用÷近年前三个季度住院（门诊）费用占全年的平均比例×[1－近年前三个季度住院（门诊）费用占全年的平均比例]＋修正值

设置修正值的主要目的是解决在第四季度执行对住院（门诊）费用产生较大影响的政策等因素。

(3) 第三步，测算次均住院（门诊）费用

次均住院（门诊）费用预算数＝次均住院（门诊）费用上年预计执行数×(1＋修正后综合增长率)

次均住院（门诊）费用上年预计执行数＝住院（门诊）费用上年预计执行数÷住院（门诊）人次上年预计执行数

①次均住院（门诊）费用综合增长率的测算

测算办法详见附录。

②次均住院（门诊）费用综合增长率的修正

通常统筹地区出现下列情况时，须对工伤保险次均住院（门诊）费用综合增长率测算值进行修正：

一是政策调整因素。在预算年度中执行对次均住院（门诊）费用的增长趋势可能产生较大影响的政策，如提高待遇支付标准等。

二是数据采集年度的数据出现明显异常。如统筹地区个别年度次均住院（门诊）费用的变化趋势毫无规律而言，可能在个别年份存在较大的不可比因素，测算出的综合增长率与实际出现偏差的概率很大，因此，不具备参考价值，需剔除不可比因素后，对综合增长率测

算值进行修正。

（4）第四步，测算住院（门诊）费用支出预算数

住院（门诊）费用支出预算数＝住院（门诊）人次预算数×次均住院（门诊）费用预算数

2. 工伤康复费用支出预算的编制

（1）第一步，测算工伤康复待遇人次

工伤康复人次预算数＝工伤康复人次上年预计执行数×(1＋修正后综合增长率)

①工伤康复待遇人次上年预计执行数的测算

工伤康复人次以上年预算数为基数，综合考虑统筹地区预算执行年度工伤保险政策、法律、法规的调整对工伤康复人次的影响以及上年预算实际执行情况等因素，对上年预算数进行调整计算得出。

工伤康复人次上年预计执行数＝工伤康复人次上年预算数＋工伤康复人次上年预算调整数

工伤康复人次上年预算调整数＝上年前三个季度工伤康复人次＋上年第四季度工伤康复人次预计数－工伤康复人次上年预算数

上年第四季度工伤康复人次预计数＝上年前三个季度工伤康复人次÷3＋修正值

设置修正值的主要目的是解决在第四季度执行对工伤康复人次产生较大影响的政策等因素。

②工伤康复人次综合增长率的测算

测算办法详见附录。

③工伤康复人次综合增长率的修正

通常统筹地区出现下列情况时，须对工伤康复人次综合增长率测算值进行修正：

一是政策调整因素。在预算年度中执行对工伤康复人次的增长趋势可能产生较大影响的政策。

二是数据采集年度的数据出现明显异常。如统筹地区个别年度工伤康复人次的增长趋势毫无规律而言，可能在个别年份存在较大的不

可比因素，需剔除不可比因素后，对综合增长率测算值进行修正。

(2) 第二步，测算工伤康复费用上年预计执行数

工伤康复费用上年预计执行数＝工伤康复费用上年预算数＋工伤康复费用上年预算调整数

工伤康复费用上年预算调整数＝上年前三个季度工伤康复费用＋上年第四季度工伤康复费用预计数－工伤康复费用上年预算数

上年第四季度工伤康复费用预计数＝上年前三个季度工伤康复费用÷近年前三个季度工伤康复费用占全年的平均比例×(1－近年前三个季度工伤康复费用占全年的平均比例)＋修正值

设置修正值的主要目的是解决在第四季度执行对工伤康复费用产生较大影响的政策等因素。

(3) 第三步，测算次均工伤康复费用

次均工伤康复费用预算数＝次均工伤康复费用上年预计执行数×(1＋修正后综合增长率)

次均工伤康复费用上年预计执行数＝工伤康复总费用上年预计执行数÷工伤康复人次上年预计执行数

①次均工伤康复费用综合增长率的测算

测算办法详见附录。

②次均工伤康复费用综合增长率的修正

通常统筹地区出现下列情况时，须对次均工伤康复费用综合增长率测算值进行修正：

一是政策调整因素。在预算年度中执行对次均康复费用的增长趋势可能产生较大影响的政策，如提高待遇支付标准等。

二是数据采集年度的数据出现明显异常。如统筹地区个别年度次均康复费用的变化趋势毫无规律而言，需剔除不可比因素后，对综合增长率测算值进行修正。

(4) 第四步，测算工伤康复费用支出预算数

工伤康复费用支出预算数＝工伤康复人次预算数×次均工伤康复费用预算数

3. 辅助器具费用支出预算的编制

（1）第一步，测算辅助器具装配人次

辅助器具装配人次预算数＝辅助器具装配人次上年预计执行数×（1＋修正后综合增长率）

①辅助器具装配人次上年预计执行数的测算

辅助器具装配人次以上年预算数为基数，综合考虑统筹地区预算执行年度工伤保险政策、法律、法规的调整对辅助器具装配人次的影响以及上年预算实际执行情况等因素，对上年预算数进行调整计算得出。

辅助器具装配人次上年预计执行数＝辅助器具装配人次上年预算数＋辅助器具装配人次上年预算调整数

辅助器具装配人次上年预算调整数＝上年前三个季度辅助器具装配人次＋上年第四季度辅助器具装配人次预计数－辅助器具装配人次上年预算数

上年第四季度辅助器具装配人次预计数＝上年前三个季度辅助器具装配人次÷3＋修正值

设置修正值的主要目的是解决在第四季度执行对辅助器具装配人次产生较大影响的政策等因素。

②辅助器具装配人次综合增长率的测算

测算办法详见附录。

③辅助器具装配人次综合增长率的修正

通常统筹地区出现下列情况时，须对辅助器具装配人次综合增长率测算值进行修正：

一是政策调整因素。在预算年度中执行对辅助器具装配人次的增长趋势可能产生较大影响的政策。

二是数据采集年度的数据出现明显异常。如统筹地区个别年度辅助器具装配人次的增长趋势毫无规律而言，可能在个别年份存在较大的不可比因素，需剔除不可比因素后，对综合增长率测算值进行修正。

(2) 第二步，测算辅助器具费用上年预计执行数

辅助器具费用上年预计执行数＝辅助器具费用上年预算数＋辅助器具费用上年预算调整数

辅助器具费用上年预算调整数＝上年前三个季度辅助器具费用＋上年第四季度辅助器具费用预计数－辅助器具费用上年预算数

上年第四季度辅助器具费用预计数＝上年前三个季度辅助器具费用÷近年前三个季度辅助器具总费用占全年的平均比例×(1－近年前三个季度辅助器具总费用占全年的平均比例)＋修正值

设置修正值的主要目的是解决在第四季度执行对辅助器具装配费用产生较大影响的政策等因素。

(3) 第三步，测算次均辅助器具费用

次均辅助器具费用预算数＝次均辅助器具费用上年预计执行数×(1＋修正后综合增长率)

次均辅助器具费用上年预计执行数＝辅助器具费用上年预计执行数÷辅助器具装配人次上年预计执行数

①次均辅助器具费用综合增长率的测算

测算办法详见附录。

②次均辅助器具费用综合增长率的修正

通常统筹地区出现下列情况时，须对次均辅助器具费用综合增长率测算值进行修正：

一是政策调整因素。在预算年度中执行对次均辅助器具费用的增长趋势可能产生较大影响的政策，如提高待遇支付标准等。

二是数据采集年度的数据出现明显异常。如统筹地区个别年度次均辅助器具费用的变化趋势毫无规律而言，需剔除不可比因素后，对综合增长率测算值进行修正。

(4) 第四步，测算辅助器具费用支出预算数

辅助器具费用支出预算数＝辅助器具装配人次预算数×次均辅助器具费用预算数

4. 其他医疗待遇支出预算的编制

按照《社会保险法》第 38 条的规定，住院伙食补助费、到统筹地区以外就医的交通食宿费、终止或者解除劳动合同时享受的一次性医疗补助金纳入工伤保险基金支付范围。由于目前工伤保险会计制度尚未对上述项目的科目设置进行明确，因此，本预算编制办法暂将上述项目通过“其他医疗待遇支出预算”科目纳入工伤保险基金支出预算，待工伤保险会计制度出台后，按新制度要求编制预算。鉴于该部分费用尚无历史经验数据可用，经办机构可参照下述计算办法并结合统筹地区实际情况编制计算：

其他医疗待遇支出预算数＝住院伙食补助费预算数＋统筹地区以外就医交通食宿费预算数＋一次性工伤医疗补助金预算数

（1）职工住院治疗工伤的伙食补助费

工伤伙食补助费预算数＝统筹地区伙食补助标准×总住院床日预算数

（2）到统筹地区以外就医的交通食宿费

统筹地区以外交通食宿费预算数＝统筹地区交通食宿费补助标准×异地就医人次预算数

（3）一次性工伤医疗补助金

一次性工伤医疗补助金预算数＝统筹地区一次性工伤医疗补助金补助标准×相关待遇享受人数预算数

（二）工亡待遇支出预算的编制

工亡待遇支出预算数＝供养亲属抚恤金预算数＋一次性工亡补助金预算数＋丧葬补助金预算数

1. 供养亲属抚恤金支出预算的编制

（1）第一步，测算供养亲属抚恤金领取人次

供养亲属抚恤金领取人次预算数＝供养亲属抚恤金领取人次上年预计执行数×（1＋修正后综合增长率）

①供养亲属抚恤金领取人次上年预计执行数的测算

以上年预算数为基数，综合考虑统筹地区预算执行年度工伤保险政策、法律、法规的调整对供养亲属抚恤金领取人次的影响以及上年

预算实际执行情况等因素，对上年预算数进行调整计算得出。

供养亲属抚恤金领取人次上年预计执行数＝上年预算数＋上年预算调整数

供养亲属抚恤金领取人次上年预算调整数＝上年前三个季度领取人次＋上年第四季度领取人次预计数－领取人次上年预算数

上年第四季度供养亲属抚恤金领取人次预计数＝上年前三个季度领取人次÷3＋修正值

设置修正值的主要目的是解决在第四季度执行对供养亲属抚恤金领取人次产生较大影响的政策等因素。

②供养亲属抚恤金领取人次综合增长率的测算

测算办法详见附录。

③供养亲属抚恤金领取人次综合增长率的修正

通常统筹地区出现下列情况时，须对供养亲属抚恤金领取人次综合增长率测算值进行修正：

一是政策调整因素。在预算年度中执行对供养亲属抚恤金领取人次的增长趋势可能产生较大影响的政策。

二是数据采集年度的数据出现明显异常。如统筹地区个别年度供养亲属抚恤金领取人次的增长趋势毫无规律而言，可能在个别年份存在较大的不可比因素，需剔除不可比因素后，对综合增长率测算值进行修正。

(2) 第二步，测算供养亲属抚恤金支出的上年预计执行数

供养亲属抚恤金支出上年预计执行数＝上年预算数＋上年预算调整数

供养亲属抚恤金支出上年预算调整数＝上年前三个季度支出＋上年第四季度支出预计数－上年预算数

上年第四季度供养亲属抚恤金支出预计数＝上年前三个季度支出÷近年前三个季度供养亲属抚恤金支出占全年的平均比例×(1－近年前三个季度供养亲属抚恤金支出占全年的平均比例)＋修正值

设置修正值的主要目的是解决在第四季度执行对供养亲属抚恤金

待遇水平产生较大影响的政策等因素。

(3) 第三步，测算次均供养亲属抚恤金支出

次均供养亲属抚恤金支出预算数＝上年预计执行数×(1＋修正后综合增长率)

次均供养亲属抚恤金支出上年预计执行数＝供养亲属抚恤金支出上年预计执行数÷供养亲属抚恤金领取人次上年预计执行数

①次均供养亲属抚恤金支出综合增长率的测算

测算办法详见附录。

②次均供养亲属抚恤金支出综合增长率的修正

通常统筹地区出现下列情况时，须对工伤保险次均供养亲属抚恤金支出综合增长率测算值进行修正：

一是政策调整因素。在预算年度中执行对次均供养亲属抚恤金支出的增长趋势可能产生较大影响的政策，如提高待遇支付标准等。

二是数据采集年度的数据出现明显异常。如统筹地区个别年度次均供养亲属抚恤金支出的变化趋势毫无规律而言，需剔除不可比因素后，对综合增长率测算值进行修正。

(4) 第四步，测算供养亲属抚恤金支出预算数

供养亲属抚恤金支出预算数＝领取人次预算数×次均领取金额预算数

2. 一次性工亡补助金支出预算的编制

(1) 第一步，测算一次性工亡补助金领取人数

一次性工亡补助金领取人数预算数＝一次性工亡补助金领取人数上年预计执行数×(1＋修正后综合增长率)

①一次性工亡补助金领取人数上年预计执行数的测算

以上年预算数为基数，综合考虑统筹地区预算执行年度安全生产现状对一次性工亡补助金领取人数的影响以及上年预算实际执行情况等因素，对上年预算数进行调整计算得出。

一次性工亡补助金领取人数上年预计执行数＝上年预算数＋上年预算调整数

一次性工亡补助金领取人数上年预算调整数＝上年前三个季度领取人数＋上年第四季度领取人数预计数－上年预算数

上年第四季度一次性工亡补助金领取人数预计数＝上年前三个季度领取人数÷三个季度＋修正值

设置修正值的主要目的是解决在第四季度执行对一次性工亡补助金领取人数产生较大影响的政策等因素。

②一次性工亡补助金领取人数综合增长率的测算

测算办法详见附录。

③一次性工亡补助金领取人数综合增长率的修正

通常统筹地区出现下列情况时，须对一次性工亡补助金领取人数综合增长率测算值进行修正。如数据采集年度的数据出现明显异常，统筹地区个别年度领取人数的变化趋势毫无规律而言，可能在个别年份存在较大的不可比因素，需剔除不可比因素后，对综合增长率测算值进行修正。

(2) 第二步，测算一次性工亡补助金人均支出预算数

按照《工伤保险条例》第 39 条第三款的规定，一次性工亡补助金标准为上一年度全国城镇居民人均可支配收入的 20 倍。

一次性工亡补助金人均支出预算数＝一次性工亡补助金人均支出上年预计执行数×(1＋修正后综合增长率)

一次性工亡补助金人均支出上年预计执行数＝前年全国城镇居民人均可支配收入×20

①一次性工亡补助金人均支出综合增长率的测算

测算办法详见附录。

②一次性工亡补助金人均支出综合增长率的修正

一次性工亡补助金人均支出综合增长率测算值的修正应符合以下条件：一是一次性工亡补助金人均支出增长率测算值与近年全国城镇居民人均可支配收入的自然增长趋势出现明显偏差时；二是一次性工亡补助金发放标准政策进行调整等。

(3) 第三步，一次性工亡补助金支出预算数

一次性工亡补助金支出预算数＝一次性工亡补助金领取人数预算数×一次性工亡补助金人均支出预算数

3. 丧葬补助金支出预算的编制

（1）第一步，测算丧葬补助金领取人数

丧葬补助金领取人数预算数＝丧葬补助金领取人数上年预计执行数×(1＋修正后综合增长率)

①丧葬补助金领取人数上年预计执行数

以上年预算数为基数，综合考虑统筹地区预算执行年度安全生产现状对丧葬补助金领取人数的影响以及上年预算实际执行情况等因素，对上年预算数进行调整计算得出。

丧葬补助金领取人数上年预计执行数＝上年预算数＋上年预算调整数

丧葬补助金领取人数上年预算调整数＝上年前三个季度领取人数＋上年第四季度领取人数预计数－上年预算数

上年第四季度领取人数预计数＝上年前三个季度领取人数÷三个季度＋修正值

设置修正值的主要目的是解决在第四季度执行对丧葬补助金领取人数产生较大影响的政策等因素。

②丧葬补助金领取人数综合增长率的测算

测算办法详见附录。

③丧葬补助金领取人数综合增长率的修正

通常统筹地区出现下列情况时，须对丧葬补助金领取人数综合增长率测算值进行修正。如数据采集年度的数据出现明显异常，统筹地区个别年度领取人数的变化趋势毫无规律而言，可能在个别年份存在较大的不可比因素，需剔除不可比因素后，对综合增长率测算值进行修正。

（2）第二步，测算丧葬补助金人均支出预算数

按照《工伤保险条例》第 39 条第一款的规定，丧葬补助金为 6 个月的统筹地区上年度职工月平均工资。

丧葬补助金人均支出预算数＝丧葬补助金人均支出上年预计执行数×(1＋修正后综合增长率)

丧葬补助金人均支出上年预计执行数＝统筹地区上年职工月社平工资×6 个月

①丧葬补助金人均支出综合增长率的测算

测算办法详见附录。

②丧葬补助金人均支出综合增长率的修正

丧葬补助金人均支出综合增长率测算值的修正应符合以下条件：一是丧葬补助金人均支出增长率测算值与近年统筹地区在岗职工平均工资的自然增长趋势出现明显偏差时；二是丧葬补助金发放标准政策进行调整等。

(3) 第三步，丧葬补助金支出预算数

丧葬补助金支出预算数＝丧葬补助金领取人数预算数×丧葬补助金人均支出预算数

(三) 伤残待遇支出预算的编制

伤残待遇支出预算数＝一次性伤残补助金支出预算数＋生活护理费支出预算数＋伤残津贴支出预算数

1. 一次性伤残补助金支出预算

(1) 第一步，测算一次性伤残补助金领取人数

一次性伤残补助金领取人次预算数＝一次性伤残补助金领取人数上年预计执行数×(1＋修正后综合增长率)

①一次性伤残补助金领取人数上年预计执行数的测算

以上年预算数为基数，综合考虑统筹地区预算执行年度工伤保险政策、法律、法规的调整对一次性伤残补助金领取人次的影响以及上年预算实际执行情况等因素，对上年预算数进行调整计算得出。

一次性伤残补助金领取人次上年预计执行数＝一次性伤残补助金领取人数上年预算数＋上年预算调整数

一次性伤残补助金领取人数上年预算调整数＝上年前三个季度领取人数＋上年第四季度领取人数预计数－上年预算数

上年第四季度领取人数预计数＝上年前三个季度领取人数÷三个季度＋修正值

设置修正值的主要目的是解决在第四季度执行对一次性伤残补助金领取人数产生较大影响的政策等因素。

②一次性伤残补助金领取人数综合增长率的测算

测算办法详见附录。

③一次性伤残补助金领取人数综合增长率的修正

通常统筹地区出现下列情况时，须对一次性伤残补助金领取人次数综合增长率测算值进行修正：

一是政策调整因素。在预算年度中执行对一次性伤残补助金领取人数的增长趋势可能产生较大影响的政策。

二是数据采集年度的数据出现明显异常。如统筹地区个别年度一次性伤残补助金领取人次的增长趋势毫无规律而言，可能在个别年份存在较大的不可比因素，需剔除不可比因素后，对综合增长率测算值进行修正。

（2）第二步，测算一次性伤残补助金上年预计执行数

一次性伤残补助金上年预计执行数＝上年预算数＋上年预算调整数

一次性伤残补助金上年预算调整数＝上年前三个季度一次性伤残补助金＋上年第四季度伤残补助金预计数－上年预算数

上年四季度伤残补助金预计数＝上年前三个季度实际伤残补助金÷近年前三个季度伤残补助金占全年的平均比例×(1－近年前三个季度伤残补助金占全年的平均比例)＋修正值

设置修正值的主要目的是解决在第四季度执行对一次性伤残补助金标准产生较大影响的政策等因素。

（3）第三步，测算一次性伤残补助金人均支出

一次性伤残补助金人均支出预算数＝一次性伤残补助金人均支出上年预计执行数×(1＋修正后综合增长率)

一次性伤残补助金人均支出上年预计执行数＝一次性伤残补助金

上年预计执行数÷一次性伤残补助金领取人次上年预计执行数

①一次性伤残补助金人均支出综合增长率的测算

测算办法详见附录。

②一次性伤残补助金人均支出综合增长率的修正

通常统筹地区出现下列情况时，须对一次性伤残补助金人均支出综合增长率测算值进行修正：

一是政策调整因素。在预算年度中执行对一次性伤残补助金人均支出的增长趋势可能产生较大影响的政策，如提高待遇支付标准等。

二是数据采集年度的数据出现明显异常。如统筹地区个别年度一次性伤残补助金人均支出的变化趋势毫无规律而言，需剔除不可比因素后，对综合增长率测算值进行修正。

(4) 第四步，测算一次性伤残补助金预算数

一次性伤残补助金预算数＝一次性伤残补助金领取人数预算数×一次性伤残补助金人均支出预算数

2. 生活护理费支出预算

(1) 第一步，测算生活护理费领取人次

生活护理费领取人次预算数＝生活护理费领取人次上年预计执行数×(1＋修正后综合增长率)

①生活护理费领取人次上年预计执行数的测算

以上年预算数为基数，综合考虑统筹地区预算执行年度工伤保险政策、法律、法规的调整对生活护理费领取人次的影响以及上年预算实际执行情况等因素，对上年预算数进行调整计算得出。

生活护理费领取人次上年预计执行数＝上年预算数＋上年预算调整数

生活护理费领取人次上年预算调整数＝上年前三个季度领取人次＋上年第四季度领取人次预计数－上年预算数

上年第四季度生活护理费领取人次预计数＝上年前三个季度领取人次÷三个季度＋修正值

设置修正值的主要目的是解决在第四季度执行对生活护理费领取

人次产生较大影响的政策等因素。

②生活护理费领取人次综合增长率的测算

测算办法详见附录。

③生活护理费领取人次综合增长率的修正

通常统筹地区出现下列情况时，须对生活护理费领取人次综合增长率测算值进行修正：

一是政策调整因素。在预算年度中执行对生活护理费领取人次的增长趋势可能产生较大影响的政策。

二是数据采集年度的数据出现明显异常。如统筹地区个别年度生活护理费领取人次的增长趋势毫无规律而言，可能在个别年份存在较大的不可比因素，需剔除不可比因素后，对综合增长率测算值进行修正。

(2) 第二步，测算生活护理费支出上年预计执行数

生活护理费支出上年预计执行数＝生活护理费支出上年预算数＋上年预算调整数

生活护理费支出上年预算调整数＝上年前三个季度生活护理费支出＋上年第四季度生活护理费支出预计数－上年预算数

上年第四季度生活护理费支出预计数＝上年前三个季度生活护理费支出÷近年前三个季度生活护理费支出占全年的平均比例×(1－近年前三个季度生活护理费支出占全年的平均比例)＋修正值

设置修正值的主要目的是解决在第四季度执行对生活护理费标准产生较大影响的政策等因素。

(3) 第三步，测算生活护理费人均支出

生活护理费人均支出预算数＝生活护理费人均支出上年预计执行数×(1＋修正后综合增长率)

生活护理费人均支出上年预计执行数＝生活护理费支出上年预计执行数÷生活护理费领取人次上年预计执行数

①生活护理费人均支出综合增长率的测算

测算办法详见附录。

②生活护理费人均支出综合增长率的修正

通常统筹地区出现下列情况时，须对生活护理费人均支出综合增长率测算值进行修正：

一是政策调整因素。在预算年度中执行对生活护理费人均支出的增长趋势可能产生较大影响的政策，如提高待遇标准等。

二是数据采集年度的数据出现明显异常。如统筹地区个别年度生活护理费人均支出的变化趋势毫无规律而言，需剔除不可比因素后，对综合增长率测算值进行修正。

(4) 第四步，测算生活护理费支出预算数

生活护理费支出预算数＝生活护理费领取人次预算数×生活护理费人均支出预算数

3. 伤残津贴支出预算

(1) 第一步，测算伤残津贴领取人次

伤残津贴领取人次预算数＝伤残津贴领取人次上年预计执行数×(1＋修正后综合增长率)

①伤残津贴领取人次上年预计执行数的测算

以上年预算数为基数，综合考虑统筹地区预算执行年度工伤保险政策、法律、法规的调整对伤残津贴领取人次的影响以及上年预算实际执行情况等因素，对上年预算数进行调整计算得出。

伤残津贴领取人次上年预计执行数＝上年预算数＋上年预算调整数

伤残津贴领取人次上年预算调整数＝上年前三个季度领取人次＋上年第四季度领取人次预计数－上年预算数

上年第四季度领取人次预计数＝上年前三个季度伤残津贴领取人次÷三个季度＋修正值

设置修正值的主要目的是解决在第四季度执行对伤残津贴领取人次产生较大影响的政策等因素。

②伤残津贴领取人次综合增长率的测算

测算办法详见附录。

③伤残津贴领取人次综合增长率的修正

通常统筹地区出现下列情况时，须对伤残津贴领取人次综合增长率测算值进行修正：

一是政策调整因素。在预算年度中执行对伤残津贴领取人次的增长趋势可能产生较大影响的政策。

二是数据采集年度的数据出现明显异常。如统筹地区个别年度伤残津贴领取人次的增长趋势毫无规律而言，可能在个别年份存在较大的不可比因素，需剔除不可比因素后，对综合增长率测算值进行修正。

(2) 第二步，测算伤残津贴支出上年预计执行数

伤残津贴支出上年预计执行数＝伤残津贴支出上年预算数＋上年预算调整数

伤残津贴支出上年预算调整数＝上年前三个季度伤残津贴支出＋上年第四季度伤残津贴支出预计数－上年预算数

上年第四季度伤残津贴支出预计数＝上年前三个季度伤残津贴支出÷近年前三个季度伤残津贴支出占全年的平均比例×(1－近年前三个季度伤残津贴支出占全年的平均比例)＋修正值

设置修正值的主要目的是解决在第四季度执行对伤残津贴标准产生较大影响的政策等因素。

(3) 第三步，测算伤残津贴人均支出

伤残津贴人均支出预算数＝伤残津贴人均支出上年预计执行数×(1＋修正后综合增长率)

伤残津贴人均支出上年预计执行数＝伤残津贴支出上年预计执行数÷伤残津贴领取人次上年预计执行数

①伤残津贴人均支出综合增长率的测算

测算办法详见附录。

②伤残津贴人均支出综合增长率的修正

通常统筹地区出现下列情况时，须对伤残津贴人均支出综合增长率测算值进行修正：

一是政策调整因素。在预算年度中执行对伤残津贴人均支出的增长趋势可能产生较大影响的政策，如提高待遇标准等。

二是数据采集年度的数据出现明显异常。如统筹地区个别年度伤残津贴人均支出的变化趋势毫无规律而言，需剔除不可比因素后，对综合增长率测算值进行修正。

三是人均伤残津贴金额低于当地最低工资标准的。

(4) 第四步，测算伤残津贴支出预算数

伤残津贴支出预算数＝伤残津贴领取人次预算数×伤残津贴人均支出预算数

二、劳动能力鉴定费支出预算的编制

（一）第一步，测算劳动能力鉴定人数

劳动能力鉴定人数＝劳动能力鉴定人数上年预计执行数×(1＋修正后综合增长率)

1. 劳动能力鉴定人数上年预计执行数

以上年预算数为基数，综合考虑统筹地区预算执行年度安全生产现状对劳动能力鉴定人数的影响以及上年预算实际执行情况等因素，对上年预算数进行调整计算得出。

劳动能力鉴定人数上年预计执行数＝上年预算数＋上年预算调整数

劳动能力鉴定人数上年预算调整数＝上年前三个季度鉴定人数＋上年第四季度鉴定人数预计数－上年预算数

上年第四季度劳动能力鉴定人数预计数＝上年前三个季度鉴定人数÷三个季度＋修正值

设置修正值的主要目的是解决在第四季度执行对劳动能力鉴定人数产生较大影响的政策等因素。

2. 劳动能力鉴定人数综合增长率的测算

测算办法详见附录。

3. 劳动能力鉴定人数综合增长率的修正

通常统筹地区出现下列情况时，须对劳动能力鉴定人数综合增长率测算值进行修正。如数据采集年度的数据出现明显异常，统筹地区个别年度鉴定人数的变化趋势毫无规律而言，可能在个别年份存在较大的不可比因素，需剔除不可比因素后，对综合增长率测算值进行修正。

（二）第二步，鉴定费支付标准预算数的确定

劳动能力鉴定费支付标准按照统筹地区相关法规政策执行。

（三）第三步，劳动能力鉴定费支出预算数

劳动能力鉴定费支出预算数＝劳动能力鉴定人数预算数×劳动能力鉴定费支付标准预算数

三、工伤预防费支出预算的编制

《工伤保险条例》第12条规定，工伤保险基金存入社会保障基金财政专户，用于本条例规定的工伤保险待遇，劳动能力鉴定，工伤预防的宣传、培训等费用，以及法律、法规规定的用于工伤保险的其他费用的支付。工伤预防费用的提取比例、使用和管理的具体办法，由国务院社会保险行政部门会同国务院财政、卫生行政、安全生产监督管理等部门规定。

工伤预防费支出预算＝工伤预防宣传费预算数＋工伤预防培训费预算数

由于目前工伤预防费支出尚未纳入工伤保险基金会计科目体系，因此，工伤预防费支出预算暂列入“其他支出”科目。

四、工伤保险先行支付支出预算的编制

《社会保险法》第41条规定，职工所在用人单位未依法缴纳工伤保险费，发生工伤事故的，由用人单位支付工伤保险待遇。用人单位不支付的，从工伤保险基金中先行支付。第42条规定，由于第三人的原因造成工伤，第三人不支付工伤医疗费用或者无法确定第三人的，由工伤保险基金先行支付。

工伤保险先行支付支出预算＝工伤保险先行支付待遇支出预算＋工伤保险先行支付医疗费支出预算

鉴于工伤保险先行支付支出预算是《社会保险法》首次明确新增

的工伤保险基金支付项目，全国大部分地区并未执行相关政策，因此，新执行该政策的地区，在尚未形成较为清晰的增长趋势的情况下，工伤保险先行支付支出预算可按照享受人数预计数、工伤保险医疗费及待遇支出标准等因素进行测算。

由于目前工伤保险先行支付支出尚未纳入工伤保险基金会计科目体系，因此，工伤保险先行支付支出预算暂列入“其他支出”科目。

五、其他支出预算的编制

社会保险基金财务制度规定，其他支出是指经财政部门核准开支的其他非社会保险待遇性质的支出，因此，除特殊情况外，原则上不做其他支出预算。但由于前述原因，其他支出预算暂包含“工伤保险先行支付支出”和“工伤预防费支出”，待工伤保险基金会计制度按新条例规定健全完善后，按规定另行调整。

六、转移支出预算的编制

编制转移收入预算要重点参考以下三个指标：

1. 近年转移支出变化趋势。

2. 政策调整对转移人数的影响。

3. 政策调整对转移金额的影响。

七、补助下级和上解上级支出预算的编制

编制补助下级和上解上级支出预算要重点参考以下两个指标：

1. 上年度补助下级支出和上解上级支出情况。

2. 预算年度的调剂金政策变化情况。

八、工伤保险基金结余预算的编制

（一）基金结余预算编制原则

工伤保险基金预算实行以支定收、收支平衡的原则，因此，原则上不得编制赤字预算。

（二）基金结余预算的编制

工伤保险基金结余预算包括工伤保险基金当年结余预算和工伤保险基金年末滚存结余预算。

当年结余预算数＝基金收入预算数－基金支出预算数

年末滚存结余预算数＝上年结余预计执行数＋当年结余预算数

第四节 指标释义及数据采集

本节解释工伤保险基金预算编制中使用的各项指标的概念、包括的范围以及指标数据的采集途径。

一、工伤保险基金收入预算指标释义及数据采集

（一）基金指标

1. 征缴收入

指标释义：征缴收入，是指缴费单位按国家规定的缴费基数的一定比例或按项目工程造价、营业额、上年职工月平均工资的一定比例等方式缴纳的工伤保险费。该指标包括当期征缴收入、清欠收入、预缴收入、补缴收入及其他征缴收入。

（1）当期征缴收入

指标释义：当期征缴收入，是指报告期内根据国家有关规定，由纳入工伤保险范围的缴费单位按规定的缴费基数、缴费比例实际收缴到位的当年工伤保险费收入，该指标包含本年发生但已在本年收回的欠费。

数据采集：该指标采集自社会保险基金年报《社会保险补充资料表（二）》（年报补 02 表）的工伤保险“本期实缴当年社会保险费”数据。

（2）清欠收入

指标释义：清欠收入，是指本年缴回历年欠缴（不含核销）的工伤保险费的金额（本金）。

数据采集：该指标采集自社会保险基金年报《社会保险补充资料表（二）》（年报补 02 表）的工伤保险的“本年清理收回以前年度欠费（不含核销）”数据。

（3）预缴收入

指标释义：预缴收入，是指参保单位跨年度一次性预缴或一次性趸缴的工伤保险费。包括改制、破产企业按规定为解除劳动合同关系的职工预留并缴纳的工伤保险费。

数据采集：该指标采集自社会保险基金年报《社会保险补充资料表（二）》（年报补 02 表）的工伤保险的“本年预缴以后年度社会保险费”数据。

（4）补缴收入

指标释义：补缴收入，是指参保单位实际补缴的上年度末之前的工伤保险费（未统计在上年末累计欠费项目中）。

数据采集：该指标采集自社会保险基金年报《社会保险补充资料表（二）》（年报补 02 表）的工伤保险的“本年补缴以前年度社会保险费”数据。

（5）其他征缴收入

指标释义：其他征缴收入，是指不包含在当期征缴收入、清欠收入、预缴收入、补缴收入范围内的其他征缴收入。

数据采集：该指标采集自社会保险基金年报《社会保险补充资料表（二）》（年报补 02 表）的工伤保险的“其他”数据。

2. 利息收入

指标释义：利息收入，是指用工伤保险基金存入银行、购买国债等所取得的利息收入，包括收入户、支出户、财政专户等银行账户的利息收入。

数据采集：该指标采集自社会保险基金年报《工伤保险基金收支表》（年报 18 表）的“利息收入”数据。

3. 财政补贴收入

指标释义：财政补贴收入，是指收到的各级财政部门给予工伤保险基金的补贴。

数据采集：该指标采集自社会保险基金年报《工伤保险基金收支表》（年报 18 表）的“财政补贴收入”数据。

4. 其他收入

指标释义：其他收入，是指工伤保险基金的滞纳金以及其他经财政部门核准的收入。

数据采集：该指标采集自社会保险基金年报《工伤保险基金收支表》(年报 18 表) 的“其他收入”数据。

5. 转移收入

指标释义：转移收入，是指工伤保险对象跨统筹范围转移时划入的基金。

数据采集：该指标采集自社会保险基金年报《工伤保险基金收支表》(年报 18 表) 的“转移收入”数据。

6. 上级补助收入

指标释义：上级补助收入，是指下级经办机构接受上级经办机构拨付的补助收入。

数据采集：该指标采集自社会保险基金年报《工伤保险基金收支表》(年报 18 表) 的“上级补助收入”数据。

7. 下级上解收入

指标释义：下级上解收入，是指上级经办机构接受下级经办机构上解的基金收入。

数据采集：该指标采集自社会保险基金年报《工伤保险基金收支表》(年报 18 表) 的“下级上解收入”数据。

(二) 因素指标

1. 平均缴费人数

指标释义：平均缴费人数，是指报告期末参加工伤保险人数中按规定缴纳工伤保险费的平均人数。

数据采集：该指标采集自人力资源社会保障统计报表《参加工伤保险人员及基金征缴情况》(人社统 WI3 号) 表甲栏 1“总计”宾栏 6“缴费人数”的“平均数”。

2. 缴费工资总额

指标释义：缴费工资总额，是指报告期内参加工伤保险的参保单位缴纳工伤保险费的工资总额，按缴费人员的应缴口径计算。

数据采集：该指标采集自人力资源社会保障统计报表《参加工伤保险人员及基金征缴情况》（人社统 WI3 号）表甲栏 1“总计”宾栏 7“缴费基数总额”。

3. 月人均缴费工资

指标释义：月人均缴费工资，是指报告期内参加工伤保险的单位月缴纳工伤保险费的工资基数。按缴费人员的应缴口径计算。

数据采集：该指标由缴费工资总额÷平均缴费人数计算填列。

4. 收缴率

指标释义：收缴率，是指当期实收工伤保险费占应收工伤保险费的比例。

数据采集：该指标由当期征缴收入÷应缴收入计算填列。

5. 平均费率

指标释义：平均费率，是指报告期内参加工伤保险的单位缴纳的工伤保险费占缴费工资总额的比率。按应缴口径计算。

数据采集：该指标由当期征缴收入÷收缴率÷缴费工资总额计算填列。

6. 应缴收入

指标释义：应缴收入，是指报告期内参加工伤保险的单位按照规定的标准计算出的应缴纳的工伤保险费金额。

数据采集：该指标采集自人力资源社会保障统计报表《参加工伤保险人员及基金征缴情况》（人社统 WI3 号）表甲栏 1“总计”宾栏 9“本期应缴”。

7. 上年在岗职工月平均工资

指标释义：上年在岗职工月平均工资，是指本地区上年全部在岗职工工资总额除以同期内的平均职工人数。该指标反映本地区全部在岗职工平均工资收入水平。

数据采集：该指标采集自统计部门公布的上年度在岗职工月平均工资。

二、工伤保险基金支出预算指标释义及数据采集

（一）基金指标

1. 工伤保险待遇支出

（1）工伤医疗待遇支出

指标释义：工伤医疗待遇支出，是指报告期内参加工伤保险的工伤人员门（急）诊、住院、治疗康复、装配辅助器具以及其他发生的符合规定，并由工伤基金支付的工伤医疗待遇支出。

数据采集：该指标采集自社会保险基金年报《工伤保险基金收支表》（年报 18 表）的“工伤医疗待遇支出”数据。

（2）工亡待遇支出

指标释义：工亡待遇支出，是指报告期内符合国家规定从工伤保险基金中领取的丧葬补助金、供养亲属抚恤金、一次性工亡补助金等费用金额。

数据采集：该指标采集自社会保险基金年报《工伤保险基金收支表》（年报 18 表）的“工亡待遇支出”数据。

（3）伤残待遇支出

指标释义：伤残待遇支出，是指报告期内符合国家规定由工伤保险基金支付的一次性伤残补助金、伤残津贴、生活护理费等的费用金额。

数据采集：该指标采集自社会保险基金年报《工伤保险基金收支表》（年报 18 表）的“伤残待遇支出”数据。

2. 劳动能力鉴定费支出

指标释义：劳动能力鉴定费支出，是指报告期内由工伤保险基金支付的劳动能力鉴定的费用总额。

数据采集：该指标采集自社会保险基金年报《工伤保险基金收支表》（年报 18 表）的“劳动能力鉴定费支出”数据。

3. 其他支出

指标释义：其他支出，是指按财政部门核准实际支付给参保人员的其他非工伤保险待遇性质的支出。

数据采集：该指标采集自社会保险基金年报《工伤保险基金收支表》（年报 18 表）的“其他支出”数据。

4. 转移支出

指标释义：转移支出，是指工伤保险对象跨统筹地区流动而转出的工伤保险基金。

数据采集：该指标采集自社会保险基金年报《工伤保险基金收支表》（年报 18 表）的“转移支出”数据。

5. 补助下级支出

指标释义：补助下级支出，是指上级经办机构拨付给下级经办机构的补助支出。

数据采集：该指标采集自社会保险基金年报《工伤保险基金收支表》（年报 18 表）的“补助下级支出”数据。

6. 上解上级支出

指标释义：上解上级支出，是指下级经办机构上解上级经办机构的支出。

数据采集：该指标采集自社会保险基金年报《工伤保险基金收支表》（年报 18 表）的“上解上级支出”数据。

（二）因素指标

1. 工伤医疗待遇支出部分

（1）门诊费用

指标释义：门诊费用，是指报告期内参加工伤保险的工伤人员门（急）诊就诊发生的符合规定，并由工伤基金支付的医疗费用的合计。

数据采集：该指标采集自人力资源社会保障统计报表《工伤保险医疗及康复费用情况》（人社统 WI5 号）表甲栏 1“总计”宾栏 1“门（急）诊”的“费用合计”。

（2）门诊人次

指标释义：门诊人次，是指报告期内参加工伤保险的工伤人员门（急）诊就诊的人次数。

数据采集：该指标采集自人力资源社会保障统计报表《工伤保险

医疗及康复费用情况》（人社统 WI5 号）表甲栏 1“总计”宾栏 3“门（急）诊”的“人次”。

（3）次均门诊费用

指标释义：次均门诊费用，是指报告期内参加工伤保险的工伤人员门（急）诊就诊发生的符合规定，次均由工伤基金支付的门诊费用。

数据采集：该指标由工伤保险门诊费用÷门诊人次计算填列。

（4）住院费用

指标释义：住院费用，是指报告期内参加工伤保险的工伤人员在住院期间所发生的符合规定，并由工伤基金支付的医疗费用的合计。

数据采集：该指标采集自人力资源社会保障统计报表《工伤保险医疗及康复费用情况》（人社统 WI5 号）表甲栏 1“总计”宾栏 5“住院”的“费用合计”。

（5）住院人次

指标释义：住院人次，是指报告期内参加工伤保险的工伤人员住院治疗治愈（包括死亡）出院的人次数。

数据采集：该指标采集自人力资源社会保障统计报表《工伤保险医疗及康复费用情况》（人社统 WI5 号）表甲栏 1“总计”宾栏 11“住院”的“出院人次”。

（6）次均住院费用

指标释义：次均住院费用，是指报告期内参加工伤保险的工伤人员在住院期间所发生的符合规定，次均由工伤基金支付的住院费用。

数据采集：该指标由工伤保险住院费用÷住院人次计算填列。

（7）工伤康复费用

指标释义：工伤康复费用，是指报告期内参加工伤保险的工伤人员治疗康复期间所发生的符合规定，并由工伤基金支付的康复费用的合计。

数据采集：该指标采集自人力资源社会保障统计报表《工伤保险医疗及康复费用情况》（人社统 WI5 号）表甲栏 1“总计”宾栏 15

"工伤康复"的"费用"。

(8) 工伤康复待遇享受人次

指标释义：工伤康复待遇享受人次，是指报告期内参加工伤保险的工伤人员进行职业康复的人次数。

数据采集：该指标采集自人力资源社会保障统计报表《工伤保险医疗及康复费用情况》(人社统 WI5 号) 表甲栏 1"总计"宾栏 17"工伤康复"的"人次"。

(9) 次均工伤康复费支出

指标释义：次均工伤康复费支出，是指报告期内参加工伤保险的工伤人员次均由工伤保险基金支付的职业康复费用的金额。

数据采集：该指标由工伤康复费用÷康复待遇享受人次计算填列。

(10) 辅助器具费用

指标释义：辅助器具费用，是指报告期内由工伤保险基金支付的安装辅助器具费用。

数据采集：该指标采集自人力资源社会保障统计报表《享受工伤保险待遇情况（续）》(人社统 WI4 号) 表甲栏 1"总计"宾栏 14"辅助器具安装配置费"的"费用"。

(11) 装配人次

指标释义：装配人次，是指报告期内由参加工伤保险的工伤人员安装辅助器具的人次数。

数据采集：该指标采集自人力资源社会保障统计报表《享受工伤保险待遇情况（续）》(人社统 WI4 号) 表甲栏 1"总计"宾栏 15"辅助器具安装配置费"的"装配人次"。

(12) 次均辅助器具支出

指标释义：次均辅助器具支出，是指报告期内次均由工伤保险基金支付的安装辅助器具费用的金额。

数据采集：该指标由工伤保险辅助器具费用÷装配人次计算填列。

2. 工亡待遇支出部分

（1）供养亲属抚恤金

指标释义：供养亲属抚恤金，是指报告期内符合国家规定由工伤保险基金支付给供养亲属的抚恤金的金额。

数据采集：该指标采集自人力资源社会保障统计报表《享受工伤保险待遇情况（续）》（人社统 WI4 号）表甲栏 1“总计”宾栏 21“供养亲属抚恤金”的“费用”。

（2）供养亲属抚恤金领取人次

指标释义：供养亲属抚恤金领取人次，是指报告期内按规定领取供养亲属抚恤金的人次数。

数据采集：该指标采集自人力资源社会保障统计报表《享受工伤保险待遇情况（续）》（人社统 WI4 号）表甲栏 1“总计”宾栏 23“供养亲属抚恤金”的“领取人次”。

（3）次均供养亲属抚恤金

指标释义：次均供养亲属抚恤金，是指报告期内符合国家规定，供养亲属次均从工伤保险基金领取的供养亲属抚恤金金额。

数据采集：该指标由工伤保险供养亲属抚恤金支出金额÷领取人次计算填列。

（4）一次性工亡补助金

指标释义：一次性工亡补助金，是指报告期内符合国家规定由工伤保险基金支付的一次性工亡补助金的金额。

数据采集：该指标采集自人力资源社会保障统计报表《享受工伤保险待遇情况（续）》（人社统 WI4 号）表甲栏 1“总计”宾栏 17“一次性工亡补助金”的“费用”。

（5）一次性工亡补助金领取人数

指标释义：一次性工亡补助金领取人数，是指报告期内职工因工死亡的，其近亲属从工伤保险基金中领取一次性工亡补助金的人数。

数据采集：该指标采集自人力资源社会保障统计报表《享受工伤保险待遇情况（续）》（人社统 WI4 号）表甲栏 1“总计”宾栏 18

“一次性工亡补助金”的“领取人数”。

(6) 一次性工亡补助金人均支出金额

指标释义：一次性工亡补助金人均支出金额，是指报告期内符合国家规定人均由工伤保险基金支付的一次性工亡补助金金额。

数据采集：该指标由工伤保险一次性工亡补助金支出金额÷领取人次计算填列。

(7) 丧葬补助金

指标释义：丧葬补助金，是指报告期内符合国家规定由工伤保险基金支付的丧葬补助金的金额。

数据采集：该指标采集自人力资源社会保障统计报表《享受工伤保险待遇情况（续）》（人社统 WI4 号）表甲栏 1“总计”宾栏 19“丧葬补助金”的“费用”。

(8) 丧葬补助金领取人数

指标释义：丧葬补助金领取人数，是指报告期内职工因工死亡，其近亲属从工伤保险基金中领取丧葬补助金的人数。

数据采集：该指标采集自人力资源社会保障统计报表《享受工伤保险待遇情况（续）》（人社统 WI4 号）表甲栏 1“总计”宾栏 20“丧葬补助金”的“领取人数”。

(9) 丧葬补助金人均支出金额

指标释义：丧葬补助金人均支出金额，是指报告期内符合国家规定人均由工伤保险基金支付的丧葬补助金的金额。

数据采集：该指标由工伤保险丧葬补助金支出金额÷领取人数计算填列。

3. 伤残待遇支出情况

(1) 一次性伤残补助金

指标释义：一次性伤残补助金，是指报告期内符合国家规定由工伤保险基金支付的一次性伤残补助金费用金额。

数据采集：该指标采集自人力资源社会保障统计报表《享受工伤保险待遇情况（续）》（人社统 WI4 号）表甲栏 1“总计”宾栏 2“一

次性伤残补助金”的“费用”。

（2）一次性伤残补助金领取人数

指标释义：一次性伤残补助金领取人数，是指报告期内职工因工致残符合国家规定，从工伤保险基金中领取一次性伤残补助金的人数。

数据采集：该指标采集自人力资源社会保障统计报表《享受工伤保险待遇情况（续）》（人社统 WI4 号）表甲栏 1“总计”宾栏 3“一次性伤残补助金”的“领取人数”。

（3）一次性伤残补助金人均支出金额

指标释义：一次性伤残补助金人均支出金额，是指报告期内符合国家规定从工伤保险基金支付的人均一次性伤残补助金金额。

数据采集：该指标由工伤保险一次性伤残补助金支出金额÷领取人次计算填列。

（4）生活护理费支出

指标释义：生活护理费支出，是指报告期内符合国家规定由工伤保险基金支付的生活护理费金额。

数据采集：该指标采集自人力资源社会保障统计报表《享受工伤保险待遇情况（续）》（人社统 WI4 号）表甲栏 1“总计”宾栏 10“生活护理费”的“费用”。

（5）生活护理费领取人次

指标释义：生活护理费领取人次，是指报告期内符合国家规定由工伤保险基金按照不同护理等级标准支付给伤残职工生活护理费的人次数。

数据采集：该指标采集自人力资源社会保障统计报表《享受工伤保险待遇情况（续）》（人社统 WI4 号）表甲栏 1“总计”宾栏 12“生活护理费”的“领取人次”。

（6）次均生活护理费支出

指标释义：次均生活护理费支出，是指报告期内符合国家规定次均由工伤保险基金按照不同护理等级标准支付给伤残职工的生活护理费金额。

数据采集：该指标由工伤保险生活护理费支出金额÷领取人次计算填列。

(7) 伤残津贴支出

指标释义：伤残津贴支出，是指报告期内符合国家规定由工伤保险基金支付的伤残津贴金额。

数据采集：该指标采集自人力资源社会保障统计报表《享受工伤保险待遇情况（续）》（人社统 WI4 号）表甲栏 1“总计”宾栏 4“伤残津贴”的“费用”。

(8) 伤残津贴领取人次

指标释义：伤残津贴领取人次，是指报告期内符合国家规定由工伤保险基金按伤残等级支付伤残津贴的人次。

数据采集：该指标采集自人力资源社会保障统计报表《享受工伤保险待遇情况（续）》（人社统 WI4 号）表甲栏 1“总计”宾栏 7“伤残津贴”的“领取人次”。

(9) 次均伤残津贴支出

指标释义：次均伤残津贴支出，是指报告期内符合国家规定次均由工伤保险基金支付的伤残津贴金额。

数据采集：该指标由工伤保险伤残津贴支出金额÷领取人次计算填列。

4. 劳动能力鉴定费情况

(1) 劳动能力鉴定费

指标释义：劳动能力鉴定费情况，是指报告期内由工伤基金支付的劳动能力鉴定的费用总额。

数据采集：该指标采集自社会保险基金年报《工伤保险基金收支表》（年报 18 表）的“劳动能力鉴定费支出”数据。

(2) 鉴定人数

指标释义：鉴定人数，是指报告期内按规定由劳动能力鉴定部门进行劳动能力鉴定的人数。

数据采集：该指标由工伤保险劳动能力鉴定费÷鉴定费支付标准计算所得。

（3）鉴定费支付标准

指标释义：鉴定费支付标准，是指统筹地区规定的劳动能力鉴定费支付标准。

第五节　工伤保险基金预算审核

为保证预算的规范性和合理性，社会保险经办机构应该在预算编制完成后，对预算收入、支出和结余进行初审。审核可结合当地政策因素，参考以下标准完成。

一、工伤保险基金收入预算审核指标及标准

（一）审核指标：当期征缴收入预算

1. 审核标准：同比增长率大于5%。今后，该审核标准应随着在岗职工平均工资增幅的变动等因素进行相应调整。

2. 审核依据：根据统计局公布的数据，近年全国各省在岗职工平均工资增长幅度基本上超过10%，在不考虑扩面、提高收缴率的情况下，在岗职工平均工资对工伤保险费征缴收入的拉动作用应不低于5%。

（二）审核指标：平均缴费人数预算

1. 审核标准：平均缴费人数预算应大于上年预计执行数。

2. 审核依据：不断扩大工伤保险覆盖面，努力实现应扩尽扩、应缴尽缴的目标始终是工伤保险基金征缴工作重点之一，也是保障职工切身利益的重要举措，因此，缴费人数预算原则上应比上年增长。

（三）审核指标：月人均缴费工资预算

1. 审核标准：月人均缴费工资预算同比增长率应大于5%。今后，该审核标准应随着社会平均工资增幅的变动等因素进行相应

调整。

2. 审核依据：根据统计局公布的数据，近年全国在岗职工月平均工资增长幅度基本上保持在10%左右的水平，由于缴费工资与在岗职工月平均工资指标紧密相关，因此，在岗职工月平均工资对缴费工资的拉动作用理应不低于5%。

（四）审核指标：月人均缴费工资占上年在岗职工月平均工资的比例

1. 审核标准：月人均缴费工资占上年在岗职工月平均工资的比例应大于60%。

2. 审核依据：根据《工伤保险条例》第64条的规定，本人工资低于统筹地区职工平均工资60%的，按照统筹地区职工平均工资的60%计算。因此，月人均缴费工资占上年职工月平均工资的比例不应低于60%。

（五）审核指标：平均费率预算

1. 审核标准：平均费率预算应限定在0.5%～2%的范围之内。

2. 审核依据：根据原劳动和社会保障部、财政部、卫生部、国家安全生产监督管理局《关于工伤保险费率问题的通知》（劳社部发［2003］29号）规定，工伤保险平均缴费率原则上要控制在职工工资总额的1.0%左右。在这一总体水平下，各统筹地区三类行业的基准费率要分别控制在用人单位职工工资总额的0.5%左右、1%左右、2%左右。虽然工伤保险实行的是浮动费率政策，但对整个统筹地区而言，参保单位必然分布在各类不同的行业，不可能全部集中在单一行业，因此，正常情况下，平均费率应限定在0.5%～2%。

（六）审核指标：收缴率预算

1. 审核标准：收缴率预算应大于等于上年执行数。

2. 审核依据：提高基金收缴率，是基金征缴部门的重点工作之一，同时也是保障参保职工合法权益的重点，因此，基金收缴率应保持稳步提高的良好势头。

（七）审核指标：利息收入预算

1. 审核标准：利息收入预算占上年基金结余的比例原则上应大于活期存款利率。

2. 审核依据：基金结余存入银行最低应按活期存款利率计息。

（八）审核指标：转移收入预算

1. 审核标准：转移收入预算应等于0。

2. 审核依据：《工伤保险条例》没有工伤保险转移接续相关规定，且根据《工伤保险条例》第10条的规定，职工个人不缴纳工伤保险费，因此，工伤保险基金原则上不需要转移。

二、工伤保险基金支出预算审核指标及标准

（一）审核指标：次均医疗、康复费用预算

1. 审核标准：次均门诊费用、次均住院费用及次均康复费用预算同比增长率应小于30%。

2. 审核依据：影响工伤医疗费用、康复费用的主要因素是物价指数、职工伤残等级等，我国年平均物价涨幅一般不超过5%，综合考虑统筹地区不同伤残等级职工权重上的变化对人均医疗费用的影响，次均医疗费用增幅不应超过30%。今后，该审核标准可根据物价等相关指标增长幅度的变化做相应调整。

（二）审核指标：次（人）均领取工亡待遇预算

1. 审核标准：次均领取供养亲属抚恤金、人均领取一次性工亡补助金、人均领取丧葬补助金预算同比增长率应小于20%。

2. 审核依据：根据《工伤保险条例》的规定，一次性工亡补助金待遇标准与上年度全国城镇居民可支配收入直接挂钩，丧葬补助金标准与统筹地区上年度职工月平均工资直接挂钩，供养亲属抚恤金标准与本人工资直接挂钩。从统计数据分析，正常情况下，全国城镇居民可支配收入、职工月平均工资年增幅不超过20%，因此，次（人）均领取工亡待遇预算同比增长率不应超过20%。今后，该审核标准可根据职工平均工资、居民可支配收入等相关指标增长幅度的变化做相应调整。

（三）审核指标：人均领取一次性伤残补助金预算

1. 审核标准：人均领取一次性伤残补助金预算同比增长率应小于100%。

2. 审核依据：根据《工伤保险条例》的规定，一次性伤残补助金待遇标准是根据工伤职工1～10级不同的伤残等级按本人工资的7个月至27个月标准计算，不同伤残等级的待遇标准差异较大。因此，综合考虑不同伤残等级职工权重上的变化对人均待遇标准的影响以及职工平均工资增幅因素，人均领取一次性伤残补助金预算应不超过100%。今后，该审核标准可根据职工平均工资等相关指标增长幅度的变化做相应调整。

（四）审核指标：次均领取伤残津贴预算

1. 审核标准：次均领取伤残津贴预算同比增长率应小于30%。

2. 审核依据：根据《工伤保险条例》的规定，伤残津贴标准是根据工伤职工1～4级不同的伤残等级按本人工资的75%、80%、85%和90%的比例计算，不同伤残等级的待遇标准差异在5%～20%之间，平均差异为10%左右，职工平均工资增幅一般为10%左右。因此，次均领取伤残津贴预算不应超过30%。今后，该审核标准可根据职工平均工资等相关指标增长幅度的变化做相应调整。

（五）审核指标：次均领取生活护理费

1. 审核标准：次均领取生活护理费预算同比增长率应小于60%。

2. 审核依据：根据《工伤保险条例》的规定，生活护理费标准是根据工伤职工生活自理能力程度按统筹地区上年度职工月平均工资的30%、40%和50%的比例计算。不同生活护理能力的待遇标准差异在20%～67%之间，平均差异为43%左右，职工平均工资增幅一般为10%左右。因此，次均领取生活护理费预算不应超过60%。今后，该审核标准可根据职工平均工资等相关指标增长幅度的变化做相应调整。

（六）审核指标：转移支出预算

1. 审核标准：转移支出预算应等于0。

2. 审核依据：《工伤保险条例》没有工伤保险关系转移接续的相关规定，且根据《工伤保险条例》第 10 条的规定，职工个人不缴纳工伤保险费，因此，工伤保险基金原则上不需要转移。

（七）审核指标：其他支出预算

1. 审核标准：其他支出预算应等于 0。

2. 审核依据：根据社会保险基金财务制度规定，其他支出是指经财政部门核准开支的其他非社会保险待遇性质的支出。因此，其他支出项目原则上不做支出预算。

三、工伤保险基金预算结余审核指标及标准

（一）审核指标：基金当期结余预算

1. 审核标准：基金当期结余预算应大于 0。

2. 审核依据：根据《国务院关于试行社会保险基金预算的意见》（国发［2010］2 号）要求，社会保险基金预算坚持收支平衡，适当留有结余。《工伤保险条例》也明确规定，工伤保险基金实行以支定收、收支平衡的原则，因此，工伤保险基金预算不应出现赤字，出现赤字的地区应及时通过调整浮动费率、申请调剂金等方式筹集资金弥补。

（二）审核指标：基金累计结余预算

1. 审核标准：基金累计结余预算应大于 0。

2. 审核依据：工伤保险基金累计结余出现赤字，将存在巨大的基金支付风险，影响工伤保险各项待遇的按时足额发放，必须筹集资金予以弥补，因此，原则上工伤保险基金累计结余应大于 0。

第六节 应用实例

本实例系按照本书所述的基金预算编制办法测算某地区 2011 年工伤保险费收入、工伤保险基金支出等主要预算指标，同时，根据测

算结果结合 2011 年前三个季度该省的实际执行情况进行综合分析。编制预算的基础数据均采集自预算编制地区近四年社会保险基金会计年报、人力资源社会保障统计年报以及业务信息系统或业务台账数据等。

一、工伤保险费收入预算

（一）采集数据

从该地的人力资源社会保障统计报表中采集 2007 年、2009 年和 2010 年的平均缴费人数、缴费工资总额、应缴收入等数据；从工伤保险基金年报中采集 2007 年、2009 年和 2010 年的征缴收入、财政补贴收入、利息收入、转移收入、其他收入等数据的执行数。

（二）设置权重

从该地历年收入平均缴费人数和缴费工资总额的指标增长趋势分析，未发现明显异常或其他不可比因素，因此，其指标短期增长趋势和中期增长趋势均按 50％设置权重。

（三）测算数据

由于该地区受金融危机影响，从 2008 年开始对大部分企业的工伤保险费率实行减半政策，2011 年开始取消该政策，因此 2011 年平均费率比上年有较大幅度调整。收入参数表中各项指标的预算数由预算编制软件自动计算生成，见表 7—4（此表仅列示当期征缴收入预算部分）。

（四）对比分析

从表 7—5 中可以看出，某地区运用上述预算编制办法编制的 2011 年度工伤保险费收入预算为 24 323.4 万元，2011 年前三个季度实际执行数为 18 772.68 万元，预算完成率达到 77.18％，与该地区近三年前三个季度执行数占全年的平均比率 77％基本吻合，因此，基本上达到预算的目标。

二、工伤保险待遇支出预算

（一）采集数据

从该地人力资源和社会保障统计报表中采集 2007 年、2009 年、

表 7—4 工伤保险基金收入参数表

项目		单位	2007 年执行数	2009 年执行数	2010 年执行数	短期增长趋势		中期增长趋势		预算综合增长率（%）		2011 年预算数		
						同比增长率（%）	权重	近三年平均增长率（%）	权重	测算数	修正后综合增长率	2011 年预算数	同比增长额	同比增长率（%）
影响因素	平均缴费人数	人	990 756	1 040 390	1 122 675	7.91	0.50	4.25	0.50	6.08	6.08	1 190 955	68 280	6.08
	月人均缴费工资	元	1 600	1 700	1 904	11.98	—	5.96	—	—	—	2 076	172	9.02
	收缴率	%	100.00	100.00	100.00	0.00	—	0.00	—	—	—	100.00	0	0.00
	平均费率	%	0.87	0.42	0.44	3.87	—	−20.37	—	—	—	0.92	0	86.87
参考指标	应缴收入	元	165 347 892	89 669 201	112 543 757.38	25.51	—	−12.04	—	—	—	243 234 013	130 690 255	116.12
	缴费工资总额	元	19 024 490 000	21 224 610 000	25 647 640 000	20.84	0.50	10.47	0.50	15.65	15.65	29 662 684 452	4 015 044 452	16.65
当期征缴收入		元	165 347 892	89 669 201	112 543 757	25.51	—	−12.04	—	—	—	243 234 013	130 690 255	116.12

表 7—5　工伤保险费征缴收入预算数与执行数对比分析表

项目	单位	2011 年预算数	2011 年 1—9 月实际执行数	预算完成率（%）
当期征缴收入	元	243 234 013	187 726 800	77.18

2010 年的工伤医疗待遇支出数据，包括工伤住院费用及出院人次、门诊费用及门诊人次、工伤康复费用及工伤康复享受待遇人次、辅助器具费用及装配人次、其他医疗待遇支出等数据；工亡待遇支出数据，包括供养亲属抚恤金支出及领取人次、一次性工亡补助金支出及领取人数、丧葬补助金支出及领取人数等数据；伤残待遇支出数据，包括一次性伤残补助金支出及领取人数、生活护理费支出及领取人次、伤残津贴支出及领取人次等数据；从基金年报中采集 2007 年、2009 年、2010 年的劳动能力鉴定费、其他支出、转移支出等数据。

（二）设置权重

从该地历年支出各项指标增长趋势分析，各项指标均未发现明显异常或其他不可比因素，因此，各项指标的短期增长趋势和中期增长趋势均按 50%设置权重。

（三）调整修正值

由于《工伤保险条例》于 2011 年 1 月 1 日起正式实施，部分工伤待遇支付标准进行较大幅度的调整，因此，须对软件测算出的该部分项目综合增长率进行修正。如一次性工亡补助金，按照新条例规定，一次性工亡补助金标准为上一年度全国城镇居民人均可支配收入的 20 倍，比原标准高出数倍，因此，对次均领取工亡待遇支出的增长率进行较大幅度的修正。

（四）测算数据

上述指标填列后，支出参数表中各项指标的预算数由预算编制软件自动计算生成，见表 7—6。

表 7—6　　工伤保险基金支出参数表

	项目	单位	2007年执行数	2009年执行数	2010年执行数	短期增长趋势		中期增长趋势		预算综合增长率（%）		2010年预算数		
						同比增长率（%）	权重	近三年平均增长率（%）	权重	测算数	修正后综合增长率	2011年预算数	同比增长额	同比增长率（%）
工伤医疗待遇支出	一、工伤医疗费用支出	元	14 782 000	32 425 447	36 120 821	11.40	—	34.69	—	—	23.29	44 534 341	5 413 520	23.29
	（一）门诊费用	元	809 870	2 135 402	2 751 550	28.87	—	50.34	—	—	41.08	3 882 388	1 130 538	41.08
	门诊人次	人次	3 920	9 801	9 930	1 32	0.50	36.32	0.50	18.82	18.82	11 799	1 869	18.82
	次均门诊费用支出	元	207	218	277	27.19	0.50	10.28	0.50	18.74	18.74	329	52	18.74
	（二）住院费用	元	13 972 131	30 290 046	33 368 971	10.16	—	33.67	—	—	21.83	40 651 953	7 282 982	21.83
	住院人次	人次	4 588	7 294	7 058	−3.24	0.50	15.44	0.50	6.10	6.10	7 489	431	6.10
	次均住院费用支出	元	3 045	4 153	4 728	13.85	0.50	15.79	0.50	14.82	14.82	5 428	701	14.82
	二、工伤康复费用	元	739 738	702 754	518 523	16.47	—	3.43	—	—	9.88	899.377	80 854	9.88
	（一）工伤康复待遇享受人次	人次	119	100	96	−4.00	0.50	−6.91	0.50	−5.45	−5.45	91	−5	−5.45

续表

	项目	单位	2007年执行数	2009年执行数	2010年执行数	短期增长趋势		中期增长趋势		预算综合增长率（%）		2010年预算数		
						同比增长率（%）	权重	近三年平均增长率（%）	权重	测算数	修正后综合增长率	2011年预算数	同比增长额	同比增长率（%）
工伤医疗待遇支出	（二）次均工伤康复费支出	元	6 216	7 028	8 526	21.33	0.50	11.11	0.50	16.22	16.22	9 909	1 383	16.22
	三、辅助器具费用	元	163 764	1 054 890	454 300	−56.93	—	40.51	—	—	−13.96	390 889	−63 411	−13.96
	（一）支配人次	人次	19	82	48	−41.46	0.50	36.20	0.50	−2.63	−2.63	47	−1	−2.63
	（二）次均辅助器具支出	元	8 619	12 865	9 465	−26.43	0.50	3.17	0.50	−11.63	−11.63	8 364	−1 101	−11.63
	四、其他医疗待遇支出	元			0		—		—	—	—	100 000	100 000	—
	小计		15 685 502	34 183 091	37 393 644	9.39	—	33.59	—	—	22.81	45 924 607	5 530 963	22.81
工亡待遇支出	一、供养亲属抚恤金	元	2 827 959	5 358 844	8 199 396	55.01	—	42.59	—	—	47.76	12 115 035	3 915 639	47.76
	（一）领取人次	人次	1 631	1 885	2 126	12.79	0.50	9.24	0.50	11.01	11.01	2 360	234	11.01

续表

	项目	单位	2007年执行数	2009年执行数	2010年执行数	短期增长趋势		中期增长趋势		预算综合增长率（%）		2010年预算数		
						同比增长率（%）	权重	近三年平均增长率（%）	权重	测算数	修正后综合增长率	2011年预算数	同比增长额	同比增长率（%）
	（二）次均供养亲属抚恤金	元	1 734	2 843	3 857	35.66	0.50	30.54	0.50	33.10	33.10	5.133	1 277	33.10
工亡待遇支出	二、一次性工亡补助金	元	9 762 300	11 700 720	14 800 620	26.49	—	14.88	—	—	128.98	33 890 892	19 090 272	128.98
	（一）领取人数	人	73	80	89	11.25	0.50	6.83	0.50	9.04	9.04	97	8	9.00
	（二）人均支出余额	元	133 730	146 259	166 299	13.70	0.50	7.54	0.50	10.62	110.00	349.228	182 929	110.00
	三、丧葬补助金	元	976 230	1 180 679	1 499 211	26.98	—	15.37	—	—	21.11	1 515 650	316 439	21.11
	（一）领取人数	人	73	81	91	12.35	0.50	7.62	0.50	9.98	9.98	100	9	9.98
	（二）人均支出余额	元	13 373	14 576	16 475	13.03	0.50	7.20	0.50	10.11	10.11	18 141	1 666	10.11
	小计	元	13 566 489	18 240 243	24 499 227	34.31	—	21.78	—	—	95.20	47 821 577	23 322 350	95.20

续表

项目		单位	2007年执行数	2009年执行数	2010年执行数	短期增长趋势		中期增长趋势		预算综合增长率（%）		2010年预算数		
						同比增长率（%）	权重	近三年平均增长率（%）	权重	测算数	修正后综合增长率	2011年预算数	同比增长额	同比增长率（%）
伤残待遇支出	一、一次性伤残补助金	元	10 209 609	31 045 398	37 873 381	21.99	—	54.80	—	—	37.95	52 244 738	14 371 357	37.95
	（一）领取人数	人	826	1 264	1 373	8.62	0.50	18.46	0.50	13.54	13.54	1 559	186	13.54
	（二）一次性伤残补助金人均支出	元	12 360	24 561	27 584	12.31	0.50	30.68	0.50	21.49	21.49	33 514	5 929	21.49
	二、生活护理费支出	元	287 653	884 286	1 138 286	28 72	—	58.17	—	—	43.10	1 628 890	490 604	43.10
	（一）领取人次	人次	364	811	992	22.32	0.50	39.68	0.50	31.00	31.00	1 300	308	31.00
	（二）次均生自学成才护理费支出	元	790	1 090	1 147	5.24	0.50	13.24	0.50	9.24	9.24	1 253	106	9.20
	三、伤残津贴支出	元	1 510 129	2 553 221	3 214 262	25.89	—	28.63	—	—	27.26	4 090 612	876 350	27.26
	（一）领取人次	人次	1 062	1 420	1 649	16.13	0.50	15.80	0.50	15.96	15.96	1 912	263	15.90

续表

项目		单位	2007年执行数	2009年执行数	2010年执行数	短期增长趋势		中期增长趋势		预算综合增长率（%）		2010年预算数		
						同比增长率（%）	权重	近三年平均增长率（%）	权重	测算数	修正后综合增长率	2011年预算数	同比增长额	同比增长率（%）
伤残待遇支出	（二）次均伤残津贴支出	元	1 422	1 798	1 949	8.41	0.50	11.09	0.50	9.75	9.75	2 139	190	9.70
	小计	元	12 007 391	34 482 905	42 225 929	22.45	—	52.07	—	—	37.27	57 964 240	15 738 311	37.27
劳动能力鉴定费	一、劳动能力鉴定费	元	12 007 391	34 482 905	42 225 929	22.45	—	52.07	—	—	37.27	57 964 240	15 738 311	37.27
	（一）鉴定人数	人	1 054	1 641	1 797	9.51	0.50	19.46	0.50	14.48	14.48	2 057	260	14.48
	（二）鉴定费支付标准	元	338	429	434	1.04	—	8.64	1.00	—	0.06	434	0	0.06
其他支出		元	1 546 610	1 433 368	1 292 480	−9.83	—	−5.81	—	—	—	1 500 000	207 520	16.06
剩余总支出		元	43 162 506	59 044 000	106 190 672	19.26	—	35.00	—	—	45.12	154 103 286	47 912 613	45.12

（五）对比分析

从表 7—7 中可以看出，某地区运用上述预算编制办法编制的 2011 年度工伤保险基金总支出预算为 15 410.33 万元，2011 年前三个季度实际执行数为 10 249.75 万元，预算完成率达到 66.51%，该地区近三年前三个季度执行数占全年的平均比率为 69%，虽然，2011 年前三个季度的执行情况略低于近年的平均比例，但由于 2011 年是新《工伤保险条例》和《社会保险法》贯彻实施的第一年，相关配套政策出台及统计局有关数据公布的滞后性，导致 2011 年下半年工伤保险基金正常支出数据将大于上半年。如待遇标准大幅提高的一次性工亡补助金，其待遇计算所需的上一年度全国城镇居民人均可支配收入数据的公布时间为 4—5 月，因此，按新标准发放该项待遇大部分是从下半年开始执行；工伤先行支付待遇、住院伙食补助费、统筹外就医交通食宿费及一次性医疗补助金等配套政策出台滞后，也导致上述待遇基本上从下半年才开始执行。因此，2011 年前三个季度工伤保险待遇支出占全年的比例略低于近年的平均比例属正常现象。

表 7—7　　工伤保险基金支出预算数与执行数对比分析表

项目	单位	2011 年预算数	2011 年 1—9 月实际执行数	预算完成率（%）
一、工伤待遇支出	元	151 710 425	100 975 200	66.56
二、劳动能力鉴定费	元	892 861	632 500	70.84
三、其他支出	元	1 500 000	889 800	59.32
基金总支出	元	154 103 286	102 497 500	66.51

三、工伤保险基金预算编制的特点

（一）预算编制能够基本反映基金的运行规律

从上述图表可以看出，在指标增长趋势稳定，没有政策等其他因素影响的情况下，测算的结果基本符合实际，能够达到预算的编制目标。如某地区 2011 年前三个季度当期征缴收入执行数占全年预算数的比例与近年前三个季度执行数占全年的平均比例比较，相差不超过

0.5个百分点；前三个季度基金支出执行数占全年预算数的比例与近年前三个季度执行数占全年的平均比例比较，相差不超过2.5个百分点。

（二）预算编制客观上受政策等因素的影响

如某地区前三个季度基金支出执行数占全年预算数的比例略低于往年，主要原因是由于新《工伤保险条例》和《社会保险法》相关配套政策相对滞后，大部分工伤待遇标准的提高和新增支出项目的贯彻实施延至下半年所致。

第八章　失业保险基金预算的编制

第一节　预算报表和指标体系

基金预算体现为一系列基金运行指标的预算，各项指标的预算过程和结果都可整合体现在预算报表之中。

一、失业保险基金预算报表的组成

失业保险基金预算报表体系由预算主表、收入参数表和支出参数表组成。预算报表体系的设计主要遵循三项原则：一是预算指标体系的完整性，二是预算编制方法的统一性和包容性，三是预算编制和分析的便利性。通过以上原则实现预算指标体系与预算编制办法的有机结合。

1. 预算主表。即失业保险基金预算表，反映失业保险基金预算编制的结果。

2. 收入参数表。反映失业保险基金收入预算的测算过程。

3. 支出参数表。反映失业保险基金支出预算的测算过程。

以2012年预算编制为例，失业保险基金预算主表见表8—1。

表8—1　　2012年失业保险基金预算主表

收入项目	2012年预算数	支出项目	2012年预算数
一、失业保险费收入		一、失业保险金支出	
二、利息收入		二、医疗补助金支出	
三、财政补贴收入		三、丧葬抚恤补助支出	
四、其他收入		四、职业培训和职业介绍补贴支出	
—	—	（一）职业培训补贴支出	

续表

收入项目	2012 年预算数	支出项目	2012 年预算数
—	—	（二）职业介绍补贴支出	
—	—	五、其他费用支出	
—	—	（一）农民合同制工人一次性生活补助支出	
—	—	（二）东部试点地区扩大基金使用范围相关支出	
—	—	（三）其他促进就业支出	
—	—	（四）其他	
—	—	六、其他支出	
五、转移收入		七、转移支出	
六、本年收入小计		八、本年支出小计	
七、上级补助收入		九、补助下级支出	
县级		地级	
地级		省级	
八、下级上解收入		十、上解上级支出	
地级		县级	
省级		地级	
九、本年收入合计		十一、本年支出合计	
—	—	十二、本年收支结余	
—	—	十三、按规定核减基金结余数	
十、上年结余		十四、年末滚存结余	

二、失业保险基金预算指标体系构成

失业保险基金预算指标体系，包括反映失业保险基金预算规模的基金收入、支出、结余指标和影响基金预算的其他因素指标。失业保险基金预算指标依据失业保险有关法律、法规及失业保险经办业务的实际情况设立，包括失业保险基金收入预算指标、失业保险基金支出预算指标、失业保险基金结余预算指标。

（一）收入预算指标的构成

失业保险基金收入预算指标主要包括失业保险费收入、利息收入、财政补贴收入、其他收入、转移收入、上级补助收入、下级上解收入等指标。

1. 基金收入指标结构图

基金收入指标结构图如图 8—1 所示。

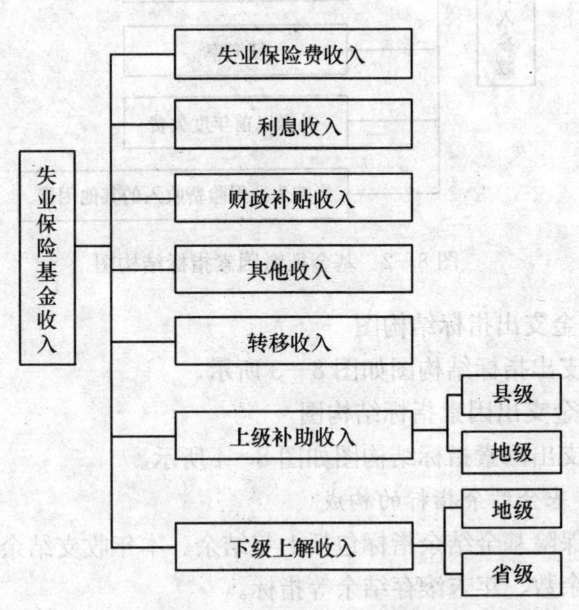

图 8—1 基金收入指标结构图

2. 基金征缴因素指标结构图

基金征缴因素指标结构图如图 8—2 所示。

（二）支出预算指标的构成

失业保险基金支出预算指标主要包括失业保险金支出、医疗补助金支出（※附注 1）、丧葬抚恤补助支出、职业培训和职业介绍补贴支出、其他费用支出、其他支出、转移支出、补助下级支出、上解上级支出等指标。

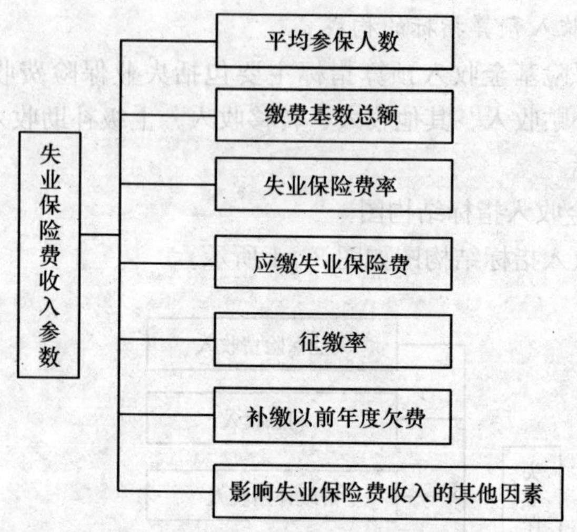

图 8—2　基金征缴因素指标结构图

1. 基金支出指标结构图

基金支出指标结构图如图 8—3 所示。

2. 基金支出因素指标结构图

基金支出因素指标结构图如图 8—4 所示。

（三）基金结余指标的构成

失业保险基金结余指标包括上年结余、本年收支结余、按规定核减基金结余数、年末滚存结余等指标。

三、失业保险基金预算指标间的关系

（一）收入预算指标关系

1. 失业保险基金收入合计＝失业保险费收入＋利息收入＋财政补贴收入＋其他收入＋转移收入＋上级补助收入＋下级上解收入

2. 失业保险费收入＝缴费基数总额×失业保险费率×征缴率＋补缴以前年度欠费＋影响失业保险费收入的其他因素

（二）支出预算指标关系

1. 失业保险基金支出合计＝失业保险金支出＋医疗补助金支出＋丧葬抚恤补助支出＋职业培训和职业介绍补贴支出＋其他费用支

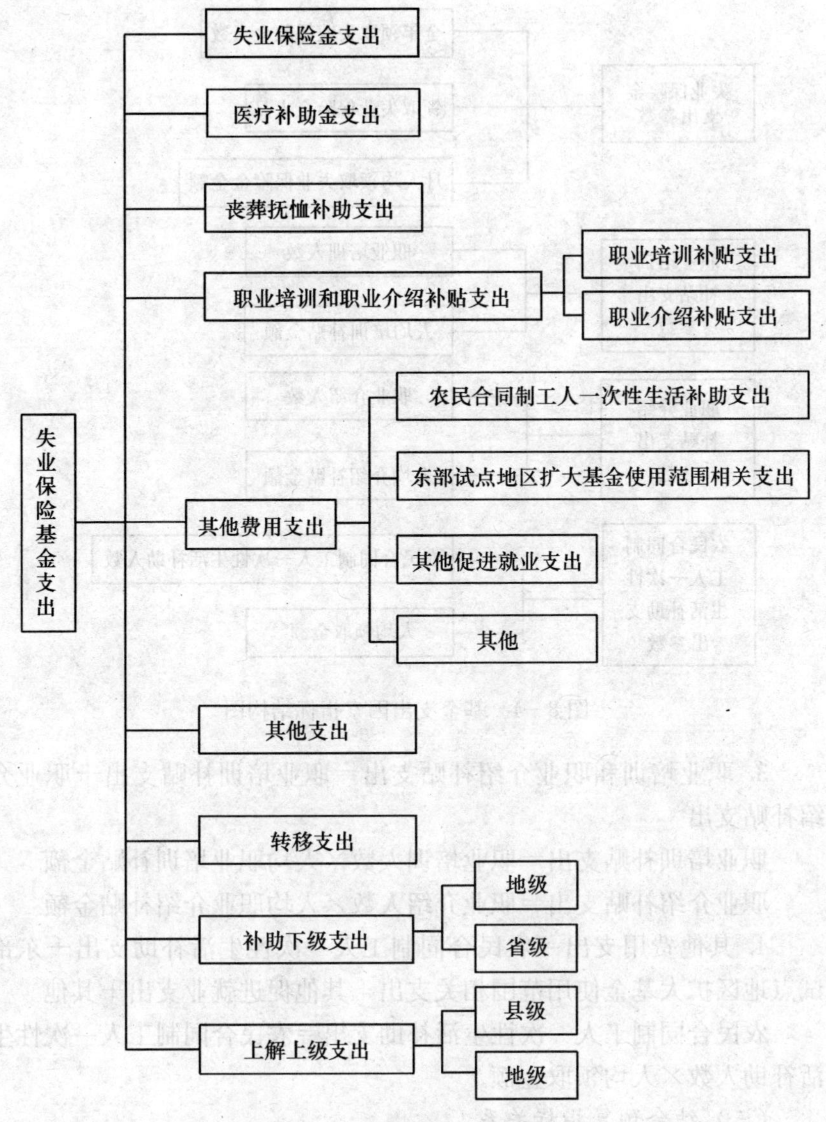

图 8—3　基金支出指标结构图

出＋其他支出＋转移支出＋上解上级支出＋补助下级支出

2. 失业保险金支出＝领取失业金人月数×月人均领取失业金金额

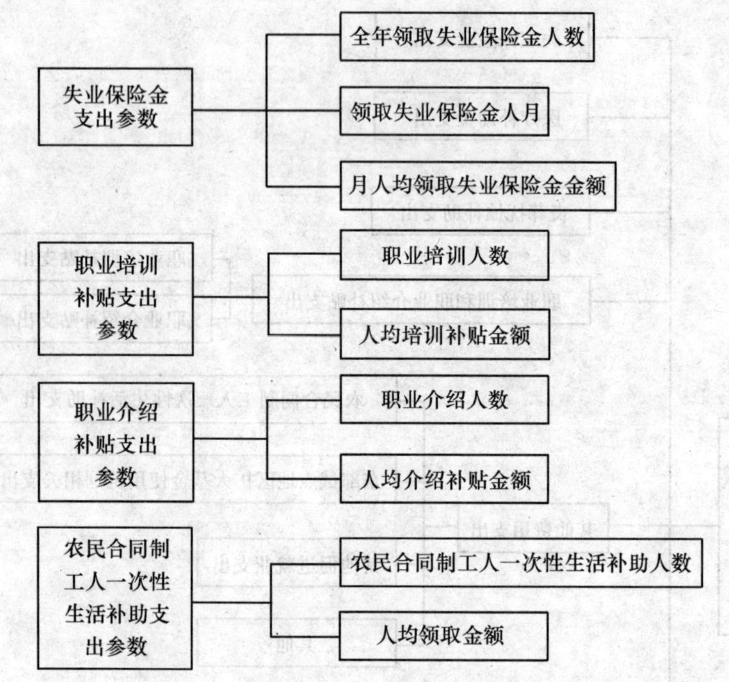

图 8—4 基金支出因素指标结构图

3. 职业培训和职业介绍补贴支出＝职业培训补贴支出＋职业介绍补贴支出

职业培训补贴支出＝职业培训人数×人均职业培训补贴金额

职业介绍补贴支出＝职业介绍人数×人均职业介绍补贴金额

4. 其他费用支出＝农民合同制工人一次性生活补助支出＋东部试点地区扩大基金使用范围相关支出＋其他促进就业支出＋其他

农民合同制工人一次性生活补助支出＝农民合同制工人一次性生活补助人数×人均领取金额

（三）结余预算指标关系

1. 失业保险基金本年收支结余＝本年收入合计－本年支出合计

2. 失业保险基金年末滚存结余＝上年结余＋本年收支结余－按规定核减基金结余数

第二节　收入预算的编制

失业保险基金收入预算指标主要包括失业保险费收入、利息收入、财政补贴收入、其他收入、转移收入、上级补助收入、下级上解收入等指标。以上指标的测算需要若干年度各项基金收入指标的历史数据，估算得到预算年度各指标的增长率。测算过程在收入预算参数表中完成。以 2012 年预算编制为例，失业保险基金收入预算参数表形式见表 8—2。

一、收入预算编制原则

失业保险基金收入预算的编制，原则上是以失业保险有关法律、法规和政策为依据，综合分析失业保险覆盖面情况，充分考虑统筹地区就业状况、工资水平、基金收缴率、费率等指标的变化趋势，同时，综合参考失业保险政策调整、宏观经济指标对就业形势的影响等因素，确定合理的收入增长水平，确保基金收入稳步增长，努力实现统筹地区参保全覆盖、应收尽收的发展目标。

二、失业保险费收入预算的编制

失业保险费收入预算包括预算年度失业保险费收入、补缴以前年度欠费收入和影响失业保险费收入的其他因素等指标。测算时以统筹地区的平均参保人数、补缴以前年度欠费、缴费基数总额、失业保险费率、应缴失业保险费、征缴率以及影响失业保险费收入的其他因素等参数指标作为失业保险费收入预算的测算指标。

（一）失业保险费收入预算指标关系

平均参保人数预算数＝预算年度上年平均参保人数×(1＋前三年平均增减率)＋修正值

失业保险费收入＝缴费基数总额×失业保险费率×征缴率＋补缴以前年度欠费＋影响失业保险费收入的其他因素

表 8—2　　失业保险基金收入预算参数表

编制单位：　　2012 年　　单位：人，元

收入科目	收入参数	2009 年执行数	2010 年执行数	2011 年 1—3 季度执行数	2011 年全年预计数	年平均增减率	修正值	2012 年预算数
		1	2	3	4	5	6	7
失业保险费收入	平均参保人数							
	失业保险费收入					—	—	
	补缴以前年度欠费							
	缴费基数总额							
	失业保险费率					—	—	
	应缴失业保险费						—	
	征缴率					—		
	影响失业保险费收入的其他因素	—	—	—	—	—		
利息收入								
财政补贴收入								
其他收入								
转移收入								
上级补助收入	县级					—		
	地级					—		
下级上解收入	地级					—		
	省级					—		
收入合计						—	—	

补缴以前年度欠费＝预算年度上年补缴以前年度欠费×(1＋前三年平均增减率)＋修正值

缴费基数总额预算＝预算年度上年缴费基数总额×(1＋前三年平均增减率)＋修正值

失业保险费率按预算年度实际填列。

应缴失业保险费＝缴费基数总额×失业保险费率

征缴率＝(失业保险费收入－补缴以前年度欠费－影响失业保险费收入的其他因素)÷应缴失业保险费

影响失业保险费收入的其他因素按实际预测填列。

(二) 失业保险费收入测算步骤

第一步，测算平均参保人数。

以预算年度上年全年预计平均参保人数为基数，综合考虑前三年平均增减率等因素测算预算年度平均参保人数。如预算年度失业保险有关法律、法规和政策的调整对参保人数有所影响，可通过修正值进行修正。

平均参保人数预算数＝预算年度上年全年预计平均参保人数×(1＋前三年平均增减率)＋修正值

对平均参保人数测算数进行修正，通常应考虑以下两个条件：

一是政策调整因素。在预算年度中执行对参保人数正常的增长趋势可能产生较大影响的政策，如扩大参保范围等。

二是采集前三年的数据中出现明显异常。如个别年份参保人数突然大幅度增减，测算出的前三年平均增长率与实际出现较大偏差，不具备参考价值时，需剔除不可比因素后，对平均参保人数测算值进行修正。

第二步，测算缴费基数总额。

以预算年度上年全年预计缴费基数总额为基数，综合考虑前三年平均增减率等因素测算预算缴费基数总额。如预算年度失业保险有关法律、法规和政策的调整对缴费基数总额有所影响，可通过修正值进行修正。

缴费基数总额预算数＝预算年度上年全年预计缴费基数总额×(1＋前三年平均增减率)＋修正值

测算的缴费基数总额，应不低于各地失业保险条例或办法规定的当地上年度职工平均工资的比例。

对缴费基数总额测算数进行修正，通常应考虑以下两个条件：

一是政策调整因素。在预算年度中执行对缴费人数、缴费工资正常的增长趋势可能产生较大影响的政策，如扩大参保范围、提高缴费工资等。

二是采集前三年的数据中出现明显异常。如个别年份缴费基数总额突然大幅度增减，测算出的前三年平均增长率与实际出现较大偏差，不具备参考价值时，需剔除不可比因素后，对缴费基数总额测算值进行修正。

第三步，测算年人均缴费基数。

年人均缴费基数预算数＝缴费基数总额预算数÷平均参保人数预算数

第四步，确定失业保险费率。

以统筹地区失业保险政策规定的缴费费率为依据，在预算年度费率政策未进行调整的情况下，原则上应与上年缴费费率相同。

第五步，确定征缴率。

征缴率＝(失业保险费收入－补缴以前年度欠费－影响失业保险费收入的其他因素)÷应缴失业保险费

征缴率预算的确定，原则上不低于上年征缴率。

第六步，测算失业保险费收入。

失业保险费收入预算＝缴费基数总额×失业保险费率×征缴率＋补缴以前年度欠费＋影响失业保险费收入的其他因素

三、利息收入预算的编制

编制利息收入预算要重点参考以下五个指标：

1. 基金上年末存储总量以及预算年度预计净增的基金存储量情况。

2. 上年末短、中、长期定期存款，活期存款以及国债的分布情况。

3. 上年基金平均收益情况。

4. 定期存款或国债在预算年度到期情况。

5. 利率变动情况。

利息收入预算数＝预算年度上年全年预计利息收入×(1＋前三年平均增减率)＋修正值

四、财政补贴收入预算的编制

编制财政补贴收入预算要重点参考以下三个指标：

1. 上年度同级财政补贴情况。

2. 基金预算缺口情况。

3. 地方财政预算安排能力等。

财政补贴收入预算数＝预算年度上年全年预计财政补贴收入×(1＋前三年平均增减率)＋修正值

五、其他收入预算的编制

编制其他收入预算要重点参考以下两个指标：

1. 近年其他收入情况，主要是滞纳金收入。

2. 近年其他收入占基金收入的比重。

其他收入预算数＝预算年度上年全年预计其他收入×(1＋前三年平均增减率)＋修正值

六、转移收入预算的编制

编制转移收入预算要在分析近年转移收入变化趋势、政策调整对转移人数和金额的影响基础上，按照实际情况调整修正值。

转移收入预算数＝预算年度上年全年预计转移收入×(1＋前三年平均增减率)＋修正值

七、上级补助收入和下级上解收入预算的编制

编制上级补助收入和下级上解收入预算要在分析上年度上级补助收入和下级上解收入情况、预算年度调剂金政策变化情况的基础上，按照实际情况调整修正值。

上级补助收入预算数＝预算年度上年全年预计上级补助收入＋修正值

上级补助收入预算数＝县级＋地级

下级上解收入预算数＝预算年度上年全年预计下级上解收入＋修正值

下级上解收入预算数＝地级＋省级

第三节　支出预算的编制

失业保险基金支出预算指标包括失业保险金支出、医疗补助金支出、丧葬抚恤补助支出、职业培训和职业介绍补贴支出、其他费用支出、其他支出、转移支出、补助下级支出和上解上级支出等指标。以上指标的测算需要若干年度各项基金支出的历史数据，估算得到预算年度各指标的增长率。基金支出预算的测算过程在支出预算参数表中完成。以 2012 年预算编制为例，失业保险基金支出预算参数表形式见表 8—3。

一、支出预算编制原则

失业保险基金支出预算的编制，原则上以失业保险有关法律、法规和政策为依据，在上年度失业保险基金正常支出预算的基础上，综合分析近三年领取失业金人员增减变动、失业保险待遇增长和政策调整对基金支出的影响因素，充分考虑其他费用支出、其他支出和转移支出等政策规定的各类基金支出项目，力求支出预算编制基本准确，确保失业保险金按时足额发放。

二、失业保险金支出预算的编制

失业保险金支出预算主要是综合考虑领取失业保险金人月数、月人均领取失业保险金金额两个指标的变动情况，并以其作为失业保险金支出预算的测算指标。

表 8—3

失业保险基金支出预算参数表

编制单位：　　2012 年　　单位：人，元

支出科目	支出参数	2009 年执行数	2010 年执行数	2011 年 1—3 季度执行数	2011 年全年预计数	年平均增减率	修正值	2012 年预算数
		1	2	3	4	5	6	7
失业保险金支出	失业保险金支出					—	—	
	全年领取失业金人数							
	领取失业金人月数							
	月人均领取失业金金额							
医疗补助金支出								
丧葬抚恤补助支出								
职业培训补贴支出	职业培训补贴支出						—	
	职业培训人数							
	人均培训补贴金额							
职业介绍补贴支出	职业介绍补贴支出						—	
	职业介绍人数							
	人均介绍补贴金额							

续表

支出科目		支出参数	2009年执行数	2010年执行数	2011年1—3季度执行数	2011年全年预计数	年平均增减率	修正值	2012年预算数
			1	2	3	4	5	6	7
其他费用支出	农民合同制工人一次性生活补助支出	农民合同制工人一次性生活补助支出						—	
		农民工一次性生活补助人数							
		人均补助金额							
	东部试点地区扩大基金使用范围相关支出								
	其他促进就业支出								
	其他								
其他支出									
转移支出									
补助下级支出		地级					—		
		省级					—		
上解下级支出		县级					—		
		地级					—		
支出合计							—	—	

失业保险金支出测算步骤如下：

第一步，测算领取失业金人月数。

以预算年度上年全年预计领取失业金人月数为基数，综合考虑近三年平均增长率等因素测算预算年度领取失业金人月数。如预算年度失业保险有关法律、法规和政策的调整对领取失业金人月数有所影响，可通过修正值进行修正。

领取失业金人月数＝预算年度上年全年预计领取失业金人月数×(1＋前三年平均增长率)＋修正值

第二步，测算月人均领取失业保险金金额。

以预算年度上年预计月人均领取失业金金额为基数，综合考虑近三年平均增长率等因素测算预算年度月人均领取失业保险金金额。如预算年度失业保险有关法律、法规和政策的调整对月人均领取失业金金额有所影响，可通过修正值进行修正。月人均领取失业金金额应为预算年度预计执行的按照当地规定的最低工资标准的一定比例或规定的其他标准来确定。

月人均领取失业金金额＝预算年度上年全年预计月人均领取失业金金额×(1＋前三年平均增长率)＋修正值

第三步，测算失业保险金支出。

失业保险金支出预算＝领取失业金人月数×月人均领取失业金金额

三、医疗补助金支出预算的编制

由于《社会保险法》对领取失业保险金人员参加职工基本医疗保险的政策调整，医疗补助金支出的前三年数据不具有可比性，医疗补助金支出预算按照《社会保险法》《关于领取失业保险金人员参加职工基本医疗保险有关问题的通知》(人社部发［2011］77号）及各地的相关规定进行编制。医疗补助金支出预算分为参加职工基本医疗保险费和相关医疗补助两部分进行编制。

第一步，测算参加职工基本医疗保险费。

综合考虑统筹地区失业保险基金支付领取失业保险金人员参加职

工基本医疗保险的缴费基数和费率等因素，如预算年度失业保险有关法律、法规和政策的调整对参加职工基本医疗保险费用有所影响，可通过修正值进行修正。

参加职工基本医疗保险费＝预计月人均缴纳职工基本医疗保险缴费基数×职工基本医疗保险费率×预算年度领取失业金人月数＋修正值

第二步，测算医疗补助金。

综合考虑统筹地区按照相关规定支付的除参加职工基本医疗保险以外人员的医疗补助等因素，如预算年度失业保险有关法律、法规和政策的调整对医疗补助金支出有所影响，可通过修正值进行修正。

医疗补助金＝预算年度上年全年预计医疗补助金×(1＋前三年平均增长率)＋修正值

第三步，测算医疗补助金支出。

医疗补助金支出预算＝参加职工基本医疗保险费用＋医疗补助金

四、丧葬抚恤补助支出预算的编制

以预算年度上年全年预计丧葬抚恤补助支出为基数，综合考虑近三年平均增长率等因素测算预算年度丧葬抚恤补助支出。

丧葬抚恤补助支出预算数＝预算年度上年全年预计丧葬抚恤补助支出×(1＋前三年平均增长率)＋修正值

五、职业培训和职业介绍补贴支出预算的编制

职业培训和职业介绍补贴支出，根据上年职业培训、职业介绍补贴支出实际数和预算年度职业培训人数、职业介绍人数及人均补贴标准等变化因素分析计算。

(一) 职业培训补贴支出测算步骤

第一步，职业培训补贴人数的测算。

以预算年度上年全年预计职业培训补贴人数为基数，综合考虑近三年平均增长率等因素测算预算年度职业培训补贴人数。如预算年度失业保险有关法律、法规和政策的调整对职业培训补贴人数有所影响，可通过修正值进行修正。

职业培训补贴人数＝预算年度上年预计职业培训补贴人数×(1＋前三年平均增长率)＋修正值

第二步，人均培训补贴金额的测算。

以预算年度上年预计人均培训补贴金额为基数，综合考虑近三年平均增长率等因素测算预算年度人均培训补贴金额。如预算年度失业保险有关法律、法规和政策的调整对人均培训补贴金额有所影响，可通过修正值进行修正。

人均培训补贴金额＝预算年度上年预计人均培训补贴金额×(1＋前三年平均增长率)＋修正值

第三步，测算职业培训补贴支出。

职业培训补贴支出＝职业培训补贴人数×人均培训补贴金额

（二）职业介绍补贴支出测算步骤

第一步，职业介绍补贴人数的测算。

以预算年度上年全年预计职业介绍补贴人数为基数，综合考虑近三年平均增长率等因素测算预算年度职业介绍补贴人数。如预算年度失业保险有关法律、法规和政策的调整对职业介绍补贴人数有所影响，可通过修正值进行修正。

职业介绍补贴人数＝预算年度上年预计职业介绍补贴人数×(1＋前三年平均增长率)＋修正值

第二步，人均介绍补贴金额的测算。

以预算年度上年预计人均介绍补贴金额为基数，综合考虑近三年平均增长率等因素测算预算年度人均职业介绍补贴金额。如预算年度失业保险有关法律、法规和政策的调整对人均介绍补贴金额有所影响，可通过修正值进行修正。

人均介绍补贴金额＝预算年度上年预计人均介绍补贴金额×(1＋前三年平均增长率)＋修正值

第三步，测算职业介绍补贴支出。

职业介绍补贴支出＝职业介绍补贴人数×人均介绍补贴金额

六、其他费用支出预算的编制

其他费用支出预算主要包括农民合同制工人一次性生活补助支出预算、东部试点地区扩大基金使用范围相关支出和其他促进就业支出预算等。

（一）农民合同制工人一次性生活补助支出测算步骤

农民合同制工人一次性生活补助支出预算主要综合考虑领取农民合同制工人一次性生活补助人数、人均领取金额两个指标的变动情况，并以其作为测算指标。

第一步，农民合同制工人一次性生活补助人数的测算。

以预算年度上年全年预计农民合同制工人一次性生活补助人数为基数，综合考虑近三年平均增长率等因素，测算预算年度农民合同制工人一次性生活补助人数。如预算年度失业保险有关法律、法规和政策的调整对农民合同制工人一次性生活补助人数有所影响，可通过修正值进行修正。

农民合同制工人一次性生活补助人数＝预算年度上年全年预计农民合同制工人一次性生活补助人数×(1＋前三年平均增长率)＋修正值

第二步，人均领取金额的测算。

以预算年度上年预计人均领取金额为基数，综合考虑近三年平均增长率等因素测算预算年度人均领取金额。如预算年度失业保险有关法律、法规和政策的调整对人均领取金额有所影响，可通过修正值进行修正。

人均领取金额＝预算年度上年预计人均领取金额×(1＋前三年平均增长率)＋修正值

第三步，测算农民合同制工人一次性生活补助支出。

农民合同制工人一次性生活补助支出＝农民合同制工人一次性生活补助人数×人均领取金额

（二）测算东部试点地区扩大基金使用范围相关支出

东部试点地区扩大基金使用范围相关支出预算，主要考虑按照原劳动和社会保障部、财政部《关于适当扩大失业保险基金支出范围试点有关问题的通知》（劳社部发［2006］5号），人力资源和社会保障部、财政部《关于延长东部7省（市）扩大失业保险基金支出范围试点政策有关问题的通知》（人社部发［2009］97号）、《关于东部7省（市）扩大失业保险基金支出范围有关问题的通知》（人社部发［2011］95号）规定，使用失业保险基金用于促进就业的相关支出按照实际情况分析计算。如预算年度失业保险有关法律、法规和政策的调整，可通过修正值进行修正。

东部试点地区扩大基金使用范围相关支出预算数＝预算年度上年全年预计东部试点地区扩大基金使用范围相关支出×（1＋前三年平均增长率）＋修正值

（三）测算其他促进就业支出

其他促进就业支出预算主要考虑各省市人民政府制定的失业保险促进就业支出政策及符合规定的促进就业支出项目的实际情况分析计算。如预算年度失业保险有关法律、法规和政策的调整，可通过修正值进行修正。

其他促进就业支出预算数＝预算年度上年全年预计其他促进就业支出×（1＋前三年平均增长率）＋修正值

七、其他支出预算的编制

根据社会保险基金财务制度规定，其他支出是指经财政部门核准开支的其他非失业保险待遇性质的支出。统筹地区可依据本地相关失业保险政策法规要求和财政部门的核准，编制其他支出预算。

其他支出预算数＝预算年度上年全年预计其他支出×（1＋前三年平均增长率）＋修正值

八、转移支出预算的编制

编制转移支出预算要在分析近年转移支出变化趋势、政策调整对转移人数和金额的影响基础上，按照实际情况调整修正值。

转移支出预算数＝预算年度上年全年预计转移支出×（1＋前三年平均增减率）＋修正值

九、补助下级支出和上解上级支出预算的编制

编制补助下级支出和上解上级支出预算，要在分析上年度补助下级支出和上解上级支出情况、预算年度调剂金政策变化情况的基础上，按照实际情况调整修正值。

补助下级支出预算数＝预算年度上年全年预计补助下级支出＋修正值

补助下级支出预算数＝地级＋省级

上解上级支出预算数＝预算年度上年全年预计上解上级支出＋修正值

上解上级支出预算数＝县级＋地级

第四节　结余预算的编制

一、结余预算编制原则

失业保险基金实行以支定收、收支平衡，保持基金结余一定规模的原则，原则上不得编制赤字预算。

二、结余预算的编制

失业保险基金结余预算包括本年结余预算和年末滚存结余预算。

本年结余预算数＝本年收入合计－本年支出合计

年末滚存结余预算数＝上年结余＋本年结余预算数－按规定核减基金结余数

第五节　指标释义及数据采集

本节解释失业保险基金预算编制中使用的各项指标的概念、包括的范围以及指标数据的采集途径。

一、收入预算指标释义及数据采集

（一）基金指标

1. 失业保险费收入

指标释义：失业保险费收入，是指收到的由缴费单位和缴费个人按缴费基数的一定比例缴纳的失业保险费。

数据采集：该指标采集自失业保险基金年报《失业保险基金收支表》的“失业保险费收入”数据。由“单位缴费”和“个人缴费”两部分组成。

2. 利息收入

指标释义：利息收入，是指用失业保险基金购买国家债券或存入银行所取得的利息收入，包括收入户、支出户、财政专户等银行账户的利息收入。

数据采集：该指标采集自失业保险基金年报《失业保险基金收支表》的“利息收入”数据。

3. 财政补贴收入

指标释义：财政补贴收入，是指收到的同级财政部门给予失业保险基金的补贴。

数据采集：该指标采集自失业保险基金年报《失业保险基金收支表》的“财政补贴收入”数据。

4. 其他收入

指标释义：其他收入，是指失业保险基金的滞纳金及经财政部门核准的其他收入。滞纳金是指因缴费单位拖欠缴纳失业保险费而按规定收取的款项。

数据采集：该指标采集自失业保险基金年报《失业保险基金收支表》的“其他收入”数据。

5. 转移收入

指标释义：转移收入，是指失业保险对象跨统筹范围转移时转入的失业保险基金，包含参保单位成建制跨统筹地区转移或个人跨统筹地区流动而转入的失业保险基金。

数据采集：该指标采集自失业保险基金年报《失业保险基金收支表》的“转移收入”数据。

6. 上级补助收入

指标释义：上级补助收入，是指收到上级经办机构下拨的失业保险基金，主要是指失业保险调剂金。

数据采集：该指标采集自失业保险基金年报《失业保险基金收支表》的“上级补助收入”数据。

7. 下级上解收入

指标释义：下级上解收入，是指收到下级经办机构上解的失业保险基金，主要是指失业保险调剂金。

数据采集：该指标采集自失业保险基金年报《失业保险基金收支表》的“下级上解收入”数据。

（二）因素指标

1. 平均参保人数

指标释义：平均参保人数，是指报告期内缴纳失业保险费的月平均人数，包括未按时足额缴纳失业保险费并且未缴部分已计入欠费的人员。

数据采集：该指标采集自人力资源社会保障统计报表《参加失业保险人员情况》（人社统 U13 号）甲栏 1“总计”宾栏 1“参保人数”的本年度月平均数。

2. 补缴以前年度欠费

指标释义：补缴以前年度欠费，是指本年度补缴以前年度欠费。

数据采集：该指标采集自失业保险基金年报《失业保险基本情况表》的“失业保险欠费情况”中的“本年补缴以前年度欠费”的数据。

3. 缴费基数总额

指标释义：缴费基数总额，是指本年度参加失业保险的各类企业、事业单位和其他单位、个人缴纳失业保险费的工资总额的缴费基数之和。

数据采集：该指标采集自失业保险基金年报《失业保险基本情况表》的“缴费基数总额”数据。

4. 失业保险费率

指标释义：失业保险费率，是指本年度参加失业保险的单位和个人按工资总额缴纳失业保险费的比例。

数据采集：该指标采集自业务部门提供当地实际执行的费率。

5. 应缴失业保险费

指标释义：应缴失业保险费，是指本年度参加失业保险的单位和个人，按照申报的缴费基数和规定的费率计算出的应缴纳的失业保险费，不包括补缴以前年度欠费。

数据采集：该指标按照“缴费基数总额”×“失业保险费率”计算填列。

6. 征缴率

指标释义：征缴率，是指本年度实际征缴失业保险费占应缴失业保险费的比例，反映当地失业保险费征缴情况。

数据采集：该指标通过（“失业保险费收入”—“补缴以前年度欠费”）÷“应缴失业保险费”计算填列。

7. 影响失业保险费收入的其他因素

指标释义：影响失业保险费收入的其他因素，是指除缴费基数总额、失业保险费率和征缴率之外，影响失业保险费收入增减的其他因素。

数据采集：该指标按照当地实际情况填列。

二、支出预算指标释义及数据采集

（一）基金指标

1. 失业保险金支出

指标释义：失业保险金支出，是指按照规定支付给符合失业保险金领取条件的失业人员在失业期间的失业保险金数额。

数据采集：该指标采集自失业保险基金年报《失业保险基金收支表》的“失业保险金支出”数据。

2. 丧葬抚恤补助支出

指标释义：丧葬抚恤补助支出，是指按规定支付给在领取失业保险金期间死亡的失业人员的丧葬补助费用及由其供养的配偶、直系亲属的抚恤金。

数据采集：该指标采集自失业保险基金年报《失业保险基金收支表》的“丧葬抚恤补助支出”数据。

3. 职业培训补贴支出

指标释义：职业培训补贴支出，是指按规定支付给失业人员在领取失业保险金期间接受职业培训的补贴。

数据采集：该指标采集自失业保险基金年报《失业保险基金收支表》的“职业培训补贴支出”数据。

4. 职业介绍补贴支出

指标释义：职业介绍补贴支出，是指按规定支付给失业人员在领取失业保险金期间接受职业介绍的补贴。

数据采集：该指标采集自失业保险基金年报《失业保险基金收支表》的“职业介绍补贴支出”数据。

5. 其他费用支出

(1) 农民合同制工人一次性生活补助支出

指标释义：农民合同制工人一次性生活补助支出，是指一次性支付给合同期满不再续订或者提前解除劳动合同的农民合同制工人的生活补助费。

数据采集：该指标采集自失业保险基金年报《失业保险基金收支表》的“其他费用支出”中的“农民合同制工人一次性生活补助支出”数据。

(2) 东部试点地区扩大基金使用范围相关支出

指标释义：东部试点地区扩大基金使用范围相关支出，是指按规定在东部扩大支出范围试点地区的促进就业支出。扩大支出范围试点地区按照原劳动和社会保障部、财政部《关于适当扩大失业保险基金支出范围试点有关问题的通知》（劳社部发［2006］5 号）及人力资源和社会保障部、财政部《关于延长东部7省（市）扩大失业保险基金支出范围试点政策有关问题的通知》（人社部发［2009］97号）、《关于东部7省（市）扩大失业保险基金支出范围有关问题的通知》（人社部发［2011］95号）规定支付给领取失业保险金期间失业人员的社会保险补贴支出、公益性岗位补贴支出、小额担保贷款贴息支出及其他符合规定的促进就业支出。

数据采集：该指标采集自失业保险基金年报《失业保险基金收支表》的“其他费用支出”中的“东部试点地区扩大基金使用范围相关支出”数据。

（3）其他促进就业支出

指标释义：其他促进就业支出，是指各省市人民政府制定的失业保险促进就业支出政策及符合规定的其他促进就业支出项目。

数据采集：该指标采集自失业保险基金年报《失业保险基金收支表》的“其他费用支出”中的“其他促进就业支出”数据。

（4）其他

指标释义：其他，是指除农民合同制工人一次性生活补助支出、东部试点地区扩大基金使用范围相关支出和其他促进就业支出之外的其他与失业保险待遇性质有关的支出金额。

数据采集：该指标采集自失业保险基金年报《失业保险基金收支表》的“其他费用支出”中的“其他”数据。

6. 其他支出

指标释义：其他支出，是指经财政部门核准开支的其他非失业保险待遇性质的支出。

数据采集：该指标采集自失业保险基金年报《失业保险基金收支表》的“其他支出”数据。

7. 转移支出

指标释义：转移支出，是指失业保险对象跨统筹地区流动而转出的失业保险基金，包含参保单位成建制跨统筹地区转移或个人跨统筹地区流动而转出的失业保险基金。

数据采集：该指标采集自失业保险基金年报《失业保险基金收支表》的“转移支出”数据。

8. 补助下级支出

指标释义：补助下级支出，是指上级经办机构拨付给下级经办机构的补助支出。

数据采集：该指标采集自失业保险基金年报《失业保险基金收支表》的“补助下级支出”数据。

9. 上解上级支出

指标释义：上解上级支出，是指下级经办机构上解上级经办机构的支出。

数据采集：该指标采集自失业保险基金年报《失业保险基金收支表》的“上解上级支出”数据。

10. 按规定核减基金结余数

指标释义：按规定核减基金结余数，是指按原劳动和社会保障部、财政部《关于调整失业保险基金支出项目有关问题的通知》（劳社部发［1999］28号）的规定收回“生产自救费”的30％留给经办机构的专项事业经费、按规定核销的“生产自救费”、按规定批准核销的以前年度用失业保险基金购置的固定资产呆账。

数据采集：该指标采集自失业保险基金年报《失业保险基金收支表》的“按规定核减基金结余数”数据。

（二）因素指标

1. 失业保险金支出

（1）全年领取失业金人数

指标释义：全年领取失业金人数，是指本年度领取失业保险金人员的数量。

数据采集：该指标采集自失业保险基金年报《失业保险基本情况表》的“发放失业保险金情况”中的“全年领取失业保险金人数”数据。

（2）领取失业金人月数

指标释义：领取失业金人月数，是指本年度各月份领取失业保险金人数之和。

数据采集：该指标采集自失业保险基金年报《失业保险基本情况表》的“发放失业保险金情况”中的“领取失业保险金人月数”数据。

(3) 月人均领取失业金金额

指标释义：月人均领取失业金金额，是指本年度领取失业保险金的人员每人每月平均领取失业保险金的数额。

数据采集：该指标按照“失业保险金支出”÷“领取失业金人月数”计算填列。

2. 职业培训补贴支出

(1) 职业培训人数

指标释义：职业培训人数，是指本年度领取职业培训补贴的人数。

数据采集：该指标采集自失业保险基金年报《失业保险基本情况表》的“使用两项补贴促进就业情况”中的“职业培训补贴人数”数据。

(2) 人均培训补贴金额

指标释义：人均培训补贴金额，是指本年度享受职业培训补贴的人员平均每人享受的职业培训补贴的数额。

数据采集：该指标按照“职业培训补贴支出”÷“职业培训人数”计算填列。

3. 职业介绍补贴支出

(1) 职业介绍人数

指标释义：职业介绍人数，是指本年度领取职业介绍补贴的人数。

数据采集：该指标采集自失业保险基金年报《失业保险基本情况表》的“使用两项补贴促进就业情况”中的“职业介绍补贴人数”数据。

(2) 人均介绍补贴金额

指标释义：人均介绍补贴金额，是指本年度享受职业介绍补贴的人员平均每人享受的职业介绍补贴的数额。

数据采集：该指标按照“职业介绍补贴支出”÷“职业介绍人数”计算填列。

4. 农民合同制工人一次性生活补助支出

（1）农民合同制工人一次性生活补助人数

指标释义：农民合同制工人一次性生活补助人数，是指本年度领取农民合同制工人一次性生活补助的人数。

数据采集：该指标采集自失业保险基金年报《失业保险基本情况表》的“发放失业保险金情况”中的“领取一次性生活补助农民工人数”数据。

（2）人均领取金额

指标释义：人均领取金额，是指本年度领取农民合同制工人一次性生活补助的人员平均每人领取的补助数额。

数据采集：该指标按照“农民合同制工人一次性生活补助支出”÷“领取一次性生活补助农民工人数”计算填列。

第六节　失业保险基金预算审核

为保证预算的规范性和合理性，失业保险经办机构应该在预算编制完成后，对预算收入、支出和结余进行初审。审核可结合当地政策因素，参考以下标准完成。

一、基金收入预算审核指标及标准

（一）审核指标：平均参保人数预算

1. 审核标准：平均参保人数预算应大于上年预计执行数。

2. 审核依据：随着《社会保险法》的贯彻实施，不断扩大失业保险覆盖面，提高参保缴费率，努力实现应扩尽扩、应缴尽缴的目标始终是失业保险基金征缴工作的重点之一，也是保障职工切身利益的重要举措，因此，平均参保人数预算原则上应比上年预计执行数有所增长。

（二）审核指标：上年征缴收入预计执行数

1. 审核标准：前三个季度失业保险费征缴收入实际执行数占全年预计执行数的合理比例。

2. 审核依据：以平均一个季度占全年的比例25%为基准，考虑各种不可比或不确定因素，第四季度失业保险费征缴收入占全年的比例若低于20%，失业保险费征缴收入预计数存在偏低的可能。

（三）审核指标：当期征缴收入预算

1. 审核标准：同比增长率大于5%。今后，该审核标准应随着社会平均工资增幅的变动等因素相应进行调整。

2. 审核依据：根据统计局公布的数据，近年全国各省（市）在岗职工平均工资增长幅度基本上保持在10%左右，在不考虑扩面、提高收缴率的情况下，社会平均工资对失业保险费征缴收入的拉动作用应不低于5%。

（四）审核指标：补缴以前年度欠费收入预算

1. 审核标准：补缴以前年度欠费收入预算应大于0，小于累计欠费。

2. 审核依据：清理参保单位欠费是经办（征缴）机构重要的工作职责，补缴以前年度欠费收入也是征缴收入的重要组成部分。

（五）审核指标：月人均缴费基数占上年月社会平均工资的比例

1. 审核标准：月人均缴费基数占上年月社会平均工资的比例应大于等于60%。

2. 审核依据：根据《社会保险法》的规定，并结合各省（市）制定的失业保险条例或办法，单位职工月平均工资低于所在地上年度职工平均工资60%的，按当地上年度职工月平均工资的60%缴费。因此，原则上失业保险月人均缴费基数占上年月人均社会平均工资的比例不应低于60%。

（六）审核指标：月人均缴费基数预算

1. 审核标准：月人均缴费工资预算同比增长率应大于5%。今后，该审核标准应随着社会平均工资增幅的变动等因素相应进行调整。

月人均缴费基数预算数＝缴费基数总额预算数÷平均参保人数预算数÷12个月

2. 审核依据：根据统计局公布的数据，近年全国在岗职工月平均工资增长幅度基本上保持在10%左右的水平，由于缴费基数（工资）与在岗职工月平均工资指标紧密相关，因此，在岗职工月平均工资对缴费基数（工资）的拉动作用应不低于5%。

（七）审核指标：费率预算

1. 审核标准：费率预算应不超过3%。

2. 审核依据：失业保险基金预算根据“以支定收，收支基本平衡”的原则筹集，参保职工的缴费比例应以相关政策法规为依据，在政策法规未进行调整的情况下，原则上应与上年保持一致。失业保险费费率调整的情况：一是省、自治区、直辖市人民政府可根据本行政区域失业人员数量和失业保险基金数额，报经国务院批准，可以适当调整本行政区域失业保险费费率；二是国务院可对全国范围内的失业保险费费率进行调整。

（八）审核指标：征缴率预算

1. 审核标准：征缴率预算应大于等于上年执行数。

2. 审核依据：提高基金征缴率，是失业保险经办机构和征缴机构的重点工作之一，同时也是保障参保职工合法权益的重点，因此，基金征缴率应保持稳步提高的良好势头。

（九）影响失业保险费收入的其他因素的预算

1. 审核标准：如有无法核定缴费基数的一次性保费收入，影响失业保险费收入的其他因素预算应大于等于0。

2. 审核依据：以省、自治区、直辖市（各地）人民政府制定的相关政策法规为依据。

（十）审核指标：利息收入预算

1. 审核标准：利息收入预算应大于城乡居民同期存款利率。

2. 审核依据：根据《失业保险条例》（国务院令第 258 号）精神，存入银行和按照国家规定购买国债的失业保险基金，分别按照城乡居民同期存款利率和国债利息计息。因此，城乡居民同期存款利率是失业保险基金的最低利率标准。

（十一）审核指标：其他收入预算

1. 审核标准：其他收入大于等于 0。

2. 审核依据：根据《社会保险费征缴暂行条例》（国务院令第 259 号），缴费单位未按规定缴纳和代扣代缴社会保险费的，由劳动保障行政部门或税务机关责令限期缴纳；逾期仍不缴纳的，除补缴欠缴数额外，从欠缴之日起，按日加收 2‰的滞纳金。对逾期不缴纳的，按日加收 2‰的滞纳金。而失业保险基金收入一般情况下没有经财政部门核准的其他收入，其他收入主要是滞纳金收入。因此，其他收入大于等于 0。

（十二）审核指标：转移收入预算

1. 审核标准：转移收入预算应大于（等于）0。

2. 审核依据：根据《失业保险条例》精神，城镇企业事业单位成建制跨统筹地区转移，失业人员跨统筹地区流动的，失业保险关系随之转迁，经办机构应为其办理转移接续手续。

（十三）审核指标：上级补助收入预算

1. 审核标准：省级汇总后的上级补助收入预算应等于补助下级支出预算，市级汇总后的上级补助收入的县级预算应等于补助下级支出的地级预算。

2. 审核依据：上级失业保险经办机构对下级失业保险经办机构拨入的失业保险基金形成下级失业保险经办机构的上级补助收入，省级汇总后，上级补助收入预算应等于补助下级支出预算，市级汇总后的上级补助收入的县级预算数应等于补助下级支出的地级预算数。

（十四）审核指标：下级上解收入预算

1. 审核标准：省级汇总后的下级上解收入预算应等于上解上级支出预算，市级汇总后的下级上解收入的地级预算应等于上解上级支出的县级预算。

2. 审核依据：下级失业保险经办机构上缴上级失业保险经办机构的失业保险基金形成上级失业保险经办机构的下级上解收入，省级汇总后的下级上解收入预算应等于上解上级支出预算，市级汇总后的下级上解收入的地级预算应等于上解上级支出的县级预算。

二、基金支出预算审核指标及标准

（一）审核指标：失业保险金支出预算

1. 审核标准：失业保险金支出预算同比增长率应小于 30%。今后，该审核标准应随着最低工资标准和失业保险金标准调整幅度等因素的变化进行相应调整。

2. 审核依据：根据《失业保险条例》精神，失业保险金标准，按照低于当地最低工资标准、高于城市居民最低生活保障标准的水平确定。从全国数据分析，最低工资标准增幅一般不超过 30%，考虑部分地区失业保险金发放高峰、补发等因素，失业保险金支出预算同比增长率不应超过 30%。

（二）审核指标：失业保险金支出上年预计执行数

1. 审核标准：前三个季度失业保险金支出实际执行数占全年预计执行数的合理比例。

2. 审核依据：以平均一个季度占全年的比例 25%为基准，考虑各种不可比或不确定因素，第四季度失业保险金支出占全年的比例若高于 30%，则说明失业保险金预计数存在偏高的可能。

（三）审核指标：全年领取失业保险金人数和领取失业保险金人月数预算

1. 审核标准：领取失业保险金人月数应大于等于全年领取失业金人数，领取失业保险金人月数除以全年领取失业金人数应大于等于 1 个月，小于等于 12 个月。

2. 审核依据：根据《失业保险条例》的精神，失业保险金由社会保险经办机构按月发放。因此领取失业保险金的失业人员1年至少领取1个月，最多领取12个月。

（四）审核指标：月人均领取失业保险金金额预算

1. 审核标准：失业人员月人均领取失业保险金金额预算应大于等于上年执行数，同比增长率应小于30%，今后，该审核标准应随着最低工资标准调整幅度的变化做相应调整。

2. 审核依据：根据《失业保险条例》精神，失业保险金标准，按照低于当地最低工资标准、高于城市居民最低生活保障标准的水平确定。从全国数据分析，最低工资标准的增幅一般不超过30%，月人均领取失业保险金金额预算同比增长率不应超过30%。

（五）审核指标：医疗补助金支出预算

1. 审核标准：医疗补助金支出预算同比增长率应大于上年执行数。

2. 审核依据：《社会保险法》第48条规定，失业人员在领取失业保险金期间，参加职工基本医疗保险，享受基本医疗保险待遇。根据《关于领取失业保险金人员参加职工基本医疗保险有关问题的通知》（人社部发［2011］77号）的规定，领取失业保险金人员参加职工医保的缴费率原则上按照统筹地区的缴费率确定。缴费基数可参照统筹地区上年度职工平均工资的一定比例确定，最低比例不低于60%，不再享受原由失业保险基金支付的医疗补助金待遇。

（六）审核指标：丧葬抚恤补助支出预算

1. 审核标准：丧葬抚恤补助支出预算均应大于0。

2. 审核依据：根据《社会保险法》第49条的规定，失业人员在领取失业保险金期间死亡的，参照当地对在职职工死亡的规定，向其遗属发给一次性丧葬补助金和抚恤金。所需资金从失业保险基金中支付。因此，应当编制丧葬补助抚恤金支出预算。

（七）审核指标：职业培训补贴支出和职业介绍补贴支出预算

1. 审核标准：职业培训补贴支出和职业介绍补贴支出应大于0。

2. 审核依据：根据《失业保险金申领发放办法》（劳动和社会保障部令第 8 号）第 11 条的规定，失业人员在领取失业保险金期间，应积极求职，接受职业指导和职业培训。因此，应当编制职业培训补贴支出和职业介绍补贴支出预算。

（八）审核指标：其他费用支出预算

1. 审核标准：其他费用支出预算应大于 0。

2. 审核依据：（1）农民合同制工人一次性生活补助支出：按规定支付给合同期满不再续订或者提前解除劳动合同的农民合同制工人的一次性生活补助费，农民合同制工人一次性生活补助支出预算应有相应的支出。（2）东部试点地区扩大基金使用范围相关支出：根据原劳社部发［2006］5 号文件、人社部发［2009］97 号文件、人社部发［2011］95 号文件精神，实施扩大失业保险基金支出范围试点的北京、上海、江苏、浙江、福建、山东、广东本年度发生的用于预防失业、促进就业的基金支出。东部试点地区扩大基金使用范围相关支出预算以上省市应有相应支出。（3）其他促进就业支出：各省市人民政府制定的失业保险促进就业支出政策及符合规定的其他促进就业支出项目。（4）其他：除上述支出外，本年度按规定发生的其他与失业保险待遇性质有关的支出。

（九）审核指标：其他支出预算

1. 审核标准：其他支出预算应等于 0（有相关规定除外）。

2. 审核依据：根据社会保险基金财务制度规定，其他支出是指经财政部门核准开支的其他非社会保险待遇性质的支出。因此，其他支出项目原则上不做支出预算。但统筹地区可依据本地相关失业保险政策法规要求和财政部门的核准，编制其他支出预算。

（十）审核指标：转移支出预算

1. 审核标准：转移支出预算应大于等于 0。

2. 审核依据：根据《失业保险条例》精神，城镇企业事业单位成建制跨统筹地区转移，失业人员跨统筹地区流动的，失业保险关系随之转迁，经办机构应为其办理转移接续手续。

（十一）审核指标：补助下级支出

1. 审核标准：同上级补助收入预算审核标准。

2. 审核依据：同上级补助收入预算审核依据。

（十二）审核指标：上解上级支出

1. 审核标准：同下级上解收入预算审核标准。

2. 审核依据：同下级上解收入预算审核依据。

三、基金结余预算审核指标及标准

（一）审核指标：基金当期结余预算

1. 审核标准：基金当期结余预算应大于 0。

2. 审核依据：根据人力资源和社会保障部、财政部《关于编制 2011 年度社会保险基金预算的通知》要求，失业保险基金不得编制赤字预算。

（二）审核指标：累计结余预算

1. 审核标准：累计结余应大于 0。

2. 审核依据：《社会保险法》第 65 条规定，社会保险基金通过预算实现收支平衡，以及根据《国务院关于试行社会保险基金预算的意见》（国发［2010］2 号）的精神，失业保险基金预算应坚持收支平衡，适当留有结余的原则。失业保险基金累计结余出现赤字，将存在巨大的基金支付风险，必须筹集资金予以弥补，因此，原则上失业保险基金累计结余应大于 0。

第七节　失业保险基金预算案例分析

本案例分析是以某地历年失业保险基金会计、统计年报以及失业保险业务系统的数据为基础，按照前述的失业保险基金预算编制办法，测算该地 2012 年度失业保险基金收入和失业保险基金支出的预算。

一、失业保险基金收入预算

（一）采集数据

从该地的统计报表中采集填列 2009 年、2010 年、2011 年 1—3 季度的平均参保人数；从失业保险基金年报和季度报表中采集 2009 年、2010 年、2011 年 1—3 季度的失业保险费收入、财政补贴收入、利息收入、转移收入、其他收入、上级补助收入、下级上解收入等数据的执行数。

（二）设定修正值

依据失业保险有关法规、政策和实际情况对失业保险费收入中的补缴以前年度欠费、缴费基数总额、征缴率和影响失业保险费收入的其他因素等指标，以及财政补贴收入、利息收入、转移收入、其他收入、上级补助收入、下级上解收入等数据设定修正值，并对修正值进行说明。

（三）测算数据

上述指标填列后，失业保险基金收入参数表各项指标的预算数由预算编制软件自动计算生成，见表 8—4。

二、失业保险基金支出预算

（一）采集数据

从失业保险基金年报和季度报表中采集 2009 年、2010 年、2011 年 1—3 季度的失业保险金支出、医疗补助金支出、丧葬抚恤补助支出、职业培训和职业介绍补贴支出、其他费用支出、其他支出、转移支出、补助下级支出和上解上级支出等数据的执行数。

（二）设定修正值

依据失业保险有关法规、政策和实际情况对失业保险基金支出中的全年领取失业金人数、领取失业金人月数、月人均领取失业金金额、职业培训人数、人均培训补贴金额、职业介绍人数、人均介绍补贴金额、农民合同制工人一次性生活补助人数、人均农民合同制工人一次性生活补助金额等相关因素指标，以及医疗补助金支出（※）、丧葬抚恤补助支出、其他费用支出、其他支出、转移支出、补助下级

表 8—4

失业保险基金收入预算参数表

编制单位： 2012 年 单位：人，元

收入科目	收入参数	2009 年执行数	2010 年执行数	2011 年 1—3 季度执行数	2011 年全年预计数	年平均增减率	修正值	2012 年预算数
		1	2	3	4	5	6	7
失业保险费收入	平均参保人数	239 608	233 375	240 000	235 414	−0.860 0%	120	233 180
	失业保险费收入	214 361 452.13	210 977 289.02	122 756 897.83	252 756 897.00	—	—	276 778 217.02
	补缴以前年度欠费	8 135 817.77	7 253 364.91		5 000 000.00	−20.960 0%	2 000 000.00	5 950 000.00
	缴费基数总额	7 381 594 352.62	9 129 841 058.00	4 091 896 667.00	8 625 229 900.00	9.080 0%		9 401 500 591.00
	失业保险费率	2.890 0%	2.310 0%	3.000 0%	3.000 0%	—	—	3.000 0%
	应缴失业保险费	213 328 076.79	210 899 328.44	122 756 900.01	258 756 897.00	10.780 0%	—	282 045 017.73
	征缴率	96.670 6%	96.597 7%	100.000 0%	95.748 9%	—		96.000 0%
	影响失业保险费收入的其他因素	—	—	—	—	—	65 000.00	65 000.00

续表

收入科目	收入参数	2009年执行数	2010年执行数	2011年1—3季度执行数	2011年全年预计数	年平均增减率	修正值	2012年预算数
		1	2	3	4	5	6	7
利息收入		33 711 339.74	20 111 910.60	26 898 961.81	30 898 961.00	6.650 0%	1 500 000.00	34 561 888.27
财政补贴收入						0.000 0%		0.00
其他收入						0.000 0%		0.00
转移收入		541 282.50	273 504.00	212 805.00	655 000.00	45.010 0%	−300 000.00	649 750.00
上级补助收入	县级					—		0.00
	地级					—		0.00
下级上解收入	地级					—		0.00
	省级	108 369 479.37	216 826 490.56	12 315 167.46	216 235 167.46	—	28 000 000.00	244 235 167.46
收入合计		356 983 553.74	448 189 194.18	162 183 832.10	500 546 025.46	—	—	556 225 022.75

支出和上解上级支出等数据设定修正值，并对修正值进行说明。

（三）测算数据

上述指标采集后，失业保险基金支出参数表各项指标的预算数由预算编制软件自动计算生成，见表 8—5。

附注 1：医疗补助金支出

2011 年 7 月 1 日以前，指按规定支付给失业人员在领取失业保险金期间的医疗费用；2011 年 7 月 1 日《社会保险法》实施后，在《社会保险基金财务制度》和《社会保险基金会计制度》没有调整以前，该科目核算的内容包括：由失业保险基金支付的领取失业保险金人员参加职工基本医疗保险费，以及各地规定的除住院和门诊医疗保险待遇支出以外的相关医疗补助支出。

附注 2：失业保险基金收入、支出预算测算方法

测算方法一：基于统筹地区未出现较大的政策变动，通过采集以前年度执行数和预算年度上年前三个季度执行数，对于失业保险基金收入、支出相关指标预算年度上年全年执行数进行预计，并在计算前三年平均增长率的基础上，对出现与实际执行偏差较大的指标通过设置修正值来进行测算。

预算年度预算数＝预算年度上年全年预计数×(1＋前三年平均增减率)＋修正值

上述测算办法适用于失业保险基金收入预算中的失业保险费收入、利息收入预算、财政补贴收入预算、其他收入预算、转移收入预算的编制，同时适用于失业保险基金支出预算中的失业保险金支出预算、医疗补助金支出预算、丧葬抚恤补助支出预算、职业培训和职业介绍补贴支出预算、其他费用支出预算、其他支出预算、转移支出预算的编制。

测算方法二：基于统筹地区法规和政策调整，对测算指标有较为直观的影响，以及以前年度基金收入、支出的增减对预算年度的影响较小，采用对相关指标预算年度上年全年执行数进行预计，并对实际执行偏差较大的指标通过设置修正值来进行测算。

表 8—5　　失业保险基金支出预算参数表

编制单位：　　2012 年　　单位：人，元

支出科目	支出参数	2009 年执行数	2010 年执行数	2011 年 1—3 季度执行数	2011 年全年预计数	年平均增减率（%）	修正值	2012 年预算数
		1	2	3	4	5	6	7
失业保险金支出	失业保险金支出	144 363 967.25	132 322 663.56	104 078 816.70	215 879 216.90	—	—	272 839 388.30
	全年领取失业金人数	54 900	50 115	47 078	58 615	4.120 0	−1 500	59 460.00
	领取失业金人月数	276 815	258 917	175 609	362 822	16.830 0	−9 000	415 502.00
	月人均领取失业金金额	521.52	511.06	592.67	595.00	7.210 0	20.00	656.65
医疗补助金支出		12 620 690.91	13 813 164.42	10 393 264.50	24 842 187.99	44.650 0	−500 000.00	35 521 172.59
丧葬抚恤补助支出		127 400.00	85 120.00	23 800.00	75 172.00	−22.440 0	50 000.00	108 634.16
职业培训补贴支出	职业培训补贴支出	3 550 714.81	3 344 100.00	1 589 180.00	4 588 109.00	15.690 0	—	5 733 128.80
	职业培训人数	7 086	6 352	3 407	8 908	14.900 0	−1 000	9.244
	人均补贴金额	501.09	525.64	466.45	515.05	1.440 0	100.00	620.20
职业介绍补贴支出	职业介绍补贴支出	251 420.00	199 060.00	91 000.00	210 000.00	−7.660 0	—	232 947.00
	职业介绍人数	12 258	9 953	4 550	10 500	−6.650 0	2 000	11 765
	人均补贴金额	20.51	20.00	20.00	20.00	−1.240 0		19.80

续表

支出科目		支出参数	2009年执行数	2010年执行数	2011年1—3季度执行数	2011年全年预计数	年平均增减率（%）	修正值	2012年预算数
			1	2	3	4	5	6	7
其他费用支出	农民合同制工人一次性生活补助支出	农民合同制工人一次性生活补助支出	2 028 504.26	2 551 489.35	1 215 300.45	3 547 881.21	32.420 0	—	5 574 888.65
		农民工一次性生活补助人数	2 604	2 625	1 013	3 042	8.350 0	500	3 785
		人均领取金额	779.00	972.00	1 199.780	1 166.30	22.380 0	50.00	1 472.89
	东部试点地区扩大基金使用范围相关支出						0.000 0		0.00
	其他促进就业支出		5 660 876.62	92 765 461.92	67 422 944.23	103 458 157.00	775.120 0	−605 258 874.00	300 000 000.00
	其他						0.000 0		0.00
其他支出			195.25	593.25	332.00	1 000.00	136.200 0	50 000.00	52 360.00
转移支出			3 346 696.50	3 368 187.00	2 503 897.50	4 351 749.00	14.920 0	1 000 000.00	6 004 511.00
补助下级支出		地级	118 260 818.02	254 141 040.33	131 789 051.30	310 140 505.00	—	5 000 000.00	315 140 505.00
		省级					—		0.00
上解上级支出		县级	416 859 312.33	1 474 134 990.13	918 574 733.65	1 876 225 901.00	—	40 000 000.00	1 916 225 901.00
		地级	54 267 400.00	139 200 900.00		185 000 000.00	—	50 000 000.00	235 000 000.00
支出合计			761 337 995.95	2 115 926 769.96	1 237 691 320.33	2 728 319 879.10	—	—	3 092 433 436.50

预算年度预算数＝预算年度上年全年预计数＋修正值

上述测算办法适用于失业保险基金收入预算中的上级补助收入预算和下级上解收入预算的编制，同时适用于失业保险基金支出预算中的补助下级支出预算和上解上级支出预算的编制。

第九章　生育保险基金预算的编制

第一节　预算报表和指标体系

基金预算体现为一系列基金运行指标的预算，各项指标的预算过程和结果都可整合体现在预算报表之中。预算报表体系的设计主要遵循三项原则：一是预算指标体系的完整性，二是预算编制方法的统一性和包容性，三是预算编制和分析的便利性。通过以上原则实现预算指标体系与预算编制办法的有机结合。

一、生育保险基金预算报表的组成

生育保险基金预算报表体系由预算主表、参数表、基金平衡表和预算调整情况表组成。

1. 预算主表。即生育保险基金预算表，反映生育保险基金预算编制的结果。

2. 参数表。分为生育保险基金收入参数表和支出参数表两部分，反映生育保险基金收入和支出预算的测算过程。

3. 基金平衡表。即生育保险基金预算平衡情况表，反映基金预算缺口情况和缺口的弥补办法。省级统筹的需包含所辖区、市情况。

4. 预算调整情况表。即生育保险基金预算调整情况表，反映基金预算在执行过程中，受政策或其他因素的影响，需要对预算进行调整的情况。

以 2012 年预算编制为例，生育保险基金预算主表见表 9—1。

二、生育保险基金预算指标体系构成

生育保险基金预算指标体系，包括反映生育保险基金预算规模的

表 9—1　　　　　　2012 年生育保险基金预算主表

项目	2011 年预计执行数	2012 年预算数	项目	2011 年预计执行数	2012 年预算数
一、生育保险费收入			一、生育保险金支出		
二、利息收入			二、其他支出		
三、财政补贴收入					
四、其他收入					
五、上级补助收入			三、上解上级支出		
六、下级上解收入			四、补助下级支出		
七、本年收入合计			五、本年支出合计		
			六、本年收支结余		
八、上年结余			七、年末滚存结余		
总计			总计		

基金收入、支出、结余指标和影响基金预算的其他因素指标。生育保险基金预算指标，依据生育保险有关法律、法规及生育保险经办业务的实际情况设立，包括生育保险基金收入预算指标、生育保险基金支出预算指标、生育保险基金结余预算指标。

（一）收入预算指标的构成

生育保险基金收入预算指标主要包括生育保险费收入、利息收入、财政补贴收入、其他收入、上级补助收入、下级上解收入等指标。

1. 基金指标结构图

基金指标结构图如图 9—1 所示。

2. 基金影响因素指标结构图

基金影响因素指标结构图如图 9—2 所示。

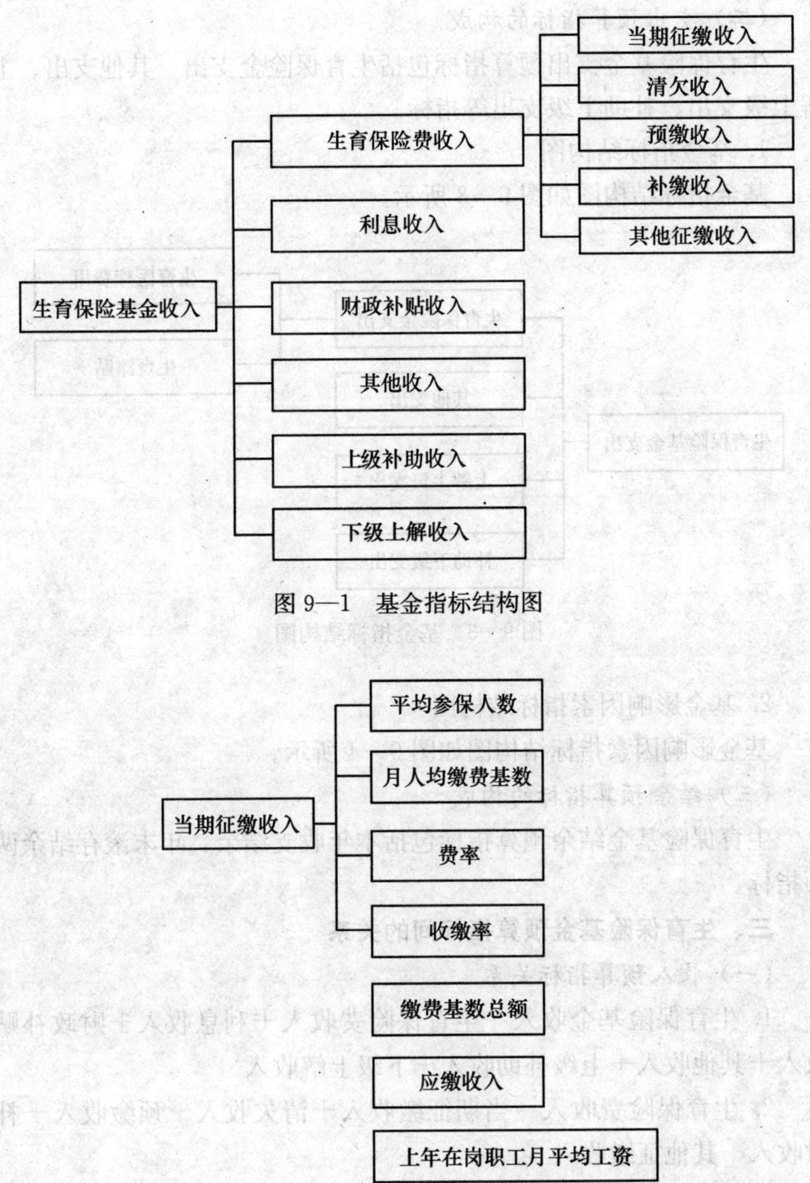

图 9—1　基金指标结构图

图 9—2　基金影响因素指标结构图

（二）支出预算指标的构成

生育保险基金支出预算指标包括生育保险金支出、其他支出、上解上级支出、补助下级支出等指标。

1. 基金指标结构图

基金指标结构图如图 9—3 所示。

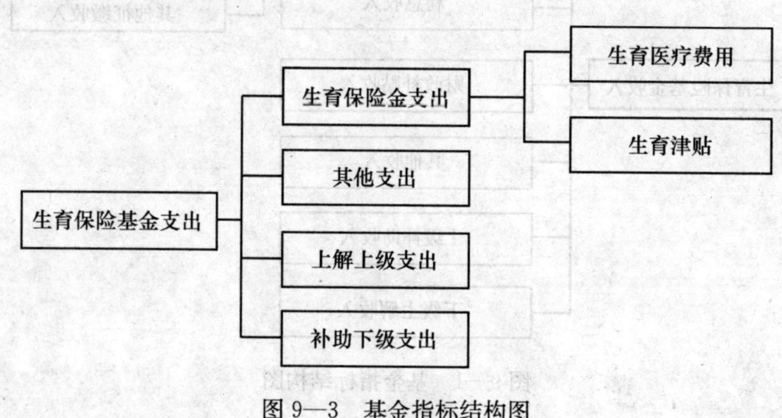

图 9—3　基金指标结构图

2. 基金影响因素指标结构图

基金影响因素指标结构图如图 9—4 所示。

（三）结余预算指标的构成

生育保险基金结余预算指标包括本年收支结余、年末滚存结余两项指标。

三、生育保险基金预算指标间的关系

（一）收入预算指标关系

1. 生育保险基金收入＝生育保险费收入＋利息收入＋财政补贴收入＋其他收入＋上级补助收入＋下级上解收入

2. 生育保险费收入＝当期征缴收入＋清欠收入＋预缴收入＋补缴收入＋其他征缴收入

3. 当期征缴收入＝平均参保人数×月人均缴费基数×12 个月×费率×收缴率

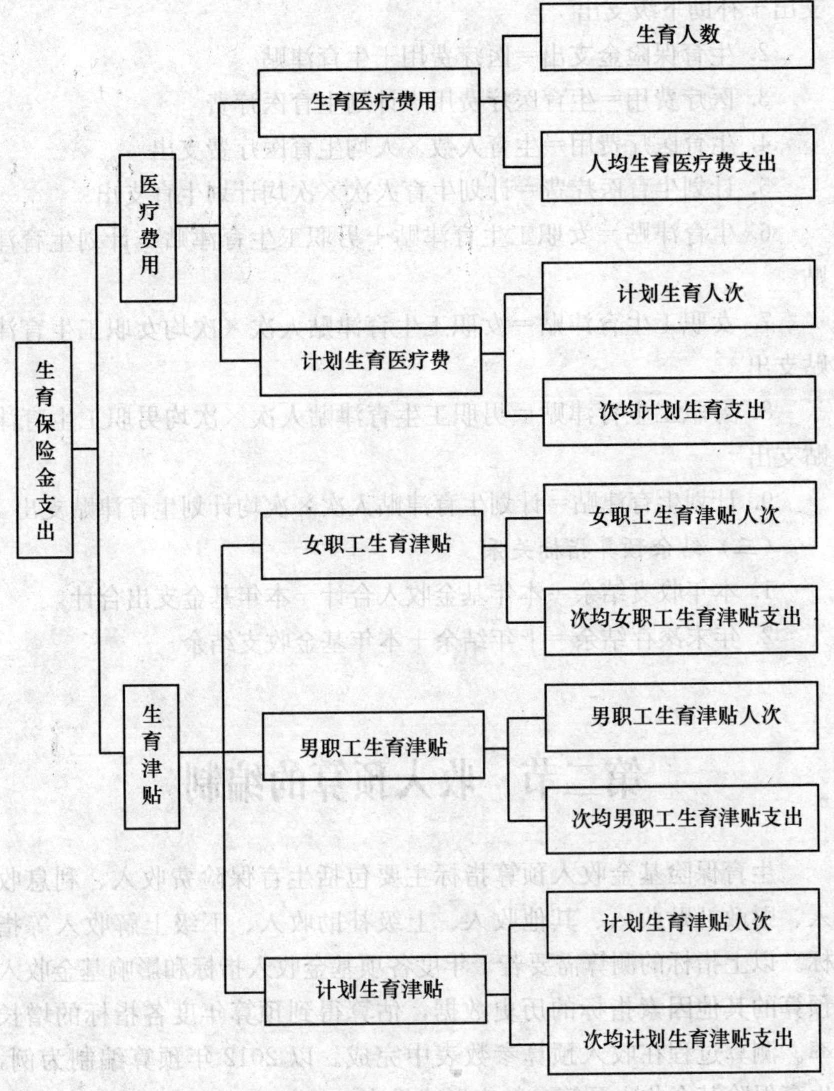

图 9—4　基金影响因素指标结构图

(二) 支出预算指标关系

1. 生育保险基金支出＝生育保险金支出＋其他支出＋上解上级

支出＋补助下级支出

2. 生育保险金支出＝医疗费用＋生育津贴

3. 医疗费用＝生育医疗费用＋计划生育医疗费

4. 生育医疗费用＝生育人数×人均生育医疗费支出

5. 计划生育医疗费＝计划生育人次×次均计划生育支出

6. 生育津贴＝女职工生育津贴＋男职工生育津贴＋计划生育津贴

7. 女职工生育津贴＝女职工生育津贴人次×次均女职工生育津贴支出

8. 男职工生育津贴＝男职工生育津贴人次×次均男职工生育津贴支出

9. 计划生育津贴＝计划生育津贴人次×次均计划生育津贴支出

（三）结余预算指标关系

1. 本年收支结余＝本年基金收入合计－本年基金支出合计

2. 年末滚存结余＝上年结余＋本年基金收支结余

第二节　收入预算的编制

生育保险基金收入预算指标主要包括生育保险费收入、利息收入、财政补贴收入、其他收入、上级补助收入、下级上解收入等指标。以上指标的测算需要若干年度各项基金收入指标和影响基金收入预算的其他因素指标的历史数据，估算得到预算年度各指标的增长率。测算过程在收入预算参数表中完成。以 2012 年预算编制为例，生育保险基金收入预算参数表形式见表 9—2。

一、生育保险费收入预算的编制

生育保险费收入预算包括当期征缴收入预算、清欠收入预算、预缴收入预算、补缴收入预算和其他征缴收入预算。

表 9—2　　2012 年生育保险基金收入预算参数示意表

	项目	单位	2008 年执行数	2010 年执行数	2011 年预计执行数	预算综合增长率	2012 年预算数
生育保险费收入	平均参保人数	人					
	月人均缴费基数	元					
	上年在岗职工月平均工资	元					
	费率	%					
	缴费基数总额	元					
	应缴收入	元					
	收缴率	%					
	生育保险费收入	元					
	当期征缴收入	元					
	清欠收入	元					
	预缴收入	元					
	补缴收入	元					
	其他收入	元					
	利息收入	元					
	财政补贴收入	元					
	上级补助收入	元					

(一) 当期征缴收入预算的编制

1. 当期征缴收入预算编制原则

当期征缴收入预算编制应以生育保险各项法律、法规、政策为依据，准确把握缴费人数、缴费工资的正常增长趋势，综合分析生育保险覆盖面情况，充分考虑各地的扩面潜力，不断提高基金收缴率，确保基金征缴收入稳步增长的良好势头。同时，应综合参考宏观经济指标对就业形势、职工工资水平的影响等因素，确定合理的增长水平，最大限度地实现应收尽收。

2. 当期征缴收入测算办法

测算步骤可分为以下六步：

（1）测算平均参保人数

平均参保人数预算数＝平均参保人数上年预计执行数×(1＋修正后综合增长率)

由上式可见，测算平均参保人数需要先确定平均参保人数上年预计执行数和预算年度的综合增长率。

①平均参保人数上年预计执行数的测算

平均参保人数上年预计执行数以上年预算数为基数，综合考虑预算执行年度生育保险政策、法律、法规的调整对参保人数的影响以及上年预算实际执行情况等因素，对上年预算数进行必要的调整。平均参保人数预算调整数的测算公式如下：

上年预算调整数＝上年预计执行数－上年预算数

通常，在预算编制时预算上年度全年执行数未知，但前三个季度执行数已知，上年预计执行数的测算重点在于第四季度平均参保人数预计新增数，该指标根据当年前三个季度实际执行情况测算出一个季度的平均新增数。即：

上年预计执行数＝上年前三个季度执行数＋上年第四季度预计新增数

上年第四季度预计新增数＝(上年第三季度执行数－前年第四季度执行数)÷三个季度＋修正值

设置修正值的原因是考虑第四季度参保人数增减变动幅度与前三个季度相比可能出现明显偏差或政策影响等因素。

②平均参保人数综合增长率的测算

测算办法详见附录。

③平均参保人数综合增长率的修正

对平均参保人数综合增长率测算值进行修正，通常应符合以下两个条件之一：

一是政策调整因素。在预算年度中执行对参保人数正常的增长趋势可能产生较大影响的政策，如扩大参保范围、统筹地区转移合并等。

二是数据采集年度的数据出现明显异常。如统筹地区个别年度参保人数的增长趋势毫无规律而言，可能在个别年份存在较大的不可比因素，测算出的综合增长率与实际出现偏差的概率很大，因此，不具备参考价值，需剔除不可比因素后，对综合增长率测算值进行修正。

（2）测算缴费基数总额

缴费工资总额预算数＝上年预计执行数×（1＋修正后综合增长率）

可见，测算缴费工资总额需要先确定缴费工资总额上年预计执行数和预算年度的综合增长率。

①缴费工资总额上年预计执行数的测算

缴费工资总额上年预计执行数以上年预算数为基数，综合考虑预算执行年度工伤保险政策、法律、法规的调整对缴费工资的影响以及上年预算实际执行情况等因素，对预算数进行必要调整。缴费工资总额预算调整数的测算公式如下：

上年预算调整数＝上年预计执行数－上年预算数

通常，在预算编制时预算上年度全年执行数未知，但上年前三个季度执行数已知，可根据往年前三个季度执行数占全年数的比例预测全年执行数。即：

上年预计执行数＝上年前三个季度执行数÷近年前三个季度数占全年的平均比例＋修正值

设置修正值的主要目的是为了解决在第四季度执行对缴费工资总额产生较大影响的政策等因素。

②缴费工资总额综合增长率的测算

测算办法详见附录。

③缴费工资总额综合增长率的修正

对缴费工资总额的综合增长率测算值进行修正，通常应符合以下三个条件之一：

一是政策调整因素。在预算年度中执行对缴费人数、缴费工资的正常的增长趋势可能产生较大影响的政策，如扩大参保范围、提高缴费工资等。

二是数据采集年度的数据出现明显异常。近年缴费工资总额存在较大的不可比因素，增长趋势没有规律可循以及其他可能导致测算出的综合增长率不具备参考价值的因素，需对综合增长率测算值进行修正。

三是月人均缴费工资占上年在岗职工月平均工资的比例不符合相关政策规定，或者与近年月人均缴费工资占上年在岗职工月平均工资的平均比例出现较大偏差，则需要进行修正，以确保缴费工资总额趋于合理的水平。

（3）测算月人均缴费基数

月人均缴费工资预算数＝缴费工资总额预算数÷平均参保人数预算数÷12 个月

（4）确定缴费费率

上年缴费率预计执行数和缴费率预算的确定，应以各地生育保险政策规定的缴费费率为依据，在预算年度相关费率政策未进行调整的情况下，原则上应与上年缴费费率相同。

（5）确定收缴率

上年收缴率执行数＝上年收缴率预算数＋预算调整数

上年收缴率预算数＝上年当期征缴收入预算数÷上年应缴收入预算数×100%

收缴率预算的确定，原则上不低于上年收缴率执行数。

（6）测算当期征缴收入

当期征缴收入预算数＝平均参保人数预算数×月人均缴费基数预算数×12 个月×费率预算数×收缴率预算数

（二）清欠收入预算的编制

编制清欠收入预算要重点参考以下三个指标：

1. 上年末基金累计欠费情况。

2. 清欠计划。

3. 各年度清欠收入占上年末累计欠费的比例等。

（三）补缴、预缴及其他征缴收入预算的编制

编制补缴、预缴及其他征缴收入预算要重点参考近年补缴、预缴及其他征缴收入分别占基金征缴总收入的比重，并结合预算年度的生育保险政策变化的情况进行编制。

二、财政补贴收入预算测算办法

财政补贴收入＝中央财政补贴收入＋地方财政补贴收入

编制财政补贴收入预算要重点参考以下三个指标：

1. 上年度中央财政补贴情况。
2. 基金预算缺口情况。
3. 地方财政预算安排能力等。

三、利息收入预算的编制

编制利息收入预算要重点参考以下五个指标：

1. 基金上年末存储总量以及预算年度预计净增的基金存储量情况。
2. 上年末短、中、长期定期存款，活期存款以及国债的分布情况。
3. 上年基金平均收益情况。
4. 定期存款或国债在预算年度到期情况。
5. 利率变动情况。

四、其他收入预算的编制

编制其他收入预算要重点参考以下两个指标：

1. 近年其他收入情况。
2. 近年其他收入占基金收入的比重。

五、上级补助收入和下级上解收入预算的编制

编制上级补助收入和下级上解收入预算要重点参考以下两个指标：

1. 上年度上级补助收入和下级上解收入情况。
2. 预算年度的调剂金政策变化情况。

第三节　支出和结余预算的编制

生育保险基金支出预算指标包括生育保险金支出、其他支出、上解上级支出和补助下级支出等指标，结余预算指标包括本年收支结余和年末滚存结余。以上指标的测算需要若干年度各项基金支出与结余指标和影响基金支出与结余预算的其他因素指标的历史数据，估算得到预算年度各指标的增长率。基金支出预算的测算过程在支出预算参数表中完成。以 2012 年预算编制为例，生育保险基金支出预算参数表形式见表 9—3。

表 9—3　　2012 年生育保险基金支出预算参数示意表

项目			单位	2008 年执行数	2010 年执行数	2011 年执行数	预算综合增长率	2012 年预算数
生育保险金支出	医疗费用	生育医疗费用	元					
		生育人数	人					
		人均生育医疗费支出	元					
		计划生育医疗费用	元					
		计划生育人次	人次					
		次均计划生育支出	元					
		医疗费用合计	元					
	生育津贴	女职工生育津贴	元					
		女职工生育津贴人次	人次					
		次均女职工生育津贴支出	元					
		男职工生育津贴	元					
		男职工生育津贴人次	人次					
		次均男职工生育津贴支出	元					
		计划生育津贴	元					

续表

项目			单位	2008年执行数	2010年执行数	2011年执行数	预算综合增长率	2012年预算数
生育保险金支出	生育津贴	计划生育津贴人次	人次					
		次均计划生育津贴支出	元					
		生育津贴合计	元					
	生育保险金支出合计		元					
其他支出			元					
上解上级支出			元					
补助下级支出			元					

基金支出预算编制原则是以生育保险政策、法律、法规为依据，综合分析生育保险覆盖范围的扩大、生育保险待遇享受人数、生育医疗费用的增长变动以及生育津贴标准变化等对基金支出的影响因素，力求支出预算编制准确合理，确保生育保险各项待遇按时足额支付。

一、生育保险金支出预算的编制

在生育保险金支付过程中，由于参保人群的生育医疗费与津贴在待遇支付额度上存在较大的差异，为了提高生育保险支出预算的精细化水平，将生育保险金支出预算按医疗费用和生育津贴两类划分待遇支出类别，分别进行测算后再汇总。

（一）医疗费用预算的编制

医疗费用根据费用类别，分为生育医疗费用和计划生育医疗费用，分别进行测算。

1. 生育医疗费用预算的编制

（1）第一步，测算生育医疗费用上年预计执行数

以上年预算数为基数，综合考虑预算执行年度生育保险政策、法律、法规的调整对医疗费用支出的影响以及上年预算实际执行情况等因素，对上年预算数进行调整计算得出。

生育医疗费用上年预计执行数＝生育医疗费用上年预算数＋生育

医疗费用上年预算调整数

生育医疗费用上年预算调整数＝上年前三个季度生育医疗费用＋上年第四季度生育医疗费用预计数－生育医疗费用上年预算数

上年第四季度生育医疗费用预计数＝上年前三个季度生育医疗费用÷近年前三个季度生育医疗费用占全年的平均比例×(1－近年前三个季度生育医疗费用占全年的平均比例)＋修正值

设置修正值的主要目的是为了解决在第四季度执行对生育医疗费用产生较大影响的政策等因素。

(2) 第二步，测算生育人数

生育人数预算数＝生育人数上年预计执行数×(1＋修正后综合增长率)

①生育人数上年预计执行数的测算

以上年预算数为基数，综合考虑预算执行年度生育保险政策、法律、法规的调整对参保人数的影响以及上年预算实际执行情况等因素，对上年预算数进行调整计算得出。

生育人数上年预计执行数＝上年预算数＋上年预算调整数

生育人数上年预算调整数＝上年前三个季度生育人数＋上年第四季度生育人数预计数－上年预算数

上年第四季度生育人数预计数＝上年前三个季度生育人数÷三个季度＋修正值

设置修正值的主要目的是为了解决在第四季度执行对生育人数产生较大影响的政策等因素。

②生育人数综合增长率的测算

测算办法详见附录。

③生育人数综合增长率的修正

通常统筹地区出现下列情况时，须对生育人数综合增长率测算值进行修正：

一是政策调整因素。在预算年度中执行对生育人数正常的增长趋势可能产生较大影响的政策，如扩大参保范围等。

二是数据采集年度的数据出现明显异常。如个别年份生育人数突然大幅度增加或减少，测算出的综合增长率与实际出现偏差的概率很大，因此，不具备参考价值，需剔除不可比因素后，对综合增长率测算值进行修正。

（3）第三步，测算人均生育医疗费支出

①计算人均生育医疗费上年预计执行数

人均生育医疗费上年预计执行数＝生育医疗费上年预计执行数÷生育人数上年预计执行数

②人均生育医疗费用综合增长率的测算

测算办法详见附录。

③人均生育医疗费用综合增长率的修正

测算的综合增长率与预算年度政策相符，则可直接作为测算依据。若测算的综合增长率与数据采集年度政策存在较大的不可比因素，如生育保险待遇提高幅度较大，可能导致测算出的综合增长率不具备分析参考价值，需对综合增长率测算值进行修正。

④人均生育医疗费用的测算

人均生育费用预算数＝上年预计执行数×(1＋修正后综合增长率)

（4）第四步，测算生育医疗费用

生育医疗费用预算数＝生育人数预算数×人均生育医疗费用支出预算数

2. 计划生育医疗费用预算的编制

（1）第一步，测算计划生育医疗费上年预计执行数

以上年预算数为基数，综合考虑预算执行年度生育保险政策、法律、法规的调整对计划生育医疗费用支出的影响以及上年预算实际执行情况等因素，对上年预算数进行调整计算得出。

计划生育医疗费用上年预计执行数＝计划生育医疗费用上年预算数＋计划生育医疗费用上年预算调整数

计划生育医疗费用上年预算调整数＝上年前三个季度计划生育医

疗费用＋上年第四季度计划生育医疗费用预计数－计划生育医疗费用上年预算数

上年第四季度计划生育医疗费用预计数＝上年前三个季度计划生育医疗费用÷近年前三个季度计划生育医疗费用占全年的平均比例×(1－近年前三个季度计划生育医疗费用占全年的平均比例)＋修正值

设置修正值的主要目的是为了解决在第四季度执行对计划生育医疗费用产生较大影响的政策等因素。

(2) 第二步，测算计划生育人次

①计划生育人次上年预计执行数的测算

计划生育人次上年预计执行数以上年预算数为基数，综合考虑预算执行年度生育保险政策、法律、法规的调整对计划生育人次的影响以及上年预算实际执行情况等因素，对上年预算数进行调整计算得出。

计划生育人次上年预计执行数＝计划生育人次上年预算数＋计划生育人次上年预算调整数

计划生育人次上年预算调整数＝上年前三个季度计划生育人次＋上年第四季度计划生育人次预计数－计划生育人次上年预算数

上年第四季度计划生育人次预计数＝上年前三个季度计划生育人次÷3＋修正值

设置修正值的主要目的是为了解决在第四季度执行对计划生育人次产生较大影响的政策等因素。

②计划生育人次综合增长率的测算

测算办法详见附录。

③计划生育人次综合增长率的修正

对计划生育人次综合增长率测算值进行修正，通常应考虑以下两个条件：

一是政策调整因素。在预算年度中执行对参保人数正常的增长趋势可能产生较大影响的政策，如扩大参保范围等。

二是数据采集年度的数据出现明显异常。如个别年份计划生育人次突然大幅度增加或减少，测算出的综合增长率与实际出现偏差的概率很大，因此，不具备参考价值，需剔除不可比因素后，对综合增长率测算值进行修正。

④计划生育人次的测算

计划生育人次预算数＝计划生育人次上年预计执行数×(1＋修正后综合增长率)

(3) 第三步，测算次均计划生育支出

①计算次均计划生育支出上年预计执行数

次均计划生育支出上年预计执行数＝计划生育医疗费上年预计执行数÷计划生育人次上年预计执行数

②次均计划生育支出综合增长率的测算

测算办法详见附录。

③次均计划生育支出综合增长率的修正

测算的综合增长率与预算年度政策相符，则可直接作为测算依据。若测算的综合增长率与数据采集年度政策存在较大的不可比因素，如生育保险待遇提高幅度较大，可能导致测算出的综合增长率不具备分析参考价值，需对综合增长率测算值进行修正。

④次均计划生育支出的测算

次均计划生育支出预算数＝上年预计执行数×(1＋修正后综合增长率)

(4) 第四步，测算计划生育医疗费支出

计划生育医疗费支出预算数＝计划生育人次预算数×次均计划生育支出预算数

(二) 生育津贴预算的编制

生育津贴预算，按照女职工生育津贴预算、男职工生育津贴预算和计划生育津贴预算，分别按以下方法测算：

1. 第一步，测算生育津贴上年预计执行数

以上年预算数为基数，综合考虑预算执行年度生育保险政策、法律、法规的调整对生育津贴的影响以及上年预算实际执行情况等因

素，对上年预算数进行调整计算得出。

生育津贴上年预计执行数＝生育津贴上年预算数＋生育津贴上年预算调整数

生育津贴上年预算调整数＝上年前三个季度生育津贴＋上年第四季度生育津贴预计数－生育津贴上年预算数

上年第四季度生育津贴预计数＝上年前三个季度生育津贴÷近年前三个季度生育津贴占全年的平均比例×(1－近年前三个季度生育津贴占全年的平均比例)＋修正值

设置修正值的主要目的是为了解决在第四季度执行对生育津贴产生较大影响的政策等因素。

2. 第二步，测算生育津贴人次

(1) 生育津贴人次上年预计执行数的测算

生育津贴人次上年预计执行数以上年预算数为基数，综合考虑预算执行年度生育保险政策、法律、法规的调整对生育津贴人次的影响以及上年预算实际执行情况等因素，对上年预算数进行调整计算得出。

生育津贴人次上年预计执行数＝生育津贴人次上年预算数＋生育津贴人次上年预算调整数

生育津贴人次上年预算调整数＝上年前三个季度生育津贴人次＋上年第四季度生育津贴人次预计数－生育津贴人次上年预算数

上年第四季度生育津贴人次预计数＝上年前三个季度生育津贴人次÷3＋修正值

设置修正值的主要目的是为了解决在第四季度执行对生育津贴人次产生较大影响的政策等因素。

(2) 生育津贴人次综合增长率的测算

测算办法详见附录。

(3) 生育津贴人次综合增长率的修正

测算的综合增长率与预算年度政策相符，则可直接作为测算依据。若测算的综合增长率与数据采集年度政策存在较大的不可比因素，可能导致测算出的综合增长率不具备分析参考价值，需对综合增长率测算值进行修正。

（4）生育津贴人次的测算

生育津贴人次预算数＝生育津贴人次上年预计执行数×(1＋修正后综合增长率)

3. 第三步，测算次均生育津贴支出

（1）计算次均生育津贴支出上年预计执行数

次均生育津贴支出上年预计执行数＝生育津贴支出上年预计执行数÷生育津贴人次上年预计执行数

（2）次均生育津贴支出综合增长率的测算

测算办法详见附录。

（3）次均生育津贴支出综合增长率的修正

测算的综合增长率与预算年度政策相符，则可直接作为测算依据。若测算的综合增长率与数据采集年度政策存在较大的不可比因素，可能导致测算出的综合增长率不具备分析参考价值，需对综合增长率测算值进行修正。

（4）次均生育津贴支出的测算

次均生育津贴支出预算数＝上年预计执行数×(1＋修正后综合增长率)

4. 第四步，测算生育津贴支出

生育津贴支出预算数＝生育津贴人次预算数×次均生育津贴支出预算数

二、其他支出预算的编制

根据社会保险基金财务制度规定，其他支出是指经财政部门核准开支的其他非社会保险待遇性质的支出。因此，除特殊情况外，原则上不做其他支出预算。

三、补助下级支出和上解上级支出预算的编制

编制补助下级支出和上解上级支出预算要重点分析参考以下两个指标：

1. 上年度补助下级支出和上解上级支出情况。

2. 预算年度的调剂金政策变化情况。

四、生育保险基金结余预算

（一）基金结余预算编制原则

生育保险基金预算实行以支定收、收支基本平衡的原则，因此，原则上不得编制赤字预算。

（二）基金结余预算的编制

生育保险基金结余预算包括当年结余预算和年末滚存结余预算。

当年结余预算数＝基金收入预算数－基金支出预算数

年末滚存结余预算数＝上年结余＋当年结余预算数

第四节 指标释义及数据采集

本节解释生育保险基金预算编制中使用的各项指标的概念、包括的范围以及指标数据的采集途径。

一、收入预算指标释义及数据采集

（一）基金指标

1. 生育保险费收入

指标释义：生育保险费收入，是指缴费单位按国家规定的缴费基数的一定比例缴纳的生育保险费。该指标包括当期征缴收入、清欠收入、预缴收入、补缴收入及其他征缴收入。

（1）当期征缴收入

指标释义：当期征缴收入，是指报告期内根据国家有关规定，由纳入生育保险范围的缴费单位按国家规定的缴费基数和缴费比例实际收缴到位的当年生育保险费收入，该指标包含本年发生但已在本年收回的欠费。

数据采集：该指标采集自社会保险基金年报《社会保险补充资料

表（二）》（年报补 02 表）的“征缴收入（财务口径）”的“（一）本期实缴当年社会保险费”的生育保险数据。

（2）清欠收入

指标释义：清欠收入，是指本年缴回历年欠缴（不含核销）的生育保险费的金额（本金）。

数据采集：该指标采集自社会保险基金年报《社会保险补充资料表（二）》（年报补 02 表）的“征缴收入（财务口径）”的“（四）本年清理收回以前年度欠费（不含核销）”的生育保险数据。

（3）预缴收入

指标释义：预缴收入，是指参保单位（个人）跨年度一次性预缴或一次性趸缴的生育保险费。包括改制、破产企业按规定为解除劳动合同关系的职工预留并缴纳的生育保险费。

数据采集：该指标采集自社会保险基金年报《社会保险补充资料表（二）》（年报补 02 表）的“征缴收入（财务口径）”的“（二）本年预缴以后年度社会保险费”的生育保险数据。

（4）补缴收入

指标释义：补缴收入，是指参保单位（个人）实际补缴的上年度末之前的生育保险费（未统计在上年末累计欠费项目中）。

数据采集：该指标采集自社会保险基金年报《社会保险补充资料表（二）》（年报补 02 表）的“征缴收入（财务口径）”的“（三）本年补缴以前年度社会保险费”的生育保险数据。

（5）其他征缴收入

指标释义：其他征缴收入，是指不包含在当期征缴收入、清欠收入、预缴收入、补缴收入范围内的其他征缴收入。

数据采集：该指标采集自社会保险基金年报《社会保险补充资料表（二）》（年报补 02 表）的“征缴收入（财务口径）”的“（五）其他”的生育保险数据。

2. 利息收入

指标释义：利息收入，是指用生育保险基金存入银行、财政专户和用生育保险基金购买国家债券、协议存款等取得的利息收入。

数据采集：该指标采集自社会保险基金年报的《生育保险基金收支表》（年报 21 表）的“利息收入”数据。

3. 财政补贴收入

指标释义：财政补贴收入，是指收到的各级财政部门给予生育保险基金的补助。

数据采集：该指标采集自社会保险基金年报《生育保险基金收支表》（年报 21 表）的“财政补贴收入”数据。

4. 其他收入

指标释义：其他收入，是指生育保险基金的滞纳金以及其他经财政部门核准的收入。

数据采集：该指标采集自社会保险基金年报《生育保险基金收支表》（年报 21 表）的“其他收入”数据。

5. 上级补助收入

指标释义：上级补助收入，是指下级社会保险经办机构接收上级社会保险经办机构拨付的生育保险基金收入。

数据采集：该指标采集自社会保险基金年报《生育保险基金收支表》（年报 21 表）的“上级补助收入”数据。

6. 下级上解收入

指标释义：下级上解收入，是指上级社会保险经办机构接收下级社会保险经办机构上解的生育保险基金收入。

数据采集：该指标采集自社会保险基金年报《生育保险基金收支表》（年报 21 表）的“下级上解收入”的数据。

（二）因素指标

1. 平均参保人数

指标释义：平均参保人数，是指报告期内缴纳生育保险费人员的平均人数，包括未按时足额缴纳生育保险费并且未缴部分已计入欠费的人员。

数据采集：该指标由人力资源社会保障统计报表《参加生育保险

人员及基金征缴情况》（人社统 MI2 号）甲栏 1“总计”宾栏 1“参保人数”的（报告期末数据＋上年度数据）÷2 计算填列。

2. 月人均缴费基数

指标释义：月人均缴费基数，是指报告期内参加生育保险的单位月缴纳生育保险费的基数。按缴费人员的应缴口径计算。

数据采集：该指标由缴费工资总额÷平均参保人数计算填列

3. 上年在岗职工月平均工资

指标释义：上年在岗职工月平均工资，是指本地区上年全部在岗职工工资总额除以同期内的平均职工人数。该指标反映本地区全部在岗职工平均工资收入水平。

数据采集：该指标采集自统计部门公布的上年度在岗职工月平均工资。

4. 费率

指标释义：费率，是指报告期内参加生育保险人员按工资总额缴纳生育保险费的比例。

数据采集：该指标根据地方生育保险政策规定的费率水平填列。

5. 缴费基数总额

指标释义：缴费基数总额，是指报告期内参加生育保险的单位缴纳生育保险费的工资总额，按缴费人员的应缴口径计算。

数据采集：该指标采集自人力资源社会保障统计报表《参加生育保险人员及基金征缴情况》（人社统 MI2 号）甲栏 1“总计”宾栏 3 的“缴费基数总额”的“总计”。

6. 应缴收入

指标释义：应缴收入，是指报告期内参加生育保险的单位，按照规定的标准计算出的应缴纳的生育保险费金额，不包括应补上年度末之前历年欠费。

数据采集：该指标采集自人力资源社会保障统计报表《参加生育保险人员及基金征缴情况》（人社统 MI2 号）甲栏 1“总计”宾栏 5 的“本期应缴”。

7. 收缴率

指标释义：收缴率，是指当期实收生育保险费占应收生育保险费的比例。

数据采集：该指标由当期征缴收入÷应缴收入计算填列。

二、支出预算指标释义及数据采集

（一）基金指标

1. 生育保险金支出

指标释义：生育保险金支出，是指按规定应由生育保险基金支付的生育保险待遇支出。

数据采集：该指标采集自社会保险基金年报《生育保险基金收支表》（年报 21 表）的“生育保险待遇支出”数据。

2. 其他支出

指标释义：其他支出，是指经财政部门核准实际支付给参保人员的其他非生育保险待遇性质的支出。

数据采集：该指标采集自社会保险基金年报《生育保险基金收支表》（年报 21 表）的“其他支出”数据。

3. 上解上级支出

指标释义：上解上级支出，是指下级社会保险经办机构上解上级社会保险经办机构的生育保险基金支出。

数据采集：该指标采集自社会保险基金年报《生育保险基金收支表》（年报 21 表）的“上解上级支出”数据。

4. 补助下级支出

指标释义：补助下级支出，是指上级社会保险经办机构拨付下级社会保险经办机构的生育保险基金支出。

数据采集：该指标采集自社会保险基金年报《生育保险基金收支表》（年报 21 表）的“补助下级支出”数据。

（二）因素指标

1. 生育医疗费用

指标释义：生育医疗费用，是指报告期内参加生育保险的人员在定点医疗机构实际发生的生育医疗费用中，按规定由生育保险基金支付的金额。

数据采集：该指标采集自人力资源社会保障统计报表《生育保险待遇情况》（人社统 MI3 号）甲栏 1“总计”宾栏 12“生育医疗费用”数据。

2. 生育人数

指标释义：生育人数，是指报告期内参加生育保险的人员在定点医疗机构实际生育人数。

数据采集：该指标采集自人力资源社会保障统计报表《生育保险待遇情况》（人社统 MI3 号）甲栏 1“总计”宾栏 2 的“本期生育人数”。

3. 人均生育医疗费支出

指标释义：人均生育医疗费支出，是指报告期内参加生育保险的人员在定点医疗机构实际发生的平均生育医疗费用。

数据采集：该指标由“生育医疗费用”÷“生育人数”计算填列。

4. 计划生育医疗费用

指标释义：计划生育医疗费用，是指报告期内参加生育保险的人员在定点医疗机构实际发生的计划生育医疗费用中，按规定由生育保险基金支付的金额。

数据采集：该指标采集自人力资源社会保障统计报表《生育保险待遇情况》（人社统 MI3 号）甲栏 1“总计”宾栏 14“计划生育医疗费用”数据。

5. 计划生育人次

指标释义：计划生育人次，是指报告期内参加生育保险的人员在定点医疗机构实施计划生育手术的人次。

数据采集：该指标采集自人力资源社会保障统计报表《生育保险待遇情况》（人社统 MI3 号）甲栏 1“总计”宾栏 4 的“计划生育人次”。

6. 次均计划生育支出

指标释义：次均计划生育支出，是指报告期内参加生育保险的人员在定点医疗机构次均发生的计划生育医疗费用。

数据采集：该指标由“计划生育医疗费用”÷“计划生育人次”计算填列。

7. 女职工生育津贴

指标释义：女职工生育津贴，是指报告期内女职工按规定领取生育津贴待遇支出金额。

数据采集：该指标采集自人力资源社会保障统计报表《生育保险待遇情况》（人社统 MI3 号）甲栏 1“总计”宾栏 17 的“女职工生育津贴”。

8. 女职工生育津贴人次

指标释义：女职工生育津贴人次，是指报告期内女职工按规定享受生育津贴待遇的人次数。说明：生育一次记享受生育津贴一次。

数据采集：该指标采集自人力资源社会保障统计报表《生育保险待遇情况》（人社统 MI3 号）甲栏 1“总计”宾栏 8 的“女职工生育津贴人次”。

9. 次均女职工生育津贴支出

指标释义：次均女职工生育津贴支出，是指报告期内女职工按规定领取生育津贴待遇次均支出金额。

数据采集：该指标由“女职工生育津贴”÷“女职工生育津贴人次”计算填列。

10. 男职工生育津贴

指标释义：男职工生育津贴，是指报告期内男职工因其配偶生育按规定领取生育津贴待遇支出金额。

数据采集：该指标采集自人力资源社会保障统计报表《生育保险待遇情况》（人社统 MI3 号）甲栏 1“总计”宾栏 18 的“男职工生育津贴”。

11. 男职工生育津贴人次

指标释义：男职工生育津贴人次，是指报告期内男职工因其配偶生育按规定享受生育津贴待遇的人次数。说明：生育一次记享受生育津贴一次。

数据采集：该指标采集自人力资源社会保障统计报表《生育保险待遇情况》（人社统 MI3 号）甲栏 1“总计”宾栏 9 的“男职工生育津贴人次”。

12. 次均男职工生育津贴支出

指标释义：次均男职工生育津贴支出，是指报告期内男职工因其配偶生育按规定享受生育津贴待遇次均支出金额。

数据采集：该指标由“男职工生育津贴”÷“男职工生育津贴人次”计算填列。

13. 计划生育津贴

指标释义：计划生育津贴，是指报告期内按规定由生育保险基金支付的计划生育津贴待遇支出金额。

数据采集：该指标采集自人力资源社会保障统计报表《生育保险待遇情况》（人社统 MI3 号）甲栏 1“总计”宾栏 19 的“计划生育津贴”。

14. 计划生育津贴人次

指标释义：计划生育津贴人次，是指报告期内按规定享受计划生育津贴待遇的人次数。

数据采集：该指标采集自人力资源社会保障统计报表《生育保险待遇情况》（人社统 MI3 号）甲栏 1“总计”宾栏 10 的“计划生育津贴人次”。

15. 次均计划生育津贴支出

指标释义：次均计划生育津贴支出，是指报告期内按规定由生育保险基金支付的计划生育津贴待遇次均支出金额。

数据采集：该指标由“计划生育津贴”÷“计划生育津贴人次”计算填列。

第五节　生育保险基金预算审核

为保证预算的规范性和合理性，社会保险经办机构应该在预算编制完成后，对预算收入、支出和结余进行初审。审核可结合当地政策因素，参考以下标准完成。

一、基金收入预算审核指标及标准

（一）审核指标：当期征缴收入预算

1. 审核标准：当期征缴收入预算同比增长率大于5%。今后，该审核标准应随着在岗职工平均工资增幅的变动等因素进行相应调整。

2. 审核依据：根据统计局公布的数据，近年全国各省在岗职工平均工资增长幅度基本上超过10%，在不考虑扩面、提高收缴率的情况下，在岗职工平均工资对生育保险费征缴收入的拉动作用应不低于5%。

（二）审核指标：平均参保人数预算

1. 审核标准：平均参保人数预算应大于上年预计执行数。

2. 审核依据：随着《社会保险法》的贯彻实施，不断扩大生育保险覆盖面，提高参保缴费率，努力实现应扩尽扩、应缴尽缴的目标是生育保险基金征缴工作重点之一，也是保障职工切身利益的重要举措，因此，平均参保人数预算原则上应比上年预计执行数有所增长。

（三）审核指标：月人均缴费基数占上年在岗职工月平均工资的比例

1. 审核标准：月人均缴费工资占上年在岗职工月平均工资的比例应大于60%。

2. 审核依据：各地生育保险有的与养老保险经办机构一起经办，有的与医疗保险经办机构一起经办。无论是养老保险还是医疗保险征收中都执行本人月平均缴费基数低于当地职工平均工资60%的，按当地职工月平均工资的60%缴费，因此，原则上生育保险月人均缴费基数应参照养老保险或医疗保险缴费基数规定。

（四）审核指标：月人均缴费基数预算

1. 审核标准：月人均缴费基数预算同比增长率应大于5%。今后，该审核标准应随着社会平均工资增幅的变动等因素进行相应调整。

2. 审核依据：根据统计局公布的数据，近年全国在岗职工月平均工资增长幅度基本上保持在10%左右的水平，由于缴费工资与在岗职工月平均工资指标紧密相关，因此，在岗职工月平均工资对缴费工资的拉动作用理应不低于5%。

（五）审核指标：费率预算

1. 审核标准：费率预算应限定在0.3%～1%之间。

2. 审核依据：生育保险基金根据“以支定收，收支基本平衡”的原则筹集。费率超过1%，可能会加重参保单位的负担。费率过低，基金收支不平衡，难以保障参保职工享受生育保险待遇。因此，费率预算应限定在0.3%～1%之间为宜。

（六）审核指标：收缴率预算

1. 审核标准：收缴率预算应大于等于上年执行数且小于等于100%。

2. 审核依据：提高基金收缴率，确保基金应收尽收，是基金征缴部门的重点工作之一。既是社保经办机构经办能力考核的重要内容，也是保障参保职工合法权益的重点，因此，基金收缴率应保持稳步提高的良好势头。

（七）审核指标：利息收入预算

1. 审核标准：利息收入预算占上年基金结余的比例应是在活期利率和3个月整存整取定期存款利率之间的平均利率。

2. 审核依据：根据《国务院关于建立城镇职工基本医疗保险制度的决定》（国发［1998］44号）精神，基本医疗保险上年结存的基金本息，按3个月整存整取定期存款利率计息。根据《中国人民银行关于对养老保险基金活期存款实行优惠利率的通知》（银发［1997］567号）精神，养老保险基金存入各商业银行的活期存款，从1998年1月1日起，按3个月整存整取定期存款利率计息。各地生育保险虽然有的与养老保险经办机构一起经办，有的与医疗保险经办机构一起经办，但在同一国有商业银行存储的基金执行的应该是相同的计息办法。另外，由于受近年国家宏观调控因素影响，利率变动较为频繁，因此，应取活期利率和3个月整存整取定期存款利率之间的平均利率作为生育保险基金的最低利率标准。

（八）审核指标：其他收入占当期征缴收入的比例

1. 审核标准：其他收入占当期征缴收入的比例应小于等于2‰。

2. 审核依据：根据《企业职工生育保险试行办法》（劳部发［1994］504号）精神，企业必须按期缴纳生育保险费。对逾期不缴纳的，按日加收2‰的滞纳金。而生育保险基金收入一般没有其他经财政部门核准的收入，其他收入主要是滞纳金收入，因此，其他收入占当期征缴收入的比例原则上应小于等于2‰。

（九）审核指标：上级补助收入预算

1. 审核标准：实行省级或市级统筹的地区，全省或全市汇总后的上级补助收入预算应等于补助下级支出预算。

2. 审核依据：上级社会保险经办机构对下级社会保险经办机构的生育保险基金补助形成下级社会保险经办机构的上级补助收入，全省或全市汇总后，上级补助收入预算应等于补助下级支出预算。

（十）审核指标：下级上解收入预算

1. 审核标准：实行省级或市级统筹的地区，全省或全市汇总后的下级上解收入预算应等于上解上级支出预算。

2. 审核依据：下级社会保险经办机构上缴上级社会保险经办机构的生育保险基金形成上级社会保险经办机构的下级上解收入，全省或全市汇总后，下级上解收入预算应等于上解上级支出预算。

二、基金支出预算审核指标及标准

（一）审核指标：生育保险金支出预算

1. 审核标准：生育保险金支出预算同比增长率应小于30%。

2. 审核依据：生育保险金支出预算由医疗费用预算和生育津贴预算计算填列，各组成部分的预算同比增长率均小于30%，因此，生育保险金支出预算同比增长率应不超过30%。

（二）审核指标：生育医疗费用预算

1. 审核标准：生育医疗费用预算同比增长率应小于或等于30%。

2. 审核依据：生育医疗费用由生育人数预算和人均生育医疗费用支出预算计算填列，综合生育人数预算和人均生育医疗费用支出预算审核标准，生育医疗费用预算增长幅度应不超过30%。

（三）审核指标：生育人数占平均参保人数的比例

1. 审核标准：生育人数占平均参保人数的比例小于或等于2%。

2. 审核依据：根据《国务院办公厅关于印发人口发展“十一五”和2020年规划的通知》（国办发［2006］107号）精神，全国人口总和生育率必须稳定在1.8左右。因此参加生育保险的参保人员生育人数占平均参保人数的比例应控制在2%以内。

名词解释：总和生育率　若一队列妇女按一定年份的年龄组生育率度过整个育龄期，她们终身平均生育的孩子数称为总和生育率。在只有全年活产婴儿数，缺少婴母年龄分布资料时，可用间接方法推算总和生育率。

总和生育率实质上是一种标准化生育率，它对每个分年龄生育率都加了“等权”。因此不受妇女年龄结构的影响，能用它表明不同地区生育水平的差异，或一地生育水平的转变过程。总和生育率随分年龄生育率而变动，能综合反映一定人口的生育水平，对有计划地控制生育、制定人口规划、预测人口趋势有重要作用。

（四）审核指标：人均生育医疗费支出预算

1. 审核标准：人均生育医疗费支出同比增长率应小于或等于20%。

2. 审核依据：根据卫生部公布的 2010 年我国卫生事业发展统计公报显示，2010 年全国不同等级公立医院门诊和住院病人次均医药费用同比增长 9.7%和 9%。考虑到生育保险参保人员的人均医疗费用会高于未参加生育保险的社会人群，其同比增长率不应高于 20%。

（五）审核指标：计划生育医疗费用预算

1. 审核标准：计划生育医疗费用预算同比增长率应小于或等于 30%。

2. 审核依据：计划生育医疗费用由计划生育人次预算和人均计划生育支出预算计算填列，综合计划生育人次预算和人均计划生育支出预算审核标准，计划生育医疗费用预算增长幅度应不超过 30%。

（六）审核指标：计划生育人次占平均参保人数的比例

1. 审核标准：计划生育人次占平均参保人数的比例应小于等于 2%。

2. 审核依据：参加生育保险的参保人员生育人数占平均参保人数的比例控制在 2%以内，原则上计划生育人次占平均参保人数的比例不应大于 2%。

（七）审核指标：次均计划生育支出预算

1. 审核标准：次均计划生育支出同比增长率应小于或等于 20%。

2. 审核依据：同人均生育医疗费支出预算审核依据。

（八）审核指标：女职工生育津贴预算

1. 审核标准：女职工生育津贴预算增长幅度小于或等于 30%。

2. 审核依据：女职工生育津贴预算由女职工生育津贴人次预算和次均女职工生育津贴支出预算计算填列，综合女职工生育津贴人次预算和次均女职工生育津贴支出预算审核标准，女职工生育津贴预算增长幅度应不超过 30%。

（九）审核指标：女职工生育津贴人次占平均参保人数的比例

1. 审核标准：女职工生育津贴人次占平均参保人数的比例应小于等于 2%。

2. 审核依据：参加生育保险的参保人员生育人数占平均参保人

数的比例控制在2%以内，原则上女职工生育津贴人次占平均参保人数的比例不应大于2%。

（十）审核指标：次均女职工生育津贴支出预算

1. 审核标准：次均女职工生育津贴支出预算增长幅度小于或等于20%。

2. 审核依据：根据统计局公布的数据，近年全国在岗职工月平均工资增长幅度基本上保持在10%左右的水平。考虑到《社会保险法》出台后，各地将全面落实生育津贴政策，而生育津贴是按照职工所在用人单位上年度职工月平均工资计发，原则上次均女职工生育津贴支出预算增幅不得超过20%。

（十一）审核指标：男职工生育津贴预算

1. 审核标准：男职工生育津贴预算增长幅度小于或等于30%。

2. 审核依据：男职工生育津贴预算由男职工生育津贴人次预算和次均男职工生育津贴支出预算计算填列，综合男职工生育津贴人次预算和次均男职工生育津贴支出预算审核标准，男职工生育津贴预算增长幅度应不超过30%。

（十二）审核指标：男职工生育津贴人次占平均参保人数的比例

1. 审核标准：男职工生育津贴人次占平均参保人数的比例应小于等于2%。

2. 审核依据：参加生育保险的参保人员生育人数占平均参保人数的比例控制在2%以内，原则上男职工生育津贴人次占平均参保人数的比例不应大于2%。

（十三）审核指标：次均男职工生育津贴支出预算

1. 审核标准：次均男职工生育津贴支出预算增长幅度小于或等于20%。

2. 审核依据：根据统计局公布的数据，近年全国在岗职工月平均工资增长幅度基本上保持在10%左右的水平。考虑到《社会保险法》出台后，各地将全面落实生育津贴政策，而生育津贴是按照职工所在用人单位上年度职工月平均工资计发，原则上次均男职工生育津贴支出预算增幅不得超过20%。

（十四）审核指标：计划生育津贴预算

1. 审核标准：计划生育津贴预算增长幅度小于或等于30%。

2. 审核依据：计划生育津贴预算由计划生育津贴人次预算和次均计划生育津贴支出预算计算填列，综合计划生育津贴人次预算和次均计划生育津贴支出预算审核标准，计划生育津贴预算增长幅度应不超过30%。

（十五）审核指标：计划生育津贴人次占平均参保人数的比例

1. 审核标准：计划生育津贴人次占平均参保人数的比例应小于等于2%。

2. 审核依据：参加生育保险的参保人员生育人数占平均参保人数的比例控制在2%以内，原则上计划生育津贴人次占平均参保人数的比例不应大于2%。

（十六）审核指标：次均计划生育津贴支出预算

1. 审核标准：次均计划生育津贴支出预算增长幅度小于或等于20%。

2. 审核依据：根据统计局公布的数据，近年全国在岗职工月平均工资增长幅度基本上保持在10%左右的水平。考虑到《社会保险法》出台后，各地将全面落实生育津贴政策，而生育津贴是按照职工所在用人单位上年度职工月平均工资计发，原则上次均计划生育津贴支出预算增幅不得超过20%。

（十七）审核指标：其他支出预算

1. 审核标准：其他支出预算应等于0。

2. 审核依据：根据社会保险基金财务制度规定，其他支出是指经财政部门核准开支的其他非社会保险待遇性质的支出。因此，其他支出项目原则上不做支出预算。

（十八）审核指标：上解上级支出

1. 审核标准：同下级上解收入预算审核标准。

2. 审核依据：同下级上解收入预算审核依据。

（十九）审核指标：补助下级支出

1. 审核标准：同上级补助收入预算审核标准。

2. 审核依据：同上级补助收入预算审核依据。

三、生育保险基金预算结余审核指标及标准

（一）审核指标：基金当期结余预算

1. 审核标准：基金当期结余预算应大于0。

2. 审核依据：《社会保险法》第65条规定，社会保险基金通过预算实现收支平衡。生育保险基金根据“以支定收，收支基本平衡”的原则，生育保险基金不得编制赤字预算。

（二）审核指标：累计结余预算

1. 审核标准：累计结余应大于0。

2. 审核依据：生育保险基金累计结余出现赤字，将存在巨大的基金支付风险，必须筹集资金予以弥补，因此，原则上生育保险基金累计结余应大于0。

第六节 应用实例

本实例是按照本书所述的基金预算编制办法测算某省2010年生育保险费收入、生育保险基金支出等主要预算指标，同时，根据测算结果结合2010年该省的实际执行情况进行综合分析。编制预算的基础数据均采集自预算编制地区近四年社会保险基金会计年报、人力资源社会保障统计年报以及业务信息系统或业务台账数据等。

一、生育保险费收入预算

（一）采集数据

从该地区的统计报表中采集2006年、2008年和2009年平均参保人数、月人均缴费基数、上年在岗职工月平均工资、费率、缴费基数总额、应缴收入、收缴率等数据；从基金年报中采集2006年、

2008 年和 2009 年的生育保险费收入、其他收入、利息收入、财政补贴收入、上级补助收入、下级上解收入等数据。

（二）设置权重

从该地区历年收入各项指标增长趋势分析，未发现明显异常或其他不可比因素，因此，各项指标短期增长趋势和中期增长趋势均按 50%设置权重。

（三）测算数据

上述指标填列后，收入参数表各项指标的预算数由预算编制软件自动计算生成，见表 9—4。

（四）对比分析

对比分析表见表 9—5。

从表 9—5 中可以看出，该地区运用上述预算编制办法编制的 2010 年度生育保险费收入预算与实际执行数相差 33 198.62 元，预算完成率达到 99.37%，基本上达到预算目标。

二、生育保险金支出预算

（一）采集数据

从该地区的统计报表或业务系统中采集 2006 年、2008 年和 2009 年的生育人数、计划生育人次、女职工生育津贴人次、男职工生育津贴人次、计划生育津贴人次；从基金年报中采集 2006 年、2008 年和 2009 年的生育医疗费用支出、计划生育医疗费用支出、女职工生育津贴支出、男职工生育津贴支出、计划生育津贴支出等数据，经公式自动计算得出人均生育医疗费支出、人均计划生育医疗费支出、人均女职工生育津贴支出、人均男职工生育津贴支出、人均计划生育津贴支出。

（二）设置权重

从该地区历年收入各项指标增长趋势分析，未发现明显异常或其他不可比因素，因此，各项指标短期增长趋势和中期增长趋势均按 50%设置权重。

表 9—4

生育保险基金收入参数表

2010 年

	项目	单位	2006 年执行数	2008 年执行数	2009 年执行数	同比增长率（%）	权重 1	近三年平均增长率（%）	权重 2	综合增长率（%）	修正后的综合增长率（%）	2010 年预算数	同比增长额	同比增长率（%）
影响生育保险费收入的因素	平均参保人数	人	33 550	35 088	35 731	1.83	0.5	2.12	0.5	1.98	1.98	36.438	707	1.98
	月人均缴费基数	元	1 490.31	1 655.69	1 689.01	2.01	0.5	4.26	0.5	3.14	3.14	1 742.04	53.03	3.14
	上年在岗职工月平均工资	元	1 485.00	2 056.00	2 147.00	4.43		13.08						
	费率	%	0.70	0.70	0.70	0.00						0.70	0.00	0.00
	缴费基数总额	元	600 000 000.00	697 140 000.00	724 200 000.00	3.88		6.47				761 729 289.62	37 529 289.62	5.18
	应缴收入	元	4 200 000.00	4 879 980.00	5 069 400.00	3.88		6.47				5 332 105.03	262 705.03	5.18
	收缴率	%	100.00	99.80	100.00	0.20						100.00	0.00	0.00
	生育保险费收入	元	4 200 000.00	4 870 000.00	5 069 400.00	4.09		6.47				5 332 105.03	262 705.03	5.18

表 9—5　生育保险费征缴收入预算数与执行数对比分析表

项目	单位	2010 年预算数	2010 年实际执行数	差额	预算完成率（%）
社会保险费收入	元	5 332 105.03	5 298 906.41	33 198.62	99.37

（三）测算数据

上述指标填列后，支出参数表各项指标的预算数由预算编制软件自动计算生成，见表 9—6。

（四）对比分析

对比分析表见表 9—7。

从表 9—7 中可以看出，该地区运用上述预算编制办法编制的 2010 年度生育保险金支出预算与实际执行数相差 52 888.7 元，预算完成率达到 98.94%，基本上达到预算目标。

三、生育保险基金预算编制的特点

（一）预算编制能够基本反映基金的运行规律

从上述图表可以看出，在指标增长趋势稳定，没有政策等其他因素影响的情况下，测算的结果基本符合实际，能够达到预算的编制目标。如该地区 2010 年的生育保险征缴收入预算数与实际执行数仅相差 33 198.62 元，完成率达 99.37%；生育保险金支出预算数与实际执行数仅相差 52 888.7 元，完成率达 98.94%。

（二）预算编制客观上受政策等因素的影响

如该地区生育保险收入预算数与实际执行数误差为 33 198.62 元，主要原因是由于该地区 2010 年一大型企业受社会经济供需关系的影响导致产品滞销，造成该企业职工工资水平大幅度下降，社保各项费用基本维持最低缴费基数保持或低于 2009 年的水平，因此会根据综合增长率测算出来的缴费基数预算数与执行数相差4 740 000 元，影响当期征缴收入 33 198.62 元，基本上等于该指标预算数和执行数的差额。

表 9—6　　生育保险基金支出参数表

		项目	单位	2006年执行数	2008年执行数	2009年执行数	同比增长率(%)	权重1	近三年平均增长率(%)	权重2	综合增长率(%)	修正后的综合增长率(%)	2010年预算数	同比增长额	同比增长率(%)
影响生育保险金支出的因素	医疗费用	生育医疗费用	元	840 000.00	1 230 000.00	1 350 000.00	9.76		17.13				1 531 538.50	181 538.50	13.45
		生育人数	人	524	705	742	5.25	0.5	12.29	0.5	8.77	807	65	8.76	
		人均生育医疗费支出	元	1 603.05	1 744.68	1 819.41	4.28	0.5	4.31	0.5	4.30	4.30	1 897.64	78.23	4.30
		计划生育医疗费用	元	19 000.00	25 000.00	27 200.00	8.80		12.70				30 140.98	2 940.98	10.81
		计划生育人次	人次	70	75	81	8.00	0.5	4.99	0.5	6.50	6.50	86	5	6.17
		次均计划生育支出	元	271.43	333.33	335.8	0.74	0.5	7.35	0.5	4.05	4.05	349.4	13.6	4.05
		医疗费用合计	元	859 000.00	1 255 000.00	1 377 200.00	9.74		17.04				1 561 679.49	184 479.49	13.40

续表

项目			单位	2006年执行数	2008年执行数	2009年执行数	同比增长率(%)	权重1	近三年平均增长率(%)	权重2	综合增长率(%)	修正后的综合增长率(%)	2010年预算数	同比增长额	同比增长率(%)
影响生育保险金支出的因素	生育津贴	女职工生育津贴	元	2 010 000.00	2 890 000.00	3 090 000.00	6.92		15.41				3 433 847.94	343 847.94	11.13
		女职工生育津贴人次	人次	321	400	412	3.00	0.5	8.68	0.5	5.84	5.84	436	24	5.83
		次均女职工生育津贴支出	元	6 260.68	7 224.00	7 498.00	3.81	0.5	6.20	0.5	5.01	5.01	7 874.70	375.7	5.01
		男职工生育津贴	元				0.00							0	0.00
		男职工生育津贴人次	人次				0.00	0.5		0.5	0.00			0	0.00
		次均男职工生育津贴支出	元	0	0	0	0.00	0.5		0.5	0.00			0	0.00

续表

项目			单位	2006年执行数	2008年执行数	2009年执行数	同比增长率（%）	权重1	近三年平均增长率（%）	权重2	综合增长率（%）	修正后的综合增长率（%）	2010年预算数	同比增长额	同比增长率（%）
影响生育保险金支出的因素	生育津贴	计划生育津贴	元				0.00							0	0.00
		计划生育津贴人次	人次				0.00	0.5		0.5	0.00			0	0.00
		次均计划生育津贴支出	元	0	0	0	0.00	0.5		0.5	0.00			0	0.00
		生育津贴合计	元	2 010 000.00	2 890 000.00	3 090 000.00	6.92		15.41				3 433 847.94	343 847.94	11.1
	生育保险金支出合计		元	2 869 000.00	4 145 000.00	4 467 200.00	7.77		15.90				4 995 527.42	528 327.42	11.83

表 9—7　生育保险基金支出预算数与实际执行数对比分析表

项目	单位	2010 年 预算数	2010 年 实际执行数	差额	预算完成率 （%）
生育医疗费用	元	1 531 538.50	1 510 121.3	21 417.20	98.60
计划生育医疗费用	元	30 140.98	31 061.4	−920.42	103.05
女职工生育津贴	元	3 433 847.94	3 401 456.02	32 391.92	99.06
男职工生育津贴	元			0.00	
计划生育津贴	元			0.00	
合计	元	4 995 527.42	4 942 638.72	52 888.70	98.94

（三）不确定因素较大的指标或增长趋势不稳定的指标，预算编制存在较大的困难

该地区前期男职工生育津贴政策未执行，因此历年未有参考数据，但随着生育保险政策的进一步完善，就需将该预算指标补充完整。

第十章 社会保险基金预算绩效考核和激励约束机制

第一节 现状分析与重要意义

《国务院关于试行社会保险基金预算的意见》(国发［2010］2号)明确提出:“统筹地区人民政府要建立社会保险基金预算绩效考核和激励约束机制,推进预算工作组织实施。”这标志着社会保险基金预算绩效考核和激励约束机制正在开始建立,并朝着规范化的方向发展。

一、社会保险基金预算绩效考核和激励约束机制现状

从近两年各地的实践情况来看,社会保险基金预算绩效考核和激励约束机制开始建立,但仍不适应社会保险基金管理的需要。

一是目标不够明晰。绩效考核和激励约束的根本目的和基金预算管理的目标应当是一致的,应起到推进预算工作组织实施,确保预算执行到位,保障社会保险基金收支平衡、安全运行、保值增值的作用。但在实践中,绩效考核和激励约束工作往往缺乏明晰的目标指导,起不到应有的作用,甚至可能会造成预算管理工作偏离原有的发展方向。

二是实施环境需要改善。由于我国社会保险基金预算管理工作刚刚起步,相关配套措施正在探索建立,严格执行预算的观念有待加强。另外,各险种统筹层次不一,即使是同一险种,不同地区的统筹层次也不相同,有的险种是省级统筹,有的险种是县级统筹,并且,同一险种的机构设置在不同地区也大相径庭。这些情况也造

成了社会保险基金预算绩效考核和激励约束的内外部环境有待改善。

三是实施方式不够科学。其一，考核面较窄。我国现行对社会保险基金预算执行的考核主要侧重于查处预算执行中存在的违法违规问题，重视事后监督，没有系统地、全面地开展预算考核，对预算编制环节、支出结构、效益性等重视不够，缺乏对预算管理全程的跟踪监督。其二，细化度不够。相关评价体系缺乏，重视定性分析，忽视定量考核指标。现有的指标呈现平面化和单一性特征，缺乏一套建立在严密数据分析基础上的科学、统一、完整的指标体系，不能满足从不同层面进行综合、立体评价的需要。其三，信息化不足。我国对于社会保险基金预算绩效考核，以传统的审核纸质报表和依据的方法为主，但随着社会保险预算资金量的加大，以及业务往来的日趋复杂，传统的考核方法已不能满足预算管理绩效考核的需要，迫切需要提高预算管理绩效考核的技术手段。

二、建立社会保险基金预算绩效考核和激励约束机制的意义

建立考评有据、激励有效、约束有力的绩效考核和激励约束机制，对社会保险预算编制、报送、执行和调整的各个环节进行全过程的评估和促进，对于提高预算编制的规范性，加强预算执行的权威性，调动预算工作的积极性，具有重大的现实意义。

（一）有利于提高预算编制的规范性

建立和完善预算管理的考核评价和激励约束机制，是保证预算编制工作健康运行所必须考虑的重要内容。没有相应的绩效考核机制和激励约束机制，预算编制就会变成一种软性约束，或者会流于形式。与此同时，通过建立和完善预算管理的考核评价和激励约束机制，可以对预算的执行过程和完成结果实行全面的追踪问效，进而检验社会保险基金预算编制的适应性和有效性，发现社会保险事业中长期发展规划实施过程中存在的问题，并通过相应程序修正预算，促进社会保险事业发展战略规划的实现。

（二）有利于加强预算执行的权威性

建立社会保险基金预算考核评价和激励约束机制，是实现社会保险基金全面预算管理，提高预算管理控制和约束力的可靠保证。通过社会保险基金预算考核评价体系，可以了解和掌握预算执行情况，评价其取得的工作业绩，表彰先进，督促后进。

（三）有利于调动预算工作的积极性

效率来自机制，机制决定效率的高低。在一种科学的机制之下，相关主体会关心效率的增长并为效率的不断增长而动脑筋、想办法，自觉选择投入最少或产出最多的效率增长方式。通过建立社会保险基金预算考核评价和激励约束机制，能够激励和、调动相关主体，使其有一股内在的动力和要求，为实现既定目标，充分发挥积极性、创造性，高效率地工作，并朝着激励主体所期望的目标前进。

第二节　社会保险基金预算绩效考核和评价机制

社会保险基金预算绩效考核和评价机制，是科学评价预算编制和执行情况的主要手段，也是预算激励约束机制正确实施的前提。绩效考评制度的制定是否科学合理，直接关系到对基金预算的准确度和执行力，也关系到整个激励约束机制是否得以顺利贯彻实施并达到预期目的。

一、考评的原则

社会保险基金预算绩效考核及评价应遵循以下原则：

一是合法性。考核各项内容规范、统一，符合国家和省有关社会保险政策、法规的要求。

二是客观性。考核工作贯穿预算管理的始终，客观、全面反映预算管理的成绩和存在的问题。预算管理所有项目和环节都在绩效考核范围内。

三是科学性。绩效考核的各项指标、标准和权重设置科学、合理，形成一套科学、完整、多维度、多层次的绩效考评体系。

四是有效性。绩效考核的程序、方法严格、完整，绩效考核的作用能够得到充分、有效发挥。

具体来说，在绩效考核和评价工作中要做好以下四个结合：

一是自评与考评相结合。绩效考核工作以上级考评为主，下级自评为辅。相互促进，相互检验。通过上级考评，政府主管部门可以发挥预算激励与约束机制的作用。通过下级自评，参与预算编制的单位和个人可以主动找出工作中的问题和不足，并加以改进。

二是定性与定量相结合。绩效考核工作采用定性与定量相结合的考评方法和科学、公正地评价预算的绩效情况。绩效考核不仅要反映总体情况，而且应突出反映重大的、带普遍性的问题，从体制、机制、制度、管理等方面分析深层次原因，力争做到质的分析与量的比较和统一。

三是事后与事前事中相结合。基金预算管理活动是以预算编制和审核为起点，预算执行和调整为过程，预算执行结果为终点。预算绩效考核必须贯穿始终，事前与事中事后相结合，才能全面反映预算取得的成绩和存在的问题。考核工作应是在基金预算管理过程中进行的全程跟踪监控。

四是现场与远程相结合。考评工作可以开展现场考评，即由上级机关统一组织实施的年末实地考评。也可视工作情况，组织进行远程考评。即由被考核部门报送纸质材料和依据，考核部门综合采取审核纸质材料，比对联网数据的方式进行考评。

二、考评的内容和指标

我们可以根据预算管理的环节和过程，进行预算管理的考核。同时还可根据预算与外部形成环境的关系，比方说，对国民经济发展情况和基金可持续情况进行延伸考核。

（一）预算编制和审核情况考核

重点考核预算编制的依据是否准确、合法；编制的内容是否完整、全面，包括是否将基金的财务收支全部纳入预算，是否细化到具体收支项目，预算资金是否为本单位所有或为本单位所欠；预算的审核和上报是否及时。

1. 收入预算编制及审核

首先，考核收入预算的完整性。检查是否将征缴收入、利息收入、财政补贴收入、转移收入、上级补助收入、下级上解收入、其他收入全部纳入收入预算编制，有无少报、瞒报和漏报收入项目的问题。

其次，考核收入预算的准确性。审查计算预算收入指标的基础数据是否真实准确，增长幅度是否符合政策规定、经济环境和事业发展的内在规律。

最后，考核收入预算编报的及时性。考核是否按规定审核预算，有无审核预算不及时、不完整的情况。

2. 支出预算编制及审核

与收入预算相类似，支出预算的考核也应当着眼于完整性、准确性和及时性。支出预算完整，即检查是否将不符合政策规定的支出项目纳入支出预算；支出预算准确，即检查社会保险待遇领取人数、项目、标准和水平是否真实，有无虚报人数、擅自增加待遇项目和标准，或人为调整待遇水平的情况；收入预算编报及时，是否按规定的程序和时限报送有关机构。

3. 收支平衡性审核

社会保险基金预算编制是预算活动的起点，预算编制的科学与否，直接关系到预算的执行及执行结果。因此，在考核预算编制时还应考虑平衡性原则，即预算支出指标是否与预算收入指标相适应，确保各项待遇支付的能力。

（二）预算执行和调整情况考核

重点考核被审计单位是否严格执行国家财经法规，预算收支的合规合法性、真实完整性以及资金使用的效率性、效益性、效果性，考核收支预算是否遵循年初批复预算，预算调整是否合理，依据是否充分，有无利用预算调整将不合理支出纳入预算支出。

1. 收入预算执行和调整

主要考核基金是否严格按照规定征收，征集手续是否完备；保费征缴率是否与参保面相适应；有无擅自提高征收比例、扩大征集范围、随意减免等问题；利息收入和其他收入是否及时收回并纳入预算管理。考核收入预算的调整是否符合规定，财政补贴收入、上级补助收入等是否及时足额拨付，有无违反预算法规定而擅自改变预算、改变资金用途和增减拨款等问题。

2. 支出预算执行和调整

主要考核社会保险基金待遇是否按相应规定及时发放，发放标准是否符合政府有关规定或超出规定范围；考核预算调整，看是否存在超短预算、无预算或虚报预算的问题。

（三）预算执行结果情况考核

重点考核基金决算与预算相符合的情况，分析决算与年初预算差异形成原因和预算管理方面的问题。

1. 收入预算执行结果

考核基金是否按照国家规定的项目和标准征缴，有无随意降低费率、减免缴费基数的问题，是否做到应收尽收。

2. 支出预算执行结果

考核基金是否按照有关规定的项目和标准支出，有无以任何借口增加支出项目和提高开支标准的问题。

根据上述考核内容，可以确定预算考核的具体指标（见表10—1）。

（四）预算与外部形成环境的延伸考核

可根据预算管理与外部形成环境的关系，进行一些延伸考核（见表10—2）。

三、考评的程序和方法

考评工作分考核准备、实施和评估三个阶段展开。

表 10—1　社会保险基金预算绩效考核内容和指标表

（按预算环节确定）

预算过程	考核内容	考核指标
预算编制、审核、上报	预算编制的完整性	收支项目完整
	预算编制的准确性	基础数据真实
	预算编报的及时性	预算编报及时
预算执行	资金是否足额、及时到位	财政补贴到位率
	反映收支预算完成的经济、效果性	收支增长率
执行结果	反映基金预算执行的结余情况	基金结余增长率
	反映基金预算执行效果及其编制是否合理	预决算差异率
	反映基金管理效率及效果	基金闲置率

表 10—2　社会保险基金预算绩效考核内容和指标表

（按预算外部形成环境确定）

外部形成环境	考核内容	考核指标
财务层面评价指标	预算收入编制是否应收尽收	社会保险费实征率
	确保发放工作落实情况	社会保险待遇实支率
	基金运营是否有效	基金投资收益率
国民经济层面评价指标	财政对社保基金投入是否充足	对社会保险补助支出占财政支出的比重
	征缴收入是否与经济发展水平相适应	征缴收入对 GDP 和财政收入的弹性系数
社会保险环境层面评价指标	社会保险覆盖情况是否合理	参保覆盖率
	社会保险待遇水平是否正常	人均待遇水平
	社会保险待遇水平是否与经济发展水平相适应	替代率
可持续发展层面评价指标	基金可持续发展能力是否合理	基金结余率

（一）考核准备阶段

考核准备阶段包括考核前调查、数据采集、数据整理三个步骤。主要任务是：考核人员进行考核前调查，了解被考核单位的基本情况，明确考核重点，根据调查的内容和重点，确定需要采集和转换的数据，运用考核软件或其他应用软件采集、清理、转换、验证被审计单位电子数据、创建考核中间表，研究制定考核实施方案，发出考核通知书。

（二）考核实施阶段

考核实施阶段包括动态跟踪、全年自查和上级考核三个步骤。

一是动态跟踪。实施动态跟踪监控，每个季度被考核单位要根据财务、统计报表的实际收支数，与预算收支进行比较，检查预算执行的进度情况，对预算减收和超支情况进行重点分析跟踪，并于下季度的第一个月上旬向上一级考核单位报告预算执行情况。上一级考核单位于每年 10 月份对各预算执行单位的实际收支进行一次全面的核对和检查，通过核对和检查作全年预算执行预测。

二是全年自查。在预算年度结束后的下一年期初，被考核单位对照绩效各项标准开展自评，并向上级考核机关报送自评报告。

三是上级考核。在自评基础上，上级考核机关根据自评情况和工作需要，组织开展全年集中、全面考核。视工作需要，考核工作可以采取现场考核和远程考核两种方式。现场考核由上级考核机关统一抽调专人组成检查小组，进行实地检查考核，也可由上级考核机关统一组织各地进行交叉互评。远程考核由被考核部门综合采取审核纸质材料，并与联网数据比对的方式进行（已经实施了数据省、市集中的地方可采用比对生产库数据的方式进行）。

由于社会保险基金预算绩效考核指标的综合性，考核取证方法也多种多样，考核人员在考核过程中应根据具体考核目标、被考核基金险种的特点综合考虑采用多种考核方法。预算绩效考核取证一般方法包括审阅法、访谈法、分析性复核法等。审阅法是考核人员对被考核单位的会计资料和其他书面资料进行的审阅与复核；访谈法就是通过访谈者与被访谈者之间的交流来获得信息的方法；分析性复核法是考核人员对被考核基金重要的比率或者趋势进行的分析，包括调查异常变动项目以及这些重要比率或者趋势与预期数额和相关信息的差异。以上方法并不能涵盖预算绩效考核所使用的全部技术方法，一切能够为绩效考核收集相关考核证据、为考核分析和评价服务的技术方法，考核人员都可以加以利用。在实施绩效考核时，由于收集和评价考核证据的复杂性，考核人员应根据具体情况确定采用考核技术和方法，不论考核人员采用什么技术和方法，都必须保证绩效考核的客观性和公正性。

随着信息化建设的逐步推进和完善，在预算绩效考核中特别要注重计算机技术的运用，提高绩效考核的准确性和有效性。比方说，在考核准备阶段，利用互联网和局域网收集与考核项目有关的资料，开发专门考核软件采集、清理、转换、验证被考核单位电子数据，创建考核中间表，以及对被考核单位电子数据进行总体分析等；在审计实施阶段，根据业务数据和财务数据的勾稽关系、业务处理逻辑、法律法规和自身经验，对业务数据和财务数据进行核对、复算、判断和检查，对预算和决算差异率进行分析，建立考核分析模型。

（三）考核评估阶段

绩效评价是考核工作的最后一环，也是绩效考核结果的最终展示。具体包括：

1. 实施总体评价

上级部门根据考核指标及标准，确定被考核单位相应工作项目的实际分值（见表 10—3），将各项目分值汇总，即可得出社会保险基金预算管理总体绩效得分，继而评价总体绩效水平。评价总体绩效水平时，我们将满分设为 100 分，对号入座，即可对本年度预算绩效水平作出评价。

2. 提交考评报告

考核单位根据初步评价结果，编制和起草考评报告，与被考核单位沟通后，结合被考核单位的反馈意见，在完成考核工作两周内提交

表 10—3　　预算绩效水平评分档次及分值界限表

评价等次	优秀	良好	合格	不合格
参考分值 S	$S \geqslant 90$	$90 > S \geqslant 75$	$75 > S \geqslant 60$	$S < 60$

考评报告。报告应包括以下四部分内容：

（1）报告引言

报告引言一般包括考核依据、实施考核的基本情况、被考核单位配合考核工作情况。

（2）被考核单位的基本情况

被考核单位的基本情况主要包括被考核单位的性质，主要职能，预算级次；收支、财务状况包括上级部门批复的当年社会保险基金预算情况；当年预算执行情况，即实际收入数、实际支出数、结余分配数、年末结余数等。

（3）考评意见

考核评价，即根据考核目标，以考核结果为基础，对被考核单位预算编制及批复、执行及调整，执行结果的合法性、真实性和效益性情况发表评价意见。合法性评价，主要是对被考核单位预算执行和收支符合预算法规及其他法律法规规定的程度所进行的评价；真实性评价，主要是对会计报表是否公允反映了预算执行情况和收支情况所进行的评价；效益性评价，主要是对被考核单位的预算执行和收支及其经济活动的经济、效率和效果的实现程度所进行的评价。

（4）考评发现的主要问题及建议

这部分主要反映被考核单位预算管理方面的问题，以及从加强宏观管理、深化体制改革、完善法规制度、健全管理机制等方面有针对性的意见和建议。

社会保险基金预算考核和评价的全过程如图 10—1 所示。

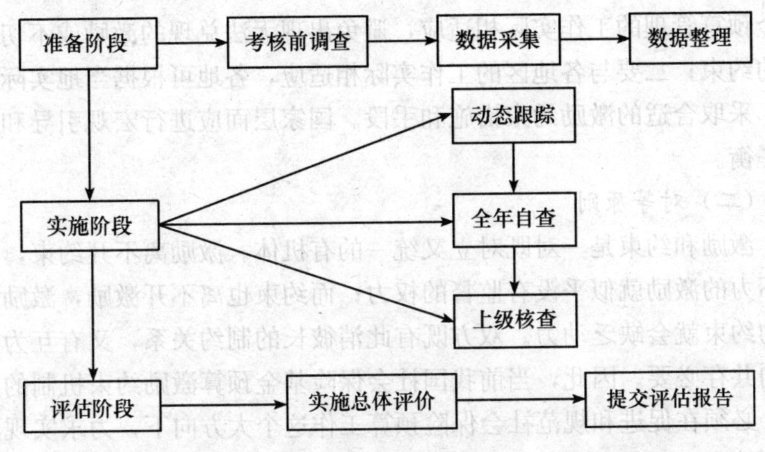

图 10—1　社会保险基金预算考核和评价流程图

第三节　社会保险基金预算激励约束机制

在社会保险基金预算管理绩效考核体系建立之后，一个自然的问题是相应的激励约束机制应当如何建立。从某种意义上来说，激励约束机制是绩效考核机制的延伸，绩效考核结果是进行激励约束的前提。全面准确的绩效考核体系，加上刚性有力的激励约束机制，两者共同作用，才能促使社会保险基金预算管理工作沿着更好的方向不断发展和前进。

一、激励约束的原则

（一）适度原则

激励和约束的程度，是激励约束机制的重要内容之一，与最终效果有着极为密切的关系。能否恰当地把握激励和约束的着力点和力度，直接影响机制作用的正常发挥。过度的激励约束，以及激励不足、约束不足，不仅不能促进和规范社会保险基金预算工作，甚至还可能会起反作用。无论是激励还是约束机制的建立，一要与社会保险基金预算管理的工作实际相适应，避免出现无法兑现的激励或不切实际的约束；二要与各地区的工作实际相适应，各地可根据当地实际情况，采取合适的激励约束措施和手段。国家层面应进行宏观引导和适度平衡。

（二）对等原则

激励和约束是一对既对立又统一的有机体。激励离不开约束，约束不力的激励就似乎没有监督的权力；而约束也离不开激励，激励不足的约束就会缺乏动力。双方既有此消彼长的制约关系，又有互为前提的共存必要。因此，当前我国社会保险基金预算激励约束机制的建立，必须在促进和规范社会保险预算工作这个大方向下，力求实现激励和约束机制的对等，确保在基金预算编制过程中的责权利的平衡。

（三）有效原则

社会保险基金预算“线长、面广、点多”，可以选择作为激励约束的环节和切入点很多。但是，作为一个行之有效的激励约束机制，应简单、实用，有较强的针对性和可操作性，否则将提高社会保险基金预算管理的运行成本，加大预算管理组织实施的工作难度。因此，应当把激励约束机制的构建重点，放在不断促进和规范预算管理，提高预算的前瞻性、准确性、完整性和科学性上。

二、激励约束的方式

激励约束既可以通过物质层面实施，也可以通过精神层面实施，具体可以分为以下方式：

（一）资金安排

资金安排是构建激励约束机制最重要的手段和方式。对统筹地区预算管理评定结果，既可以考虑适时纳入社会保险基金财政转移支付测试因素，也可以从工作经费投入方面予以奖惩。

（二）系统制约

一要继续完善基金预算编制系统。通过软件采集、清理、转换、验证被考核单位电子数据，创建考核中间表，以及对被考核单位电子数据进行总体分析；根据业务数据和财务数据的勾稽关系、业务处理逻辑、法律法规和自身经验，建立考核分析模型，对业务数据和财务数据进行核对、复算、判断和检查，对预算和决算差异率进行分析。

二要积极推动数据集中。根据社会保险统筹层次的提高和信息化建设的加快，不断推动经办数据向部、省两级集中，从而实现预算基础数据可从部、省数据库直接产生和读取，重要公式和参数由部、省统一设置，预算报送由预算管理系统直接上传，确保预算基础数据的真实性和准确性。

（三）行政表彰

各地可根据绩效考核的评分成绩，评定社会保险基金预算编制和执行的优秀单位并进行表彰，也可以文件形式通报表扬。

（四）社会监督

《社会保险法》规定，社会保险经办机构应当定期向社会公布参加社会保险情况以及社会保险基金的收入、支出、结余和收益情况。国务院《关于试行社会保险基金预算的意见》也明确：要逐步建立健全社会保险基金预决算信息公开制度。社会保险基金预算调整时，应对调整的原因、项目、金额和依据，向社会公开作出详细说明。预算相关信息的公开即是对基金预算管理进行激励和约束的一种重要方式。

三、激励约束机制的构建

（一）明确工作责任

按照现代管理制度“权责对等”的原则，所有涉及社会保险基金预算管理工作的主体，在履行职能的同时，应当承担相应的责任。其中，经办机构作为直接掌握社会保险数据的业务经办单位，负责对基金预算的基础数据、计算过程、收支项目和逻辑关系进行定义和填列，形成预算草案；本级人力资源社会保障部门、财政部门根据当地社会保险政策、各项统计和基金数据、基金会计科目等情况，对预算草案内容进行审核；本级政府审批过程提出疑问的，由人力资源社会保障部门、财政部门共同答复。

（二）完善制度规定

统筹地区可依据有关法规政策，根据自身实际情况制定本地具体实施办法，进一步完善相关规定，明确激励约束的总体思路和机制，并对激励约束的条件、标准和内容作出规定。

（三）严格制度执行

社会保险基金预算激励约束主体统筹实施各级预算管理的绩效考核和激励约束工作，确保绩效考核机制和激励机制的落实到位。如兑现奖惩措施、检查落实岗位约束和社会监督情况，做到“赏不逾时、罚不迁列”，真正发挥激励约束机制的功效。

附　录

一、综合增长率的概念

综合增长率是指对预算指标一定时期内的短期增长趋势和中（长）期增长趋势对预算的影响程度的综合分析而形成的综合增长趋势。

二、综合增长率的测算

综合增长率＝同比增长率×权重＋近三年平均增长率×权重

综合考虑全国各地基础数据情况，在预算编制初期，暂以同比增长率作为短期增长趋势，以近三年平均增长率作为中（长）期增长趋势。今后随着基础数据质量的提高和数据日趋完整，在条件成熟的情况下，中（长）期增长趋势可以调整为五年平均增长率。

$$近三年平均增长率=\sqrt[3]{\frac{N}{N_3}}-1\times 100\%$$

$$同比增长率=\left(\frac{N}{N_1}-1\right)\times 100\%$$

式中，N 表示本年数据，N_3 表示三年前的数据，N_1 表示上年数据。

三、权重的概念

权重是指某一指标项在指标项系统中的相对重要程度，它表示在其他指标项不变的情况下，这一指标项的变化对结果的影响。

四、权重的设定方法

（一）经验判断法

预算编制人员凭自己的经验判断，直接给同比增长率和近三年平均增长率两个指标分别设定权重，一般适用于能够准确把握指标增长趋势且指标增长幅度较为稳定的情况。

（二）五五平分法

预算编制人员在对指标增长趋势难以作出准确判断的情况下，可以采用折中的办法，将权重直接设定为50%。

（三）主次指标排序法

主次指标排序法是比较常用的一种方法，具体操作分为排序和设置权重两步。排序是指根据近若干年考核指标的同比增长率和近三年平均增长率分别与下一年度考核指标的同比增长率的偏离程度的观察，按照其偏离程度进行排列；设置权重是在排序的基础上，视偏离程度进行设置。

举例：通过对同比增长率和近三年平均增长率分别与下一年度同比增长率的对比观察，视同比增长率和近三年平均增长率分别与下一年度同比增长率接近程度设置排序值，若“两率”与下一年度同比增长率的差值非常接近，可以将排序值设为1和1，两率的权重即分别为50%和50%，若同比增长率比近三年平均增长率更接近下一年度同比增长率，视接近程度大小设置排序值；若排序值设为1和2，同比增长率权重即为1－1÷(1＋2)＝67%，近三年平均增长率权重即为1－67%＝33%；若排序值设为1和4，两率的权重分别为80%和20%，依次类推。

（四）精确测算法

精确测算法适用于基础数据比较扎实，历史数据比较完整的地区。

举例：某指标2008—2011年同比增长率分别为15%、12%、16%和18%，2008—2010年近三年平均增长率为8%、10%和13%，2011年该指标的同比增长率和近三年平均增长率所占权重的计算方法：

第一步，计算出2008年同比增长率（15%）和近三年平均增长率（8%）分别与下一年度即2009年同比增长率（12%）的偏离值，即15－12＝3，12－8＝4。可以明显看出，2008年同比增长率的偏离值小于近三年平均增长率，偏离值越小，说明该增长率越具有参考价值，其所占权重就越大，因此，2008 年同比增长率所占权重应大于近三年平均增长率所占权重。

第二步，计算总偏离值。从第一步可以看出，2008 年同比增长率的偏离值是 3，近三年平均增长率的偏离值是 4，总偏离值＝同比增长率的偏离值＋近三年平均增长率的偏离值＝3＋4＝7。

第三步，计算权重。2008 年同比增长率所占权重＝1－同比增长率偏离值÷总偏离值＝1－3÷(3＋4)＝57%，近三年平均增长率所占权重＝1－57%＝43%。

按照上述方法，再分别计算出 2009 年同比增长率和近三年平均增长率的权重分别为 60%和 40%；2010 年同比增长率和近三年平均增长率的权重分别为 71%和 29%。

第四步，计算 2011 年同比增长率和近三年平均增长率所占权重。2011 年同比增长率所占权重＝同比增长率近三年平均权重＝(2008 年＋2009 年＋2010 年）同比增长率所占权重÷3＝(57%＋60%＋71%)÷3＝63%，近三年平均增长率平均权重＝1－同比增长率平均权重＝1－63%＝37%。

五、综合增长率的修正

根据综合增长率的测算办法，不论权重如何调整，测算出的综合增长率必定介于同比增长率和近三年平均增长率之间，符合指标合理的增长趋势区间，因此，原则上不应对综合增长率测算值进行修正。但由于目前我国社会保险政策不够统一，政策调整对指标趋势的影响比较大，各地政策贯彻情况也比较复杂以及其他可能导致测算出的综合增长率不具备参考价值的因素依然存在，因此，在编制社会保险基金预算时，允许在特定情况下对测算出的指标综合增长率进行必要修正，但要求对测算值进行修正需要充分的理由并做详细说明。

相关法律法规政策

第一部分　国务院法规及文件

国务院关于完善企业职工基本养老保险制度的决定

国发［2005］38号

各省、自治区、直辖市人民政府，国务院各部委、各直属机构：

近年来，各地区和有关部门按照党中央、国务院关于完善企业职工基本养老保险制度的部署和要求，以确保企业离退休人员基本养老金按时足额发放为中心，努力扩大基本养老保险覆盖范围，切实加强基本养老保险基金征缴，积极推进企业退休人员社会化管理服务，各项工作取得明显成效，为促进改革、发展和维护社会稳定发挥了重要作用。但是，随着人口老龄化、就业方式多样化和城市化的发展，现行企业职工基本养老保险制度还存在个人账户没有做实、计发办法不尽合理、覆盖范围不够广泛等不适应的问题，需要加以改革和完善。为此，在充分调查研究和总结东北三省完善城镇社会保障体系试点经验的基础上，国务院对完善企业职工基本养老保险制度作出如下决定：

一、完善企业职工基本养老保险制度的指导思想和主要任务。以邓小平理论和“三个代表”重要思想为指导，认真贯彻党的十六大和十六届三中、四中、五中全会精神，按照落实科学发展观和构建社会主义和谐社会的要求，统筹考虑当前和长远的关系，坚持覆盖广泛、水平适当、结构合理、基金平衡的原则，完善政策，健全机制，加强管理，建立起适合我国国情，实现可持续发展的基本养老保险制度。主要任务是：确保基本养老金按时足额发放，保障离退休人员基本生活；逐步做实个人账户，完善社会统筹与个人账户相结合的基本制度；统一城镇个体工商户和灵活就业人员参保缴费政策，扩大覆盖范围；改革基本养老金计发办法，建立参保缴费的激励约束机制；根据经济发展水平和各方面承受能力，合理确定基本养老金水平；建立多层次养老保险体系，划清中央与地方、政府与企业及个人的责任；加强基本养老保险基金征缴和监管，完善多渠道筹资机制；进一步做好退休人员社会化管理工作，提高服务水平。

二、确保基本养老金按时足额发放。要继续把确保企业离退休人员基本养老金按时足额发放作为首要任务，进一步完善各项政策和工作机制，确保离退休人员基本养老金按时足额发放，不得发生新的基本养老金拖欠，切实保障离退休人员的合法权益。对过去拖欠的基本养老金，各地要根据《中共中央办公厅　国务院办公厅关于进一步做好补发拖欠基本养老金和企业调整工资工作的通知》要求，认真加以解决。

三、扩大基本养老保险覆盖范围。城镇各类企业职工、个体工商户和灵活就业人员都要参加企业职工基本养老保险。当前及今后一个时期，要以非公有制企业、城镇个体工商户和灵活就业人员参保工作为重点，扩大基本养老保险覆盖范围。要进一步落实国家有关社会保险补贴政策，帮助就业困难人员参保缴费。城镇个体工商户和灵活就业人员参加基本养老保险的缴费基数为当地上年度在岗职工平均工资，缴费比例为20%，其中8%记入个人账户，退休后按企业职工基本养老金计发办法计发基本养老金。

四、逐步做实个人账户。做实个人账户，积累基本养老保险基金，是应对人口老龄化的重要举措，也是实现企业职工基本养老保险制度可持续发展的重要保证。要继续抓好东北三省做实个人账户试点工作，抓紧研究制定其他地区扩大做实个人账户试点的具体方案，报国务院批准后实施。国家制定个人账户基金管理和投资运营办法，实现保值增值。

五、加强基本养老保险基金征缴与监管。要全面落实《社会保险费征缴暂行条例》的各项规定，严格执行社会保险登记和缴费申报制度，强化社会保险稽核和劳动保障监察执法工作，努力提高征缴率。凡是参加企业职工基本养老保险的单位和个人，都必须按时足额缴纳基本养老保险费；对拒缴、瞒报少缴基本养老保险费的，要依法处理；对欠缴基本养老保险费的，要采取各种措施，加大追缴力度，确保基本养老保险基金应收尽收。各地要按照建立公共财政的要求，积极调整财政支出结构，加大对社会保障的资金投入。

基本养老保险基金要纳入财政专户，实行收支两条线管理，严禁挤占挪用。要制定和完善社会保险基金监督管理的法律法规，实现依法监督。各省、自治区、直辖市人民政府要完善工作机制，保证基金监管制度的顺利实施。要继续发挥审计监督、社会监督和舆论监督的作用，共同维护基金安全。

六、改革基本养老金计发办法。为与做实个人账户相衔接，从2006年1月1日起，个人账户的规模统一由本人缴费工资的11%调整为8%，全部由个人缴费形成，单位缴费不再划入个人账户。同时，进一步完善鼓励职工参保缴费的激励约束机制，相应调整基本养老金计发办法。

《国务院关于建立统一的企业职工基本养老保险制度的决定》（国发［1997］26号）实施后参加工作、缴费年限（含视同缴费年限，下同）累计满15年的人员，退休后按月发给基本养老金。基本养老金由基础养老金和个人账户养老金组成。退休时的基础养老金月标准以当地上年度在岗职工月平均工资和本人指数化月平均缴费工资的平均值为基数，缴费每满1年发给1%。个人账户养老金月标准为个人账户储存额除以计发月数，计发月数根据职工退休时城镇人口平均预期寿命、本人退休年龄、利息等因素确定。

国发［1997］26号文件实施前参加工作，本决定实施后退休且缴费年限累计满 15 年的人员，在发给基础养老金和个人账户养老金的基础上，再发给过渡性养老金。各省、自治区、直辖市人民政府要按照待遇水平合理衔接、新老政策平稳过渡的原则，在认真测算的基础上，制定具体的过渡办法，并报劳动保障部、财政部备案。

本决定实施后到达退休年龄但缴费年限累计不满 15 年的人员，不发给基础养老金；个人账户储存额一次性支付给本人，终止基本养老保险关系。

本决定实施前已经离退休的人员，仍按国家原来的规定发给基本养老金，同时执行基本养老金调整办法。

七、建立基本养老金正常调整机制。根据职工工资和物价变动等情况，国务院适时调整企业退休人员基本养老金水平，调整幅度为省、自治区、直辖市当地企业在岗职工平均工资年增长率的一定比例。各地根据本地实际情况提出具体调整方案，报劳动保障部、财政部审批后实施。

八、加快提高统筹层次。进一步加强省级基金预算管理，明确省、市、县各级人民政府的责任，建立健全省级基金调剂制度，加大基金调剂力度。在完善市级统筹的基础上，尽快提高统筹层次，实现省级统筹，为构建全国统一的劳动力市场和促进人员合理流动创造条件。

九、发展企业年金。为建立多层次的养老保险体系，增强企业的人才竞争能力，更好地保障企业职工退休后的生活，具备条件的企业可为职工建立企业年金。企业年金基金实行完全积累，采取市场化的方式进行管理和运营。要切实做好企业年金基金监管工作，实现规范运作，切实维护企业和职工的利益。

十、做好退休人员社会化管理服务工作。要按照建立独立于企业事业单位之外社会保障体系的要求，继续做好企业退休人员社会化管理工作。要加强街道、社区劳动保障工作平台建设，加快公共老年服务设施和服务网络建设，条件具备的地方，可开展老年护理服务，兴建退休人员公寓，为退休人员提供更多更好的服务，不断提高退休人员的生活质量。

十一、不断提高社会保险管理服务水平。要高度重视社会保险经办能力建设，加快社会保障信息服务网络建设步伐，建立高效运转的经办管理服务体系，把社会保险的政策落到实处。各级社会保险经办机构要完善管理制度，制定技术标准，规范业务流程，实现规范化、信息化和专业化管理。同时，要加强人员培训，提高政治和业务素质，不断提高工作效率和服务质量。

完善企业职工基本养老保险制度是构建社会主义和谐社会的重要内容，事关改革发展稳定的大局。各地区和有关部门要高度重视，加强领导，精心组织实施，研究制定具体的实施意见和办法，并报劳动保障部备案。劳动保障部要会同有关部门加强指导和监督检查，及时研究解决工作中遇到的问题，确保本决定的贯彻实施。

本决定自发布之日起实施，已有规定与本决定不一致的，按本决定执行。

附件：个人账户养老金计发月数表（略）

二〇〇五年十二月三日

国务院关于试行社会保险基金预算的意见

国发［2010］2号

各省、自治区、直辖市人民政府，国务院各部委、各直属机构：

为加强社会保险基金管理，规范社会保险基金收支行为，明确政府责任，促进经济社会协调发展，国务院决定试行社会保险基金预算。现就有关问题提出以下意见：

一、社会保险基金预算的指导思想和原则

社会保险基金预算是根据国家社会保险和预算管理法律法规建立、反映各项社会保险基金收支的年度计划。社会保险基金预算坚持以科学发展观为指导，通过对社会保险基金筹集和使用实行预算管理，增强政府宏观调控能力，强化社会保险基金的管理和监督，保证社会保险基金安全完整，提高社会保险基金运行效益，促进社会保险制度可持续发展。社会保险基金预算应遵循以下基本原则：依法建立，规范统一。依据国家法律法规建立，严格执行国家社会保险政策，按照规定范围、程序、方法和内容编制。

统筹编制，明确责任。社会保险基金预算按统筹地区编制执行，统筹地区根据预算管理方式，明确本地区各级人民政府及相关部门责任。

专项基金，专款专用。社会保险各项基金预算严格按照有关法律法规规范收支内容、标准和范围，专款专用，不得挤占或挪作他用。

相对独立，有机衔接。在预算体系中，社会保险基金预算单独编报，与公共财政预算和国有资本经营预算相对独立、有机衔接。社会保险基金不能用于平衡公共财政预算，公共财政预算可补助社会保险基金。

收支平衡，留有结余。社会保险基金预算坚持收支平衡，适当留有结余。

二、社会保险基金预算编制范围

社会保险基金预算按险种分别编制，包括企业职工基本养老保险基金、失业保险基金、城镇职工基本医疗保险基金、工伤保险基金、生育保险基金等内容。根据国家法律法规建立的其他社会保险基金，条件成熟时，也应尽快纳入社会保险基金预算管理。

企业职工基本养老保险基金预算包括基金收入预算和基金支出预算。基金收入主要包括基本养老保险费收入、利息收入、财政补贴收入、转移收入、上级补助收入、下级上解收入、其他收入等；基金支出主要包括基本养老金支出、医疗补助金支出、丧葬抚恤补助支出、转移支出、补助下级支出、上解上级支出、其他支出等。

失业保险基金预算包括基金收入预算和基金支出预算。基金收入主要包括失业保险费收入、利息收入、财政补贴收入、转移收入、上级补助收入、下级上解收入、其他收入等；基金支出主要包括失业保险金支出、医疗补助金支出、丧葬抚恤补助支出、职业培训和职业介绍补贴支出、转移支出、补助下级支出、上解上级支出、其他支出等。

城镇职工基本医疗保险基金预算包括基金收入预算和基金支出预算。基金收入主要包括基本医疗保险费收入、利息收入、财政补贴收入、转移收入、上级补助收入、下级上解收入、其他收入等；基金支出主要包括基本医疗保险待遇支出、转移支出、补助下级支出、上解上级支出、其他支出等。

工伤保险基金预算包括基金收入预算和基金支出预算。基金收入主要包括工伤保险费收入、利息收入、财政补贴收入、转移收入、上级补助收入、下级上解收入、其他收入等；基金支出主要包括工伤保险待遇支出、劳动能力鉴定费支出、转移支出、补助下级支出、上解上级支出、其他支出等。

生育保险基金预算包括基金收入预算和基金支出预算。基金收入主要包括生育保险费收入、利息收入、财政补贴收入、转移收入、上级补助收入、下级上解收入、其他收入等；基金支出主要包括生育保险待遇支出、医疗费支出、转移支出、补助下级支出、上解上级支出、其他支出等。

三、社会保险基金预算编制方法

社会保险基金预算编制采用科学、规范的方法，提高预算编制的预见性、准确性、完整性和科学性。

社会保险基金收入预算的编制应综合考虑统筹地区上年度基金预算执行情况、本年度经济社会发展水平预测以及社会保险工作计划等因素，包括社会保险参保人数、缴费人数、缴费工资基数等。统筹地区人民政府应根据社会保险基金收支、财政收支等情况，合理安排本级财政对社会保险基金的补助支出。

社会保险基金支出预算的编制应综合考虑统筹地区本年度享受社会保险待遇人数变动、经济社会发展状况、社会保险政策调整及社会保险待遇标准变动等因素。社会保险待遇支出预算应根据上年度享受社会保险待遇对象存量、上年度人均享受社会保险待遇水平等因素确定，同时考虑本年度变动情况；社会保险非待遇性支出预算要严格执行社会保险政策和管理制度规定。

四、社会保险基金预算编制和审批

统筹地区社会保险基金预算草案由社会保险经办机构编制，经本级人力资源社会保障部门审核汇总，财政部门审核后，由财政和人力资源社会保障部门联合报本级人民政府审批。社会保险费由税务机关征收的，社会保险基金收入预算草案由社会保险经办机构会同税务机关编制。

统筹地区财政和人力资源社会保障部门将社会保险基金预算草案报本级人民政府审批后，报上一级财政和人力资源社会保障部门。省级财政和人力资源社会保障部门将本省（区、市）社会保险基金预算草案报本级人民政府后，报财政部和人力资源社会保障部。

全国社会保险基金预算草案由人力资源社会保障部汇总编制，财政部审核后，由财政部和人力资源社会保障部联合向国务院报告。待条件成熟时，由国务院适时向全国人大报告。

五、社会保险基金预算执行和调整

社会保险基金预算草案经统筹地区人民政府批准后，由财政和人力资源社会保障部门批复，社会保险经办机构具体执行。社会保险经办机构应严格按照批准的预算和规定的程序执行，并定期向本级人力资源社会保障和财政部门报告。社会保险费由税务机关征收的，社会保险基金收入预算批复税务机关和社会保险经办机构，税务机关应严格按照批准的预算和规定的程序执行，并定期向本级财政和人力资源社会保障部门报告。

社会保险基金预算不得随意调整。在执行中因特殊情况需要增加支出或减少收入，应当编制社会保险基金预算调整方案。社会保险基金预算调整由统筹地区社会保险经办机构提出调整方案，经人力资源社会保障部门审核汇总，财政部门审核后，由财政和人力资源社会保障部门联合报本级人民政府批准。社会保险费由税务机关征收的，社会保险费收入预算调整方案由社会保险经办机构会同税务机关提出。

六、社会保险基金决算

年度终了，统筹地区社会保险经办机构应按有关规定编制年度社会保险基金决算草案，经人力资源社会保障部门审核汇总，财政部门审核后，由财政和人力资源社会保障部门联合报本级人民政府审批。

统筹地区财政和人力资源社会保障部门将社会保险基金决算草案报本级人民政府审批后，报上一级财政和人力资源社会保障部门。省级财政和人力资源社会保障部门将本省（区、市）社会保险基金决算草案报本级人民政府后，报财政部和人力资源社会保障部。

全国社会保险基金决算草案由人力资源社会保障部汇总编制，财政部审核后，由财政部和人力资源社会保障部联合向国务院报告。

七、社会保险基金预算的组织实施

各地区要根据本意见并结合本地实际，编制 2010 年度社会保险基金预算，同时，进一步做好社会保险基金预算执行、调整和决算等工作。统筹地区人民政府要建立社会保险基金预算绩效考核和激励约束机制，推进预算工作组织实施。统筹地区社会保险经办机构编制及调整社会保险基金预决算的情况，应及时报上级社会保险经办机构。财政和人力资源社会保障部门要抓紧制定有关配套制度和办法，加强指导，积极稳妥地推进此项工作。

建立社会保险基金预算，是完善社会保险基金管理的一项重大制度建设，涉及面广，政策性强。各级人民政府要充分认识建立社会保险基金预算制度的重大意义，高度重视，加强领导，精心组织。财政、人力资源社会保障等部门要认真执行社会保险基金预算的各项制度和办法，积极配合，确保试行社会保险基金预算工作的顺利开展；同时，在基金预算编制过程中加强与有关部门的信息交流和沟通，逐步建立健全社会保险基金预决算信息公开制度。

二〇一〇年一月二日

工伤保险条例

国务院令第 586 号

（2003 年 4 月 27 日中华人民共和国国务院令
第 375 号公布　根据 2010 年 12 月 20 日《国务院
关于修改〈工伤保险条例〉的决定》修订）

第一章　总　则

第一条　为了保障因工作遭受事故伤害或者患职业病的职工获得医疗救治和经济补偿，促进工伤预防和职业康复，分散用人单位的工伤风险，制定本条例。

第二条　中华人民共和国境内的企业、事业单位、社会团体、民办非企业单位、基金会、律师事务所、会计师事务所等组织和有雇工的个体工商户（以下称用人单位）应当依照本条例规定参加工伤保险，为本单位全部职工或者雇工（以下称职工）缴纳工伤保险费。

中华人民共和国境内的企业、事业单位、社会团体、民办非企业单位、基金会、律师事务所、会计师事务所等组织的职工和个体工商户的雇工，均有依照本条例的规定享受工伤保险待遇的权利。

第三条　工伤保险费的征缴按照《社会保险费征缴暂行条例》关于基本养老保险费、基本医疗保险费、失业保险费的征缴规定执行。

第四条　用人单位应当将参加工伤保险的有关情况在本单位内公示。

用人单位和职工应当遵守有关安全生产和职业病防治的法律法规，执行安全卫生规程和标准，预防工伤事故发生，避免和减少职业病危害。

职工发生工伤时，用人单位应当采取措施使工伤职工得到及时救治。

第五条 国务院社会保险行政部门负责全国的工伤保险工作。

县级以上地方各级人民政府社会保险行政部门负责本行政区域内的工伤保险工作。

社会保险行政部门按照国务院有关规定设立的社会保险经办机构（以下称经办机构）具体承办工伤保险事务。

第六条 社会保险行政部门等部门制定工伤保险的政策、标准，应当征求工会组织、用人单位代表的意见。

第二章 工伤保险基金

第七条 工伤保险基金由用人单位缴纳的工伤保险费、工伤保险基金的利息和依法纳入工伤保险基金的其他资金构成。

第八条 工伤保险费根据以支定收、收支平衡的原则，确定费率。

国家根据不同行业的工伤风险程度确定行业的差别费率，并根据工伤保险费使用、工伤发生率等情况在每个行业内确定若干费率档次。行业差别费率及行业内费率档次由国务院社会保险行政部门制定，报国务院批准后公布施行。

统筹地区经办机构根据用人单位工伤保险费使用、工伤发生率等情况，适用所属行业内相应的费率档次确定单位缴费费率。

第九条 国务院社会保险行政部门应当定期了解全国各统筹地区工伤保险基金收支情况，及时提出调整行业差别费率及行业内费率档次的方案，报国务院批准后公布施行。

第十条 用人单位应当按时缴纳工伤保险费。职工个人不缴纳工伤保险费。

用人单位缴纳工伤保险费的数额为本单位职工工资总额乘以单位缴费费率之积。

对难以按照工资总额缴纳工伤保险费的行业，其缴纳工伤保险费的具体方式，由国务院社会保险行政部门规定。

第十一条 工伤保险基金逐步实行省级统筹。

跨地区、生产流动性较大的行业，可以采取相对集中的方式异地参加统筹地区的工伤保险。具体办法由国务院社会保险行政部门会同有关行业的主管部门制定。

第十二条 工伤保险基金存入社会保障基金财政专户，用于本条例规定的工伤保险待遇，劳动能力鉴定，工伤预防的宣传、培训等费用，以及法律、法规规定的用于工伤保险的其他费用的支付。

工伤预防费用的提取比例、使用和管理的具体办法，由国务院社会保险行政部门会同国务院财政、卫生行政、安全生产监督管理等部门规定。

任何单位或者个人不得将工伤保险基金用于投资运营、兴建或者改建办公场所、发放奖金，或者挪作其他用途。

第十三条 工伤保险基金应当留有一定比例的储备金，用于统筹地区重大事故的工伤保险待遇支付；储备金不足支付的，由统筹地区的人民政府垫付。储备金占基金总额的具体比例和储备金的使用办法，由省、自治区、直辖市人民政府规定。

第三章 工 伤 认 定

第十四条 职工有下列情形之一的，应当认定为工伤：

（一）在工作时间和工作场所内，因工作原因受到事故伤害的；

（二）工作时间前后在工作场所内，从事与工作有关的预备性或者收尾性工作受到事故伤害的；

（三）在工作时间和工作场所内，因履行工作职责受到暴力等意外伤害的；

（四）患职业病的；

（五）因工外出期间，由于工作原因受到伤害或者发生事故下落不明的；

（六）在上下班途中，受到非本人主要责任的交通事故或者城市轨道交通、客运轮渡、火车事故伤害的；

（七）法律、行政法规规定应当认定为工伤的其他情形。

第十五条 职工有下列情形之一的，视同工伤：

（一）在工作时间和工作岗位，突发疾病死亡或者在 48 小时之内经抢救无效死亡的；

（二）在抢险救灾等维护国家利益、公共利益活动中受到伤害的；

（三）职工原在军队服役，因战、因公负伤致残，已取得革命伤残军人证，到用人单位后旧伤复发的。

职工有前款第（一）项、第（二）项情形的，按照本条例的有关规定享受工伤保险待遇；职工有前款第（三）项情形的，按照本条例的有关规定享受除一次性伤残补助金以外的工伤保险待遇。

第十六条 职工符合本条例第十四条、第十五条的规定，但是有下列情形之一的，不得认定为工伤或者视同工伤：

（一）故意犯罪的；

（二）醉酒或者吸毒的；

（三）自残或者自杀的。

第十七条 职工发生事故伤害或者按照职业病防治法规定被诊断、鉴定为职业病，所在单位应当自事故伤害发生之日或者被诊断、鉴定为职业病之日起 30 日内，向统筹地区社会保险行政部门提出工伤认定申请。遇有特殊情况，经报社会保险行政部门同意，申请时限可以适当延长。

用人单位未按前款规定提出工伤认定申请的，工伤职工或者其近亲属、工会组织在事故伤害发生之日或者被诊断、鉴定为职业病之日起 1 年内，可以直接向用人单位所在地统筹地区社会保险行政部门提出工伤认定申请。

按照本条第一款规定应当由省级社会保险行政部门进行工伤认定的事项，根据属地原则由用人单位所在地的设区的市级社会保险行政部门办理。

用人单位未在本条第一款规定的时限内提交工伤认定申请，在此期间发生符合本条例规定的工伤待遇等有关费用由该用人单位负担。

第十八条 提出工伤认定申请应当提交下列材料：

（一）工伤认定申请表；

（二）与用人单位存在劳动关系（包括事实劳动关系）的证明材料；

（三）医疗诊断证明或者职业病诊断证明书（或者职业病诊断鉴定书）。

工伤认定申请表应当包括事故发生的时间、地点、原因以及职工伤害程度等基本情况。

工伤认定申请人提供材料不完整的，社会保险行政部门应当一次性书面告知工伤认定申请人需要补正的全部材料。申请人按照书面告知要求补正材料后，社会保险行政部门应当受理。

第十九条 社会保险行政部门受理工伤认定申请后，根据审核需要可以对事故伤害进行调查核实，用人单位、职工、工会组织、医疗机构以及有关部门应当予以协助。职业病诊断和诊断争议的鉴定，依照职业病防治法的有关规定执行。对依法取得职业病诊断证明书或者职业病诊断鉴定书的，社会保险行政部门不再进行调查核实。

职工或者其近亲属认为是工伤，用人单位不认为是工伤的，由用人单位承担举证责任。

第二十条 社会保险行政部门应当自受理工伤认定申请之日起60日内作出工伤认定的决定，并书面通知申请工伤认定的职工或者其近亲属和该职工所在单位。

社会保险行政部门对受理的事实清楚、权利义务明确的工伤认定申请，应当在15日内作出工伤认定的决定。

作出工伤认定决定需要以司法机关或者有关行政主管部门的结论为依据的，在司法机关或者有关行政主管部门尚未作出结论期间，作出工伤认定决定的时限中止。

社会保险行政部门工作人员与工伤认定申请人有利害关系的，应当回避。

第四章　劳动能力鉴定

第二十一条　职工发生工伤，经治疗伤情相对稳定后存在残疾、影响劳动能力的，应当进行劳动能力鉴定。

第二十二条　劳动能力鉴定是指劳动功能障碍程度和生活自理障碍程度的等级鉴定。

劳动功能障碍分为十个伤残等级，最重的为一级，最轻的为十级。

生活自理障碍分为三个等级：生活完全不能自理、生活大部分不能自理和生活部分不能自理。

劳动能力鉴定标准由国务院社会保险行政部门会同国务院卫生行政部门等部门制定。

第二十三条　劳动能力鉴定由用人单位、工伤职工或者其近亲属向设区的市级劳动能力鉴定委员会提出申请，并提供工伤认定决定和职工工伤医疗的有关资料。

第二十四条　省、自治区、直辖市劳动能力鉴定委员会和设区的市级劳动能力鉴定委员会分别由省、自治区、直辖市和设区的市级社会保险行政部门、卫生行政部门、工会组织、经办机构代表以及用人单位代表组成。

劳动能力鉴定委员会建立医疗卫生专家库。列入专家库的医疗卫生专业技术人员应当具备下列条件：

（一）具有医疗卫生高级专业技术职务任职资格；

（二）掌握劳动能力鉴定的相关知识；

（三）具有良好的职业品德。

第二十五条　设区的市级劳动能力鉴定委员会收到劳动能力鉴定申请后，应当从其建立的医疗卫生专家库中随机抽取 3 名或者 5 名相关专家组成专家组，由专家组提出鉴定意见。设区的市级劳动能力鉴定委员会根据专家组的鉴定意见作出工伤职工劳动能力鉴定结论；必要时，可以委托具备资格的医疗机构协助进行有关的诊断。

设区的市级劳动能力鉴定委员会应当自收到劳动能力鉴定申请之日起 60 日内作出劳动能力鉴定结论，必要时，作出劳动能力鉴定结论的期限可以延长 30 日。劳动能力鉴定结论应当及时送达申请鉴定的单位和个人。

第二十六条 申请鉴定的单位或者个人对设区的市级劳动能力鉴定委员会作出的鉴定结论不服的，可以在收到该鉴定结论之日起 15 日内向省、自治区、直辖市劳动能力鉴定委员会提出再次鉴定申请。省、自治区、直辖市劳动能力鉴定委员会作出的劳动能力鉴定结论为最终结论。

第二十七条 劳动能力鉴定工作应当客观、公正。劳动能力鉴定委员会组成人员或者参加鉴定的专家与当事人有利害关系的，应当回避。

第二十八条 自劳动能力鉴定结论作出之日起 1 年后，工伤职工或者其近亲属、所在单位或者经办机构认为伤残情况发生变化的，可以申请劳动能力复查鉴定。

第二十九条 劳动能力鉴定委员会依照本条例第二十六条和第二十八条的规定进行再次鉴定和复查鉴定的期限，依照本条例第二十五条第二款的规定执行。

第五章 工伤保险待遇

第三十条 职工因工作遭受事故伤害或者患职业病进行治疗，享受工伤医疗待遇。

职工治疗工伤应当在签订服务协议的医疗机构就医，情况紧急时可以先到就近的医疗机构急救。

治疗工伤所需费用符合工伤保险诊疗项目目录、工伤保险药品目录、工伤保险住院服务标准的，从工伤保险基金支付。工伤保险诊疗项目目录、工伤保险药品目录、工伤保险住院服务标准，由国务院社会保险行政部门会同国务院卫生行政部门、食品药品监督管理部门等部门规定。

职工住院治疗工伤的伙食补助费，以及经医疗机构出具证明，报经办机构同意，工伤职工到统筹地区以外就医所需的交通、食宿费用从工伤保险基金支付，基金支付的具体标准由统筹地区人民政府规定。

工伤职工治疗非工伤引发的疾病，不享受工伤医疗待遇，按照基本医疗保险办法处理。

工伤职工到签订服务协议的医疗机构进行工伤康复的费用，符合规定的，从工伤保险基金支付。

第三十一条 社会保险行政部门作出认定为工伤的决定后发生行政复议、行政诉讼的，行政复议和行政诉讼期间不停止支付工伤职工治疗工伤的医疗费用。

第三十二条 工伤职工因日常生活或者就业需要，经劳动能力鉴定委员会确认，可以安装假肢、矫形器、假眼、假牙和配置轮椅等辅助器具，所需费用按照国家规定的标准从工伤保险基金支付。

第三十三条 职工因工作遭受事故伤害或者患职业病需要暂停工作接受工伤医疗的，在停工留薪期内，原工资福利待遇不变，由所在单位按月支付。

停工留薪期一般不超过 12 个月。伤情严重或者情况特殊，经设区的市级劳动能力鉴定委员会确认，可以适当延长，但延长不得超过 12 个月。工伤职工评定伤残等级后，停发原待遇，按照本章的有关规定享受伤残待遇。工伤职工在停工留薪期满后仍需治疗的，继续享受工伤医疗待遇。

生活不能自理的工伤职工在停工留薪期需要护理的，由所在单位负责。

第三十四条 工伤职工已经评定伤残等级并经劳动能力鉴定委员会确认需要生活护理的，从工伤保险基金按月支付生活护理费。

生活护理费按照生活完全不能自理、生活大部分不能自理或者生活部分不能自理 3 个不同等级支付，其标准分别为统筹地区上年度职工月平均工资的 50%、40%或者 30%。

第三十五条 职工因工致残被鉴定为一级至四级伤残的，保留劳动关系，退出工作岗位，享受以下待遇：

（一）从工伤保险基金按伤残等级支付一次性伤残补助金，标准为：一级伤残为 27 个月的本人工资，二级伤残为 25 个月的本人工资，三级伤残为 23 个月的本人工资，四级伤残为 21 个月的本人工资。

（二）从工伤保险基金按月支付伤残津贴，标准为：一级伤残为本人工资的 90%，二级伤残为本人工资的 85%，三级伤残为本人工资的 80%，四级伤残为本人工资的 75%。伤残津贴实际金额低于当地最低工资标准的，由工伤保险基金补足差额。

（三）工伤职工达到退休年龄并办理退休手续后，停发伤残津贴，按照国家有关规定享受基本养老保险待遇。基本养老保险待遇低于伤残津贴的，由工伤保险基金补足差额。

职工因工致残被鉴定为一级至四级伤残的，由用人单位和职工个人以伤残津贴为基数，缴纳基本医疗保险费。

第三十六条 职工因工致残被鉴定为五级、六级伤残的，享受以下待遇：

（一）从工伤保险基金按伤残等级支付一次性伤残补助金，标准为：五级伤残为 18 个月的本人工资，六级伤残为 16 个月的本人工资；

（二）保留与用人单位的劳动关系，由用人单位安排适当工作。难以安排工作的，由用人单位按月发给伤残津贴，标准为：五级伤残为本人工资的 70%，六级伤残为本人工资的 60%，并由用人单位按照规定为其缴纳应缴纳的各项社会保险费。伤残津贴实际金额低于当地最低工资标准的，由用人单位补足差额。

经工伤职工本人提出，该职工可以与用人单位解除或者终止劳动关系，由工伤保险基金支付一次性工伤医疗补助金，由用人单位支付一次性伤残就业补助金。一次性工伤医疗补助金和一次性伤残就业补助金的具体标准由省、自治区、直辖市人民政府规定。

第三十七条 职工因工致残被鉴定为七级至十级伤残的，享受以下待遇：

（一）从工伤保险基金按伤残等级支付一次性伤残补助金，标准为：七级伤残为13个月的本人工资，八级伤残为11个月的本人工资，九级伤残为9个月的本人工资，十级伤残为7个月的本人工资；

（二）劳动、聘用合同期满终止，或者职工本人提出解除劳动、聘用合同的，由工伤保险基金支付一次性工伤医疗补助金，由用人单位支付一次性伤残就业补助金。一次性工伤医疗补助金和一次性伤残就业补助金的具体标准由省、自治区、直辖市人民政府规定。

第三十八条 工伤职工工伤复发，确认需要治疗的，享受本条例第三十条、第三十二条和第三十三条规定的工伤待遇。

第三十九条 职工因工死亡，其近亲属按照下列规定从工伤保险基金领取丧葬补助金、供养亲属抚恤金和一次性工亡补助金：

（一）丧葬补助金为6个月的统筹地区上年度职工月平均工资。

（二）供养亲属抚恤金按照职工本人工资的一定比例发给由因工死亡职工生前提供主要生活来源、无劳动能力的亲属。标准为：配偶每月40%，其他亲属每人每月30%，孤寡老人或者孤儿每人每月在上述标准的基础上增加10%。核定的各供养亲属的抚恤金之和不应高于因工死亡职工生前的工资。供养亲属的具体范围由国务院社会保险行政部门规定。

（三）一次性工亡补助金标准为上一年度全国城镇居民人均可支配收入的20倍。

伤残职工在停工留薪期内因工伤导致死亡的，其近亲属享受本条第一款规定的待遇。

一级至四级伤残职工在停工留薪期满后死亡的，其近亲属可以享受本条第一款第（一）项、第（二）项规定的待遇。

第四十条 伤残津贴、供养亲属抚恤金、生活护理费由统筹地区社会保险行政部门根据职工平均工资和生活费用变化等情况适时调整。调整办法由省、自治区、直辖市人民政府规定。

第四十一条 职工因工外出期间发生事故或者在抢险救灾中下落不明的，从事故发生当月起 3 个月内照发工资，从第 4 个月起停发工资，由工伤保险基金向其供养亲属按月支付供养亲属抚恤金。生活有困难的，可以预支一次性工亡补助金的 50%。职工被人民法院宣告死亡的，按照本条例第三十九条职工因工死亡的规定处理。

第四十二条 工伤职工有下列情形之一的，停止享受工伤保险待遇：

（一）丧失享受待遇条件的；

（二）拒不接受劳动能力鉴定的；

（三）拒绝治疗的。

第四十三条 用人单位分立、合并、转让的，承继单位应当承担原用人单位的工伤保险责任；原用人单位已经参加工伤保险的，承继单位应当到当地经办机构办理工伤保险变更登记。

用人单位实行承包经营的，工伤保险责任由职工劳动关系所在单位承担。

职工被借调期间受到工伤事故伤害的，由原用人单位承担工伤保险责任，但原用人单位与借调单位可以约定补偿办法。

企业破产的，在破产清算时依法拨付应当由单位支付的工伤保险待遇费用。

第四十四条 职工被派遣出境工作，依据前往国家或者地区的法律应当参加当地工伤保险的，参加当地工伤保险，其国内工伤保险关系中止；不能参加当地工伤保险的，其国内工伤保险关系不中止。

第四十五条 职工再次发生工伤，根据规定应当享受伤残津贴的，按照新认定的伤残等级享受伤残津贴待遇。

第六章 监督管理

第四十六条 经办机构具体承办工伤保险事务，履行下列职责：

（一）根据省、自治区、直辖市人民政府规定，征收工伤保险费；

（二）核查用人单位的工资总额和职工人数，办理工伤保险登记，并负责保存用人单位缴费和职工享受工伤保险待遇情况的记录；

（三）进行工伤保险的调查、统计；

（四）按照规定管理工伤保险基金的支出；

（五）按照规定核定工伤保险待遇；

（六）为工伤职工或者其近亲属免费提供咨询服务。

第四十七条 经办机构与医疗机构、辅助器具配置机构在平等协商的基础上签订服务协议，并公布签订服务协议的医疗机构、辅助器具配置机构的名单。具体办法由国务院社会保险行政部门分别会同国务院卫生行政部门、民政部门等部门制定。

第四十八条 经办机构按照协议和国家有关目录、标准对工伤职工医疗费用、康复费用、辅助器具费用的使用情况进行核查，并按时足额结算费用。

第四十九条 经办机构应当定期公布工伤保险基金的收支情况，及时向社会保险行政部门提出调整费率的建议。

第五十条 社会保险行政部门、经办机构应当定期听取工伤职工、医疗机构、辅助器具配置机构以及社会各界对改进工伤保险工作的意见。

第五十一条 社会保险行政部门依法对工伤保险费的征缴和工伤保险基金的支付情况进行监督检查。

财政部门和审计机关依法对工伤保险基金的收支、管理情况进行监督。

第五十二条 任何组织和个人对有关工伤保险的违法行为，有权举报。社会保险行政部门对举报应当及时调查，按照规定处理，并为举报人保密。

第五十三条 工会组织依法维护工伤职工的合法权益，对用人单位的工伤保险工作实行监督。

第五十四条 职工与用人单位发生工伤待遇方面的争议，按照处理劳动争议的有关规定处理。

第五十五条 有下列情形之一的，有关单位或者个人可以依法申请行政复议，也可以依法向人民法院提起行政诉讼：

（一）申请工伤认定的职工或者其近亲属、该职工所在单位对工伤认定申请不予受理的决定不服的；

（二）申请工伤认定的职工或者其近亲属、该职工所在单位对工伤认定结论不服的；

（三）用人单位对经办机构确定的单位缴费费率不服的；

（四）签订服务协议的医疗机构、辅助器具配置机构认为经办机构未履行有关协议或者规定的；

（五）工伤职工或者其近亲属对经办机构核定的工伤保险待遇有异议的。

第七章　法律责任

第五十六条　单位或者个人违反本条例第十二条规定挪用工伤保险基金，构成犯罪的，依法追究刑事责任；尚不构成犯罪的，依法给予处分或者纪律处分。被挪用的基金由社会保险行政部门追回，并入工伤保险基金；没收的违法所得依法上缴国库。

第五十七条　社会保险行政部门工作人员有下列情形之一的，依法给予处分；情节严重，构成犯罪的，依法追究刑事责任：

（一）无正当理由不受理工伤认定申请，或者弄虚作假将不符合工伤条件的人员认定为工伤职工的；

（二）未妥善保管申请工伤认定的证据材料，致使有关证据灭失的；

（三）收受当事人财物的。

第五十八条　经办机构有下列行为之一的，由社会保险行政部门责令改正，对直接负责的主管人员和其他责任人员依法给予纪律处分；情节严重，构成犯罪的，依法追究刑事责任；造成当事人经济损失的，由经办机构依法承担赔偿责任：

（一）未按规定保存用人单位缴费和职工享受工伤保险待遇情况记录的；

（二）不按规定核定工伤保险待遇的；

（三）收受当事人财物的。

第五十九条 医疗机构、辅助器具配置机构不按服务协议提供服务的，经办机构可以解除服务协议。

经办机构不按时足额结算费用的，由社会保险行政部门责令改正；医疗机构、辅助器具配置机构可以解除服务协议。

第六十条 用人单位、工伤职工或者其近亲属骗取工伤保险待遇，医疗机构、辅助器具配置机构骗取工伤保险基金支出的，由社会保险行政部门责令退还，处骗取金额2倍以上5倍以下的罚款；情节严重，构成犯罪的，依法追究刑事责任。

第六十一条 从事劳动能力鉴定的组织或者个人有下列情形之一的，由社会保险行政部门责令改正，处2 000元以上1万元以下的罚款；情节严重，构成犯罪的，依法追究刑事责任：

（一）提供虚假鉴定意见的；

（二）提供虚假诊断证明的；

（三）收受当事人财物的。

第六十二条 用人单位依照本条例规定应当参加工伤保险而未参加的，由社会保险行政部门责令限期参加，补缴应当缴纳的工伤保险费，并自欠缴之日起，按日加收万分之五的滞纳金；逾期仍不缴纳的，处欠缴数额1倍以上3倍以下的罚款。

依照本条例规定应当参加工伤保险而未参加工伤保险的用人单位职工发生工伤的，由该用人单位按照本条例规定的工伤保险待遇项目和标准支付费用。

用人单位参加工伤保险并补缴应当缴纳的工伤保险费、滞纳金后，由工伤保险基金和用人单位依照本条例的规定支付新发生的费用。

第六十三条 用人单位违反本条例第十九条的规定，拒不协助社会保险行政部门对事故进行调查核实的，由社会保险行政部门责令改正，处2 000元以上2万元以下的罚款。

第八章　附　　则

第六十四条　本条例所称工资总额，是指用人单位直接支付给本单位全部职工的劳动报酬总额。

本条例所称本人工资，是指工伤职工因工作遭受事故伤害或者患职业病前 12 个月平均月缴费工资。本人工资高于统筹地区职工平均工资 300％的，按照统筹地区职工平均工资的 300％计算；本人工资低于统筹地区职工平均工资 60％的，按照统筹地区职工平均工资的 60％计算。

第六十五条　公务员和参照公务员法管理的事业单位、社会团体的工作人员因工作遭受事故伤害或者患职业病的，由所在单位支付费用。具体办法由国务院社会保险行政部门会同国务院财政部门规定。

第六十六条　无营业执照或者未经依法登记、备案的单位以及被依法吊销营业执照或者撤销登记、备案的单位的职工受到事故伤害或者患职业病的，由该单位向伤残职工或者死亡职工的近亲属给予一次性赔偿，赔偿标准不得低于本条例规定的工伤保险待遇；用人单位不得使用童工，用人单位使用童工造成童工伤残、死亡的，由该单位向童工或者童工的近亲属给予一次性赔偿，赔偿标准不得低于本条例规定的工伤保险待遇。具体办法由国务院社会保险行政部门规定。

前款规定的伤残职工或者死亡职工的近亲属就赔偿数额与单位发生争议的，以及前款规定的童工或者童工的近亲属就赔偿数额与单位发生争议的，按照处理劳动争议的有关规定处理。

第六十七条　本条例自 2004 年 1 月 1 日起施行。本条例施行前已受到事故伤害或者患职业病的职工尚未完成工伤认定的，按照本条例的规定执行。

第二部分　人力资源和社会保障部（劳动和社会保障部）规章及文件

劳动部办公厅关于印发《职工基本养老保险个人账户管理暂行办法》的通知

劳办发［1997］116号

各省、自治区、直辖市及计划单列市、新疆生产建设兵团和副省级省会城市劳动（劳动人事）厅（局），国务院有关部委、直属机构，上海市、广东省、武汉市、广州市社会保险管理局：

自1995年《国务院关于深化企业职工养老保险制度改革的通知》（国发［1995］6号）发布以来，全国大部分地区陆续为参加养老保险的职工建立了基本养老保险个人账户。个人账户的建立，对于调动企业和职工参加养老保险的积极性、增强职工的自我保障意识、促进企业职工养老保险制度的深化改革具有十分重要的意义。当前，在个人账户管理工作中，存在着诸如个人账户规模、记账方法、转移及支付办法等不规范、不统一的问题，亟待改进完善。今年7月16日，《国务院关于建立统一的企业职工基本养老保险制度的决定》（国发［1997］26号）的发布，为统一规范个人账户管理办法奠定了基础。为此，我们制定了《职工基本养老保险个人账户管理暂行办法》，现印发给你们，请你们配合当前企业职工基本养老保险制度的统一工作，建好管好个人账户。实施中遇到的问题，请及时向我部社会保险事业管理局反映。

附件：1. 职工基本养老保险个人账户表式（略）

2. 职工基本养老保险个人账户表式指标解释（略）

3. 至本年底止个人账户累计储存额计算办法（月积数法）（略）

一九九七年十二月二十二日

职工基本养老保险个人账户管理暂行办法

为了规范职工基本养老保险个人账户（以下简称个人账户）的建立和使用，保障广大劳动者的合法权益，根据基本养老保险实行社会统筹与个人账户相结合的原则和《国务院关于建立统一的企业职工基本养老保险制度的决定》（国发［1997］26号）的有关规定，制定本办法。

一、个人账户的建立

1. 个人账户用于记录参加基本养老保险社会统筹的职工缴纳的基本养老保险费和从企业缴费中划转记入的基本养老保险费，以及上述两部分的利息金额。个人账户是职工在符合国家规定的退休条件并办理了退休手续后，领取基本养老金的主要依据。

2. 个人账户的建立由职工劳动关系所在单位到当地社会保险经办机构办理，由工资发放单位向该社会保险经办机构提供个人的工资收入等基础数据。

3. 各社会保险经办机构按照国家技术监督局发布的社会保障号码（国家标准GB 11643—89），为已参加基本养老保险的职工每人建立一个终身不变的个人账户。目前国家技术监督局尚未公布社会保障号码校验码，在公布之前可暂用职工身份证号码。职工身份证号码因故更改时，个人账户号码不做变动。

4. 个人账户建立时间从各地按社会统筹与个人账户相结合的原则，建立个人账户时开始；之后新参加工作的人员，从参加工作当月起建立个人账户。

5. 1998年1月1日后才建立个人账户的单位，个人账户储存额除从 1998 年 1 月 1 日起开始按个人缴费工资的 11%记账外，对 1996 年前参加工作的职工还应至少包括 1996、1997 两年个人缴费部分累计本息；对 1996、1997 年参加工作的职工，个人账户储存额应包括自参加工作之月到 1997 年底的个人缴费部分累计本息。

6. 个人账户主要内容包括：姓名、性别、社会保障号码、参加工作时间、视同缴费年限、个人首次缴费时间、当地上年职工平均工资、个人当年缴费工资基数、当年缴费月数、当年记账利息及个人账户储存额情况等（表式见《职工基本养老保险个人账户》）。

7. 职工本人一般以上一年度本人月平均工资为个人缴费工资基数（有条件的地区也可以本人上月工资收入为个人缴费工资基数，下同）。月平均工资按国家统计局规定列入工资总额统计的项目计算，包括工资、奖金、津贴、补贴等收入。本人月平均工资低于当地职工平均工资 60%的，按当地职工月平均工资的 60%缴费；超过当地职工平均工资 300%的，按当地职工月平均工资的 300%缴费，超过部分不记入缴费工资基数，也不记入计发养老金的基数。

8. 新招职工（包括研究生、大学生、大中专毕业生等）以起薪当月工资收入作为缴费工资基数；从第二年起，按上一年实发工资的月平均工资作为缴费工资基数。单位派出的长期脱产学习人员、经批准请长假的职工，保留工资关系的，以脱产或请假的上年月平均工资作为缴费工资基数。

单位派到境外、国外工作的职工，按本人出境（国）上年在本单位领取的月平均工资作为缴费工资基数；次年的缴费工资基数按上年本单位平均工资增长率进行调整。

失业后再就业的职工，以再就业起薪当月的工资收入作为缴费工资基数；从第二年起，按上一年实发工资的月平均工资作为缴费工资基数。

以上人员的月平均缴费工资的上限和下限按照第 7 条规定执行。

9. 个人账户记入比例为按第 7 条确定的个人缴费工资基数的 11%，其中包括个人缴费的全部和社会保险经办机构从企业缴费中划转记入两部分。个人缴费比例1997年不得低于本人缴费工资的4%，企业划转部分相应补齐到个人缴费工资基数的11%；从1998年起至少每两年个人缴费提高1%，企业划转部分相应减少1%，最终达到个人缴费为本人缴费工资基数的8%，企业划转部分相应减少到个人缴费工资基数的3%。有条件的地区和工资增长较快的年份，个人缴费提高的速度可以适当加快。目前各地个人账户记账比例低于或高于个人缴费工资基数11%的，要按国家有关规定做好向统一制度的并轨工作。

10. 个人账户的储存额按"养老保险基金记账利率"（以下简称"记账利率"）计算利息。记账利率暂由各省、自治区、直辖市人民政府参考银行同期存款利率等因素确定并每年公布一次。

二、个人账户的管理

11. 参加基本养老保险的单位按照各级社会保险经办机构的要求建立、健全职工基础资料，到当地社会保险经办机构办理基本养老保险参保手续，并按要求填报《参加基本养老保险单位登记表》、《参加基本养老保险人员缴费情况表》和《参加基本养老保险人员变化情况表》。

12. 社会保险经办机构根据单位申报情况将数据输入微机管理，同时相应建立参保单位缴费台账、职工基本养老保险个人账户，并根据《参加基本养老保险人员变化情况表》，相应核定调整单位和职工个人缴费工资基数。

13. 对于因某种原因单位或个人不按时足额缴纳基本养老保险费的，视为欠缴。欠缴月份无论全额欠缴还是部分欠缴均暂不记入个人账户，待单位或个人按规定补齐欠缴金额后方可补记入个人账户。

职工所在企业欠缴养老保险费用期间，职工个人可以继续缴纳养老保险费用，所足额缴纳的费用记入个人账户，并计算为职工实际缴费年限。

出现欠缴情况后，以后缴费采用滚动分配法记账，即缴费先补缴以前欠缴费用及利息后，剩余部分作为当月缴费。

14. 社会保险经办机构在缴费年度结束后，应对职工个人账户进行结算，包括当年缴费额、实际缴费月数、当年利息额、历年缴费累计结转本息储存额等。利息按每年公布的记账利率计算。

15. 至本年底止个人账户累计储存额有两种计算方法。

方法一：年度计算法。即至本年底止个人账户累计储存额在每个缴费年度结束以后按年度计算（以上年月平均工资为缴费工资基数记账时适用此方法）。

计算公式：至本年底止个人账户累计储存额＝上年底止个人账户累计储存额×（1＋本年记账利率）＋个人账户本年记账金额×（1＋本年记账利率×1.083×1/2）

方法二：月积数法。至本年底止个人账户累计储存额在一个缴费年度内按月计算（以上月职工工资收入为缴费工资基数记账时适用此方法）。

计算公式：至本年底止个人账户累计储存额＝上年底止个人账户累计储存额×（1＋本年记账利率）＋本年记账额本金＋本年记账额利息

其中：本年记账额利息＝本年记账月积数×本年记账利率×1/12

本年记账月积数＝∑［n月份记账额×（12－n＋1）］

（n为本年度各记账月份，且$1\leqslant n\leqslant 12$）

补缴欠缴的利息或本息和的计算办法见附件3（略）。

16. 社会保险经办机构在缴费年度结束后，应根据《职工基本养老保险个人账户》的记录，为每个参保职工打印《职工基本养老保险个人账户对账单》，发给职工本人，由职工审核签字后，依年粘贴在《职工养老保险手册》中妥善保存。

17. 统一制度之前各地已为职工建立的个人账户储存额，与统一制度后职工个人账户储存额合并计算。

18. 职工由于各种原因而中断工作的，不缴纳基本养老保险费用，也不计算缴费年限，其个人账户由原经办机构予以保留，个人账户继续计息。职工调动或中断工作前后个人账户的储存额累计计算，不间断计息。

19. 个人账户储存额不能挪作他用，也不得提前支取（另有规定者除外）。

三、个人账户的转移

20. 职工在同一统筹范围内流动时，只转移基本养老保险关系和个人账户档案，不转移基金。

21. 职工跨统筹范围流动时，转移办法按如下规定：

（1）转移基本养老保险关系和个人账户档案。

（2）对职工转移时已建立个人账户的地区，转移基金额为个人账户中 1998 年 1 月 1 日之前的个人缴费部分累计本息加上从 1998 年 1 月 1 日起记入的个人账户全部储存额。

（3）对职工转移时仍未建立个人账户的地区，1998 年 1 月 1 日之前转移的，1996 年之前参加工作的职工，转移基金额为 1996 年 1 月 1 日起至调转月止的职工个人缴费部分累计本息；1996 年、1997 年参加工作的职工，基金转移额为参加工作之月起至 1997 年底的个人缴费部分累计本息。1998 年 1 月 1 日之后转移的，转移基金额为 1998 年之前按前述规定计算的职工个人缴费部分累计本息，加上从 1998 年 1 月 1 日起按职工个人缴费工资基数 11%计算的缴费额累计本息。未建个人账户期间，计算个人缴费部分的利息按中国人民银行一年期定期城乡居民储蓄存款利率计算。

（4）对年中调转职工调转当年的记账额，调出地区只转本金不转当年应计利息；职工调转后，由调入地区对职工调转当年记账额一并计息。计算方法按第 15 条规定执行。

（5）基金转移时，不得从转移额中扣除管理费。

（6）职工转出时，调出地社会保险经办机构应填写《参加基本养老保险人员转移情况表》（转移单）。

（7）职工转入时，调入地社会保险经办机构应依据转出地区提供的《参加基本养老保险人员转移情况表》和《职工基本养老保险个人账户》等资料，并结合本地基本养老保险办法，为职工续建个人账户，做好个人账户关系的前后衔接工作。

四、个人账户的支付

22. 当单位离退休人员发生变动时，单位应填写《离退休人员增减变化情况表》，报社会保险经办机构审核，社会保险经办机构对待遇给付情况应及时进行相应调整。

23. 按统一的基本养老保险办法办理退休的职工，其基本养老金中的基础养老金、过渡性养老金等由社会统筹基金支付；个人账户养老金由个人账户中支付。

24. 职工退休以后年度调整增加的养老金，按职工退休时个人账户养老金和基础养老金各占基本养老金的比例，分别从个人账户储存余额和社会统筹基金中列支。

25. 职工退休后，其个人账户缴费情况停止记录，个人账户在按月支付离退休金（含以后年度调整增加的部分）后的余额部分继续计息。利息计算有两种方法：

方法一：年度计算法。即离退休人员个人账户余额生成的利息在每个支付年度结束后按年度计算（支付年度内各月支付的养老金数额相同时适用此方法）。年利息计算公式如下：

年利息＝(个人账户年初余额－当年支付养老金总额)×本年记账利率＋当年支付养老金总额×本年记账利率×1.083×1/2

个人账户年终余额＝个人账户年初余额－当年支付养老金总额＋年利息

方法二：月积数法。即离退休人员个人账户余额生成的利息在每个支付年度内按月计算（支付年度内各月支付的养老金数额不同时适用此方法）。年利息计算公式如下：

年利息＝个人账户年初余额×本年记账利率－本年度支付月积数×本年记账利率×1/12

本年度支付月积数＝∑［n月份支付额×(12－n＋1)］

(n为本年度各支付月份，且$1\leqslant n\leqslant 12$)

26. 当职工个人缴费年限（含视同缴费年限）不满15年而达到

法定退休年龄时，退休后不享受基础养老金待遇，其个人账户全部储存额一次性支付给本人，同时终止养老保险关系。出现上述情况时，职工所在单位应及时向社会保险经办机构填报《个人账户一次性支付审批表》。社会保险经办机构核定后封存其个人账户档案。

五、个人账户的继承

27. 职工在职期间死亡时，其继承额为其死亡时个人账户全部储存额中的个人缴费部分本息。

28. 离退休人员死亡时，继承额按如下公式计算：继承额＝离退休人员死亡时个人账户余额×离退休时个人账户中个人缴费本息占个人账户全部储存额的比例。

29. 继承额一次性支付给亡者生前指定的受益人或法定继承人。个人账户的其余部分，并入社会统筹基金。个人账户处理完后，应停止缴费或支付记录，予以封存。

六、其他

30. 新安置的军队复员、退伍军人、转业干部及从国家机关、事业单位调入企业人员，其个人账户的建立，待国家明确规定后，再按国家规定执行。

31. 本办法自1998年1月1日起实行。

劳动和社会保障部关于转发《中国人民银行关于商业银行办理养老保险个人账户基金人民币协议存款的通知》的通知

劳社部发［2003］4号

各省、自治区、直辖市劳动和社会保障厅（局）：

近期，中国人民银行下发《中国人民银行关于商业银行办理养老保险个人账户基金人民币协议存款的通知》（银发［2002］369号，以下简称《通知》），明确了养老保险个人账户基金办理协议存款的政策，对做实个人账户后的基金保值增值有着重要作用。为做好养老保险个人账户基金人民币协议存款工作，将《通知》转发给你们。经商中国人民银行同意，现就有关事项通知如下：

一、已经做实并集中省级社会保险经办机构管理的养老保险个人账户基金，可按《通知》规定办理协议存款。

二、办理养老保险个人账户基金协议存款，应按现行规定和《通知》要求，制定具体办法或方案，规范管理运作行为，建立健全监管机制，保证基金安全。

三、养老保险个人账户协议存款凭证，一般不得用于向商业银行融资质押。如遇支付特殊困难确需质押的，须报劳动保障部批准。

四、办理协议存款地区的养老保险统筹基金，以及未办理协议存款地区的养老保险统筹基金和个人账户基金活期存款，仍执行三个月整存整取定期存款利率。

二〇〇三年三月三日

中国人民银行关于商业银行办理养老保险个人账户基金人民币协议存款的通知

银发［2002］369号

中国人民银行各分行、营业管理部，各国有独资商业银行，股份制商业银行：

现就开办养老保险个人账户基金协议存款事宜通知如下：

一、各商业银行法人可以对现已完成或正在进行全省（自治区、直辖市）养老保险个人账户基金改革试点的省级社会保险经办机构事业法人办理养老保险个人账户基金协议存款业务。

二、养老保险个人账户基金协议存款最低起存年限为五年期（不含五年）以上，五年期以下（含五年）的存款按照中国人民银行《人民币单位存款管理办法》的有关规定办理。商业银行对省级社会保险经办机构存入的养老保险个人账户基金活期存款，自2002年12月1日起不再执行三个月整存整取定期存款利率，改按单位活期存款利率计息。

三、养老保险个人账户基金协议存款单笔最低起存金额为5亿元，利率水平、存款期限、结息和付息方式、违约处罚标准等由双方协商确定，并在合同中载明。养老保险个人账户基金协议存款在存款期内不得提前支取，但存款凭证可用做省级社会保险经办机构事业法人向商业银行融资的质押物。

四、商业银行办理养老保险个人账户基金协议存款，须按月向中国人民银行总行备案，并在中国人民银行《人民币协议存款管理办法》出台后，改按该办法的有关规定执行。

五、本通知自12月1日起开始执行。

二〇〇二年十二月五日

劳动和社会保障部办公厅关于加强城镇职工基本医疗保险个人账户管理的通知

劳社厅发［2002］6号

《国务院关于建立城镇职工基本医疗保险制度的决定》（国发［1998］44号）下发以来，各地劳动保障部门和社会保险经办机构（以下简称经办机构）对城镇职工基本医疗保险个人账户（以下简称个人账户）的管理取得了一定的成效。但目前仍有相当一部分统筹地区对加强个人账户的管理重视不够，管理不规范，个别地区存在个人账户基金流失现象。为了加强个人账户管理，维护广大参保人员的基本医疗保障权益，保证基本医疗保险制度的稳健运行，现就有关问题通知如下：

一、统一思想，提高对加强个人账户管理重要性的认识

建立统筹基金与个人账户相结合的城镇职工基本医疗保险制度，是党的十四届三中全会确定的一项重要原则。个人账户是城镇职工基本医疗保险制度的重要内容，个人账户资金是基本医疗保险基金的重要组成部分。建立个人账户的核心是解决参保职工的门诊或小额医疗费用，同时为职工年老体弱时积累部分资金。个人账户管理不到位，不仅会影响参保职工当期的医疗保障，同时也会对职工未来的医疗保障构成威胁。各地劳动保障行政部门和经办机构一定要充分认识加强个人账户管理，对维护参保职工的基本医疗保障权益、确保新制度稳健运行的重要意义，转变观念，坚决克服“个人账户完全归个人所有，可放开不管”等模糊认识，采取有效措施，切实把个人账户纳入各级劳动保障行政部门和经办机构的监督管理范围。

二、统一个人账户的基本内容，规范管理形式

实行统筹基金和个人账户相结合的统筹地区，经办机构都要按规定为参保人员建立个人账户，及时记录参保人员个人账户的收入、医药费用支出和账户结余额等相关信息。各地要努力通过计算机和信息网络对个人账户进行管理，按照《社会保险管理信息系统指标体系——业务部分（LB 101—2000）》（劳社信息函［2000］19号）的要求，规范和健全个人账户的指标体系，并做到及时更新和维护。对个人账户实行委托管理的统筹地区，要明确委托方责任和管理权限，同时要积极创造条件，尽快实现个人账户由当地经办机构统一管理。

三、加强个人账户基金管理，严格控制资金支出和使用方向

经办机构要按照《社会保险基金财务制度》（财社字［1999］60号）、《社会保险基金会计制度》（财会字［1999］20号）规定，严格个人账户基金的管理与核算。个人账户基金必须纳入财政专户管理，按规定编制基金预算和财务决算报告。要加强个人账户基金的支出管理和监督。个人账户基金只能用于支付在定点医疗机构或定点零售药店发生的，符合基本医疗保险药品目录、诊疗项目范围、医疗服务设施标准所规定项目范围内的医药费用。个人账户原则上要实行钱账分管，个人当期的医疗消费支出可采取划账的形式，最后由经办机构定期与定点医疗机构和定点药店统一进行结算。个人账户原则上不得提取现金，禁止用于医疗保障以外的其他消费支出。各地经办机构要加强对个人账户支出情况的审核和监督，对不符合要求的项目，不得纳入个人账户基金的支付范围。

劳动保障部门要加强对医疗保险定点医疗机构和定点零售药店的监督管理，规范定点医疗机构和定点零售药店的服务行为。对违反规定向参保职工提供医疗保障以外产品或服务的定点医疗机构和定点零售药店，要按有关规定和定点协议进行处理，情节严重的要取消其定点资格。

四、加强各项基础管理，方便参保职工就医购药

各地经办机构要切实改进工作作风，强化服务意识，及时与定点医疗机构和定点零售药店进行费用结算。要定期与职工进行个人账户对账工作，完善个人账户的查询服务。要深入开展政策宣传，让广大参保人员充分认识建立个人账户的作用和加强管理的必要性，支持和配合经办机构做好相关工作。要加强个人账户基金的收入、支出、结余和费用支出分布等信息的统计分析，及时准确掌握个人账户各项主要指标的动态变化情况，并按规定向上级机构报送相关信息。

各省、自治区、直辖市劳动保障部门及经办机构要根据本通知要求，尽快对本地区个人账户管理情况进行一次全面的检查，凡不符合规定要求的，要限期进行整改。检查情况请于 2002 年 10 月底前报送我部社会保险事业管理中心。我部将适时对各地个人账户管理情况进行抽查。

二〇〇二年八月十二日

第三部分　财政部文件

财政部　劳动部关于印发《关于加强企业职工社会保险基金投资管理的暂行规定》的通知

财社字［1994］59 号

各省、自治区、直辖市人民政府，国务院各有关部门：

为促进我国社会保险制度改革的顺利进行，保证职工养老保险、失业保险等社会保险基金的安全与完整，严肃财经纪律，经国务院同意，财政部与劳动部制定了《关于加强企业职工社会保险基金投资管理的暂行规定》，现印发给你们，请遵照执行。

附件：关于加强企业职工社会保险基金投资管理的暂行规定

一九九四年十一月二十二日

附件：

关于加强企业职工社会保险基金投资管理的暂行规定

近年来，各地区各有关部门在深化劳动制度改革的过程中，积极推进企业职工社会保险制度改革，组织实施了养老保险、失业保险等社会保险基金的统筹，对稳定社会秩序、保证职工群众的基本生活等起到了较好的作用。为促进我国社会保险制度改革的顺利进行，保证职工养老保险、失业保险等社会保险基金的安全与完整，严肃财经纪律，经国务院同意，现就企业职工社会保险基金投资管理问题作如下暂行规定：

一、企业职工社会保险基金是按国家规定提取、筹集和使用的专项资金，必须坚持专款专用的原则，任何单位和个人都无权自行决定该基金的其他用途。

二、为保证养老保险基金的安全和完整并妥善处理该基金的保值问题，国家发行社会保险基金特种定向债券（以下简称特种定向债券）。职工养老保险基金收支相抵后的结余额，除留足两个月支付费用外，80％左右应用于购买特种定向债券，在国务院没有作出新的规定前，不得在境内外进行其他直接投资和各种形式的委托投资。

三、职工失业保险、医疗保险、工伤保险等其他社会保险基金，在保证必要支出后，其结余额的一部分以及养老保险基金购买特种定向债券后的结余额，应根据国家下达的年度国债发行计划，积极认购其他种类的国家债券。其中，失业保险等其他社会保险基金结余额，也可视国债发行计划需要，认购一部分特种定向债券。

四、特种定向债券的发行办法及优惠条件由财政部另行制定。发行特种定向债券和其他国家债券时的有关事项（包括国家债券的贴现和抵押问题），由财政部、劳动部与有关部门商定。

五、各种社会保险基金购买国家债券的利息收入免交税费并转入基金。

六、社会保险基金购买国家债券以后仍有结余的部分，应按社会保险基金管理的有关规定存入银行的专户。

七、职工失业保险基金中用于转业训练和生产自救的支出，应按规定审批程序报有关部门批准，其中涉及固定资产投资的必须纳入国家基本建设规模严格管理。

八、各地区、各有关部门已将社会保险基金投资于其他项目的，应在本规定公布后半年内收回并返还基金。逾期仍未收回的要逐笔登记，在审计、财政、计划、银行、劳动等部门监督下，限期收回；自行投资已造成损失不能收回的，要追究有关领导和当事人的责任，严肃处理。

九、本规定自公布之日起施行。各地区和各有关部门应采取有效措施保证本规定的贯彻落实，社会保险事业管理机构要严格执行规定及各项财务制度，自觉接受政府有关部门和社会公众的监督检查，切实维护社会保险基金的安全与完整。

财政部　劳动和社会保障部关于印发《社会保险基金财务制度》的通知

财社字［1999］60号

各省、自治区、直辖市、计划单列市财政厅（局）、劳动（劳动和社会保障）厅（局），新疆生产建设兵团：

为加强企业职工基本养老保险基金、失业保险基金、城镇职工基本医疗保险基金等各项社会保险基金的财务管理，根据《国务院关于建立统一的企业职工基本养老保险制度的决定》（国发［1997］26号）、《失业保险条例》（国务院令第258号）、《国务院关于建立城镇职工基本医疗保险制度的决定》（国发［1998］44号）及《社会保险费征缴暂行条例》（国务院令第259号）等有关规定，财政部会同劳动和社会保障部制定了《社会保险基金财务制度》。现印发给你们，请遵照执行。执行中有什么问题，请及时告知。

附件：社会保险基金财务制度

一九九九年六月十五日

附件：

社会保险基金财务制度

第一章　总　　则

第一条　为规范社会保险经办机构经办社会保险基金的财务行

为，加强社会保险基金管理，维护保险对象的合法权益，根据国家关于社会保险的有关法律法规，制定本制度。

第二条 本制度适用于中华人民共和国境内社会保险经办机构（以下简称“经办机构”）经办的企业职工基本养老保险基金（以下简称“基本养老保险基金”）失业保险基金、城镇职工基本医疗保险基金（以下简称“基本医疗保险基金”）等社会保险基金。

第三条 本制度所称社会保险基金（以下简称“基金”）是指为了保障保险对象的社会保险待遇，按照国家法律、法规，由缴费单位和缴费个人分别按缴费基数的一定比例缴纳以及通过其他合法方式筹集的专项资金。

第四条 基金财务管理的任务是：认真贯彻执行国家有关法律、法规和方针、政策，依法筹集和使用基金；建立健全财务管理制度，努力做好基金的计划、控制、核算、分析和考核工作，并如实反映基金收支状况；严格遵守财经纪律，加强监督和检查，确保基金的安全。

第五条 为保证基金的按时、足额收缴和支付，税务机关和经办机构根据工作需要有权按规定要求缴费单位如实提供用工情况、工资表、财务报表等与社会保险有关的原始资料和数据。

第六条 基金纳入单独的社会保障基金财政专户（以下简称“财政专户”），实现收支两条线管理，专款专用，任何地区、部门、单位和个人均不得挤占、挪用，也不得用于平衡财政预算。

第七条 基金根据国家要求实行统一管理，按险种分别建账，分账核算，专款专用，自求平衡，不得相互挤占和调剂。

第二章 基金预算

第八条 基金预算是指经办机构根据社会保险制度的实施计划和任务编制的、经规定程序审批的年度基金财务收支计划。

第九条 基金预算的编制。年度终了前，经办机构应按照财政部门规定的表式、时间和编制要求，根据本年度预算执行情况和下年度基金收支预测，编制下年度基金预算草案。

第十条 基金预算的审批。经办机构编制的年度基金预算草案，由劳动保障部门审核汇总并报财政部门审核，经同级政府批准后，由财政部门及时向劳动保障部门批复执行，并报上级财政和劳动保障部门备案。

第十一条 基金预算的执行。经办机构要严格按批准的预算执行，并认真分析基金的收支情况，定期向同级财政和劳动保障部门报告预算执行情况。

第十二条 基金预算的调整。遇特殊情况需要调整预算时，经办机构要编制预算调整方案，由劳动保障部门报财政部门审核，经同级政府批准后，由财政部门及时向劳动保障部门批复执行，并报上级财政和劳动保障部门备案。

第三章 基 金 筹 集

第十三条 基金按国家规定按时、足额地筹集。任何地区、部门、单位和个人不得截留和减免。

第十四条 基金收入包括：社会保险费收入、利息收入、财政补贴收入、转移收入、上级补助收入、下级上解收入、其他收入。

社会保险费收入是指缴费单位和缴费个人按缴费基数的一定比例分别缴纳的基本养老保险费、失业保险费、基本医疗保险费等收入。

利息收入是指用社会保险基金购买国家债券或存入银行所取得的利息收入。

财政补贴收入是指同级财政给予基金的补贴收入。

转移收入是指保险对象跨统筹地区流动而划入的基金收入。

上级补助收入是指下级经办机构接收上级经办机构拨付的补助收入。

下级上解收入是指上级经办机构接收下级经办机构上解的基金收入。

其他收入是指滞纳金及其他经财政部门核准的收入。

上述基金收入项目按规定分别形成基本养老保险基金、失业保险基金和基本医疗保险基金等。

第十五条 基本医疗保险基金收入按规定分别计入基本医疗保险统筹基金和医疗保险个人账户基金。

基本医疗保险统筹基金收入包括按规定应计入统筹账户的缴费单位缴纳的基本医疗保险费收入、统筹账户基金利息收入、财政补贴收入、上级补助收入、下级上解收入、其他收入。

医疗保险个人账户基金收入包括按规定应计入个人账户的缴费单位缴纳的基本医疗保险费收入、缴费个人缴纳的基本医疗保险费收入、个人账户利息收入、转移收入等。

第十六条 实行经办机构征收社会保险费的地区，经办机构可以根据工作需要在同级财政和劳动保障部门共同认定的国有商业银行设立社会保险基金收入户（以下简称“收入户”）。

收入户的主要用途是：暂存由经办机构征收的社会保险费收入；暂存下级经办机构上解或上级经办机构下拨的基金收入；暂存该账户的利息收入以及其他收入等。收入户除向财政专户划转基金外，不得发生其他支付业务。收入户月末无余额。

实行税务机关征收社会保险费的地区，不设收入户。

第十七条 税务机关或经办机构要定期或定额将征集的基金缴存财政专户。具体时间或额度由各省、自治区、直辖市自定。缴存时，须填制银行制发的进账单或划款凭证（一式多联），并填写收入项目和具体金额。各有关部门或机构凭该凭证记账。未按规定执行的，财政部门委托各开户银行于月末将全部基金收入划入财政专户。

第四章 基金支付

第十八条 基金要根据社会保险的统筹范围，按照国家规定的项目和标准支出，任何地区、部门、单位和个人不得以任何借口增加支出项目和提高开支标准。

第十九条 基金支出包括：社会保险待遇支出、转移支出、补助下级支出、上解上级支出、其他支出。

社会保险待遇支出是指按规定支付给社会保险对象的基本养老保险待遇支出、失业保险待遇支出和基本医疗保险待遇支出等。

转移支出是指社会保险对象跨统筹地区流动而转出的基金支出。

补助下级支出是指上级经办机构拨付给下级经办机构的补助支出。

上解上级支出是指下级经办机构上解上级经办机构的支出。

其他支出是指经财政部门核准开支的其他非社会保险待遇性质的支出。

上述基金支出项目按规定分别构成基本养老保险基金支出、失业保险基金支出和基本医疗保险基金支出等。

第二十条 基本医疗保险基金的补助下级支出、上解上级支出和其他支出在统筹账户中列支，转移支出在个人账户中列支。

第二十一条 基本养老保险待遇支出包括：基本养老金、医疗补助金、丧葬抚恤补助费。

（一）基本养老金包括基础性养老金，个人账户养老金，过渡性养老金和支付给《国务院关于建立统一的企业职工养老保险制度的决定》（国发［1997］26号，以下简称《决定》）实施前已经离休、退休和退职人员的离休金、退休金、退职金、补贴。

基础性养老金是指按各省、自治区、直辖市或地（市）上年度职工月平均工资的20%支付给《决定》实施后按照统一的企业基本养老保险制度计发待遇的退休人员的基本养老金。

个人账户养老金是指按缴费个人的个人账户储存额除以120支付给按照统一的企业职工基本养老保险制度计发待遇的退休人员的基本养老金，以及一次性支付给个人的个人账户储存额。

过渡性养老金是指按规定支付给按照统一的企业职工基本养老保险制度计发待遇且在《决定》实施前参加工作、实施后退休的人员除基础性养老金和个人账户养老金以外的基本养老金。

离休金、退休金、退职金、补贴是指按规定支付给《决定》实施前已经离休、退休和退职人员的生活费用和各种生活补贴、物价补贴等。

（二）医疗补助金是指按规定支付给未实行医疗保险地区已纳入基本养老保险基金开支范围的离休、退休、退职人员的医疗费用。

（三）丧葬抚恤补助费是指用于已纳入基本养老保险基金开支范围的离休、退休、职退人员死亡丧葬补助费用及其供养直系亲属的抚恤和生活补助费用。

第二十二条 失业保险待遇支出项目包括失业保险金、医疗补助金、丧葬抚恤补助费、职业培训和职业介绍补贴、国有企业下岗职工基本生活保障补助和其他费用。

失业保险金是指支付给失业人员在失业期间的基本生活费用。医疗补助金是指按规定支付给失业人员在领取失业保险金期间的医疗费用。

丧葬抚恤补助费是指按规定支付给在领取失业保险金期间死亡的失业人员的丧葬补助费用及由供养的配偶、直系亲属的抚恤金。职业培训和职业介绍补贴是指按规定支付给失业人员在领取失业保险金期间接受职业培训、职业介绍的补贴。

国有企业下岗职工基本生活保障补助是指从失业保险基金中调剂用于进入企业再就业服务中心的国有企业下岗职工基本生活保障的支出。

其他费用包括农民合同制工人一次性生活补助金及国家规定的其他费用。农民合同制工人生活补助金，是一次性支付给合同期满不再续订或者提前解除劳动合同的农民合同制工人的生活补助费。

第二十三条 基本医疗保险待遇支出项目按规定分别形成社会统筹医疗保险待遇支出和个人账户医疗保险待遇支出。

（一）社会统筹医疗保险待遇支出是指按规定在基本医疗保险统筹基金支出范围以内，并在起付标准以上最高支出限额以下由基本医疗保险统筹基金支付的医疗费支出；

（二）个人账户医疗保险待遇支出是指按国家规定由医疗保险个

人账户基金开支的医疗费支出。

基本医疗保险统筹基金和医疗保险个人账户基金要划分各自的支付范围，不得相互挤占。

第二十四条 经办机构在同级财政和劳动保障部门共同认定的国有商业银行设立社会保险基金支出户（以下简称“支出户”）。

支出户的主要用途是：接收财政专户拨入的基金；暂存社会保险支付费用及该账户的利息收入；支付基金支出款项；划拨该账户资金利息收入到财政专户；上解上级经办机构基金或下拨下级经办机构基金。支出户除接收财政专户拨付的基金及该账户的利息收入外，不得发生其他收入业务。

第二十五条 经办机构要根据财政部门核定的基金年度预算及月度收支计划，按月填写财政部门统一印制的用款申请书，并注明支出项目，加盖本单位用款专用章，在规定的时间内报送同级财政部门。对不符合规定的凭证和用款手续的，财政部门有权责成经办机构予以纠正。财政部门对用款申请审核无误后，应在规定的时间内将基金从财政专户拨入支出户。具体时间由各省、自治区、直辖市自定。

第五章 基金结余

第二十六条 基金结余是指基金收支相抵后的期末余额。基本医疗保险基金的结余包括基本医疗保险统筹基金结余和医疗保险个人账户基金结余。

第二十七条 基金结余除根据财政和劳动保障部门商定的、最高不超过国家规定预留的支付费用外，全部用于购买国家发行的特种定向债券和其他种类的国家债券。任何地区、部门、单位和个人不得动用基金结余进行其他任何形式的直接或间接投资。

第二十八条 基金当年入不敷出时，按下列顺序解决：

（一）动用历年滚存结余中的存款；

（二）存款不足以保证支付需求的，可转让或提前变现用基金购买的国家债券，具体办法由财政部另行制定；

（三）转让或兑付国家债券仍不能保证支付需求时，建立了基金调剂金的地区，由上级经办机构调剂；

（四）调剂后仍存在不足的，由同级财政部门给予适当支持；

（五）在财政给予支持的同时，根据需要按国务院有关规定报批后调整缴费比例。基本医疗保险基金在申请调整缴费比例之前也可经同级财政部门审核并报政府批准后，在国家规定的范围内，调整缴费单位缴纳的基本医疗保险费划入基本医疗保险统筹基金与医疗保险个人账户基金之间的比例。

第六章 财政专户

第二十九条 本制度所指的财政专户是财政部门按照国务院有关规定设立的社会保险基金专用计息账户，在同级财政和劳动保障部门共同认定的国有商业银行开设。

财政专户、收入户和支出户在同一国有商业银行只能各开设一个账户。

第三十条 财政专户的主要用途是：接收税务机关或经办机构转入的社会保险费收入；接收税务机关或收入户暂存的利息收入及其他收入；接收基金购买国家债券兑付的本息收入、该账户资金形成的利息收入以及支出户转入的利息收入等；接收财政补贴收入；接收上级财政专户划拨或下级财政专户上解的基金；根据经办机构的用款计划，向支出户拨付基金；购买国家债券；向上级或下级财政专户划拨基金。

第三十一条 财政专户发生的利息收入直接计入财政专户，支出户的利息收入从支出户定期转入财政专户。

财政部门凭银行出具的原始凭证记账，同时，财政部门要出具财政专户缴拨凭证，并附加盖专用印章的原始凭证复印件，交经办机构记账和备查。

第三十二条 财政补贴收入由国库直接划入财政专户。

财政部门凭国库出具的拨款单记账，同时，财政部门要出具财政专户缴拨凭证，并附加盖专用印章的原始凭证复印件，交经办机构记账和备查。

第三十三条 根据国务院批准或经财政部、劳动保障部决定从原行业统筹单位上缴中央财政专户结余中的补助地方基金，由中央财政专户直接拨付到省（自治区、直辖市）财政专户。各省、自治区、直辖市财政部门在收入款项时，要填制财政专户缴拨凭证，交经办机构记账和备查。

第三十四条 经办机构设立收入户的地区，在发生基金下拨业务时，根据经办机构的缴拨计划，财政部门应将基金从财政专户拨入同级经办机构的支出户，经下级经办机构收入户进入下级财政专户；在发生基金上缴业务时，财政部门应根据经办机构的缴拨计划，将基金从财政专户划入同级经办机构支出户，经上级经办机构收入户进入上级财政专户。

不设收入户的地区，在发生基金的上下级缴拨业务时，财政部门应根据经办机构的缴拨计划，将基金从上级财政专户直接拨入下级财政专户或从下级财政专户直接上解入上级财政专户。财政部门和经办机构凭财政专户缴拨凭证记账。

第三十五条 失业保险基金按规定调剂用于国有企业下岗职工基本生活保障和再就业的资金，由劳动保障部门提出用款计划，财政部门审核后，及时填制财政专户缴拨凭证，从同级财政专户内的失业保险基金账户直接划入国有企业下岗职工基本生活保障和再就业资金账户。财政部门和经办机构凭财政专户缴拨凭证记账。

第三十六条 财政部门应根据劳动保障部门提出的意见，在双方共同协商的基础上，及时将基金按规定用于购买国家债券或转存定期存款。

财政部门凭银行出具的原始凭证记账，同时，财政部门要出具财政专户缴拨凭证，并附加盖专用印章的原始凭证复印件，交经办机构记账和备查。

经财政部、劳动保障部共同研究确定的特种定向债券计划，要保证完成。

第七章　资产与负债

第三十七条　资产包括基金运行过程中形成的现金、银行存款（含收入户存款、财政专户存款、支出户存款）、债券投资、暂付款项等。经办机构和税务机关应认真做好现金的保管、押运、管理工作，建立健全现金的内部控制制度。现金的收付和管理，要严格遵守国务院发布的《现金管理暂行条例》。

经办机构应及时办理基金存储手续，按月和开户银行对账，同时，要做到经办机构、税务机关、财政部门定期相互对账，保证账账、账款相符。

用基金购买的国家债券应视同货币资金，由财政部门商劳动保障部门委托开户银行代为妥善保管，确保账实相符。

暂付款项应定期清理，及时收回。

第三十八条　负债是指基金运行过程中形成的各种借入款项和暂收款项等。借入款项和暂收款项应定期清理，及时偿付。因债权人等特殊原因确定无法偿付的，经财政部门批准后并入基金的其他收入。

第八章　基 金 决 算

第三十九条　年度终了后，经办机构应根据财政部门规定的表式、时间和要求编制年度基金财务报告。财务报告包括资产负债表、收支表、有关附表以及财务情况说明书。

财务情况说明书主要说明和分析基金的财务收支及管理情况，对本期或下期财务状况发生重大影响的事项，以及其他需要说明的事项。经办机构可以根据业务工作需要增加基金当年结余率、社会保险费实际收缴率等有关财务分析指标。

编制年度基金财务报告必须做到数字真实、计算准确、手续完备、内容完整、报送及时。

第四十条　经办机构编制的年度基金财务报告应在规定期限内经

劳动保障部门审核并汇总，报同级财政部门审核后，由同级人民政府批准，批准后的年度基金财务报告为基金决算。

第四十一条 财政部门应逐级上报审核汇总的本级决算和下一级决算。经办机构的年度基金财务报告不符合法律、法规规定的，应予以纠正。

第四十二条 各省、自治区、直辖市财政厅（局）将本级决算和下一级财政部门报送的决算审核汇总后报财政部，由财政部审核汇总后报国务院。

第九章 监督与检查

第四十三条 经办机构要建立健全内部管理制度，定期或不定期向社会公告基金收支和结余情况，接受社会监督。

第四十四条 劳动保障、财政和审计部门等要定期或不定期地对收入户、支出户和财政专户内的基金收支和结余情况进行监督检查，发现问题及时纠正，并向政府和基金监督组织报告。

第四十五条 缴费单位未按规定缴纳社会保险费的，由税务机关或劳动保障部门责令其限期缴纳；逾期仍不缴纳的，除补缴欠缴数额外，从欠缴之日起，按日加收所欠款额的2‰的滞纳金。

第四十六条 下列行为属于违纪或违法行为：

（一）截留、挤占、挪用、贪污基金；

（二）擅自增提、减免社会保险费；

（三）不按时、按规定标准支付社会保险待遇的有关款项；

（四）未按时将基金收入存入财政专户；

（五）未按时、足额将财政专户基金拨付到支出户；

（六）其他违反国家法律、法规规定的行为。

第四十七条 有第四十六条所列行为的，应区别情况限期纠正，并做账务处理。

（一）即时追回基金；

（二）即时退还多退、补足减免的基金；

（三）即时足额补发或追回社会保险待遇的有关款项；

（四）即时缴存财政专户；

（五）即时足额将财政专户基金拨付到支出户；

（六）国家法律、法规及财政部规定的其他处理办法。

第四十八条 对有第四十六条所列违纪或违法行为的单位以及主管人员的直接责任者的处罚，按照《中华人民共和国行政处罚法》、《国务院关于违反财政法规处罚的暂行规定》、《社会保险费征缴暂行条例》等有关法律、法规执行。触犯刑律的，依法追究刑事责任。对单位和主管人员以及直接责任者处以的罚款应及时上缴国库。

第十章 附 则

第四十九条 各省、自治区、直辖市经政府批准建立的工伤保险基金和生育保险基金，参照本制度执行。

第五十条 基金专用票据由省级财政部门统一印制。

第五十一条 各省、自治区、直辖市财政厅（局）会同劳动保障部门根据本制度并结合本地区实际情况制定实施细则，报财政部、劳动和社会保障部备案。

第五十二条 本制度由财政部商劳动和社会保障部解释和修订。

第五十三条 本制度自 1999 年 7 月 1 日起施行，凡与本制度不一致的，一律以本制度为准。

财政部关于印发《社会保障基金财政专户管理暂行办法》的通知

财社字［1999］117号

各省、自治区、直辖市、计划单列市财政厅（局）：

为规范社会保障基金财政专户管理，保证专户内社会保障资金的安全与完整，根据国家有关法律法规，我部制定了《社会保障基金财政专户管理暂行办法》，现印发给你们，请认真贯彻落实。本办法自颁布之日起施行。执行中发现什么问题，请及时函告我部。

附件：社会保障基金财政专户管理暂行办法

一九九九年八月四日

附件：

社会保障基金财政专户管理暂行办法

第一章　总　　则

第一条　为规范社会保障基金财政专户管理，保证专户内社会保障资金的安全与完整，根据国家有关法律法规，制定本办法。

第二条　本办法适用于纳入单独的社会保障基金财政专户的各项社会保障资金，包括企业职工基本养老保险基金、失业保险基金、城镇职工基本医疗保险基金等各项社会保险基金，以及国有企业下岗职工基本生活保障和再就业资金等。

第三条 本办法所称社会保障基金财政专户（以下简称“财政专户”），是指财政部门在国有商业银行开设的，用于存储和管理社会保障资金的专用计息账户。

第四条 财政专户管理的主要任务是：认真贯彻执行国家有关法律、法规和方针政策；及时办理社会保障资金的缴存、拨付业务，依法管理专户内资金；通过对财政专户内社会保障资金进行会计核算，督促检查社会保障资金收入按时足额缴入财政专户，监督社会保障资金的使用方向，确保专款专用；定期向劳动保障等主管部门通报并向政府和社会保障监督组织反映和报告财政专户内各项社会保障资金收支计划的执行情况，接受审计部门的审计和主管部门及社会各界的监督。

第二章 账户的设置与管理

第五条 各级财政部门按照国家有关规定，根据工作需要在与同级劳动保障等主管部门共同认定的国有商业银行开设财政专户。

用于存储社会保障基金的财政专户要按《社会保险基金财务制度》（财社字［1999］60号）规定设立，并逐步创造条件，对多头开户的进行清理，将在多家国有商业银行开设的多个财政专户、社会保险经办机构（以下简称“经办机构”）的社会保险基金收入户和支出户（以下分别简称“收入户”和“支出户”）归并成只在同一家国有商业银行开设的一个财政专户、收入户和支出户。

国有企业下岗职工基本生活保障和再就业资金应按《国有企业下岗职工基本生活保障和再就业资金暂行管理办法》（财社字［1998］94号）规定，只在一个财政专户内发生缴存和拨付业务。

第六条 财政专户内的社会保障资金实行统一管理，按资金种类分别建账，分账核算，专款专用，不得相互挤占或调剂使用。

第七条 财政专户的主要用途如下：

（一）接收缴存或划入的各项社会保障资金；

（二）接收社会保障资金形成的利息收入及购买国债兑付的本息

收入；

（三）接收财政补贴收入；

（四）根据经办机构的用款计划，拨付社会保险基金；

（五）根据企业再就业服务中心的用款计划，拨付国有企业下岗职工基本生活保障和再就业资金；

（六）支付购买国家特种定向债券或其他种类国家债券的资金，并加强债券管理；

（七）接收上级财政专户划拨或下级财政专户上解的资金；

（八）向上级或下级财政专户划拨资金；

（九）办理与财政专户有关的其他业务。

第八条 各级财政部门要按照《会计基础工作规范》（财会字[1996] 19号）要求，配备政治素质好、有一定专业知识的人员担任财政专户的会计、出纳，有条件的地区还要配备稽核人员，建立健全财政专户的内部管理机制。

（一）会计人员的职责：负责财政专户的会计核算工作；负责财政专户内社会保障资金收支计划的执行；负责社会保障资金支出用款计划的审核；负责其他有关财政专户的业务工作。

（二）出纳人员的职责：负责办理社会保障资金缴存财政专户的有关工作；负责拨付社会保障资金支出款项工作；负责其他有关财政专户的业务工作。

会计和出纳不得由一人兼任。

第九条 各级财政部门要按时编制财政专户资金月报和季报，年度终了后按照统一的报表格式编制决算表。

第三章 财政专户资金的缴存、拨付和结余管理

第十条 社会保险基金的缴存、拨付和结余管理按《社会保险基金财务制度》有关规定执行。

税务机关或经办机构按规定的时间或定额将征集的社会保险基金缴存财政专户后，财政部门应于当日登记入账。每月终了前，财政部

门根据社会保险基金收支计划，及时通知税务机关或经办机构将社会保险基金收入缴存财政专户；未按规定执行的，财政部门应委托各开户银行或国库将社会保险基金收入全部划入财政专户。

财政部门应根据社会保险基金收支计划，并结合缴存财政专户情况，对经办机构的用款申请审核无误后，必须在规定的时间内将资金从财政专户拨入支出户，不得延误。具体时间由各省、自治区和直辖市自定。

财政专户内社会保险基金未经经办机构提出用款、购买国债或转存定期存款申请，一律不得随意动用。

第十一条 国有企业下岗职工基本生活保障和再就业资金的缴存。

（一）预算和预算外资金安排的国有企业下岗职工基本生活保障和再就业资金的补助额度确定后，财政部门应及时填制预算拨款单或划款凭证，并将资金从国库或相关的预算外资金专户转入财政专户。

（二）失业保险基金按国家有关规定调剂用于国有企业下岗职工基本生活保障和再就业的资金额度核定后，财政部门应在规定的时间内及时填制财政专户缴拨凭证，并将资金从同级财政专户下的失业保险基金账户直接转入国有企业下岗职工基本生活保障和再就业资金账户。具体时间由各省、自治区、直辖市自定。

第十二条 国有企业下岗职工基本生活保障和再就业资金的拨付。

（一）企业再就业服务中心应根据本企业再就业工作计划按季提出国有企业下岗职工基本生活保障和再就业资金用款计划，填写用款申请书，分别注明发放基本生活费和代缴社会保险费的金额，并附银行开出的企业自筹资金划拨凭证，经劳动保障等主管部门审核后，报同级财政部门批准。

（二）财政部门对企业再就业服务中心的用款申请审核无误后，按季将支付给国有企业下岗职工的基本生活费从财政专户直接划拨到企业再就业服务中心在银行开设的专用账户，由企业再就业服务中心按规定使用；为国有企业下岗职工代缴的社会保险费，经办机构设立了收入户的，直接从财政专户划拨到收入户，经办机构没有设立收入户的，则直接划拨到财政专户下的基本养老保险基金账户、失业保险基金账户和基本医疗保险基金账户。

第十三条 财政专户内的国有企业下岗职工基本生活保障和再就业资金的上下级缴拨直接通过上下级财政专户办理。

第十四条 财政专户内各项资金的结余除按规定购买国债和转存定期存款以外，全部结转下年度继续使用，不得改变用途。

第十五条 财政专户内的银行存款按照中国人民银行规定的存款利率计息。

第十六条 财政专户发生的缴存和拨付业务，都必须通过银行转账划拨，不得以现金的形式缴付。

第十七条 财政专户发生缴存和拨付业务时，应凭原始凭证记账，并出具财政专户缴拨凭证，附加盖专用印章的原始凭证复印件，交有关部门或单位记账和备查。

第十八条 财政预算安排的用于补助下级的社会保障补助资金应通过国库结算，不得通过上下级财政专户办理缴拨手续。

第四章 财政专户的监督、检查

第十九条 财政部门要建立健全财政专户内部管理制度，定期、不定期地向政府和社会监督组织报告财政专户内社会保障资金的收支和结余等情况，接受财政部驻地方监察专员办事机构、审计部门的审计和劳动保障等主管部门及社会的监督。

第二十条 财政部门要与经办机构、税务机关以及开户银行等有关部门和单位建立经常性的对账制度，定期核对财政专户内资金的收支和结余等情况，发现问题及时纠正。

第二十一条 财政部门必须严格按照劳动保障等主管部门和财政部门共同商定的资金收支计划收缴和拨付资金。

财政专户内的各项资金不得挤占、挪用，也不得用于平衡财政预算。对其他不按规定动用财政专户内资金的行为，财政部门有权拒绝受理。

第二十二条 下列行为属于违纪或违法行为：

（一）未按时、足额拨付资金；

（二）截留、挤占、挪用、贪污财政专户内资金；

（三）动用财政专户内资金平衡预算；

（四）其他违反国家法律、法规规定的行为。

第二十三条 有第二十二条所列行为的，应区别情况限期纠正，并做账务处理。

（一）即时足额拨付按规定应拨付的资金；

（二）即时追回基金；

（三）国家法律、法规及财政部规定的其他处理办法。

第二十四条 对有违纪或违法行为的财政部门以及主管人员和直接责任者的处罚，按照《中华人民共和国行政处罚法》、《国务院关于违反财政法规处罚的暂行规定》等有关法律、法规执行。触犯法律的，移送司法机关依法追究刑事责任。

对单位和主管人员以及直接责任者处以的罚款应及时上缴国库。

第五章 附 则

第二十五条 纳入财政专户管理的工伤保险基金、生育保险基金等其他基金性质的社会保障资金，比照社会保险基金执行。

第二十六条 纳入财政专户管理的其他非基金性质的社会保障资金，参照本办法执行。

第二十七条 财政专户缴拨凭证由省级财政部门统一印制，具体参考样式见附表（略）。

第二十八条 本办法由财政部负责解释。

第二十九条 本办法自发布之日起施行，凡与本制度不一致的，一律以本制度为准。

财政部　劳动部　中国人民银行　国家税务总局关于印发《企业职工基本养老保险基金实行收支两条线管理暂行规定》的通知

财社字［1998］6号

各省、自治区、直辖市人民政府，国务院有关部门：

《企业职工基本养老保险基金实行收支两条线管理暂行规定》已经国务院同意，现印发你们，请结合实际情况，认真贯彻落实。执行中有何问题，及时向财政部、劳动部报告。

附件：企业职工基本养老保险基金实行收支两条线管理暂行规定

一九九八年一月二十七日

附件：

企业职工基本养老保险基金实行收支两条线管理暂行规定

第一条　为了加强企业职工基本养老保险基金管理，维护企业职工和离退休人员的利益，保证企业职工基本养老保险基金的安全与完整，根据《国务院关于建立统一的企业职工基本养老保险制度的决定》(国发［1997］26号)，特制定本规定。

第二条　企业职工基本养老保险基金是指按照国家规定，由企业和职工个人分别按工资总额及缴费工资的一定比例缴纳，为保障企业职工离退休后的基本生活而筹集的专项基金。

第三条 企业职工基本养老保险基金应逐步纳入社会保障预算管理。在国家社会保障预算制度建立以前，基本养老保险基金纳入单独的社会保障基金财政专户，实行收支两条线，专项管理，专款专用，任何部门、单位或个人均不得挤占、挪用，也不得用于平衡财政预算。

第四条 社会保险经办机构于预算年度终了时，按照财政部门规定编制下年度基本养老保险基金收支计划，经社会保险主管部门审核、财政部门复核后，报同级人民政府批准执行。

基本养老保险基金收支计划按规定程序报经批准后，由财政部门及时向社会保险经办机构批复。

第五条 基本养老保险基金应存入国有商业银行。社会保险经办机构和财政部门应在经协商确定的银行开设以下三个专用账户：

（一）社会保险经办机构开设“基本养老保险基金收入户”，该账户的主要用途是：

1. 暂存征集的基本养老保险费；

2. 暂存下级社会保险经办机构上解的基本养老保险基金收入或上级社会保险经办机构下拨的基本养老保险基金收入；

3. 暂存该账户及支出账户的利息收入；

4. 暂存滞纳金收入；

5. 暂存财政补贴收入；

6. 暂存其他收入。

（二）财政部门开设“社会保障基金财政专户”，该账户的主要用途是：

1. 接受社会保险经办机构收入户划入的基本养老保险基金；

2. 接受国债到期本息及该账户资金形成的利息收入；

3. 划拨购买国家债券资金；

4. 根据社会保险经办机构的用款计划向社会保险经办机构支出

账户拨付基本养老保险基金。

（三）社会保险经办机构开设“基本养老保险基金支出账户”，该账户的主要用途是：

1. 接受社会保障基金财政专户拨入的基本养老保险基金；

2. 暂存1～2个月的基本养老保险支付费用；

3. 暂存银行支付该账户资金的利息；

4. 支付离退休人员的基本养老保险金；

5. 支付银行手续费等与基本养老保险有关的其他必要支出；

6. 上解上级社会保险经办机构基本养老保险基金或下拨下级社会保险经办机构基本养老保险基金。

第六条 企业职工基本养老保险基金由企业和职工个人按规定的缴费比例分别缴纳。基本养老保险基金征收方式主要有以下两种：

（一）社会保险经办机构负责征收。具体程序是：

1. 银行根据社会保险经办机构开出的托收凭证将企业和职工个人缴纳的基本养老保险费从企业基本账户中划入基本养老保险基金收入户；

2. 社会保险经办机构按月将基本养老保险基金收入户资金全部划入社会保障基金财政专户。

（二）税务部门代征。具体程序是：

1. 社会保险经办机构向税务部门提供有关企业和职工个人缴费的基本数据；

2. 税务部门根据社会保险经办机构提供的数据，向企业开出基本养老保险费征收凭证；

3. 银行根据税务部门开出的凭证将企业和职工个人缴纳的基本养老保险费从企业基本账户中划入基本养老保险基金收入户；

4. 社会保险经办机构按月将基本养老保险基金收入户资金全部划入社会保障基金财政专户。

具体征收方式由省级人民政府确定。

第七条 企业职工基本养老保险基金按照国家规定全部用于职工

基本养老保险。

社会保险经办机构开展业务工作所需要的经费，由财政部门在预算中安排。基金的征收由社会保险经办机构转由税务部门代征的，相关的征收费用由省级人民政府研究确定。

第八条 社会保险经办机构按月向同级财政部门提出用款计划，经财政部门审核后，及时将基金从社会保障基金财政专户拨到社会保险经办机构的支出账户。

第九条 财政部门除根据社会保险经办机构的用款计划核拨资金外，不得自行安排和使用基本养老保险基金。

第十条 社会保险经办机构收到财政部门拨款后应按照规定用途使用。条件具备的地区，可以实行社会化发放养老金的办法。

第十一条 基本养老保险基金结余额除预留相当于2个月的支付费用外，应全部购买国家债券和存入专户。任何部门、单位或个人不得利用基本养老保险基金在境内外进行其他形式的直接或间接投资。

第十二条 存入社会保险经办机构收入户、支出账户的基本养老保险基金，按照中国人民银行规定的优惠利率计息。社会保障基金财政专户资金，按照同期居民银行存款利率计息。

第十三条 社会保险经办机构于每一预算年度终了时，按照财政部门规定及时编报企业职工基本养老保险基金决算草案。

基本养老保险基金决算草案应在对全年基金收入和支出进行清理核对的基础上进行，各项数字必须以经过核实的基层单位会计数字为准，不得估列代编，更不得随意调整收支数字，转移资金。

社会保险经办机构编报的决算草案，应在规定期限内经社会保险主管部门审核后报财政部门。财政部门复核并报同级人民政府批准后，及时向社会保险经办机构批复。

第十四条 基本养老保险基金征收中需要使用的有关票据，由省级财政部门会同有关部门制定；经国务院批准实行养老保险系统统筹部门和单位征收基本养老保险基金需要使用的有关票据，由财政部会同有关部门制定。

第十五条 企业职工基本养老保险基金实行收支两条线管理后，社会保险主管部门、社会保险经办机构和财政部门等有关部门应按照各自的职责分工，加强对基本养老保险基金的管理和监督。

社会保险经办机构负责编制基本养老保险基金收支计划和决算；负责基本养老保险基金筹集和基本养老保险基金的发放工作；负责基本养老保险基金收支会计核算工作；负责基本养老保险基金结余额存期和购买国债的安排；负责个人账户记录、管理等。

社会保险主管部门负责审核社会保险经办机构编报的基本养老保险基金收支计划和决算草案，加强对基本养老保险基金管理情况的监督检查。

财政部门负责有关财务会计制度的制定、贯彻落实及监督检查；负责社会保障基金财政专户核算工作；负责审核社会保险经办机构提出的基本养老保险支出用款计划和结余额的安排等；负责审核、汇总社会保险经办机构编制的基本养老保险基金收支计划和决算；负责拨付社会保险经办机构经费。

银行负责按照社会保险经办机构或税务部门开出的托收凭证以及经财政部门审核同意的社会保险经办机构用款计划及时划款，并加强对基本养老保险基金收支的监督。

审计部门依法对企业职工基本养老保险基金收入户、支出账户和社会保障基金财政专户收支结余情况进行审计，行使审计监督的职责。

第十六条 上级社会保险经办机构要加强对下级社会保险经办机构基金管理情况（包括社会保障基金财政专户资金）的审计和监督。各级社会保险经办机构要建立健全内部管理制度，定期不定期对基本养老保险基金收入、支出等进行检查，自觉接受审计、财政等部门的监督检查。

第十七条 各级社会保险经办机构与财政部门要定期核对社会保障基金财政专户内的基本养老保险基金收支及结余情况。

第十八条 各省、自治区、直辖市人民政府可以根据本规定并结合实际情况制定具体实施办法。

经国务院批准实行养老保险系统统筹部门和单位经办的基本养老保险基金也应比照本规定执行。

第十九条 本规定自 1998 年 1 月 1 日起执行。

第二十条 本规定由财政部会同劳动部负责解释。

财政部　人力资源和社会保障部关于加强城镇居民基本医疗保险基金和财政补助资金管理有关问题的通知

财社［2008］116号

各省、自治区、直辖市、计划单列市财政厅（局）、劳动保障厅（局），新疆生产建设兵团财务局、劳动保障局：

为加强和规范城镇居民基本医疗保险基金和财政补助资金的管理，确保城镇居民基本医疗保险试点工作顺利进行，根据《国务院关于开展城镇居民基本医疗保险试点的指导意见》（国发［2007］20号）和《社会保险基金财务制度》（财社字［1999］60号）等有关规定，现就加强城镇居民基本医疗保险基金和财政补助资金管理的有关问题通知如下：

一、城镇居民基本医疗保险基金是指未纳入城镇职工基本医疗保险制度覆盖范围的中小学生、少年儿童和其他非从业城镇居民（以下简称城镇居民）自愿参保缴费、有条件的用人单位对职工家属参保缴费的补助以及政府补助等形成的基金，主要用于参保城镇居民住院和门诊大病医疗支出，实行门诊医疗费用统筹的地区也可用于参保城镇居民门诊医疗支出。

二、城镇居民基本医疗保险基金原则上参照《社会保险基金财务制度》执行，《社会保险基金会计制度》参照（财会字［1999］20号）核算。城镇居民基本医疗保险与新型农村合作医疗实行一体化管理的，可以执行城镇居民基本医疗保险有关制度，也可以按新型农村合作医疗有关制度执行。

三、城镇居民基本医疗保险基金收入包括：城镇居民缴费收入、财政补助收入及其他收入。城镇居民缴费收入是指参保城镇居民按规定缴纳的基本医疗保险费和有条件的用人单位对职工家属参保缴费给予的补助资金。财政补助收入包括各级财政部门对所有参保城镇居民的补助及通过城市医疗救助制度对参保困难城镇居民家庭缴费部分的补助。其中，参保困难城镇居民是指属于低保对象的或重度残疾的学生和儿童及其他低保对象、丧失劳动能力的重度残疾人、低收入家庭60周岁以上的老年人等困难居民。其他收入是指城镇居民基本医疗保险基金的利息收入、捐赠收入等。

四、各地应综合考虑城镇居民医疗需求和家庭、财政承受能力，坚持低标准起步的原则，合理确定筹资水平和补助标准。中央、省、市、县级财政部门要在预算中足额安排城镇居民基本医疗保险补助资金。对于困难市县，补助资金应主要由省级财政负担，不能增加困难市县的财政负担。对于通过城市医疗救助制度安排的补助资金，各有关部门也要密切配合，确保及时、足额到位。要做好城镇居民基本医疗保险与城镇职工基本医疗保险、新型农村合作医疗和医疗救助等制度的衔接和平衡。

五、参保城镇居民的家庭缴费要按规定及时、足额缴纳。各地应结合本地实际制定和实行方便参保居民缴费的办法。

六、城镇居民基本医疗保险基金纳入统一的社会保障基金财政专户，分账核算，实行收支两条线管理。

实行城镇居民基本医疗保险经办机构（以下简称经办机构）征收的地区，由经办机构通过社会保险基金收入户（以下简称收入户）办理，不开设新的收入账户。收入户主要用于暂存由经办机构征收的基金收入、利息收入等。收入户除向财政专户划拨资金外，不得发生其他支付业务。实行税务征收的地区，不设收入户。

统筹地区应按规定在社会保障基金财政专户中对城镇居民基本医疗保险基金实行分账核算。社会保障基金财政专户中的城镇居民基本医疗保险基金主要核算从收入户转来的资金、税务机关征收的参保居民家庭缴费和用人单位补助资金、各级财政补助资金、从城市医疗救助基金转来的资金以及利息收入等。财政部门审核经办机构提出的用款申请，向社会保险基金支出户核拨资金。社会保障基金财政专户在接收、支出款项时要通过缴拨凭证与经办机构、税务机关进行对账。

经办机构向定点医疗机构核拨资金或向个人支付报销费用，统一通过社会保险基金支出户（以下简称支出户）办理，不开设新的支出户。

账户计息按城镇职工基本医疗保险基金有关规定执行。

七、各级财政部门对所有参保城镇居民的补助资金按照财政国库管理制度有关规定拨付到统筹地区财政部门，统筹地区财政部门按规定直接拨入社会保障基金财政专户。有关中央财政补助资金的申请和拨付办法另行制定。

各级财政部门对参保困难城镇居民的家庭缴费补助资金，通过城市医疗救助资金渠道，拨付到统筹地区社会保障基金财政专户，进入城市医疗救助基金核算，再由城镇医疗救助基金转入城镇居民基本医疗保险基金核算。

城镇居民家庭缴费和用人单位补助资金按规定缴入收入户，经办机构按规定将收入户资金全部缴入社会保障基金财政专户，不得留有余额。实行税务征收的地区，直接缴入社会保障基金财政专户，或经国库归集后缴入社会保障基金财政专户。

八、城镇居民基本医疗保险基金坚持以收定支、收支平衡、略有结余的原则，合理确定起付标准、支付比例和最高支付限额。既要防止超支，又要避免过多积累，适当控制基金结余率，基金结余全部结转下年使用。各地可结合本地实际，探索建立健全基金的风险防范和调剂机制，确保基金安全。

九、参保城镇居民在统筹地区内定点医疗机构发生的住院或门诊费用，按规定由个人负担的医疗费用由个人支付，按规定由基金支付的费用，由经办机构定期与定点医疗机构审核结算。不具备条件的，可由个人先行垫付，然后到经办机构按规定审核报销。经批准到统筹地区外就医的医疗费用，先由居民支付，再到参保所在地经办机构按规定审核报销。有条件的地区，对支付给定点医疗机构的费用，可以探索财政直接支付的办法。

十、城镇居民基本医疗保险基金必须专款专用，任何地区、部门、单位和个人不得截留、挤占和挪用。城镇居民基本医疗保险经办机构人员和工作经费列入同级财政预算，不得从基金中提取任何费用。

十一、城镇居民基本医疗保险经办机构要建立健全内部管理制度，定期向社会公布基金收支和结余情况，接受社会监督。

十二、财政、人力资源社会保障等部门要定期或不定期对基金使用和结余等情况进行监督检查，发现问题及时纠正，并及时向本级政府和上级有关部门报告。发现违法违纪行为，按国家有关法律法规严肃处理。

十三、各地特别是试点城市财政部门要会同人力资源社会保障等部门，根据本通知精神并结合本地区实际，制定具体实施办法。

二〇〇八年六月二十六日

财政部　人力资源社会保障部关于印发《新型农村社会养老保险基金财务管理暂行办法》的通知

财社［2011］16号

各省、自治区、直辖市财政厅（局）、人力资源社会保障（劳动保障）厅（局）：

为加强新型农村社会养老保险基金的财务管理，根据《国务院关于开展新型农村社会养老保险试点工作的指导意见》（国发［2009］32号）等有关规定，财政部会同人力资源社会保障部制定了《新型农村社会养老保险基金财务管理暂行办法》。现印发给你们，请遵照执行。

附件：新型农村社会养老保险基金财务管理暂行办法

二〇一一年三月三日

附件：

新型农村社会养老保险基金财务管理暂行办法

第一章　总　　则

第一条　为规范新型农村社会养老保险（以下简称新农保）基金财务管理，维护参保人合法权益，根据《国务院关于开展新型农村社会养老保险试点工作的指导意见》（国发［2009］32号）等国家有关规定，制定本办法。

第二条 本办法适用于根据国家有关规定设立的新农保基金。

第三条 本办法所称新农保基金（以下简称基金），是指通过参保农村居民个人缴费、集体补助、政府补贴等渠道筹集的，用于支付符合领取条件的农村居民养老金待遇等支出的专项资金。

第四条 新农保经办机构（以下简称经办机构）具体负责基金的日常财务管理和会计核算工作。

第五条 基金财务管理的任务是：认真贯彻执行国家有关法律、法规和方针、政策，合理筹集和使用基金；建立健全财务管理制度，组织落实基金的预算、核算、分析和考核工作，如实反映基金收支状况；严格遵守财经纪律，加强监督和检查，确保基金的安全。

第六条 基金应纳入社会保障基金财政专户（以下简称财政专户），实行收支两条线管理，单独记账、核算。任何地区、部门、单位和个人均不得挤占、挪用，不得用于平衡财政预算，不得用于经办机构人员和工作经费。各级经办机构的人员经费和经办新农保发生的基本运行费用、管理费用，由同级财政按国家规定予以保障。

第七条 经办机构为每个新农保参保人建立终身记录的养老保险个人账户。个人缴费、集体补助及其他经济组织、社会公益组织、个人对参保人缴费的资助，地方政府对参保人的缴费补贴，记入个人账户。个人账户储存额按国家规定计息，全部用于个人账户养老金。

第二章 基金预算

第八条 基金预算是根据国家社会保险和预算管理法律法规建立、反映基金收支的年度计划。

第九条 基金预算的编制应综合考虑上年度基金预算执行情况、本年度经济社会发展水平预测以及新农保工作计划等因素，包括参保人数、缴费人数、享受待遇人数、政府缴费补贴标准及利息等。根据基金收支、财政收支等情况，合理安排财政对基金的补贴支出。基金预算草案由统筹地区经办机构编制，并对引起财务状况发生重大变化的项目进行详细说明。

第十条 统筹地区经办机构编制的年度基金预算草案，由本级人力资源社会保障部门审核汇总，财政部门审核后，由财政部门和人力资源社会保障部门联合报本级人民政府审批。统筹地区财政部门和人力资源社会保障部门将社会保险基金预算草案报本级人民政府审批后，报上一级财政部门和人力资源社会保障部门。省级财政部门和人力资源社会保障部门将本省（区、市）基金预算草案报本级人民政府后，报财政部和人力资源社会保障部。

全国基金预算草案由人力资源社会保障部汇总编制，财政部审核后，由财政部和人力资源社会保障部联合向国务院报告。

第十一条 基金预算草案经统筹地区人民政府批准后，由财政部门和人力资源社会保障部门批复，经办机构等单位要严格按照批准的预算和规定的程序执行。经办机构要认真分析基金的收支情况，定期向本级财政部门和人力资源社会保障部门报告预算执行情况。

财政部门和人力资源社会保障部门应逐级汇总分别上报基金预算执行情况。省级财政部门和人力资源社会保障部门要加强对基金预算执行情况的监控，发现问题立即督促采取措施解决。

第十二条 基金预算不得随意调整。遇特殊情况需调整基金预算时，统筹地区经办机构要及时编制预算调整方案，经人力资源社会保障部门审核汇总，财政部门审核后，由财政部门和人力资源社会保障部门联合报本级人民政府批准。按基金预算编制审批程序报批，并报上级财政部门和人力资源社会保障部门。

第三章　基金筹集

第十三条 基金按照国家规定按时、足额筹集。地方政府应组织引导参保农村居民按当地缴费标准缴纳养老保险费。各级财政部门应根据财政补助标准和行政区域内参保农村居民人口数安排补助资金，纳入同级财政年度预算并按规定程序及时办理拨付手续。任何地区、部门、单位和个人不得截留和擅自减免。

第十四条 基金收入包括：个人缴费收入、集体补助收入、政府补贴收入、利息收入、转移收入、上级补助收入、下级上解收入和其他收入。

个人缴费收入是指参保农村居民按照规定的标准缴纳的新农保养老保险费收入。

集体补助收入是指乡（镇）、村等集体经济组织对参保农村居民个人缴费给予的补助收入，以及其他经济组织、社会公益组织、个人为参保人缴费提供的资助收入。

政府补贴收入是指财政给予基金的补贴收入。

利息收入是指用基金购买国家债券、存入商业银行等存款类金融机构所取得的利息收入。

转移收入是指参保对象跨统筹地区流动而划入的基金收入。

上级补助收入是指下级经办机构接收上级经办机构拨付的补助收入。

下级上解收入是指上级经办机构接收下级经办机构上解的基金收入。

其他收入是指社会组织和个人对基金的捐赠以及其他经财政部门核准的基金收入。

第十五条 政府补贴收入包括政府对基础养老金的补贴收入和政府对个人缴费的补贴收入。

政府对基础养老金的补贴收入是指各级财政因按规定标准补助符合待遇领取条件参保人新农保基础养老金而给予基金的补贴收入。

政府对个人缴费的补贴收入是指地方财政因按规定标准补助参保人个人缴费而给予基金的补贴收入。

第十六条 在保证资金安全、方便群众、便于提高管理层次的前提下，统筹地区经办机构应在同级财政部门和人力资源社会保障部门共同认定，或由同级财政部门和人力资源社会保障部门采取招标等方式选择的商业银行等存款类金融机构设立收入户，原则上一个统筹地区只能开设一个收入户。

收入户的主要用途是：暂存个人缴费收入、集体补助收入、转移收入、上级补助收入、下级上解收入、该账户的利息收入以及其他收入等。

收入户除向财政专户划转收入外，不得发生其他支付业务。收入户月末无余额。未按规定执行的，财政部门委托各开户商业银行等存款类金融机构于期末将全部基金收入划入财政专户。

第十七条 基金征缴收入应定期缴存财政专户。具体时间由各省、自治区、直辖市自定。

第十八条 收缴个人缴费和集体经济组织补助资金应使用省级财政部门统一印制的基金专用收据。

接受社会组织和个人对基金的捐赠资金应使用财政部门统一印制的捐赠收据。

第四章 基金支付

第十九条 基金应按照新农保制度规定的项目和标准支出，任何部门、单位和个人不得擅自调整支出项目和随意改变支出标准。

第二十条 基金支出包括养老金待遇支出、转移支出、补助下级支出、上解上级支出、其他支出。

养老金待遇支出是指按规定支付给参保农村居民的养老保险待遇支出。

转移支出是指参保农村居民跨统筹地区流动而转出的基金支出。

补助下级支出是指上级经办机构拨付给下级经办机构的补助支出。

上解上级支出是指下级经办机构上解上级经办机构的支出。

其他支出是指经财政部门核准开支的其他支出。

第二十一条 养老金待遇支出包括基础养老金和个人账户养老金。

基础养老金是指政府规定计发标准，并由各级财政为符合待遇领取条件的参保农村居民全额予以补助的养老金待遇。

个人账户养老金是指参保农村居民达到养老保险待遇领取条件时，按照其个人账户全部储存额除以计发月数计算，支付给参保农村居民的养老金待遇，以及参保人死亡时一次性支付其合法继承人除政府补贴外的个人账户资金余额。

第二十二条 在保证资金安全、方便群众、便于提高管理层次的前提下，统筹地区经办机构应在财政部门和人力资源社会保障部门共同认定，或由财政部门和人力资源社会保障部门采取招标等方式选择的商业银行等存款类金融机构设立基金支出户（以下简称支出户），原则上一个统筹地区只能开设一个支出户。

支出户的主要用途是：接收财政专户拨入的基金；支付基金支出款项；暂存该账户的利息收入；划拨该账户资金利息收入到财政专户。

支出户除接收财政专户拨付的基金和该账户的利息收入外，不得发生其他收入业务。

第二十三条 经办机构应根据财政部门和人力资源社会保障部门核批的基金年度预算及分月支出计划，按月在规定的时间内向同级财政部门报送用款申请，并注明支出项目，加盖本单位公章。财政部门对用款申请审核无误后，应在规定的时间内将基金从财政专户拨入支出户。对不符合用款手续的，财政部门应责成经办机构予以纠正。

第五章 基金结余

第二十四条 基金结余是指基金收支相抵后的期末余额。

第二十五条 基金结余除根据财政部门和人力资源社会保障部门商定的、最高不超过国家规定预留的支付费用外，全部用于购买国家债券或转存定期存款。除国家另有规定外，任何地区、部门、单位和个人不得动用基金结余进行任何其他形式的投资。

第二十六条 当地人民政府在基金出现支付不足时，给予补贴。

第六章　财政专户

第二十七条　财政专户是指统筹地区财政部门按规定在社会保障基金财政专户中设立的基金专用计息账户。

财政专户原则上只能在财政部门和人力资源社会保障部门共同认定的国有或国有控股商业银行开设。在保证资金安全、方便群众、便于提高管理层次的前提下，也可以由财政部门和人力资源社会保障部门采取招标等方式选择其他商业银行等存款类金融机构作为财政专户的开户银行，一个统筹地区原则上只开设一个财政专户。

第二十八条　财政专户的主要用途是：接收征收机构转入的基金收入；接收基金购买国家债券兑付的本息收入、该账户资金形成的利息收入以及支出户转入的利息收入等；根据经审定的用款申请，向支出户划拨基金；进行定期存款；购买国家债券；向上级或下级财政专户划拨基金。

第二十九条　财政专户发生的利息收入直接计入财政专户，经办机构支出户的利息收入定期转入财政专户，一并计入基金收入。财政部门凭开户金融机构出具的原始凭证记账，并附加盖专用印章的原始凭证复印件，交经办机构记账和备查。

第三十条　政府补贴收入由国库直接划入财政专户。财政部门凭国库出具的拨款单和财政专户开户金融机构出具的收款凭证记账，同时，财政部门要出具财政专户缴拨凭证，并附加盖专用印章的财政专户开户金融机构收款凭证复印件，交经办机构记账和备查。

第三十一条　发生基金下拨业务时，财政部门根据基金预算，将基金从财政专户拨入同级经办机构支出户，经下级经办机构收入户进入下级财政专户；发生基金上缴业务时，将基金从财政专户划入同级经办机构支出户，经上级经办机构收入户进入上级财政专户。

第三十二条　将基金结余按规定用于购买国家债券或转存定期存款时，财政部门凭金融机构出具的原始凭证记账。同时，财政部门要出具财政专户缴拨凭证，并附加盖专用印章的原始凭证复印件，交经办机构记账和备查。

第七章　资产与负债

第三十三条　资产包括基金运行过程中形成的现金、银行存款（含财政专户存款、收入户存款、支出户存款）、债券投资、暂付款项等。

经办机构应尽量减少现金收付业务。确有必要发生现金收付业务的，应认真做好现金的保管、押运、管理工作，建立健全内部控制制度，并严格按照国务院发布的《中华人民共和国现金管理暂行条例》（国务院令第12号）进行现金的收付和管理。

财政部门要严格做好财政专户管理和基金收支核算工作；经办机构要及时办理基金存储手续，做好基金收入、支出核算工作，并按月与开户金融机构对账，同时，财政部门、经办机构要按月对账，保证账账相符、账款相符。

用基金购买的国家债券，委托开户金融机构代为妥善保管，确保账实相符。

暂付款项应定期清理，及时结清。

第三十四条　负债包括基金运行过程中形成的暂收款项等。暂收款项应定期清理，及时偿付。因债权人等特殊原因确实无法偿付的，经财政部门批准后作为基金的其他收入。

第八章　基 金 决 算

第三十五条　年度终了后，统筹地区经办机构应根据规定的表式、时间和要求编制年度基金财务报告。财务报告包括资产负债表、收支表、有关附表以及财务情况说明书。

财务情况说明书主要说明和分析基金的年度财务收支及管理情况；对本期或下期财务状况发生重大影响的事项；其他需要说明的事项。

编制年度基金财务报告必须做到数字真实、计算准确、手续完备、内容完整、报送及时。

第三十六条 经办机构编制的年度基金财务报告应在规定期限内经人力资源社会保障部门审核汇总，财政部门审核后，由财政部门和人力资源社会保障部门联合报本级人民政府审批。批准后的年度基金财务报告作为基金决算。

第三十七条 统筹地区财政部门和人力资源社会保障部门将基金决算草案报本级人民政府审批后，报上一级财政部门和人力资源社会保障部门。

省级财政部门和人力资源社会保障部门将本省（区、市）基金决算草案报本级人民政府后，报财政部和人力资源社会保障部。

全国基金决算草案由人力资源社会保障部汇总编制，财政部审核后，由财政部和人力资源社会保障部联合向国务院报告。

统筹地区经办机构编制及调整基金预决算的情况，应及时报上级经办机构。

第九章　监督与检查

第三十八条 经办机构要建立健全内部管理制度，定期或不定期向社会公告基金收支和结余情况，接受相关部门和社会监督。

第三十九条 人力资源社会保障部门、财政部门和审计部门等要定期或不定期地对财政专户、收入户和支出户的基金收支和结余情况进行监督检查，发现问题及时纠正，并向同级政府和基金监督组织报告。

第四十条 单位和个人有下列行为之一的，责令限期改正。对单位及其直接负责的主管人员和其他直接责任人员依照国家有关法律、法规追究责任：

（一）截留、挤占、挪用、贪污基金；

（二）擅自提高或降低农村居民个人缴费标准；

（三）未按规定标准支付养老保险待遇或擅自变更支出项目、调整支出标准；

（四）将个人账户储存额用于非个人账户养老金支出；

（五）未按时将基金收入存入财政专户；

（六）未按时足额将基金从财政专户拨付到支出户；

（七）其他违反国家法律、法规规定的行为。

第十章　附　　则

第四十一条　各省、自治区、直辖市财政部门会同人力资源社会保障部门根据本办法的规定，结合当地实际情况制定实施办法，并报财政部、人力资源社会保障部备案。

第四十二条　开展城乡居民社会养老保险的地区，城乡居民社会养老保险基金财务管理参照本办法执行。

第四十三条　本办法由财政部商人力资源社会保障部解释和修订。

第四十四条　本办法自 2011 年 7 月 1 日起施行，凡与本办法不一致的，以本办法规定为准。

第四部分　其他文件

中国人民银行关于对养老保险基金活期存款实行优惠利率的通知

银发［1997］567号

中国人民银行各省、自治区、直辖市、深圳经济特区分行，中国工商银行、中国农业银行、中国银行、中国建设银行、交通银行：

根据朱镕基副总理关于“养老保险基金除保留2个月周转金以外，要全部购买国库券。存在银行的2个月周转金的沉淀部分，银行要给予优惠利率”的指示精神，为有利于在全国范围内尽快推进统一的企业职工基本养老保险制度的建立，经研究决定：养老保险基金存入各商业银行的活期存款，从1998年1月1日起，按3个月整存整取定期存款利率计息（现行利率为2.88%）。1998年1月1日以前存入的活期存款，以1月1日为界分段计息。计、结息办法按单位活期存款办理。

特此通知。

一九九七年十二月三十一日

后　记

为进一步规范社会保险基金预算编制方法，全面提高预算管理水平，我们组织编写了《社会保险基金预算工作指南》，对各项社会保险基金预算报表和指标体系、基金收支和结余预算编制方法及所需数据采集、预算审核进行了全面细致的讲解，并在部分章节中给出了应用实例，力求将理论性和实用性有机结合，做到通俗易懂，便于实践操作。

本书撰稿人员均为社会保险经办一线业务骨干。全书由聂明隽、周红策划，单晓红、曲莉、谢颖研究确定编写提纲，社会保险事业管理中心基金处组织编写。书稿第一章由薛晓宇撰写，第二章由谢颖、孙慧英撰写，第三章、第四章由叶剑东撰写，第五章由陈运华、吴国辉撰写，第六章由周夕鸣、孙金婷撰写，第七章由刘启纯、吴国辉、谢颖撰写，第八章由冯卓、陈镇撰写，第九章由郑成艳、曹涌波撰写，第十章由吴欣撰写，附录由谢颖撰写，相关法律法规政策由秦红整理。全书由刘玉璞、薛晓宇统稿，聂明隽、周红审定。本书在编写过程中得到了黑龙江省社会保险事业管理局、黑龙江省社会医疗保险局、江苏省医疗保险基金管理中心、福建省社会劳动保险局、福建省医疗保险管理中心、安徽省医疗保险基金管理中心、湖南省社会保险管理服务局、湖南省医疗工伤生育保险管理服务局、湖南省就业服务局、四川省就业服务局、云南省医疗保险基金管理中心、新疆维吾尔自治区社会保险管理局、江苏省盐城市社会劳动保险中心的积极配合和大力支持。人力资源社会保障部社会保险事业管理中心基金管理处全体同志为本书的编写和出版付出了辛勤劳动，中国劳动社会保障出版社仲艳平女士提供了很多建议和帮助。在此对所有参与本书编写和出版的单位和人员谨致谢忱！

由于编者学识和水平有限，加之时间仓促，书中难免有疏忽、遗漏和不当之处，希望读者批评指正。

编　者

2012 年 4 月